L'auteur
Thierno Hammadi BA

son guide spirituel
Thierno Boubacar Diallo de Bansang

THIERNO HAMMADI BA

****

LA DIMENSION SPIRITUELLE ET CULTUELLE DE LA TARIQA TIJJANIYYA :
définition, historique, composantes, pratiques, ...

TOME II
1ère édition

*Our mission is to efficiently provide the world's finest, most comprehensive book publishing
service, enabling every author to experience success. To find out how to publish your book,
your way, and have it available worldwide, visit us online at www.trafford.com*

Trafford rev. 09/22/2010

 www.trafford.com

North America & international
toll-free: 1 888 232 4444 (USA & Canada)
phone: 250 383 6864 ♦ fax: 812 355 4082

La dimension spirituelle et cultuelle de la Tarîqa Tijjâniyya

Traduit de l'arabe par le Pr.
ABDOURAHMANE BA

1

La dimension spirituelle et cultuelle de la Tarîqa Tijjâniyya

1ère édition

Revue et corrigée

Juin 2010

Maison d'édition : Librairie Islamique, Ly et Frères, Dakar/Sénégal

La dimension spirituelle et cultuelle de la Tarîqa Tijjâniyya

L'auteur, Thierno Hammadi BA, tel : (+221) 77 104 33 88 ou (+221) 77 567 34 68
Le traducteur, Pr. Abdourahmane BA, tel : (+221) 77 514 52 32 ou (+221) 76 523 79 39

D E D I C A C E

Je dédie cet ouvrage spirituel à :

- Le Saint Prophète **Muhammad**, sa honorable famille et ses illustres compagnons.
- Notre Maître, **Cheikh Sayyid Ahmad Tjjânî**, sa famille et sa descendance.
- Mon éminent et vénérable maître, **Thierno Boubabacar Diallo** de Bansang, qui m'a initié aux sciences ésotériques de la religion musulmane et qui m'a bien renforcé dans la Tarîqa Tijjâniyya.
- Mon très cher et vaillant père, **Ousmane Djibi BA**, qui a eu la généreuse idée de m'orienter vers l'étude de la religion musulmane.
- Ma très courageuse et combattante mère, **Aïssata Hammadi LY**, qui m'a couvert de toute son affection maternelle.
- Ma très brave épouse, **Ndèye Absa THIAM**, qui m'a soutenu sans faille dans la réalisation de cet ouvrage phare de la Tarîqa Tijjâniyya,
- Mes autres épouses, **Aïssata Moussa LY, Yassine DIAW et Aïssata Sara BA**, qui m'ont montré toute leur affection pour me permettre d'en arriver là.
- Ma très **chère famille** qui n'a jamais baissé les bras pour me soutenir.
- Celui qui s'est battu corps et âme pour trouver le financement pour la publication de ce livre, **M. Abdourahmane GAYE**.
- Celui qui a fait preuve d'abnégation et de patience pour traduire ce livre de 1100 pages en français, le **Pr. Abdourahmane BA**.
- **Ceux** qui ont, de près ou de loin, contribué à la finalisation de ce travail, soit financièrement, soit moralement, soit matériellement.
- A tous **ceux_là** que je n'ai pas pu citer dans cette liste de dédicace, je n'ai omis personne.

Que Dieu accorde son pardon et sa clémence à tous ceux-ci.

La dimension spirituelle et cultuelle de la Tarîqa Tijjâniyya

Seigneur ! Daigne répandre Ton Salut et Ta Grâce sur le Saint Messager, MUHAMMAD, ses nobles épouses et ses illustres compagnons.

NOTE DU TRADUCTEUR

Au Nom de Dieu le Clément le Miséricordieux
Seigneur, daigne répandre Ton Salut et Ta Grâce Infinie sur le Saint Prophète,
L'Envoyé de Dieu, le Dernier des Prophètes et le Guide des Messagers,
Muhammad, sur sa Famille et sur ses Compagnons.

La Tarîqa Tidjâniyya est une des Voies Spirituelles qui mènent vers Dieu. Aussi certains hommes versés de cette Tarîqa se sont chargés d'apporter toute la lumière nécessaire à cette Voie afin de permettre aux disciples d'entrer en connection directe et permanente avec les Elus de cette Tarîqa, et delà avec le Saint Messager de Dieu qui les fera arriver à Dieu.

Aussi, ce saint érudit, Thierno Hammadi BA, s'est lancé dans la publication de certains ouvrages ayant trait à cette Tarîqa Tidjâniyya. Il est pour la bonne diffusion des préceptes et des principes de cette Voie Spirituelle.

C'est dans ce cadre qu'il a écrit cet ouvrage de grande portée spirituelle. Un ouvrage qui a passé en revue tout ce qui fait le charme de la Tarîqa Tidjâniyya : sa définition, l'origine du wird tidjâne, les pratiques quotidiennens comme hebdomadaires (wazîfa, lâzim, hadratul djum'a,...), la courbe de vie de Cheikh Ahmad Tidjâne Chérif, les arcanes et litanies, les invocations de hautes portée spirituelle, l'identité véritable du Saint Messager de Dieu, l'identité des hommes de Dieu,...

Nous tenons à signaler que la traduction n'était pas du tout facile. Nous étions face à un document de 1100 pages écrit par un érudit des sciences ésotériques de l'Islam. Il était fort prévisible que la langue arabe utilisée par cet érudit n'était pas du tout abordable, d'autant plus que ce n'était point une langue académique arabe qui était employé ; mais plutôt une langue des cercles d'étude dites « majâlis ».

Donc, nous nous excusons de la qualité de la traduction ainsi que des fautes de langages, de grammaires, de syntaxes, de formulations, dans le choix des termes adéquates pour rendre le sens lisible et compréhensible. Nous reconnaissons que la

6

traduction n'était pas du tout facile. Nous avons fait presque cinq ans pour terminer ce travail avec toutes les corrections requises par d'éminentes personnalités des sciences ésotériques. Et notre qualité d'enseignant ne nous a pas donné le temps suffisant pour avancer vite dans cette traduction.

Nous faisions face à un texte en arabe dépourvu de ponctuation, de chapitres bien posés, de sous sections bien départagés. Les intitulés que vous verrez au fil de votre lecture sont faits grâce à Dieu qui nous a permis de titrer les parties. Ainsi, vous verrez des chapitres longs, des chapitres moyens longs et des chapitres courts selon le contenu développé dans chaque partie.

Dans la version française, en accord avec l'auteur Thierno Hammadi BA, nous avons divisé l'ouvrage en trois tomes, dont chaque tome renferme des données primordiales sur la Tarîqa Tidjâniyya.

De toute façon, c'est un ouvrage très riche que tout disciple tidjâne doit consulter pour mieux comprendre la Tidjâniyya.

Nous demandons Dieu de nous inscrire parmi ses serviteurs élus et qu'il nous pardonne les erreurs commises lors de la traduction de cet ouvrage. Nous ne voudrions que parfaire dans la mesure du possible.

NB : _L'auteur invite à ceux qui veulent décoder les Noms Divins traduits en chiffres dans tous le document d'entrer en contact avec lui en composant le numéro qu'ils verront tout à fait au début de chaque tome._

Paix et salut sur le Saint Prophète, Muhammad, sa famille, ses compagnons et tous les suivants qui suiveront leurs traces jusqu'au Jour Dernier !

Le traducteur

INTRODUCTION

Au nom de Dieu le Clément le Miséricordieux

Louange à Dieu qui a choisi l'essence Muhammédienne lieu de contenance de la manifestation des flux de l'Essence Ahmadiyya et qui a, également, choisi l'Essence Ahmadiyya lieu de manifestation des flux de l'Essence Muhammédienne partant de sa propre volonté et de sa providence éternelle. En effet, Dieu ne sera jamais interrogé sur ce qu'il fait et il sait, parfaitement, où placer Son message. Il accorde Sa miséricorde à qui Il veut et Il est le Détenteur de la grâce immense. Seigneur, que Ta paix et Ton salut soit sur l'Essence Muhammadiyya Ahmadiyya à caractère spirituel, ainsi que sur sa noble famille et ses nobles compagnons, présentateurs de la Charia et source de la vérité incontestable. Seigneur, soit satisfait de la manifestation Muhammadiyya et celle Ahmadiyya d'une satisfaction éternelle.

La compilation de ce livre est faite par le Cheikh versé dans la science et grand connaisseur des questions religieuses, Thierno Hammadi Bâ[1].

Ce serviteur de Dieu, qui désire bénéficier de la miséricorde divine perpétuelle et qui envisage d'être à l'écoute de la providence sempiternelle, a fait savoir que : « En écrivant ce livre, j'ai mis en avant l'engagement personnelle en comptant sur l'assistance absolue divine. Il y est question de : « *Mettre la lumière sur la Tarîqa Tijjâniyya à caractère Ahmadiyya Muhammadiyya an-Nûrâniyya* ». *Nous y avons montré et expliqué la manière d'effectuer la ziara. Nous y avons, en plus, élucidé tout ce qui présente un caractère d'obligation, en prenant appui sur les exigences de la Tarîqa dans son intégralité. Nous y avons déterminé sa forme et expliqué le contenu* ».

Et ce, je l'ai fait après avoir accompli une prière de consultation. Je sais bien que ce que je possède est peu signifiant ; mais je m'appuie sur Dieu qui précise : « **Que celui qui est aisé dépense de sa fortune et que celui dont les biens sont restreints**

---

[1] Etant fils du terroir, il réside à Dakar, capitale du Sénégal. Il est le dépositaire des trésors du tidjânisme à la Zâwiya El Hadj Malick Sy à Sandaga où il enseigne diverses matières religieuses. Il est surtout connu sous le nom de Muhammad Ibn Ousmane Djibi BA.

dépense selon ce qu'Allah lui a accordé. Allah n'impose à personne que selon ce qu'Il lui a donné et Allah fera succéder l'aisance à la gêne[2].

Je prie Dieu de m'accorder l'assistance, la consolidation, la réussite, la droiture et l'exactitude car c'est Lui le vrai guide vers le chemin le plus droit. Je me suffis à Lui et en Lui je confie mon sort.

Je reconnais toute ma petitesse et le désir de me faire remarquer auprès des doués de raisons. Dieu est Celui dont le secours est imploré. Il se doit de répondre aux invocations dans leur totalité par la grâce du rang du Prophète Muhammad (PSL).

En définitive, j'ai intitulé ce livre : « *Kachf al-ghamâm lid-diyâ'i at-tarîqa at-tijâniyya al-ahmadiyya al-muhammadiyya an-nûrâniyya* » ou « <u>Lever le voile pour mettre la lumière sur la tarîqa tijâniyya ahmadiyya muhammadiyya nûrâniyya</u> ».

Que Dieu le considère comme une œuvre dont le seul but c'est de plaire Son noble visage et qu'Il fasse que nous en tirions large profit par la grâce de Son éminent Prophète, sur lui le plus paisible des paix et des saluts ainsi que sur sa famille. Il n'y a de force et de puissance que celles d'Allah, le Très-Haut, le Parfait.

---

[2] Sourate : At-Talâq ; verset : 7.

L'expansion de la tarîqa tijjaniyya
en Afrique de l'Ouest

Ecrire sur ce point seul nécessite des tomes et non pas de simples pages. Nous voulons seulement dire que le temps ne nous permet pas d'être longs sur ce point et par conséquent nous allons nous limiter à l'essentiel.

Nous disons que la Voie que nous avons adoptée, c'est la Voie Tijjâniyya qui se réclame d'Ahmadiyya Muhammdiyya Ibrâhîmiyya Hanîfiyya. Et la raison de cette désignation vient du fait que ces adeptes fréquentaient toutes les couches sociales et ils vivaient avec les pauvres en diffusant à la fois l'Islam, la Science et les principes de la Tarîqa. Et chaque contrée visitée, ils font la même chose en recherchant la Face de Dieu. Ils parvinrent à conquérir le continent africain noir en invitant vers l'Islam, en combattant l'idolâtrie et en diffusant la Tarîqa et l'Islam dans les régions africaines. L'unique lieu de passage pour atteindre le Maghreb était naturellement le désert. Il faut noter que cette zone n'a cessé d'être et restera toujours maghrébine et ce jusqu'à ce que Dieu héritera de cette terre et de ce qu'elle contient. Alors la Tarîqa Tijjâniyya s'est inscrite dans le sillage des normes de la Tarîqa al-Qâdiriyya qui reste conciliante et indulgente, bien que nous portions un regard respectueux à l'endroit de ses valeureux hommes. Dans le désert maghrébin occidental, l'influence des Qâdres et des Tijjânes a atteint un niveau qui fait croire aux colons qu'ils comptent des milliers d'adeptes.

L'éminent professeur Sayyid Abd al-'Azîz Ibn Abdallah a écrit sur cette question dans son livre « <u>Al-Mawsû-'a al-Maghribiyya lil'i-'ilâmil bachariyya wal hadâriyya mu-'allimata sahrâ'i</u> ». Il y relate l'histoire en démontrant les différentes sources islamiques en rapport avec la réalité historique. Quant à nous, nous nous suffirons d'en rapporter une seule source à savoir le livre intitulé « <u>Hâdirul- 'âlamil islâmiyyi</u> » écrit par l'américain Louis Rhub Seterdead que le professeur Touwahdîd a traduit en arabe et commenté par l'Emir Chukayb Arslane. En fait, il y démontre que cette Tarîqa a pénétré en Afrique et a fini par s'y répandre.

Nous pouvons noter la présence de la Tarîqa Tijjâniyya fondée par Ahmad Ibn Muhammad Tijjânî qui a rendu l'âme à Fez en l'an 1782 de l'ère chrétienne. Ce Cheikh fondateur manifestait la tolérance et l'esprit de conciliation envers les non musulmans. Et malgré cela, cette Tarîqa use, parfois, pour répandre la croyance islamique, dans la deuxième moitié du 19ème siècle. Le plus grand siège de la Tarîqa Tijjâniyya demeure 'Aïnu Mâdine qui se situe à une distance de 70 km au Sud-Est de Lâghouwat et de Tamâçîne. Les Tijjânes sont, également, nombreux à Marrakech. Un grand nombre parmi les habitants de Macina dans l'empire du Soudan, ainsi que les habitants de Fouta Toro, de Fouta Djallon et de Balha sont devenus les plus acharnés pour défendre la cause de l'Islam. Ils ont fini par rejoindre les rangs d'El-Hâj 'Umar. Durant 45 ans, ils sont les maîtres de l'empire du Soudan, de Tombouctou à Aqyanûs sur l'Atlantique.

El-Hâj 'Umar était le fils d'un Cheikh marabout. Il est né en 1797 dans le village de Fâr dans la contrée de Diyâr[3]. Son père assura son éducation morale et pédagogique. Ensuite, il effectua le pèlerinage à la Mecque en faisant une visite à Médine al-Munawwara, ainsi il fut honoré et comblé de bénédiction. Il étudia pour un moment déterminé à Zahra, avant de retourner à Bournou en 1833. Puis, il se rendit à Hâwisa. Et là, il commença à inviter les gens à retourner vers la croyance qu'avaient les pieux prédécesseurs (Salafs) tout en incriminant le laxisme des Qâdriyya.

En ce moment, son frère Ahmad arriva et l'amena au Fouta, en faisant escale chez les Bambaras. Et c'est là que beaucoup d'événements se sont produit. Mais, il est parvenu à les surmonter. Et à Kankan, un homme du nom de Muhammad se joignit à lui, adopta sa voie spirituelle. De même, un groupe de la contrée de Balha connu sous le nom de « Wâsûlûnaka » embrassa l'Islam. Et lorsque l'appel d'El-Hâj 'Umar eut le dessus, tout le monde le considérait comme le mahdi attendu. Partant, il forma une petite armée redoutable qui finit par traîner tous les musulmans du Gabon dans la Voie Tidjânniyya.

En l'an 1847, il retourna vers Fouta Djallon et y édifia une forteresse c'est-à-dire une grande averse imprenable à Dinguiraye et il eut le dessus sur les Bamabras idolâtres de Toumba. C'est après cela qu'il se rendit maître de Conakry, en Guinée en 1854. Cependant, il installa son quartier général à Naïrou dans le Soudan français au Nord du Sénégal, capitale de Ahmad 1er, et que les Français ont finit par conquérir en 1890. Ensuite, il se rendit maître du Royaume de Ségou dans le Soudan français sur

---

[3] C'est une zone se trouvant dans une contrée du Sénégal sur la rive gauche des deux fleuves et que le Waalo se trouve à l'Ouest et Toro à l'Est.

le côté droit du fleuve Niger. Cette contrée, ainsi que celle de Macina, furent également conquises par les Français en 1890.

El-Hâj 'Umar rendit l'âme en 1864 alors qu'il combattait les Nègres de Macina. La sultana islamique remplaça la Tarîqa Tijjâniyya en milieu de la race noire. C'est ainsi qu'El Haj 'Umar se fit succéder par son frère et par un autre novice du nom de Ahmadou Chaïkhou Ibn 'Umar. Et tous deux, ils tentèrent d'élargir les zones de conquêtes d'El Haj 'Umar. Il donna préférence aux familles de Fouta Toro et les Soninkés qui habitent dans le pays de Kartiya de la même façon qu'il préféra les Toucouleurs du Sénégal.

Une question se pose ici, c'est celle de savoir si le Soudan Occidental tombera aux mains des Français ou aux mains des Tidjânes, porteurs du flambeau de l'Islam. De toute façon, le colonel Archinard avait mis la main sur Djanna[4] et Bandiagra[5].

C'est là, un aperçu historique de l'Afrique et de l'expansion de la Tarîqa Tijjâniyya ainsi que des efforts que cette Tarîqa a eu à déployer contre les ennemis de l'Islam, contre l'idolâtrie colonialiste croisée. Et nous comprenons que cette Tarîqa Tijjâniyya est le porte étendard de l'Islam et qu'elle constitue le réceptacle du savoir et de la connaissance de cette région. Elle fut l'unique cible de la colonisation française idolâtre c'est-à-dire le christianisme. Et tout ceci s'est passé à travers le désert magrébin, car étant l'unique passage qu'empruntaient les Tijjânes pour rallier l'Afrique. Et comme nous l'avons noté, l'action de l'antagonisme et des ennemis de l'Islam ont confirmé cette thèse. Il s'agit d'une véritable confirmation et d'une reconnaissance véridique. A noter que la Tarîqa Tijjâniyya s'en félicite et s'en réjouit à travers le monde entier.

Il ne faut jamais croire que cette Tarîqa s'est répandue par l'usage de l'épée à l'image de la Wahhâbiyya en Orient. En effet, celle-ci a voulu faire manifester l'Islam et a voulu combattre l'innovation blâmable (bid-'a) et les innovateurs (mubtadi-'îne). Cependant, elle avait pour vocation de faire table rase des saints marabouts parmi les Compagnons (Sahâba) et les Suivants (Tâbi-'îne) au point que certains disent que ces derniers ont tenté de ternir la peau des vrais Saints. Alors que

---

[4] Contrée du Soudan français au sud franco occidental avec une population de 6 000 habitants. Cette zone fut occupée par les Français en 1893.
[5] Au Soudan français dans le pays de Macina, près de la rive droite du fleuve Niger.

tous ceux-ci, Sunnites comme innovateurs, ne veulent que pratiquer le Soufisme (*Tasawwuf*) dans tous ses aspects. Et ils ne sont pas là pour distinguer le vertueux du vicieux. Chers amis, veuillez interroger l'histoire, elle vous donnera plus de détails et vous y trouverez ce qui fera frissonner les peaux.

Concernant la Tarîqa Tijjâniyya, il faut dire que le Cheikh 'Umar Fûtiyu a accompli le *Jihâd* et l'appel vers Dieu, et jamais il n'a combattu un musulman. Mais, il a combattu les ennemis de l'Islam, l'idolâtrie et le christianisme. Et personne ne peut confirmer qu'il a une fois obligé voire forcé un musulman à se conformer aux principes de la Tijjâniyya dont il fut le Calife grâce au témoignage du grand maître Muhammad Ghâlî comme le rappelle Cheikh 'Umar Fûtiyu dans son livre « *Ar-Rimâh* ». Sa principale préoccupation reste l'expansion de l'Islam dans les autres régions africaines, partant du Désert et du Soudan à la Cap de Bonne-Espérance.

La nature du Wird Tijjâne

La colonne vertébrale qui constitue l'ossature de la Tarîqa est bâtie sur trois piliers essentiels à savoir : la demande de pardon ; la prière sur le Prophète Muhammad (PSL) et la noble expression traduisant l'Unicité de Dieu. Ces trois types de *Awrâd* constituent la trajectoire par laquelle passent tous les *Awrâd* qu'ils soient accomplis les matins, les soirs, par jour ou par semaine. Aussi, le *Wird* du matin ainsi que celui du soir comprennent les trois piliers mentionnés plus haut selon ce procédé :
- le « istighefâr » par la formule « *Astaghe firul- Lâh* » 100 fois.
- la prière sur le Prophète, 100 fois quelque soit la prière adoptée, mais la Salâtul Fâtihi est la plus recommandée.
- la formule « *lâ ilâha illal- Lâhu* » 100 fois

Alors que la Wazîfa se fait une fois la journée et une fois la nuit. Sa faisabilité répond à ce critère établi :
- 30 fois la formule « Astaghe firul- Lâhal 'Azîma Allazî lâ ilâha illâ Huwal Hayyul Qayyûm »
- 50 fois la « *Salâtul Fâtihi* [6] »
- 100 fois la noble formule « *lâ ilâha illal- Lâhu* »

---

[6] Voir le texte intégral en supra.

- 12 fois la « *Jawharatul Kamâl* [7] » pour celui qui en est capable et que rien n'empêche de l'effectuer. Par contre, s'il y a incapacité ou impossibilité de la faire, on la remplace par 20 « *Salâtul Fâtihi* ».

Quant au *Zikr* fait par semaine, il s'agit du *Zikr* de la *Haylala* (lâ ilâha illal- Lâhu) faite par Vendredi. C'est celui que l'on fait après la prière de l'après-midi du Vendredi. Il consiste à faire entre 1000 et 2000 « *lâ ilâha illal- Lâhu* » en groupe, ou faire le Zikr individuel à savoir la répétition du terme sublime « *Allâh* ». C'est là, le Zikr obligatoire pour le novice tijjâne qui doit être conforme aux préceptes de la Târîqa Tijjâniyya. Il faut noter que les normes des Awrâd sont minutieusement compilées dans des ouvrages indénombrables comme la « Jawâhirul Ma-'ânî », la « Dawratul Kharîda », la « Bughayyatul Mustafîd », ainsi que dans d'autres ouvrages.

Et toute forme de Wird ajoutée à celle-ci est considérée comme non obligatoire mais reste facultative comme la « *Musabba-'âtul 'Achri* » et ses semblables. L'ensemble de ces Awrâd qu'ils soient obligatoires ou facultatives est reçu par autorisation donnée par un « Muqaddam » qui reçoit la permission directement des mains du Cheikh.

Identité du vrai novice tidjâne

Le novice tijjâne est avant tout d'abord un musulman qu'il soit de sexe masculin ou de sexe féminin et qui est doué de raison. Il doit connaître Dieu et son Messager (PSL) et doit les croire sans aucun doute. Il doit, en plus, connaître le Cheikh Tijjâne qu'il doit suivre et aimer, même s'il ne le voit pas. Il doit, également, aimer ses compagnons qui sont en accord avec la loi de Dieu. Il doit tenir compte et respecter leurs droits. Il ne doit avoir que le wird tijjâne qu'il fera jusqu'à la mort afin qu'il puisse connecter son esprit à celui du Prophète Muhammad (PSL), au Pôle caché (*Qutbul Maqtûm*) et à leurs compagnons. Il doit pratiquer la Loi Divine en parole et en acte quelque soit la situation. Il doit toujours craindre Dieu en qui il doit toujours avoir espoir. De même, il lui incombe de croire, sans émettre un doute, à son Cheikh ou à tout autre guide spirituel sans distinction.

---

[7] Voir le texte intégral en supra.

14

Il doit observer strictement ses cinq prières quotidiennes en exécutant parfaitement et légalement les génuflexions rukû'u) et les prosternations (sujûd). Il ne doit pas prier derrière celui qui n'accomplit pas bien ses génuflexions et ses prosternations. Il ne doit pas, par ailleurs, laisser voire quitter ses frères lors de la Wazîfa et de la Haylala le jour du Vendredi sauf en cas d'empêchement majeur ne le permettant pas de partager la séance avec son Cheikh. Il doit aimer et haïr uniquement pour la face de Dieu. Il doit, en plus, être bon envers ses deux parents. Il lui revient d'adopter la Tarîqa partant d'une autorisation saine de Cheikh Tijjâne, même si cette autorisation passe par des intermédiaires. Mais, il doit éviter tout ce qui pourra lui déconnecter de son Seigneur puis de son Cheikh comme le fait de rendre visite autre que le Messager de Dieu (PSL), son Cheikh et le reste des Prophètes (PSE).

Présentation du rôle de la dignité de Cheikh

Il ne fait aucun doute que la dignité de Cheikh reste une fonction à la fois noble et délicate. En effet, le Cheikh est comparable au psychiatre, au cardiologue. C'est lui qui traite les esprits et les âmes humaines en les purifiant de leurs plaisirs sensuels, de leurs félicités mondaines et de leurs stupidités. Et le Cheikh n'est vraiment Cheikh que s'il parvient à étouffer le feu par le feu et qu'il parvient à préserver son ésotérisme et son exotérisme au point qu'il ne puisse pas tomber dans les filets des caprices de son âme qui loge dans son intérieur. Et lui, il ne pourra en savoir plus que s'il se hisse au premier rang qui est le rang de l'unicité sincère et de la connaissance certaine de Dieu. Ainsi, sa foi connaîtra une élévation pour prendre place dans un séjour de vérité. Et là, il doit rompre d'avec l'obscurantisme qui cerne la tentation et l'incertitude surtout lors de la découverte et de la contemplation ; faisant que Satan, le banni, le combattra en s'armant de stratagèmes pour l'empêcher d'atteindre son but le plus convoité. Et si, toutefois, il parvient à s'échapper totalement de ses dangers moralistes, il sera en mesure de saisir la main du guide éducateur qui a toute l'expertise en matière de *tarbiyya* (éducation spirituelle). Alors, le disciple sera en mesure d'être actif dans l'une des deux voies qu'il aura à choisir : soit il sera autorisé, à lui tout seul, de pratiquer les Awrâd spécifiques ; soit il sera autorisé de guider la créature et de les initier aux Awrâd aussi bien collectifs qu'individuels. Beaucoup d'érudits ont pu acquérir l'autonomie et la spécification. Et, ils n'ont délaissé aucune voie ; alors que certains ont suivi d'autres voies qui renferment des

Awrâd et des *Azkâr* ainsi que des directives religieuses qui ne sortent pas du cadre du Coran et de la Sunna.

Visite d'inspiration

Il convient de savoir que la visite (*ziara*) faite aux Pieux est un acte recommandé très souhaitable à condition qu'il soit séparé, dûment, de toutes les formes d'interdits qui pourraient amener à donner des associés à Dieu, comme le font certains ignorants à l'endroit de certains Saints. De même, il incombe au visiteur de faire preuve de respect et de politesse envers le Saint dont il rend visite, si toutefois cette visite entre dans le cadre de celle faite de manière générale.

Par contre, s'il s'agit de rendre visite aux grands Saints qui détiennent l'ouverture et la grandeur. Ce sont ceux-là qui sont aptes à faire don des arcanes (*asrâr*), car le fait de se donner à eux constitue une chose défendue du jeune novice tijjâne, selon les grands érudits. C'est dire même que cette chose est défendue dans toutes les pures Tarîqa Sûfîs. C'est seulement un petit nombre, parmi ceux qui soignent les cœurs, qui reste indifférent à cette mise en garde.

En fait, ceux-ci laissèrent faire sans pour autant poser, au préalable, les conditions qui permettront à leurs novices de bien en faire usage. Mais, on n'est pas sans savoir qu'œuvrer dans le salut et la paix est meilleur que le regret et la pénitence. Ainsi, étant donné que rendre visite aux Pieux, vivants comme morts, est chose interdit dans notre Tarîqa, car il entre dans le cercle du mysticisme et la validité de ses conditions, il convient de prendre un engagement de la part du novice dès lors qu'il reçoit les *Awrâd*. De même, il ne fait aucun doute que les Cheikhs du soufisme posent des conditions au novice dès l'instant qu'ils voient que ce *Wird* est profitable et aide à le rapprocher de la Voie le permettant d'aller vers Dieu. A Médine Al-Munawwara, Malick Ibn Anas interdisait certains de ses compagnons de rendre fréquemment visite à Rabî-'a[8], bien que celui-ci fut son Cheikh et son Maître et même il lui faisait de grands éloges.

Si cette question entre dans les grandes interrogations que dire des questions de comportements et de cœurs ? C'est pour cette raison que notre Cheikh disait que trois pratiques entraîneraient la rupture entre le disciple et notre Voie :

---

[8] Il était un grand savant en science du bâtine.

- 1) ajouter un wird sur le nôtre ;
- 2) rendre visite aux Saints ;
- 3) délaisser le wird.

Par ailleurs, il dit : « Le Prophète (PSL) m'a dit qu'il y a une question que les Cheikhs ont négligé. C'est lorsqu'un disciple prend le wird d'un Cheikh, puis il rend visite un autre parmi les Saints, ce disciple ne tirera profit ni du premier ni du second ». C'est dire qu'il a perdu les deux.

Charbûnî dit dans son « Tâ'iyya » :

« *Ne jamais tourner le regard vers un autre Cheikh*
Ce sera là, un signe incontournable pour être déconnecté ».

La base de tout ceci réside dans le fait d'orienter totalement le novice vers son Cheikh seul en l'empêchant de se tourner vers un autre cheikh ou d'écouter attentivement un autre que son Cheikh, car son Cheikh joue le rôle de pont entre lui et le Messager de Dieu (PSL). Ce dernier, également, reste le cordon ombilical entre le Cheikh en personne et Dieu le Très Haut. Nous avons comme preuve de cette assertion le propos divin suivant : « **S'il y avait dans le ciel et la terre des divinités autres qu'Allah, tous deux seraient certes dans le désordre …**[9]» ; et ce propos suivant : « **Allah a cité en parabole un homme appartenant à des associés se querellant à son sujet et un [autre] homme appartenant à un seul homme : sont-ils égaux en exemple?…**[10] ». Les Saints divergèrent sur le danger que court le disciple quand il s'intéresse à plusieurs Saints à la fois.

Parmi eux, nous avons notre Vénéré qui montre la gravité de rendre visite un autre que son Cheikh, car beaucoup de médecins sème le désordre dans l'état d'esprit du malade du fait de la prescription intensive de médicament. Aussi, ils désorganisent plus qu'ils n'aménagent.

Nature de la ziara interdite

Ils disent : « Le disciple est comparable à celui qui creuse un puit. S'il poursuit à creuser en un seul endroit, il finira par trouver de l'eau. Par contre, il passera tout son temps à creuser, s'il ne se limite pas à creuser en seul endroit. S'il multiplie les

---

[9] Sourate : Al- Anbiyâ' ; verset : 22.
[10] Sourate : Az- Zumar ; verset : 29.

endroits, jamais il ne trouvera de l'eau ». Ils disent encore : « le disciple est comme le malade. Chaque fois que deux médecins n'ayant pas la même spécialisation l'assistent, ils ne pourront jamais le satisfaire ». Ils montrent qu' « étant donné qu'une femme ne peut en aucun cas être épouse de deux hommes à la fois ; de la même manière, un disciple ne peut pas avoir deux Cheikhs à la fois ». Tout ceci entre dans le cadre de leurs exagérations à vouloir coûte que coûte assurer la sécurité du novice jusqu'à ce qu'il arrive à Dieu indemne de tout élément destructeur qui pourrait obstruer son chemin. Par Dieu, je me prononce uniquement pour assurer la protection du novice.

De manière sommaire, la forme de ziara interdite dans la Tijjâniyya, c'est la ziara d'affection (*ziaratu ta-'alluq*), la ziara pour s'attirer des bénédictions (*ziaratu tabarruk*) et la ziara basée sur l'inspiration (*ziaratul istimdâd*). Ces formes de ziara pourraient réveiller dans la Tarîqa des idées tendancieuses et pourraient être sources de mauvaises intentions. Le Cheikh n'a pas interdit les sincères visites accomplies uniquement pour la Face de Dieu et qui sont loin des aléas et des plaisirs sensuels de l'âme. Le Cheikh disait : « *Rendez visite pour Dieu, donnez à manger pour Dieu, priez pour Dieu* ».

Quant à la ziara recommandée, c'est celle faite pour rendre visite à un malade, aux deux parents, vivants ou décédés et celle consistant à consolider les liens de parenté ici-bas et dans l'au-delà. Cette forme de ziara est chose souhaitée et personne dans la Tarîqa Tijjâniyya ne l'a interdit. Seulement, certains avancent des propos tombés dans l'eau et que certains véhiculent au nom de la Tarîqa. Quant à nous, cette question est tranchée.

Le texte authentique de la Salâtul Fâtihi

Le texte authentique est celle-ci : « Allâhumma salli 'alâ Sayyidinâ Muhammadine, al- Fâtihi limâ ughliqa, wal Khâtimi limâ sabaqa, Nâsiral haqqi bil-haqq, wal- Hâdî ilâ sirâtikal mustaqîm, wa 'alâ âlihî haqqa qadrihi, wa miqdârihil 'azîm ».

اللهم صل على سيدنا محمد الفاتح لما أغلق والخاتم لما سبق ناصر الحق بالحق والهادي إلى صراطك المستقيم وعلى آله حق قدره ومقداره العظيم.

Tout autre texte n'ayant pas les mêmes termes que celle-ci est un texte altéré, soit par la réduction ou par le rajout d'autres termes nouveaux. Effectivement, nous avons l'ouvrage de Ibn Manî-'i, au niveau de la 7ème section/p.67, où nous lisons : « Allâhumma salli, wa sallim, wa bârik 'alâ Sayyidinâ Muhammadine, al- Fâtihi limâ ughliqa, wal Khâtimi limâ sabaqa, an-Nâsiral haqqi bil-haqq, wal- Hâdî ilâ sirâtikal mustaqîm, sallal- Lâhu 'alaïhi, wa 'alâ âlihi wa as'hâbihi haqqa qadrihi, wa miqdârihil 'azîm ».

اللهم صل وسلم وبارك على سيدنا محمد الفاتح لما أغلق والخاتم لما سبق الناصر الحق بالحق والهادي إلى صراطك المستقيم صلى الله عليه وعلى آله وأصحابه حق قدره ومقداره العظيم.

Nous notons que les termes ajoutés ici c'est « Wa sallim wa bârik », le « wâw », l'article « alif lâm » au niveau du terme « Nâsiral » et l'expression « sallal- Lâhu 'alaïhi wa as'hâbihi ».

Tous ces mots ajoutés ne sont pas dans le texte authentique de la *Salatul Fâtihi* qui figure parmi les Awrâd de Cheikh Tijjâne et de sa Tarîqa. Il est étonnant d'entendre l'auteur de « Ar-Radd al-muhkam al-manî'i », dire que les ténors de la Tijjâniyya se focalisent tous sur la *Salâtul Fâtihi*. De même, Yûsuf Nab'hânî a évoqué ce fait dans son livre « Sa-'âdatu dâraïni fi salâti alâ Sayyidil kawnaïni » à la page 137. La Salâtu alan- Nabiyyi qu'il a cité occupe la 50ème salat, dans la 1ère impression. Dans l'autre impression, on note que les termes « *wa sallim wa bârik* » sont effacés.

Par contre, elle peut être une autre prière entièrement autonome ou autonome en partie comme la Salât que l'on voit dans « Dalâ'ilul khayrât » dans la 1ère section (*hizbul awwal fî yawmil isnayni*) à la page 41. En effet, on y lit : « Allâhumma Dâhiyal mad'huwwâti ; wa Bâri'al masmûkâti ; wa Jabbâral qulûbi 'alâ fitratihâ, chaqiyyihâ wa sa-'îdihâ ; ije-'al charâ'ifa salawâtika, wa nawâmiya barakâtika, wa ra'afata ta'hannunika 'alâ Sayyidinâ Muhammadine, abdika wa rasûlika ; al- Fâtihi limâ ughliqa, wal-Khâtimi limâ sabaqa, wal mu-'ulinil haqqa bil haqqi … ».

De toute façon, l'authentique *Salâtul Fâtihi* pratiquée dans le Wird Tijjâne est celle qui est mentionnée plus haut et elle renferme 108 lettres. Donc, il ne sied pas que l'on attribue une autre forme de Salât au Cheikh ou à la Tarîqa. C'est dire ce que le

La dimension spirituelle et cultuelle de la Tarîqa Tijjâniyya

Cheikh Yûsuf Nab'hânî et l'auteur de « <u>Ar-Radd al-muhkam al-manî'i</u> » ont mentionné dans leurs ouvrages ne figure nulle part dans les références tijjânites.

Il ne fait aucun doute que le premier à posséder la *Salâtul Fâtihi* demeure le Qutb Sayyid Muhammad Bakri et nous y reviendrons plus largement. Seulement, personne n'a écrit cette Salât avant la venue de Cheikh Tijjânî.

Seulement, certains adeptes du Qutb Muhammad Bakri en ont parlé et ce fait n'est devenu célèbre que lorsque Cheikh Tijjâne l'a reçu. Et ce dernier l'a intériorisé dans ses *Awrâd* après avoir reçu la permission des mains bénies du Prophète (PSL) en état d'éveil et non en sommeil. Ensuite, le Prophète (PSL) l'informa ce qu'il devra l'informer quant aux mérites de cette Salât. C'est après cela que les négateurs ont été saisis d'admiration, que les apostats se sont étonnés de ses termes et que les contestataires et ceux qui critiquent ont discuté durant la vie du Cheikh et après sa mort.

Cet état de fait a amené certains d'entre eux à aller trop loin dans leurs négations, leurs objections et leurs désapprobations. Certains même vont jusqu'à taxer de mécréants Cheikh Tijjâne et ses disciples. Mais, les défenseurs de cette Tarîqa et leurs fidèles valets et ceux qui sont venus après ceux-ci figurent parmi les meilleurs Savants de chaque époque. Ils se sont consacrés à répondre catégoriquement aux critiques et à affaiblir l'allégation des contestataires. Aussi, ils ont emprunté divers moyens pour mener leurs réponses en usant de méthodes pratiques. Ainsi, nous citons des ouvrages qui sont venus comme réponse à ces allégations absurdes :

a. « <u>Al-djawâb almuskit fi raddi alâ mane takallama fi tarîqati cheikh Tidjâne bila tasabbut</u> ».
b. « <u>Al-jaysul kafîl</u> » du Cheikh Sayyid Muhammad Aknasûs.
c. « <u>As-sirru rabbânî fi raddi tir'hât</u> » de Ibn Mâyabil Ânî.
d. « <u>As-sirâtul mustaqîme fi raddi alâ mu'allifil man'hadj al-qawîme fî ajzâ'ine</u> ».
e. « <u>Al-hijâratu al-maqtiyya likasri mir'âtil masâwîl waqtiyya</u> ».
f. « <u>Nasîhatul ikhwâne fi sa'iril awtâne</u> ».
g. « <u>al-îmânu sahîh fi raddi alâ mu'allif al-djawâb as-sarîh</u> ».
h. « <u>Zawâlul hîra biqâti'il bur'hâne bil jawâb ammâ nachratuhu jarîdatu zuhra tahta 'unewâne : « aïna himâtul Qur'âne</u> ».

i. « kachful balwâ fi raddil fatwâ al-manchûra alâ jarîdati taqwâ [11].

j. « Mubridu sawâmi wal asinati fi raddi alâ mane akhraja Cheikh Tidjâne ane dâ'irati ahli sunna lirayâhî ».

k. "An-nasr al-wâdih fi zabb, ane mu'allif tibbil al-fâ'ih" de Umar al-Madani al-Mazwârî.

l. "Al-tibb al-fâ'ih wal wird as-sâ'ih fi Salâtil Fâtihi" de Cheikh Nazîfî.

m. « As-Sirâtul mustaqîme fi raddi alâ mâ nasaba lisâdati tidjâniyya bi'anna Salâtal Fâtihi afdalu minal Qur'ânil Azîme » de Muhammad Sa'ad Ibn abdallah Rabât.

n. « Richqu sihâm fimâ fil kalâmil munkir alâ Cheikh Tidjâne minal aghlât wal aw'hâme » de Muhammad Fall Abbâ.

o. « Tir'hât Zamzamî » qui comprend trois répliques :

1°/ l'ouvrage du Cheikh Abdul Wâhid Ibn Abdallah Ribât intitulé : « I'lâmul muslimîne bil hujjati wal bur'hâne fi kalâmi zamzamî Ibn Siddîq mina zûr wal buhtâne » (informer les musulmans par le biais d'arguments tangibles sur les faussetés et les diffamations de Zamzami Ibn Siddîq).

2°/ l'ouvrage du Pr. Abdul Azîz Ibn Abdallah intitulé : « Tahâfât zamzamî wastihtârihi bi charî'atil islâmiyya » (l'incohérence de Zamzami et son cynisme par rapport à la Chari-'a Islamiyya).

3°/ l'écrit du poète Idrîs Al-Alamî intitulé : « Muhyi sunna » (revivification de la Sunna).

p. « Al-i'ilâm bi zindîqil imâm ».

q. « Al-Hujjatul wâdiha, al-bur'hâne fi annal ârifal tidjâniyya lam yufaddil Salâtal Fâtihi alal Qur'âne ».

r. « Al-qawlul jaliyyul wâdihu fi kachfil khatâ'i ane Salâtil Fâtihi » du faqîh Muhammad Ibn Mahfûz.

s. « Al-qawlul sadîd fi raddi alal munkaril anîd allazî wasama tidjâniyyîne bi tafdîli Salâtil Fâtihi alal Qur'ânil Majîd ». Celui-ci est un ouvrage compilé par le serviteur de cette Tarîqa, serviteur qui reconnaît ses péchés et sollicite le pardon de son Seigneur.

La Salâtul Fâtihi entre conviction

---

[11] A noter que ces 7 derniers ouvrages ont pour auteur Cheikh Ahmad Chukayrij.

et désapprobation

Tout ce que l'on vient de mentionner plus haut constitue un rajout de la « <u>Jawâhirul Ma-'ânî</u> » de Cheikh Ali Hirâzam Barrâd Fâsî, du « <u>Rimâhu Hizb Rahîm 'alâ Nuhûri Hizb Rajîm</u> » de grand mujâhid Sayyid 'Umar Fûtiyu, du « <u>Fathu Rabbânî</u> » selon le besoin du novice tijjâne de Muhammad Ibn Abdallah Ibn Husayn Tidjânî qui est l'épée contre la négation, la batterie de la vérité pour le triomphe et le défenseur des hommes de Dieu. Tous les deux reviennent au Cheikh Muhammad Ibn Muhammad Saghîr Chinqîtî. De même, il constitue un rajout par rapport au « <u>Mîzâbu Rahmati Rabbâniyyati bit- Tarîqati Tijjâniyya</u> » de Abîd Ibn Muhammad Saghîr, par rapport au « <u>Kâchiful ilbâsi 'ane faydatil khâtim Abî Abbâs</u> » de Ibn Cheikh Hâj Andallah Ibrahîma et par rapport à l'ouvrage « <u>Ibdâ'i wal i-'âdati fî masliki sâ'iqi sa-'âdati</u> » de 'Umar Ibn Qudûr et ainsi que d'autres livres.

1/ La Salâtul Fâtihi dépourvu du terme
« as- Salâmu » (paix, salut)

On sait tous que la *Salâtul Fâtihi* ne renferme pas le terme « *as- Salâmu* ». Mais ce qui a amené certains à penser que la prière sur le Prophète n'est pas complète et alors peut être ils y ont ajouté, pour le rendre complet, le terme « *As- Salâmu* ». On a déjà amené des exemples de Salât qui connaissent ces rajouts. Cependant, la seule vérité réside dans le texte authentique qui ne renferme pas ce terme « *As- Salâmu* ». On a une fois demandé au Cheikh : pourquoi l'absence du terme « *As- Salâmu* » dans la *Salâtul Fâtihi* ?

Il répondit : « *La vérité indiscutable est que la Salâtul Fâtihi a été révélée ainsi et elle est du domaine de l'invisible. Elle sort du cadre des règles grammaticales connues, car elle n'est pas une production humaine* ».

Concernant son propos : « Elle est du domaine de l'invisible et non une œuvre humaine », nous y reviendrons, s'il plaît à Dieu. On a certes entendu et lu dans certains ouvrages cette thèse : « En réalité, le zikr de la *Salâtul Fâtihi* ne peut pas être chose pratique si celle-ci est dépourvu du terme « *As- salâmu* ». Ils disent que

22

Dieu à recommander : « ... **Ô vous qui croyez, priez sur lui et adressez lui vos salutations** [12] ». Et partant de ce verset coranique, ils se gardent de faire le zikr de la *Salâtul Fâtihi*. Et même, certains qui sont considérés comme des savants, y ajoutent ce terme « *As- Salâmu* » en se basant sur ce que l'on vient de démontrer plus haut. Ils se montrèrent très fermes dans leurs vouloirs de regrouper ensemble les termes « *As-Salâtu* » et « *As- Salâmu* » lors de la prière sur le Prophète (PSL).

Mais toutes ces allégations ne sont que des erreurs énormes. Et même si on ne dit pas qu'elles ressortent de l'ignorance, de l'égarement et de l'âme qui incite au mal, nous pouvons seulement dire que le fait d'ajouter dans la *Salâtul Fâtihi* le terme « *as-salâmu* » ne permet pas de tirer profit de ses bienfaits, car son état de mysticisme n'est plus là. Nous disons aux deux groupes que ce n'est pas seulement la *Salâtul Fâtihi* qui est dépourvu de ce terme, il y a bien d'autres types Salât qui en sont dépourvues. Et malgré cet état de fait, jamais dans l'histoire islamique, on n'a entendu quelqu'un parmi les savants ou les Fuqahâ' en parler comme l'ont fait ces négateurs qui attaquent la *Salâtul Fâtihi* sans fondement. Ce n'est même pas la peine d'aller plus loin que la Sunna du Prophète (PSL) qui constitue le pivot central d'où évolue la Tarîqa Tijjâniyya.

2/La Salâtul Ibrâhîmiyya

En effet, cette Salât, dans toutes ses versions, est dépourvue de ce terme « *as-salâmu* ». Imâm Bukhârî rapporte dans son « Sahîh » dans le chapitre de la prière sur le Prophète (PSL), d'après Abd Rahmâne Ibn Abî Laylî qui dit que : « J'ai croisé Ka-'ab Ibn 'Ajra qui me dit : Ne vais-je pas te faire cadeau ? Le Prophète (PSL) est venu à nous et nous lui avons dit : Ô Messager de Dieu (PSL), indique-nous la manière de t'adresser le salut et de prier sur toi ». Il dit : « *Dites : Allâhumma salli 'alâ Muhammadine wa 'alâ 'âli Muhammadine ; kamâ sallayta 'alâ Ibrâhîma wa 'alâ 'ali Ibrâhîma. Innaka Hamîdune Majîdune* ».

Dans le hadith qui vient juste après celui-ci, on rapporte d'après Abî Sa-'îd Khudarî qui dit : « Nous avons dit : Ô Messager de Dieu (PSL), comment devrons-nous prier sur toi et t'adresser le salut ? ». Il dit : « *Dites : Allâhumma salli 'alâ Muhammadine,*

---

[12] Sourate : Al- Ahzâb ; verset : 56.

'Abdika wa Rasûlika ; kamâ sallayta 'alâ Ibrâhîma. Wa bârike 'alâ Muhammadine wa 'alâ 'âli Muhammadine ; kamâ bârakta 'alâ Ibrâhîma wa 'alâ 'âli Ibrahîma … ».

Et dans ce que nous venons de mentionner, il y a un argumentaire suffisant pour répondre à celui qui se prononce, sans science certaine, sur la *Salâtul Fâtihi* et qui, par conséquent, s'abstient de faire le zikr de cette Salât.

Ils évoquèrent, en plus, d'autres exemples démontrant que les nobles compagnons séparaient le Salut adressé sur le Prophète (PSL) et la Prière faite sur lui. Ils ne faisaient que lui adresser le Salut sans prier sur lui. Et lorsque Dieu les ordonna de prier sur lui, c'est alors qu'ils lui demandèrent la manière de faire cette forme de prière. Il les répondit : « *Dites : Allâhumma salli 'alâ Muhammadine wa 'alâ âli Muhammadine* » sans faire une nette distinction au point de dire que la « *Salât* » ne peut se faire sans le « *Salâm* » et vice versa.

Aussi, on note que la *Salâtu Ibrâhîmiyya* est dépourvue du terme « *as- salâmu* » et qu'elle suffit comme argument pour démontrer l'écart existant entre la « *Salât* » et « *Salâm* ». Les 'Ulamâ' ont également leurs propos et il convient de revoir leurs opinions. Parmi eux, nous avons les dires de Hâfiz Ibn Hajar qui en fait un argument. Il s'est appuyé sur le Hadith de Ka-'ab Ibn 'Ajra pour distinguer la « *Salât* » du « *Salâm* ». En fait le fait d'adresser le salut (*Taslîm*) à précéder l'enseignement de la manière de faire cette prière sur le Prophète (*as-Salât*). Aussi, il a singularisé le *taslîm* lors du témoignage (*at- tachahhud*) dans la prière avant même de formuler la prière sur lui.

Même Hâfiz Haysimî, Hâfiz Sakhâwî ainsi que d'autres savants, qui ont tenté remettre en cause cette question, en ont parlé.

L'origine de la Salâtul Fâtihi

Beaucoup de personnes ne cessent de s'interroger sur l'origine de la Salâtul Fâtihi et comment est-elle parvenue à Cheikh Tijjâne. En réalité, cette *Salâtul Fâtihi* provient du Connaisseur de l'Invisible tout comme du Visible, le Savant, le Capable, le Sage, le Parfaitement Connaisseur. Mais, ils se sont trompés sur cette question et comme je viens de le dire, beaucoup de personnes ont tenté d'orienter leurs réflexions sur ce qui ne les regarde pas. Ils ont eu un comportement hideux vis-à-vis du Cheikh et dans leurs conjectures, ils soutiennent que le Cheikh Tijjâne prétend recevoir la révélation. De fait, ils ne savent pas qu'il n'est pas réellement le fondateur de cette Tarîqa et que celui-ci n'a jamais dit qu'il en est le vrai réceptacle.

En vérité, il a bien précisé que : « Le Prophète (PSL) m'a informé que la *Salâtul Fâtihi* n'est pas une production de Bakrî. Mais, ce dernier s'est longuement tourné vers Dieu lui demandant de lui accorder une prière sur le Prophète (PSL) qui renferme l'ensemble des récompenses de toutes les autres formes de prière. Et sa demande a pris un temps avant que Dieu ne répond à son vœu. C'est ainsi que l'Ange est venu à lui avec cette Salât mentionnée sur une page illuminée ».
Il faut noter qu'auparavant, les chefs de file des négateurs qui critiquent le Cheikh et sa Tarîqa disent : « Cette forme par laquelle la *Salâtul Fâtihi* fut reçue est semblable à la nature de la révélation rapportée par Bukhârî montrant que l'Ange venait au Prophète (PSL) et celui-ci semblait entendre une cloche sonner. Parfois, il venait à lui sous la forme d'un homme qui le parle et qu'il écoute attentivement ».

Ce qu'il faut savoir ici c'est que le Cheikh n'a jamais dit que la venue de la *Salâtul Fâtihi* est comparable à aucune des deux formes de révélations rappelées plus haut. Le Cheikh n'a jamais dit que l'Ange est venu à lui en personne. Mais ce qu'il a dit c'est que l'Ange a apporté à Bakrî cette Salât et non que l'Ange s'est présenté à Bakrî sous forme humaine. Et il n'a pas dit, non plus, que Bakrî a vu un homme descendre sur lui. Il a simplement dit que : « Un Ange envoyé par son Seigneur est venu lui apporté la *Salâtul Fâtihi* ». Et cette affirmation n'est pas interdite aux yeux de l'Islam ; mais elle est possible et logique. Donc, la position des contestataires disant que cette affirmation exprime la révélation est bâtie sur un faux fondement. Nous ferons état du propos confirmant que les Saints peuvent bel et bien voir les Anges, car ils sont les héritiers de la Prophétie dans cette communauté muhammadiyya. De même, nous ferons la lumière sur les différentes formes de la révélation.

Cependant, une préoccupation nous anime. Nous interpellons celui qui ne croit pas aux propos du Cheikh de nous dire s'il figure parmi ceux qui se sont soumis et qui croient aux prodiges des Saints ou préfèrent-ils nier, en compagnie des négateurs, ce sur quoi les Pieux prédécesseurs sont tombés d'accord. Il faut dire que ces derniers ne cheminent pas la même voie que ceux-là. En fait, les pieux prédécesseurs admettent sa possibilité et confirment sa faisabilité. En guise d'illustration, nous évoquons les preuves évidentes permettant de confirmer la faisabilité des prodiges de Cheikh Abdallah Ibn Siddîq. Et nous nous limitons ici de ce qu'a dit Kalâbâzî dans le

26ème chapitre de son livre où il dit : « Soyez unanimes sur la confirmation des prodiges des Saints et même s'ils entrent dans le cadre des miracles comme le fait de marcher sur l'eau, de parler aux animaux, de plier la terre, faire manifester une chose loin de son endroit et de son moment d'apparition ». Des données et des versions sont venues réaffirmer cette possibilité de faire des prodiges et des miracles. Et même la révélation est venue dans ce sens, lorsque Dieu relate le récit de celui qui avait une connaissance du Livre en ces termes : « … **Je te l'apporterai avant que tu n'aies cligné de l'œil** …[13] ». Nous avons, en plus, le récit de Mariama lorsque Zakaria l'interrogea : « … **Ô Mariama, d'où te vient cette nourriture ? Elle dit : « cela me vient de Dieu** …[14] ».

Une autre question reste à élucider. C'est celle relative à l'émanation du livre de l'invisible, celle démontrant qu'effectivement la *Salâtul Fâtihi* est venue de la manière dont elle est descendue sur Bakrî dans une feuille faite de lumière et celle de savoir s'elle est descendue sur un autre que Bakrî. Nous concernant, nous pouvons dire qu'Umar Ibn Khattâb a dit : « J'ai entendu le Messager de Dieu (PSL) nous tenir un discours que je n'ai entendu qu'une ou deux fois. Je l'ai entendu dire : « Quelqu'un qui s'appelait Kifl, parmi les Fils d'Israël, habitait dans le péché. Alors, une femme vint le trouver et il la remit 60 dinars, à la condition de coucher avec elle. Lorsqu'il fut sur elle, elle trembla et pleura. Il dit : « Qu'est-ce qui te fais pleurer, je te violente ? » Elle répondit : « Non ! Mais je n'ai jamais fait cet acte. Et c'est seulement le besoin qui m'a poussé à le faire ». Il dit : « Prends ce que je t'ai donné et pars ». C'est là qu'il décida : « Par Dieu, je ne désobéirai jamais à Dieu ». Et il mourut cette nuit même. Le lendemain, on vit écrit sur sa porte : « Dieu a effectivement pardonné à Kifl ».

Certains rapporteurs ont évoqué cet état de fait et les gens restèrent ébahis sur ce fait jusqu'à ce que Dieu ait révélé à leur Prophète (PSL) le cas de ce personnage nommé Kifl. Dans ce hadith, nous avons une des formes d'écritures qui émanent du monde invisible, écrites par le biais de la plume de la puissance et que la main humaine n'a pas écrit et que personne n'a pressenti auparavant, à l'image de cette question qui est restée inconnue jusqu'à ce que Dieu la révéla à leur Prophète (PSL) à eux. Et ce dernier informa son peuple de ce que Dieu le communiqua par la voie de la révélation divine.

---

[13] Sourate : An- Naml ; verset : 40.
[14] Sourate : Âli 'Imrân ; verset : 37.

La dimension spirituelle et cultuelle de la Tarîqa Tijjâniyya

Hâfiz Munzirî rapporte dans son livre « At-targhîb wat- tar'hîb » (le désir et la peur), d'après Siriyyi Ibn Yahya qu'un homme qui habitait à Tay'i et l'a rendu hommage a dit : « J'ai demandé à Dieu de me faire savoir le Nom Sublime par lequel si on l'invoque, il répond. Alors, j'ai vu écrit au niveau des étoiles dans le ciel : « **Yâ Badî-'u samâwât wal- ard, Yâ Zal- Jalâli wal- Ikrâm** ». C'est la même manière que ce qui est rapporté sur la *Salâtul Fâtihi* qui est également descendue ; alors qu'elle était écrite sur une feuille en lumière. Par ailleurs, Rabâtânî mentionne dans son livre « As- sirâtal mustaqîm » (la voie droite) ce qui permet d'appuyer cet état de fait. En fait, il y montre que d'après Ali Ibn Abî Zafar qui le soutire de son frère, quelqu'un de bonne qualité, qui dit : « J'ai prié Dieu de me montrer le Nom le plus grand par lequel, si on l'invoque il répond. Alors, je me suis levé la nuit pour prier. J'ai entendu un cliquetis sur le toit de la maison qui tomba par la suite devant moi. Et je vis bien écrit en lumière : « **Yâ Allah ! Yâ Rahmân ! Yâ Zal- Djalâli wal- Ikrâm** ».

Ce récit est presque identique au premier récit bien qu'il a une certaine ressemblance avec la révélation et que seuls les aveugles en Dieu osent remettre en doute cette réalité. En fait, dans ce dernier récit nous notons le cliquetis qui se manifesta devant l'observateur afin qu'il puisse voir de manière réelle l'écriture en lumière. Et personne n'a apporté ce genre de manifestation à propos de la *Salâtul Fâtihi* bien que l'émanation de cette Salât descendue sur Bakrî est plus proche de la nature même de la révélation. De même, personne n'a soutenu que ce qu'a vu ce Saint ressort de la révélation ; mais il est considéré comme l'une des prodiges accordés aux Saints que seuls les tyrans remettent en doute et critiquent.

Nab'hânî fait état des différentes sortes d'écritures qui émanent du monde invisible et qui démontrent les prodiges des Saints. Nous avons, en fait, le rapport de Abî Muhammad Tal'ha Ibn Îsâ Hattâr qui dit : « Dieu a fait connaître le Nom Sublime ». Il ajouta : « Personne ne me l'a enseigné ; mais je l'ai vu bien écrit en lettres segmentées sous formes de lumières dans l'atmosphère ». Il dit de même à propos du rapport de Khallâd Ibn Kathîr qui a fait état du zikr que fait Sayyid Muhammad Bakrî sur les bonnes œuvres durables (*bâqiyât sâlihât*). Par ailleurs, ce même Khallâd Ibn Kathîr rapporte que la mère de Bakrî le signifia que son fils l'avait confié ceci : « Si je meurs et que vous me faites le bain rituel funéraire, alors un morceau de tissu vert, provenant du toit de la maison, tombera sur moi. Et sur ce morceau il sera écrit : « Voici la candeur et la pureté de Muhammad dont les actes

27

sur terre ne connaîtront pas l'Enfer ». Et il recommanda que l'on introduise ce morceau de tissu dans sa demeure. Alors je l'ai placé sur sa poitrine après avoir lu le morceau de tissu. Mais ce qui était étonnant, l'écriture se lisait aussi bien en recto qu'en verso de ce morceau ». Il dit : « Et je la demandais sur l'acte méritoire de son fils ». Elle répondit : « Le plus significatif de ses actes se limitait à pratiquer en permanence le *zikr* et à multiplier la prière sur le Prophète (PSL).

Muhibbî et Nab'hânî, s'y appuyant, firent état du rapport du Cheikh Ahmad Muhammad Taj'mû-'atî qui dit avoir trouvé l'écriture de notre compagnon, le vertueux littéraire Ibrâhîma Ibn Sulaymân Janînî. Celui-ci rapporte qu'Ahmad, quittant Ramla pour la ziara de Quds la journée du mardi 16 Rajab 1087, démontre qu'il a lu, en Egypte, un écrit venant du roi Sattâr qui interpellait le juge du rite malikite en Egypte, 'Umar Sûsî al-Maghribî. En effet, il montrait qu'un événement extraordinaire est survenu le mardi 21 Zul Hijja 1086, juste après la prière de l'après midi. En vérité, il dit avoir vu une pierre de rubis tombé du ciel et il est écrit làdessus : « **Lâ ilâha illal- Lâhu ; Muhammadur-rasûlul- Lâhi** لا إله إلا الله محمد رسول الله ». Des jours plus tard, une autre pierre plus petite descendit du ciel et il y est écrit : « **Lâ ilâha illal- Lâhu** لا إله إلا الله ». Alors, il rappela que la première pierre descendue fut envoyée dans la chambre prophétique, à elle la meilleure prière, le meilleur salut et la meilleure salutation.

On demanda Janînî de cette information. Il répondit qu'un groupe parmi les distingués de Ramla lui ont parlé de cet événement. De même Nab'hânî souligne d'après Maqarrî qui dit : « J'ai vu en personne à Fez, en l'an 1026, une pierre noire à la taille d'une paume de main et c'est écrit là-dessus : « **Lâ ilâha illal- Lâhu** لا إله إلا الله » sur une partie et sur l'autre partie c'est mentionné « **Muhammadur-rasûlul- Lâhi** محمد رسول الله ».

Maqarrî a fait état de cette information dans son livre « Fat'hul muta-'âlî fî mad'hit-Ta-'âlî فتح المتعالي في مدح التعال ». Ce livre fut repris par Nab'hânî dans le sien intitulé : « Jawâhirul bahri fî fadâ'ilin- Nabiyyil Mukhtâr جواهر البحار في فضائل النبي المختار ».

28

De son côté Muhyi Dîn relate dans le rapport du Châh 'Abbâs, le sultan de Kharasân qui dit avoir trouvé le cadavre d'un porc très âgé. Ensuite, il le frappa avec son épée qui le divisa en deux parties. Puis, il ordonna d'en extraire la dent. Il trouva écrit dans cette dent le Nom Sublime « Allâh الله ». Et c'est là, une chose étrange.

Cha-'arânî dit : « J'ai vu le jour où j'écrivais dans ce lieu un signe de la prophétie. En fait, quelqu'un m'a apporté une tête de mouton qu'il a grillée. Ensuite, il rongea la peau et il vit écrit avec une écriture divine au dessus des sourcils et du nez ceci :

" لا إلـه إلا الله محمد رسول الله أرسله بالهدى والدين الحق يهدي به من يشاء من عباده ".

Lâ ilâha illal- Lâhu ; Muhammadur- rasûlul- Lâhi. Arsalahu bil- hudâ, wa dînil haqqi, yahdî bihi mane yachâ'u mine 'ibâdihî » (*Il n'a point de Dieu qu'Allah et que Muhammad est son Messager qu'il envoya avec la guidée et la religion de vérité, ainsi Dieu guide qui il veut parmi ses serviteurs*). Et ce qui est plus étonnant, c'est la fréquence de l'expression « *mane yachâ'u* » dans l'Ecrit Divin. Et Dieu a fait cela par pure sagesse car, jamais il ne se trompe de ce qu'Il fait. Il n'est gagné ni par l'oubli encore moins par la négligence.

Nab'hânî, de son côté, rapporte cette question dans son livre « Hujjatul- Lâhi 'alal 'âlamîne حجة الله على العالمين » (*l'argument incontestable de Dieu sur l'univers*). Il y démontre qu'Ibn Dahalâne en a fait mention dans la biographie du Prophète (PSL). On dit souvent qu' : « Il se peut que la sagesse soit une confirmation indiscutable des sciences relatives à la situation privilégiée de la guidée ».

Nab'hânî rapporte, en plus, dans le rapport de Sulaymâne Ibn Sa-'îd Thawrî que Manâwî a dit que Ibn Mahdî a démontré que : « Lorsque Fadîl Ibn 'Iyâd a rendu l'âme, je lavais son corps. Sur le coup, il gémit et fut rappelé à la vie. Alors, je vis écrit sur son corps ce verset : « **Fasayak fîka humul- Lâhu, wa Huwas- Samî-'ul 'Alîm فسيكفيكهم الله وهو السميع العليم** »[15] (… *Alors, Allah te suffira contre eux, Il est l'Audient, l'Omniscient*).

Un autre m'a parlé en me signifiant qu'il fut le serviteur du Cheikh Muhammad Dardâbî qui rendit l'âme en 1936 et fut inhumé dans la ville de Tatwâne. Ce serviteur dit avoir vu entre ses épaules des écrits en poésie. De même, Ibn Qâsim rapporte

---

[15] Sourate : Al-Baqara ; verset : 137.

avoir vu des extraits de Imâm Mâlik un écrit sous forme de poésie « في الله حجة مالك أرضه » (*Mâlick, preuve de Dieu sur sa terre natale*) ». Nab'hânî dit, partant des écrits d'Âmina, la veuve, que Buchrâ Ibn Hârith était malade. Un jour, Âmina lui rendit visite à Ramla. Alors que celle-ci était encore chez lui, l'imâm Ahmad Ibn Hanbal fit son entrée pour le rendre visite à son tour. Alors l'imâm Ahmad porta son regard vers Âmina. C'est là que Buchrâ lui dit que celle-ci est Âminata, la veuve. Il dit : « Seigneur, certes Buchrâ Ibn Hârith et Ahmad Ibn Hanbal cherchent protection auprès de toi contre le feu ; alors, Dieu préserve-les du feu, ô Toi le plus Miséricordieux ». Imâm Ahmad dit : « Un morceau de tissu tomba sur moi la nuit et il y est écrit : « **Bismil- Lâhir- Rahmâni-r Rahîm, qad fa-'alnâ zâlika wa ladaynâ mazîdune** بسم الله الرحمان الرحيم قد فعلنا ذلك ولدينا مزيد » (*Au nom de Dieu, le Clément, le Miséricordieux. Nous avons, effectivement, fait cela et auprès de Nous, il y a davantage encore*).

Cha-'arânî dit que Ibn 'Arabî al-Hâtimî confirme avoir vu un idiot que taquinait quelqu'un. En fait, celui-ci faisait la ronde comme qui voulait faire ses adieux. Et il commença à se mêler intimement voire à plaisanter avec cet idiot en lui disant : « Est-ce que tu as pu racheter ta délivrance du Feu ? ». L'autre lui répondit : « Est-ce que les gens ont fait de même ? ». Il lui dit : « Oui ». Alors, il pleura et entra dans la pierre noire. Les gens et ses compagnons le reprochaient et le faisaient savoir qu'un tel a plaisanté avec toi ; mais il ne les a pas écouté au point de confirmer leurs propos. Cependant, il demeura dans son état. C'est dans cette situation qu'une feuille tomba sur lui du côté du drain (tuyau pour drainer les sols humides). Et sur cette feuille, il est écrit : « **Atquhû minan- nâr** عتقه من النار » (*délivré du Feu*). Il s'en réjouit.

Cet écrit avait un signe très significatif. Il est possible de lire les lignes de n'importe quel côté où l'on se trouve et les lignes ne changent pas. Et chaque fois que l'écriture est renversée pour retourner les lignes, les gens sauront qu'elle vient de Dieu. Cependant, le temps ne nous permet pas de revenir sur tous les écrits qui parlent des prodiges et des miracles des Saints. Nous pensons que cela peut être suffisant pour répondre, de manière précise et avec des arguments percutants, aux contestataires et aux négateurs.

Possibilité de voir le Prophète *(PSL)*

en état d'éveil

Donc, nous allons passer au point sensible et chaud à savoir : la possibilité de voir le Prophète (PSL) et les Anges à l'état d'éveil (*fîl yaqzati*). Nous allons débuter ce point en abordant d'abord le hadith du Prophète (PSL) qui précise que : « *Celui qui me voit en sommeil, il me verra en état d'éveil, car Satan n'est pas en mesure de prendre ma forme* ». A noter que ce hadith connaît plusieurs versions. Mais celui-ci, rapporté par Abî Hurayra, est extrait de « Sahîhul Bukhâry » dans le chapitre intitulé : « *Bâb mane ra'â Nabiyya, sallal- Lâhu 'alaïhi wa sallam, fîl manâm* ». (*Celui qui voit en état d'éveil le Prophète (PSL)*. Hâfiz Ibn Hajar al-'Asqalânî a expliqué, de manière explicite, ce hadith dans « Fathul Bârî ». De même, Qastalânî l'a expliqué dans « Irchâdus- sârî ». Ghunayya a fait de même dans « 'Umdatul qârî ». De son côté, Muhammad Anwâr Kichemîr en a parlé dans « Qabdul bârî ».

Imâm Muslim aussi a rapporté ce hadith dans son « Sahîh » dans le chapitre intitulé : « Kitâb ru'uya » (*le livre sur la vision*). Il l'a même expliqué dans son livre « Ikmâlul akmâli إكمال الأكمال ». Nawâwî, également, l'a expliqué dans le chapitre réservée à la question de la vision (ru'uyâ) au sein du livre intitulé : « Al-adab ». Abî Tayyib Muhammad Chamsul Haqqil 'Azîm Âbâdî l'a, aussi, expliqué dans « 'Awnul ma-'abûd عون المعبود ». De son côté, la Cheikh Khalîl Sahhâr Nufûrî l'a expliqué dans son livre : « Bazlul maj'hûd ».

Par ailleurs, Imâm Ahmad a rapporté ce hadith dans son « Musnad » en ces termes : « *Quiconque me voit en sommeil ; très certainement, il me verra en état d'éveil. Ou bien même c'est comme s'il m'a vu en état d'éveil. Car Satan ne peut jamais me ressembler* ». Il faut noter qu'Imâm Ahmad a rapporté beaucoup de versions différentes à propos de ce hadith, presque nous en avons une vingtaine de versions. De son côté, Ahmad al-Banâ a expliqué ce hadith dans « Fathu Rabbânî ». Par contre, dans le chapitre réservé à la vision du Prophète (PSL) au sein du livre : « L'interprétation des songes » (*ta-'abîru ru'uya*), Ibn Mâjah a rapporté ce hadith ainsi : « *Quiconque me voit en sommeil, c'est qu'il m'a, en même temps, vu en état d'éveil. Satan n'a pas la possibilité de prendre mon image* ». Ce hadith renferme bien d'autres versions comme l'a rappelé Imâm Ahmad, Muslim ainsi que d'autres parmi les érudits en matière de hadith. Alors, nous nous suffisons sur ce que l'on vient de mentionner.

Il y a, également, quelque chose qui suffit pour celui qui aspire à la guidée. Et ce qui se trouve dans les deux « Sahîh » suffirait comme preuve. Sans aucun doute, le critique clairvoyant saura que ce hadith reste une indication patente pour confirmer la possibilité de voir le Prophète (PSL) en état d'éveil. Et par conséquent, ce hadith n'a pas besoin d'une autre interprétation pour en saisir le sens. Le Prophète (PSL) a bien dit : « *Celui qui le voit en sommeil, le verra incontestablement en état d'éveil et un tel cas signifie qu'il l'a vu réellement. Car Satan ne peut et ne pourra jamais prendre son image* ». Et l'élément qui permet d'authentifier la praticabilité du sens apparent de ce hadith réside dans le fait qu'un grand nombre parmi les hommes véridiques de Dieu ont rapporté cette possibilité de voir.

En fait, la réalité est que la visibilité du Prophète (PSL) en état d'éveil est identique à celle faite en sommeil. Et c'est ainsi, c'est irrévocable.

On tente de regrouper les deux textes dans la mesure du possible. Et cette tentative de regroupement connaît diverses voies. Mais, la plus pratique, c'est le fait de donner la préférence, soit aux deux « Sahîh », soit à l'un des deux « Sahîh ». Et il y a rien, dans ce hadith, qui pourrait contredire la Sunna ou le Coran. De même, le fait qu'il soit dans les deux « Sahîh » est une indication péremptoire de ce que dit ce hadith. Et on ne sait pas comment est-il possible de détourner le hadith de son sens. Le langage arabe explicite qu'a employé le Prophète (PSL) dans ce hadith n'a point besoin d'interprétation voire même de le donner une autre signification. Il a bien dit : « *Celui qui me voit en sommeil, me verra, sans aucun doute, en état d'éveil* ». Et comme je viens de le dire, la langue arabe est connue par tous sans exception. Le sens est, également, clair et explicite et démontre une parfaite indication de son contenu. Donc, ce n'est pas la peine d'interpréter autrement. Par ailleurs, celui qui le voit en sommeil sera, forcément, honoré par Dieu qui l'amènera à le voir en état d'éveil même si cela devrait prendre un temps. Et même s'il lui restait le temps de prononcer le « *Tachahhud* » pour mourir, il l'aurait aperçu.

Par conséquent, qu'est-ce qui nous pousse à faire recours au commentaire erroné et prétentieux ; et à laisser de côté le sens du hadith que nous devrions plutôt considérer. Car chaque commentaire mené sur ce hadith nous éloignerait de sa signification. Et le musulman sera en mesure de se libérer de toute forme de préoccupation quant aux significations des termes ; mais il montrera de l'empressement pour savoir par quoi se guident les esprits avertis et qui sont susceptibles de commettre des erreurs. Ainsi, les interprètes de hadith, si toutefois, ils jugent le hadith, ils le donnent une autre signification du fait qu'ils n'ont pas vu le Prophète (PSL) en état d'éveil. Alors, ils admettent l'impossibilité d'une telle assertion. Et une telle attitude de leur part n'est rien d'autre qu'une aberration manifeste.

Nous allons dans ce qui suit faire état de certains commentaires de Savants. Parmi leurs propos, nous avons : « *Il me verra le jour de la Résurrection* » (*fasayarânî fil-qiyâmati*). Nous disons que cet entendement est sans fondement, car chacun dans sa communauté le verra ce jour-là. Même les désobéissants parmi sa communauté ainsi que celui qui l'a vu en sommeil et celui qui ne l'a jamais vu, tous le verront de manière indiscutable. Certains disent : « Le sens voulu ici, c'est quiconque le croit durant sa vie et ne l'a pas vu, car absent à cette époque ; celui-ci le verra en état d'éveil avant sa mort ». Seulement, en réalité, on dit que c'est là une réponse froide voire plus froide encore. En fait, Dieu est bien capable de le faire voir en état d'éveil à quiconque le croit et confirme son message, même après l'écoulement d'un temps voire même un siècle après la mort du Prophète (PSL). Et celui qui soutient cela ne veut que mettre en doute le pouvoir de Dieu que rien ne peut ébranler au point de le rendre incapable. Nous allons voir ce qu'a noté Kânid Halawi dans son commentaire du livre intitulé « Bazlul majehûd » : « Hâfiz se jeta avec impétuosité sur le sens du hadith et sur les propos des Savants ».

Ensuite, il dit : « En réalité, le hadith renferme six spécificités :
1°/ le hadith présente une comparaison.
2°/ on verra son énonciation et son commentaire en état d'éveil.
3°/ Il est exclusivement réservé à ses contemporains.
4°/ Il le verra même à l'aide d'un miroir. Seulement, ce sera une chose inconcevable.
5°/ Il le verra le jour de la Résurrection.
6°/ Il le verra ici-bas et l'abordera.
Nawâwî a apporté la meilleure explication en ces termes : « Il me verra ici-bas ». C'est dire qu'il y a possibilité de le voir dans ce bas monde après sa mort. Et Cha'arânî démontre qu'un tel fait est mentionné dans la « Mîzânul kubrâ ».

Ibn Hajar Makki en parle dans « Fatâwal hadith فتاوى الحديث ». Suyûti en évoque dans « Tanwîrul hâlik fî ru'uyati Nabiyyi تنوير الحالك في رؤية النبي ». Dans « Faydul Bârî », il démontre la possibilité de le voir en état d'éveil. Par ailleurs, l'ouvrage intitulé « Hâmichul musallasât wa risâlatî هامش المسلسات ورسالتي » est largement revenu sur cette question dans le chapitre : « les mérites du Prophète (PSL) ».

Le Cheikh Khalil Ahmad Sahhâre Nufûrî, auteur de « Bazlul Maj'hûd » dit que : « Les vertueux ont vu le Prophète (PSL) en sommeil, puis en état d'éveil. Et lors de cette entrevue, ils lui ont demandé des choses qu'ils craignent. Et le Prophète (PSL) leur donna la solution ». Nous avons là une forme de prodige réservée aux saints. C'est un fait manifeste lors de l'agonie et c'est Dieu qui en fait honneur à qui il veut. Ainsi un tel fait est vu comme étant un miracle des Saints.

Que Dieu fasse miséricorde à Cheikh Sayyid Muhammad Manâchû qui répondait à l'auteur de « Majallatul manâr » en ces termes : « A propos de la possibilité de le voir en état d'éveil, tu en es plus informé, car tu n'ignore pas le hadith rapporté par les deux Sahîh : *« Celui qui me voit en sommeil, me verra très sûrement en état d'éveil, car Satan ne peut pas me ressembler »*. En voulant détourner ce hadith de son sens propre, il faut d'abord savoir que beaucoup d'érudits se sont limités au niveau du sens primitif. De toute façon, il convient de considérer le propos de l'auteur de « Al-munajabi wa tîb » :
« Si vos propos sont justes, je ne suis pas perdu ;
Et si ma parole est véridique, c'est vous les perdants ».

En plus, il ajouta après avoir donné son point de vue sur les propos de Abî identique Jamra ainsi que ceux du grand Cheikh dont la connaissance est incomparable : *« S'il s'avère possible et logique de s'appuyer sur le sens visible attestant la possibilité de le voir comme nous l'avons démontré ; alors seuls les envieux ou celui qui doute de la puissance de Dieu ose remettre en cause la véracité et l'authenticité de pouvoir le voir en état d'éveil »*. Ce fait est le fondement même de notre Voie Spirituelle qu'est la Tarîqa Tijjâniyya. C'est dire que ceux qui infirment la possibilité de le voir en état d'éveil sont tombés dans deux erreurs. La 1ère erreur, c'est la non approbation des propos du Prophète (PSL) qui ne parle pas sous l'impulsion de la passion. La 2ème, c'est l'ignorance et la suspicion de la Puissance et de la capacité de faire du Tout Puissant.

C'est comme s'ils n'ont pas médité sur le récit de la vache relaté dans le Coran : **« Nous dîmes donc : « Frappez le tué avec une partie de la vache ». Ainsi, Allah ressuscite les morts et vous montre Ses signes afin que vous raisonniez** [16]**»**. Alors,

---

[16] Sourate : Al-Baqara ; verset : 73.

le seul fait de frapper le tué avec une partie de la vache égorgée permet de le ramener à la vie.

La simple invocation d'Abraham permet de rendre la vie aux quatre oiseaux[17] et l'ébahissement d'Uzaïr fut la cause d'abord de sa mort et celle de son âne, puis de leurs résurrections après 100 ans[18]. Celui qui a fait ces choses indiscutables est vraiment capable de faire voir le Prophète en état d'éveil à qui il veut.

L'auteur de « Al-Hujaj al-bayyinât », (les preuves évidentes), rapporte d'après identique Mulqin que le Cheikh Abd Qadr Jaylânî a vu, en état d'éveil, le Messager de Dieu (PSL) qui a craché sept fois dans sa bouche. Il a, également, vu Ali identique Abî Tâlib qui y cracha six fois. Il rapporte, d'après identique Mulqin et selon les écrits du Cheikh Khalifa identique Mûsa, qu'il voyait fréquemment le Prophète (PSL) en éveil comme en sommeil. On rapporte, par ailleurs, de Kamal Dîn Adfawî dans « At-Tâli-'i as-Sa-'îd الطالع السعيد » et selon les écrits de Safi Abî Abdallah Muhammad identique Yahya Aswânî qui fut l'hôte des Compagnons de Abî Yahya identique Châfi-'î qu'il a vu le Prophète (PSL) avec jouissance.

Le Cheikh Abd Ghaffâr Qawsî dit dans son livre « Al-Wahîd » : « Les compagnons du Cheikh Abî Yahya Abû Abdallah Aswânî résidant à Akhwîm informait qu'il voit le Messager de Dieu (PSL) à chaque heure ». Le Cheikh Abd Ghaffâr dit, encore dans « Al-Wahîd » que : « Le Cheikh Abul Abbas Mursi était en communication directe avec le Prophète (PSL) au point que celui-ci lui rendait le salut ». Le Cheikh Tâj Dîn identique 'Atâ' Ilâh dit dans « Latâ'if munan لطائف المنن » : « Qu'un homme a dit au Cheikh Abul Abass Mursi : Mon maître serre-moi ta main que voici, car tu as rencontré des hommes et sillonné des contrées différents ». Le Cheikh répondit : « Par Dieu, je n'ai serré que la main du Messager de Dieu (PSL) ». Il ajouta : « Si le Messager (PSL) disparaissait de ma vue, même une seconde, je ne compterai pas ma personne parmi les musulmans ». Il dit, en plus : « Le Cheikh Abdallah Dalâsî a prié derrière le Prophète Muhammad (PSL) à la Mecque ». Il rapporte, en outre, du Cheikh Ali Wafâ qu'il a vu le Prophète (PSL) qui l'habillait de son vêtement. Sur la même lancée, il rapporte d'après Nûrud- Dîn Al-Abja qui dit avoir salué le Prophète (PSL) qui lui rendit le salut, au su de toute l'assistance.

---

[17] Sourate : Al-Baqara ; verset : 260.
[18] Sourate : Al-Baqara ; verset : 259.

La dimension spirituelle et cultuelle de la Tarîqa Tijjâniyya

On a demandé à notre Cheikh sur ces propos. Il répondit : « Ce particularisme ne revient pas seulement à Mursi ; mais il est réservé au Maître des maîtres à tout moment et ce, depuis son installation sur la Chaise réservée au véritable Maître. Aucun voile ni paravent ne vient s'interposer entre lui et le Prophète (PSL). Et quelques soient la position, les déplacements de ce dernier, l'œil du Cheikh ne le quitte pas. Il mentionne, par ailleurs, que Chatyî a lu l'invocation faite lors de la fin de la lecture du Coran au niveau de l'emplacement honoré (ar-Rawda ach- Charîfa) et il entendit le Messager de Dieu (PSL) l'appeler. Il rapporte, en plus, que le Cheikh Abdul Mu-'uti a demandé au Prophète (PSL) sur l'authenticité de <u>Sahîhul Bukhârî</u>. Alors, il apporta une réponse convaincante qui va dans le sens de confirmer son authenticité. Il a tenu cette conversation en état d'éveil, alors qu'il était l'imam de ce lieu sacré. Il rapporte, en outre, que Sayyid Abd 'Azîz Mas-'ûd Dabbâgh a vu le Prophète (PSL). Et même ses deux maîtres que sont Darqâwî et Buzaydî l'ont vu.

Le fait de dire que ceux-ci ont vu le Prophète (PSL) en état d'éveil après sa mort pose quelques inquiétudes, si l'on sait qu'ils figuraient parmi les nobles compagnons. La seule réponse est que ce problème est posée par Hâfiz Ibn Hajar dans <u>Fat'hul Bârî</u>, d'après les dires qu'il a pris de Ibn Abî Hamza. Il démontre qu'un groupe l'a vu en sommeil ; mais personne d'entre eux n'a soutenu l'avoir vu en état d'éveil. Cependant, Hâfiz, en personne, a préféré l'inconsistance du compagnonnage avec celui qui a vu le Prophète (PSL) qui est déjà mort et avant qu'il ne soit inhumé.

La visibilité qui gagne les Saints est vue comme un fait inhabituel, un fait qui sort de l'ordinaire. Donc, on ne peut pas dire qu'il y a une quelconque idée de compagnonnage. De même, on ne peut pas légaliser un tel fait ou un tel acte. Le fait qu'un grand nombre n'a point dit qu'il l'a vu en état d'éveil après qu'il l'ait vu en sommeil n'est pas une preuve pour soutenir qu'ils n'auront pas ce mérite comme le montre l'évidence. Il faut impérativement être capable et en mesure de le voir même pour un instant. A noter que son âme ne quitte son corps que s'il le voit de manière effective.

Nous nous arrêtons ici, car le hadith relatif à cette question est très long et nécessite une large explication. Il faut savoir que l'on n'a pas fait état des propos de nos condisciples qui nous ont côtoyés et vécu avec nous ainsi que leurs descendances qui ont, en réalité, vu le Prophète (PSL) en, état d'éveil. Ils l'interrogent sur ce qui les concerne, il discute avec eux sur diverses questions qui les préoccupent ou qui préoccupaient l'un de leurs proches ou de leurs amis. Malgré cela, ils n'ont jamais tourné leurs regards et personne parmi leurs contemporains ne savait leurs états.

Seulement, ils en informaient leurs familles et leurs amis intimes et prenaient d'eux l'engagement d'être fermement discrets.

Nous allons en citer deux savants célèbres en donnant leurs noms, car ayant déjà rendu l'âme. Ils figuraient parmi ceux qui avaient la possibilité de voir le Prophète en état d'éveil :

1- Sayyid El Hadj Abd Salâm Balqât, faqîh et mufti. Il faisait ses bagages en les serrant contre lui. Il voyait le Prophète (PSL) en état d'éveil et informait les autres de ce qui devait advenir tôt ou tard.

2- Le surnommé Chaybatul Hamd, l'éminent faqîh et littéraire de grande renommée et très respecté, Sayyid Muhammad Sukayradj. Il interdisait ses contemporains son savoir et son génie en raison de l'intensité de leurs jalousies qui les emportent. Lui, aussi, il voyait en état d'éveil le Prophète (PSL) qui le communiquait des choses à venir. Lesquelles choses se produiraient comme il l'avait signalait. Parfois, il donnait des informations sur des choses à venir, malgré son âge petit.

La question de la vision des Anges

S'agissant du fait de voir les Anges, c'est une chose qui ne présente aucun doute. Cette visibilité des Anges n'est pas chose impossible et elle n'est pas un domaine réservé uniquement aux Prophètes et aux Messagers (PSE). La vision des Anges n'est pas chose confinée. Et c'est ce que nous trouvons dans l'ouvrage intitulé : « Al'Adîd ». Lequel ouvrage suffit pour réjouir l'œil du négateur. Aussi, le contestataire et celui qui critique seront assurés des preuves raisonnables bien transcrites que nous poserons sur la table. Nous comptons nous arrêter là en faisant appel à certains hadiths prophétiques qui serviront de moyens d'explication de certains versets coraniques en rapport avec cette question.

Dieu dit : « **Ceux qui disent : « Notre Seigneur est Allah », et qui se tiennent dans le droit chemin, les Anges descendent sur eux. « N'ayez pas peur et ne soyez pas affligés ; mais ayez la bonne nouvelle du Paradis qui vous était promis** [19]». Les

---

[19] Sourate : Fussilat ; verset : 30.

exégètes ont ajouté à ce verset cette précision : « *Les Anges descendent sur eux* (lors de la mort) ».

Dieu dit : « **En vérité, les bien-aimés d'Allah seront à l'abri de toute crainte et ils ne seront point affligé, ceux qui croient et qui craignent [Allah]. Il y a pour eux une bonne annonce dans la vie d'ici-bas tout comme dans la vie ultime…** [20] ».

Le Cheikh Al- Akbar Al-Hâtimî dit : « C'est là, une confirmation patente que l'on est arrivé à Dieu ». Quant à nos compatriotes qui se cramponnent sur leurs écrits comme l'imâm Abî Hâmid Ghazâlî soutenant que la différence entre le Saint et le Prophète (PSL) c'est la descente de l'Ange, car le Saint reçoit une inspiration alors que le Prophète (PSL) voit l'Ange descendre sur lui. En vérité, le Prophète (PSL) renferme les deux : la Seigneurie (*wilâya*) et la Prophétie (an-*nubuwwa*). Et à nos yeux, cette conception de vouloir dissocier le Saint la *Wilâya* et la Prophétie est odieuse. Ce qu'il fallait surtout faire, c'est de se focaliser sur ce que l'Ange a apporté et non de s'attarder sur la descente en question.

La manière dont l'Ange descend sur le Messager/Prophète (PSL) est différente de celle faite sur le Saint qui obéit à ce Prophète ou à ce Messager. En effet, l'Ange peut bien descendre sur le Saint qui obéit les ordres prophétiques. De même, il peut descendre sur lui en vue de lui annoncer la bonne nouvelle à savoir il est inscrit parmi les Heureux et les Gagnants dans les deux mondes. Dieu dit : « **A lui, la bonne nouvelle ici-bas** ».

S'agissant des gens qui ont opté la droiture en parlant de la Souveraineté de Dieu, les Anges leur diront : « **N'ayez pas peur et ne soyez pas affligés ; mais ayez la bonne nouvelle du Paradis qui vous était promis. Nous sommes vos protecteurs dans la vie présente et dans l'au-delà …** [21] ». Seulement, le vrai Saint c'est celui qui jouit de la saveur de la descente des Anges sur lui.

En effet, Dieu dit : « (Rappelle-toi) **quand les Anges dirent : « Ô Marie, certes Allah t'a élue et purifiée ; et il t'a élue au-dessus des femmes des mondes ». « Ô Marie, obéis à Ton Seigneur, prosterne-toi et incline-toi avec ceux qui**

---

[20] Sourate : Yûnus ; verset : 62--64.
[21] Sourate : Fussilat ; verset 30-31.

s'inclinent[22] ». Et dans une autre version Dieu dit : « (Rappelle-toi) **quand les Anges dirent : « Ô Marie, voilà qu'Allah t'annonce une parole de Sa part... [23] »**. On demanda au Cheikh le sens de « **Quand les Anges dirent** » et le sens de « **Et Nous révélâmes à la mère de Moïse ... [24]** ».

On s'interrogeait de savoir si la parole des Anges adressée à Marie nécessite ou non sa prophétie et si la révélation faite à la mère de Moïse exige ou non, également, sa prophétie.

Le Cheikh répondit : « Sache que la prophétie de Marie ainsi que le fait de vouloir en trouver une explication, en s'appuyant seulement sur ce propos divin « *Quand les Anges dirent* » et « *Nous Révélâmes à la mère de Moïse* », sache que tous ces propos sont employés au sens figuré et ne renferment pas leurs vrais sens. La vérité est que la Prophétie ne peut aucun cas concernée les femmes, car ce n'est pas leurs domaines ». Ce n'est pas seulement Cheikh Tijjâne qui a tenu ce langage ; mais c'est le langage de tous les érudits en matière de Dieu.

Nous allons en citer quelques uns à titre d'exemple. Nous avons le Cheikh Abdul 'Azîz Ibn Mas-'ûd ad- Dabbâgh. Dieu dit : « **Et nos émissaires sont certes, venus à Abraham avec la bonne nouvelle, en disant « Salâm ». Il dit « Salâm » et il ne tarda pas à apporter un veau rôti. Puis, lorsqu'il vit que leurs mains ne l'approchaient pas, il fut pris de suspicion à leur égard et ressentit de la peur vis-à-vis d'eux. Ils dirent : « N'aie pas peur, nous sommes envoyés au peuple de Lot ». Sa femme était debout et elle rit alors ; Nous lui annonçâmes donc la (naissance d') Isaac, et après Isaac Jacob. Elle dit : « Malheur à moi ! Vais-je enfanter alors que je suis vieille et que mon mari, que voici, est un vieillard ? C'est là vraiment une chose étrange ! ». Ils dirent : « T'étonnes-tu de l'ordre d'Allah ? Que la miséricorde d'Allah et Ses bénédictions soient sur vous, gens de cette maison ! Il est vraiment digne de louange et de glorification [25] »**.
Ainsi, Sârata l'épouse d'Abraham n'est pas une prophétesse ; mais les Anges l'ont parlée et l'ont annoncée une confrontation comme l'a relaté le verset concernant la

---

[22] Sourate : Âli Imrân ; verset 42-43.
[23] Sourate : Âli Imrân ; verset 45.
[24] Sourate : Al- Qasas ; verset 7.
[25] Sourate : Hûd ; verset 69---73.

venue d'Isaac (*Is'hâq*) puis de Jacob (*Ya-'aqûb*). Ainsi, le verset relate le dialogue dans ces versets.

Dieu dit : « **Mentionne dans le Livre** (le Coran)**, Marie, quand elle se retira de sa famille en un lieu vers l'Orient. Elle mit entre elle et eux un voile. Nous lui envoyâmes Notre Esprit** (Gabriel) **qui se présenta à elle sous la forme d'un homme parfait. Elle dit : « Je me réfugie contre toi auprès du Tout Miséricordieux. Si tu es pieux, [ne m'approche point] » Il dit : « Je suis en fait un Messager de ton Seigneur pour te faire don d'un fils pur ». Elle dit : « Comment aurais-je un fils, quand aucun homme ne m'a touchée et que je ne suis pas prostituée ? » Il dit : « Ainsi sera-t-il ! Cela M'est facile, a dit ton Seigneur ! Et Nous ferons de lui un signe pour les gens et une miséricorde de Notre part. C'est une affaire déjà décidée** [26] **»**.

De même, Maryam n'est pas une prophétesse ; mais Jibril est descendu sur elle et a parlé avec elle comme le démontrent ces versets ci-dessus. Nous avons, par ailleurs, le miracle d'Abraham et de Jésus (Îsâ). En guise de réponse, nous disons que tout ce qu'obtiennent les Saints appartenant à la communauté de Muhammad (PSL) sous ce rapport est vu comme étant un miracle du Prophète (PSL). Nous demandons Dieu de nous placer tous parmi les membres de la communauté Muhammédienne et qu'il fasse que nous rencontrions un des hommes de Dieu qui bénéficient de cette exclusivité. Il faut dire que tout prodige effectué devient un miracle revenant au Prophète (PSL). C'est le cas des prodiges des communautés précédentes qui prennent la forme d'un miracle pour leurs Prophètes respectifs.

Pour être plus clair, nous allons invoquer ce hadith où le Prophète (PSL) dit : « *Il y avait parmi ceux qui vous ont précédés des « modernes », et s'il devrait y avoir un dans ma communauté, ce serait 'Umar Ibn Khattâb* ». Et selon une autre version : « *Il y avait parmi ceux qui vous ont précédés parmi les Fils d'Israël des gens qui tenaient des communications sans qu'ils ne soient des prophètes, et s'il devrait y avoir un dans ma communauté, ce serait 'Umar Ibn Khattâb* ». Et le sens de Modernes (*muhdasûne*) et interlocuteurs (*mukallamûne*) n'est rien d'autre que des inspirés. Les Anges les parlent sans qu'ils ne soient des prophètes sur qui descend la révélation. Ils communiquaient avec les Anges sans voir l'interlocuteur.

---

[26] Sourate : Maryam ; verset 16---21.

Qastalânî dit : « Leurs langues ne disent que ce qui est exacte sans qu'elles ne soient téléguidées par la prophétie ». Khitâbî dit qu' : « Il projette quelque chose dans son esprit, c'est comme s'il l'y a produit. Alors, il l'imagine, le devine, puis la chose lui traverse et ainsi la chose est comme il l'avait conçue dans son esprit ».

Des faits réels confirmant
la descente des Anges

1- L'histoire du teigneux, du lépreux et de l'aveugle

Ce hadith que nous allons évoquer relate l'histoire du teigneux (*celui qui a le crâne nu*), le lépreux et l'aveugle. Hadith rapporté par les deux « <u>Sahîh</u> [27] ».

Certes, d'après Abû Hurayra, le Messager de Dieu (PSL) a dit : « *Dieu a voulu, une fois, éprouver trois des enfants d'Israël : un lépreux, un teigneux et un aveugle. Il leur envoya un Ange (sous l'apparence humaine). Ainsi, l'Ange vint trouver le lépreux et lui demanda :* « *Que préfères-tu le plus ?* » *Il dit :* « *Un beau teint et une peau saine. Je voudrais ainsi me débarrasser de ce qui provoque le dégoût des autres* ». *Alors l'Ange lui passa la main dessus et voilà que disparaît son aspect repoussant et que lui fut donné un beau teint. Ensuite, il lui dit :* « *Quelle sorte de biens préfères-tu posséder ?* » *Il dit :* « *Les chameaux* » (*ou les bovins, le narrateur en doute*). *Il lui remit, aussitôt, une chamelle de dix mois de grossesse en lui disant :* « *Puisse Dieu te la bénir !* ».

Ensuite, l'Ange alla trouver le teigneux en lui demandant : « *Que veux-tu le plus ?* » *Il répondit :* « *Une belle chevelure afin de ne plus inspirer de dégoût* ». *Et il le toucha de la main et aussitôt, il s'en guérit et eut de beaux cheveux. Il lui demanda :* « *Quelle sorte de biens désirerais-tu posséder ?* » *Il répondit :* « *Les bovins* ». *Et l'Ange lui remit une vache pleine en lui disant :* « *Que Dieu te la bénisse !* »

---

[27] Les <u>Sahîh</u> de Boukhary et Muslim.

Par la suite, l'Ange se rendit chez l'aveugle et lui demanda : « Que veux-tu le plus ? » Il répondit : « Que Dieu me rend ma vue pour que je puisse voir les autres ». Alors, il le toucha de la main et sur le champ il retrouva sa vue. Ensuite, il lui dit : « Quelle sorte de bien veux-tu posséder ? » Il dit : « Les ovins ». Alors, il lui remit une brebis prolifique.

Ainsi, les deux premiers eurent un produit abondant et le troisième se vit naître plusieurs agneaux. Si bien que l'un d'eux eut bientôt une vallée pleine de chameaux, l'autre une vallée pleine de bovins et le dernier une vallée pleine d'ovins.

Puis, l'Ange alla trouver le lépreux en prenant l'ancienne apparence du lépreux et lui dit : « Je suis un malheureux voyageur complètement coupé de ses ressources. Nul ne peut répondre à mes besoins si ce n'est Dieu et toi. Aussi, je te demande, au nom de Celui qui t'a donné ce beau teint, cette peau saine et ces abondances richesses de me donner un seul chameau afin que je puisse poursuivre mon voyage ». Il lui dit : « Je paie déjà assez d'impôts ». Il dit : « Il me semble bien te connaître ; est-ce que tu ne serais pas cet ancien lépreux repoussé par les autres et pauvre ? » Il dit : « J'ai plutôt hérité ces richesses de mes nobles ancêtres ». Il dit : « Si tu mens, que Dieu te ramène à ton premier état ! »
Puis, il alla trouver le teigneux en se présentant sous l'aspect qu'il avait avant sa guérison. Il lui demanda la même chose qu'à son compagnon et lui posa les mêmes questions. Il eut les mêmes réponses. Il lui dit : « Si tu mens, que Dieu te ramène à ton premier état ! »

Il alla enfin trouver le troisième sous l'apparence d'un pauvre aveugle et lui dit : « Je suis un misérable et un voyageur complètement coupé de ses ressources. Nul aujourd'hui ne peut répondre à mes besoins si ce n'est Dieu et toi. Aussi, je te demande, au nom de Celui qui t'a rendu la vue, de me donner un seul mouton pour me permettre de subvenir aux frais de mon voyage ». Il lui dit : « J'étais effectivement aveugle et Dieu m'a rendu la vue. Prends ce que tu veux et laisse ce que tu veux. Par Dieu, je ne te demanderai jamais de me rendre quelque chose que tu auras prise au nom de Dieu glorifié et honoré ». L'Ange lui dit alors : « Garde tes richesses, car j'ai voulu seulement vous mettre à l'épreuve. Ainsi donc Dieu t'a accordé Sa satisfaction et a frappé de Sa colère tes deux compagnons ».

Cette ressemblance entre dans le cadre de la possibilité de voir les Anges. Nous voyons l'Ange Jibril se manifester aux compagnons sous la forme d'un animal même s'il ne les a pas tenu un langage. De même, il se manifestait à eux à l'image d'un bédouin venu demander au sujet de l'Islam, de la foi et de la perfection. C'est un hadith célèbre bien connu.

Ainsi le Coran et la Sunna nous démontrent qu'il ait bel et bien possible qu'il y ait une communication directe entre le monde des esprits et la race humaine. Seulement, il faut admettre qu'elle ne peut pas être qualifiée de prophétie comme le prétendent certains. Et cet état de fait était chose confirmée par les Vertueux de cette communauté ainsi que ceux des communautés précédentes. S'agissant du Prophète (PSL), cette apparition est parfaite ; alors que pour les autres elle est limitée lorsque l'Ange prend sa véritable forme.

On rapporte que Hamza Ibn Muatallab a vu l'Ange Jibril sous sa forme angélique. Un autre jour, il dit au Prophète : « Ô Messager de Dieu, fais moi voir l'Ange Jibril sous sa vraie forme ». Il lui dit : « Assieds-toi ». Il s'assit. L'Ange Jibril descendit sur un madrier qui se trouvait près de la Ka-'aba. Le Prophète (PSL) dit : « Elève ton œil et regarde ». Il regarda sur le côté indiqué et il aperçut ses deux pieds comme des blocs très verts en affichant un air effrayant. Pour les vertueux, il se manifeste à eux dans sa forme matérielle.

2- l'homme qui lisait la sourate « Al-Kahf »

Nous avons, également, le hadith rapporté par Bukhârî d'après Al-Barâ'a qui dit : « Un homme lisait le chapitre « La Caverne » (al-Kahf) et avait à côté de lui un cheval attaché à deux cordes. Or voici qu'un nuage passa au dessus de lui et se mit à se rapprocher, ce qui faisait trépider le cheval. Quand ce fut le lendemain matin, il alla raconter la chose au Prophète (PSL) qui lui dit : « *Ce nuage était une sérénité descendue sur toi parce que tu récitais le Coran* ».

Sur la question de cette sérénité (sakîna), les Savants ont émis diverses interprétations. Ainsi, nous voyons Bukhârî qui interprète le hadith de Usayd Ibn Hudayr sur le chapitre intitulé : « <u>La descente de la quiétude et des Anges lors de la récitation du Coran</u> ».

3- l'homme qui lisait la sourate « Al-Baqara »

Il s'agit de ce hadith : « Usayd Ibn Hudayr a rapporté qu'une nuit, il récitait la Sourate « Al-Baqara » (*la Vache*), alors que son cheval était attaché près de lui. Le cheval commença à s'agiter ; mais quand il cessa sa récitation, l'animal s'apaisa. Puis de nouveau, il continua sa récitation, le cheval s'agita de nouveau et quand il arrêta sa récitation, il s'apaisa, et ce fut ainsi pour la troisième fois. En poursuivant sa récitation, le cheval s'agita, il le laissa et partit en traînant son fils qui était près de l'animal, de peur qu'il ne lui fasse mal. Et il leva ses yeux vers le ciel qu'il ne put le voir. Le matin, il alla raconter ce fait au Prophète (PSL) qui lui dit : « Tu devais continuer ta récitation, ô Ibn Hudayr ! Tu devais continuer ta récitation, ô Ibn Hudayr ! » Il lui répondit : « Ô Envoyé de Dieu ! J'avais peur qu'il ne foule mon fils Yahiya aux pieds, car il était tout près de lui. J'ai levé ma tête [du Livre de Dieu] et je suis allé vers mon fils, puis comme je levai la tête vers le ciel, je vis comme un nuage dans lequel il y avait comme des lampes qui s'éloignèrent et que je perdis de vue ». L'Envoyé de Dieu (PSL) lui demanda : « Sais-tu ce que c'était ? » Il lui répondit : « Non ». Il répliqua : « *C'étaient les Anges qui s'approchaient quand tu récitais. Si tu avais poursuivi ta récitation, le matin les gens auraient pu les voir sans échapper à leur vue* [28] ».

Et selon la version de Ibn Abî Laylâ, il dit : « En réalité, j'ai vu des miracles ». Nawâwî dit : « Dans ce hadith, on note une possiblité pour la communauté musulmane de voir les Anges ». Il montre que la lecture du Coran est un mérite car elle favorise la descente de la miséricorde et la présence des Anges. Nous disons ici que si le fait de voir les Anges était chose interdite aux communs des humains, le Prophète (PSL) ne dirait pas : « Les gens seront en mesure de les observer sans aucune barrière ». Cette assurance du Prophète (SL) renferme un langage explicite bien exprimé qui confirme la possibilité de voir les Anges par les non prophètes. Beaucoup de Compagnons (*Sahâba*) ainsi que les Suivants (*Tâbi-'îne*) et d'autres ont vu, effectivement, les Anges.

En fait, nous avons le hadith rapporté par Imâm Ahmad qui montre qu'un homme parmi les Ansârs (Auxiliaires résidents à Médine) a dit : « Je suis sorti en compagnie de ma famille pour trouver le Prophète (PSL). Je restais debout devant lui lorsque je vis un homme venir vers lui. J'ai cru qu'il a un besoin envers le Messager (PSL). Alors je m'asseyais quelque part. Mais, je finis par avoir pitié de lui tellement qu'il est resté longtemps debout. Ensuite, il s'en alla. Après, je m'approchai du Prophète

---

[28] Rapporté par Bukhâry (chapitre : les mérites de la lecture du Coran).

(PSL) en lui disant : « Ô Messager de Dieu, cet homme se tenait debout devant toi jusqu'à ce que j'eus pitié de lui du fait de sa longue attente ». Il me dit : « Connais-tu qui était-ce ? » Je dis : « Non ». Il me précisa : « *Cet homme était l'Ange Jibril qui me recommandait de bien me comporter vis-à-vis du voisin au point que je crus que ce voisin serait mon héritier. Et toi, si tu l'avais salué, il t'aurait rendu le salut* ».

Imâm Ahmad rapporta un hadith où Hârith Ibn Nu-'umân a dit : « Je dépassais le Prophète (PSL) qui était avec l'Ange Jibril, assis sur la chaise. Je le salue. Et à mon retour, le Prophète (PSL) me dit : « As-tu remarqué celui qui était avec moi ? » Je dis : « Oui ». Il me dit : « *C'était l'Ange Jibril et c'est lui qui t'a rendu le salut* ».

Nous avons bien d'autres hadiths comme celui rapporté par Suyûtî dans « <u>Tanwîrul-hâlik</u> تنوير الحالك » (*éclairage de l'obscurité*). Sadîd, de son côté, a mentionné ce hadith pour indiquer la possibilité de voir les Anges qui se manifestent, parfois, aux non prophètes. Nous avons, par ailleurs, le hadith (Asar) [29] de 'Arbâd Ibn Sâriya, un des vénérables compagnons. Et par ce hadith, nous fermerons cette fenêtre. Il s'agit de celui-ci : « Ibn Abî Dunya et Ibn 'Asâkir ont rapporté de 'Urwa Ibn Ruwaym d'après 'Arbâd Ibn Sâriya qu'il y avait un homme âgé parmi les compagnons du Prophète (PSL). Cet homme âgé, voulant mourir, invoquait ainsi : « Seigneur, je suis bien âgé et mes os sont affaiblis, alors met fin à ma vie ». Et me concernant, un jour je priais dans une mosquée de Damas et j'invoquais Dieu de mettre fin à ma vie. Et aussitôt, un jeune garçon très beau, habillé en vert, se pointa devant moi et me dit : « Par quoi invoques-tu ? » Je lui dis : « Comment dois-je invoquer, mon frère ? » Il me dicta : « Dis : Seigneur, facilite-moi les bonnes actions et fais-moi atteindre mon échéance ». Ensuite, je lui dis : « Qui es-tu ? » Il me précisa : « C'est moi Artayâ'îl qui console et soulage l'affligé et le chagriné parmi les croyants ». Ensuite, il se retourna et je ne vis personne ».

Au terme de cette mise au point à l'aide des textes coraniques et prophétiques, celui qui conteste peut toujours continuer à dénigrer Cheikh Tidjâne sur ce qu'il a dit à propos de la valeur de la Salâtul Fâtihi et de la possibilité de voir le Prophète (PSL) en sommeil comme en état de veille et la possibilité, également, de voir les Anges ?

En fait, la *Salâtul Fâtihi* ne fut pas la seule forme de prière qui nous vient du monde céleste sanctifié. De même, elle n'est pas la seule prière qui est dépourvu du terme

---

[29] Hadith transmis par une suite ininterrompue de rapporteurs.

« *Salâm* ». Il y'a bien d'autres prières descendues des lieux sanctifiés. Le juge (Al-Qâdî) 'Ayâd en a parlé dans « <u>Chafâ'i</u> » selon la chaîne de transmission qui remonte à 'Ali Ibn Abî Tâlib.

C'est ainsi qu'elle descendit en provenance du Seigneur de la puissance (Rabbil 'izzati) : « Allâhumma salli 'alâ Muhammadine wa 'alâ 'âli Muhammadine, kamâ sallayta 'alâ Ibrâhîma wa 'alâ âli Ibrahîma, innaka Hamîdune Madjîdune. Allâhumma bârik 'alâ Muhammadine wa 'alâ âli Muhammadine, kamâ bârakta 'alâ Ibrâhîma wa 'alâ âli Ibrâhîma, innaka Hamîdune Madjîdune. Allâhumma wa tarahhame 'alâ Muhammadine wa 'alâ âli Muhammadine, kamâ tarahhamta 'alâ Ibrâhîma wa 'âli âli Ibrâhîma, innaka Hamîdune Madjîdune. Allâhumma wa tahannane 'alâ Muhammadine wa 'alâ âli Muhammadine, kamâ tahannaneta 'alâ Ibrâhîma wa 'alâ âli Ibrâhîma, innaka Hamîdune Madjîdune ».

اللهم صل على محمد وعلى آل محمد كما صليت على إبراهيم وعلى آل إبراهيم إنك حميد مجيد. اللهم بارك على محمد وعلى آل محمد كما باركت على إبراهيم وعلى آل إبراهيم إنك حميد مجيد. اللهم وترحم على محمد وعلى آل محمد كما ترحمت على إبراهيم وعلى آل إبراهيم إنك حميد مجيد. اللهم وتحنن على محمد وعلى محمد كما تحننت على إبراهيم وعلى إبراهيم إنك حميد مجيد.

Certains s'interrogent de savoir pourquoi la *Salâtul Fâtihi* soit mise à jour et rendu célèbre par le biais de Cheikh Tidjâne et elle n'a pas connu cette situation aux mains de celui sur qui elle est descendue c'est-à-dire le Pôle-Erudit Bakrî ?

Nous disons, en guise de réponse : « C'est un secret qui émane de la présence Muhammédienne. Un tel cas n'est pas chose exclusive à Cheikh Tidjâne comme il n'a rien à voir dans l'agissement et l'attitude de Bakri. Cependant, ce fait est contrôlé par la Puissance Divine et par l'échéance arrêtée par Dieu.

Le Très-Haut a prescrit l'avènement des choses et leurs manifestations du monde invisible vers le monde visible. C'est dire que cette mouvance des choses est régie par la science et la volonté de Dieu. Il reste l'Unique Maître de Sa royauté et n'a besoin de l'aide de personne pour administrer. Son Essence est sanctifiée loin de toute souillure et de manquement. Certains mineurs et pauvres en connaissance se font des illusions sur Dieu qui ne sera jamais interrogé sur ses actes.

Force est d'admettre que Dieu, de par Sa Volonté Indiscutable, a octroyé exclusivement à la communauté muhammédienne la nuit du décret (*laïlatul-qadr*) ainsi que d'autres privilèges qu'Il n'a pas octroyés aux communautés précédentes. Et ceci n'est d'autre que la Grâce de Dieu. Il la donne à qui il veut. Car, Dieu est le Détenteur de la grâce immense.

Si seulement le sain d'esprit méditait sur le propos divin suivant : « **Est-il étonnant pour les gens que Nous ayons révélé à un homme d'entre eux : « Avertis les gens, et annonce la bonne nouvelle aux croyants qu'ils ont auprès de leur Seigneur une présence méritée** [30]». Alors, il se détendrait, se mettrait à l'aise et vraiment il lui sera évident que c'est la vérité que nous avons apporté et rien d'autre. Enfin, on n'est pas venu pour saisir de force les esprits des gens pour les contraindre à ajouter foi à Cheikh Tidjâne. N'est-ce pas Dieu qui a attiré l'attention de son Messager-Elu en lui disant : « **Eh bien rappelle ! Tu n'es qu'un rappeleur, et tu n'es pas un dominateur sur eux** [31]».

En contrepartie, il n'est donné à personne de nous amener à croire le contraire de nos convictions. Dieu précise : « **Et puis, quiconque Allah veut guider, Il lui ouvre la poitrine à l'Islam. Et quiconque Il veut égarer, Il rend sa poitrine étroite et gênée, comme s'il s'efforçait de monter au ciel** [32]». Il dit ailleurs : « **... Quiconque le veut qu'il croie ; et quiconque le veut qu'il mécroie...** » [33] Aujourd'hui combien sont les choses démystifiées à partir du 14ème siècle de l'Hégire bien qu'elles existaient dès les premiers siècles de l'Hégire. Il faut dire que c'est de nos jours que les secrets ont été dévoilés. Dieu n'a-t-il pas dit : « **Ainsi qu'en vous-mêmes. N'observez-vous donc pas ?** [34]».

Si le temps nous le permettait, nous aurions saisi la plume pour écrire tous les miracles du Coran dont la découverte n'a été effective qu'aujourd'hui et plus

---

[30] Sourate : Yûnus ; verset : 2.
[31] Sourate : Al- Ghâchiya ; verset 21-22.
[32] Sourate : Al-An'âm ; verset :125.
[33] Sourate : Al-Kahf ; verset : 29.
[34] Sourate : Az-Zâriyât ; verset : 21.

particulièrement dans le domaine de l'embryologie seulement. Par conséquent, que dira-t-on si nous nous intéressions dans les autres domaines de connaissance ? Que Dieu nous guide !

Les formes de la révélation

L'esprit averti n'est pas sans savoir que la révélation signifie le fait de transmettre la parole en secret comme le dit Dieu : « **...qui s'inspirent trompeusement les uns aux autres des paroles enjolivées...** [35]». C'est-à-dire certains satanés parmi les Humains et les Jinn tiennent des conversations confidentielles entre eux en vue d'égarer le sens exact voulu par la Parole. Cela concerne le rapport existant entre la créature.

Par contre, s'agissant du rapport entre le Créateur et la créature, Dieu révèle à celle-ci sa Parole Eternelle de manière différente selon le niveau d'entendement des uns des autres. Cette créature doit avoir la prédisposition, la force, la pureté et la lucidité la permettant d'être en mesure de recevoir et de comprendre la Parole Divine.
Nous voyons Dieu s'adresser aux cieux : « **... Et il révéla à chaque ciel sa fonction...** [36]».

Ailleurs, il interpella les abeilles : « **[Et voilà] ce que Ton Seigneur révéla aux abeilles...** [37]».

Parfois, il interpelle même les éléments de la nature comme le feu : « **Nous dîmes : « Ô feu, sois pour Abraham une fraîcheur salutaire** [38]».

Là, on le voit ordonner aux Anges : « **Et lorsque Nous demandâmes aux Anges de se prosterner devant Adam, ils se prosternèrent...** [39]».

---

[35] Sourate : An-An'âm ; verset : 112.
[36] Sourate : Fussilat ; verset : 12.
[37] Sourate : An- Nahl ; verset : 68.
[38] Sourate : Al-Anbiyâ ; verset : 69.
[39] Sourate : Al-Baqara ; verset : 34.

Dieu révéla à la mère de Moïse : « **Et Nous révélâmes à la Mère de Moïse [ceci] :** « **Allaite-le. Et quand tu craindras pour lui, jette-le dans le flot. Et n'aie pas peur et ne t'attriste pas ; Nous te le rendrons et ferons de lui un Messager** [40]».

De même, il précisa aux Prophètes et aux Messagers et en premier lieu, le Prophète Muhammad (PSL) : « **Nous t'avons fait une révélation comme Nous fîmes à Nûh et aux Prophètes après lui. Et Nous avons fait révélation à Ibrahim, à Isma'îl, à Is'hâq, à Ya'aqoûb, aux tribus, à Îssâ, à Ayyûb, à Yûnus, à Harûne et à Sulaymân. Et Nous avons donné le Zabûr à Dâwûd** [41]».

De plus, parmi les Saints, il initia Khudar : « **… Et à qui Nous avions enseigné une science émanant de Nous** [42]».

Voilà, de manière succincte, les formes de révélations notées dans le Coran selon les dispositions et le niveau de compréhension ; et de l'état de lucidité des différentes composantes de cette créature. En réalité, Dieu est Savant et parfaitement Connaisseur de Ses serviteurs. C'est là les différents niveaux de la révélation qui connaît une disparité bien évidente entre la créature et surtout la race humaine à qui Dieu a donné le libre choix : « **Ne l'avons-Nous pas guidé aux deux voies ?** [43]».

Concernant le Coran, il reste une révélation venant de Dieu avec un propos sacré descendue sur son Messager Muhammad (PSL). Il se situe au sommet de la révélation légiférée et subordonnée à la présence prophétique. Par contre, pour ce qui est de la révélation inspirée, elle connait trois phases :
-1: *soit que Dieu lui parle de derrière un voile comme ce fut le cas pour Moïse.*
-2: *soit qu'il le fait par l'intronisation d'une idée dans sa raison. C'est ce que l'on appelle la révélation inspirée par lequel le concerné est de bonne humeur et se sent soulagé.*
- 3: *soit qu'il lui envoie un Messager (un Ange) qui révèle, par sa permission, ce que Dieu veut.*
S'agissant de la révélation légiférée, elle n'est plus d'actualité, car elle concernait les Prophètes et les Messagers (PSE) et se limite au cercle de la prophétie. Par contre,

---

[40] Sourate : Al-Qasas ; verset : 7.
[41] Sourate : An-Nisâ'i ; verset : 163.
[42] Sourate : Al-Kahf ; verset : 65.
[43] Sourate : Al-Balad ; verset : 10.

quant à la révélation inspirée ou le fait d'envoyer des Anges, ces deux pratiques demeureront pratiques jusqu'à l'avènement de l'Heure.

Assurément, Dieu a précisé : « **Il n'a pas été donné à un mortel qu'Allah lui parle autrement que par révélation, ou de derrière un voile, ou qu'Il [lui] envoie un messager (Ange) qui révèle, par Sa permission, ce qu'Il [Allah] veut. Il est Sublime et Sage [44]** ». Dieu dit également : « **Ceux qui disent : « Notre Seigneur est Allah », et qui se tiennent dans le droit chemin, les Anges descendent sur eux. « N'ayez pas peur et ne soyez pas affligés ; mais ayez la bonne nouvelle du Paradis qui vous était promis [45]** ».

Nous avons démontré que la race humaine voit les Anges et que Dieu ne parle aux humains que de derrière un voile, alors que pour les Prophètes et les Messagers (PSE), ils reçoivent une révélation. Et c'est là, le sommet de la révélation. Laquelle révélation constitue la parole divine légiférée comme le Coran ou comme le Hadith Qudsiyyi ou encore comme le hadith que 'Umar Ibn Khattab a cité à maintes reprises. De même, nous en avons les inspirations et les dévoilements qui se manifestent dans les esprits des Soufis. Cette forme de manifestation est désignée, également, par révélation (*wahyan*).

Entre révélation et inspiration

Bâzî mentionne dans son livre « <u>At-Ta-'arruf</u> » les types de communications qui se sont déroulés entre les grands Soufis. Il montre qu'en résumé les types de communication sont de deux sortes :
1) la révélation propre à la prophétie. En d'autres termes, c'est le fait de révéler une chose nouvelle susceptible d'être légiférée.
2) la « révélation » uniquement adressée aux saints. C'est le fait que l'Ange descend sur le saint pour l'inculquer un savoir, l'octroyer une intelligence, lui faire l'annonce d'une bonne ou mauvaise nouvelle.

Et le fait d'envoyer un Ange revêt deux formes :

---

[44] Sourate : As-Chûrâ ; verset : 51.
[45] Sourate : Fussilat ; verset : 30.

1er) la révélation propre aux Prophètes que l'on doit croire. Celui qui la repousse a mécru, de même, celui qui prétend recevoir cette révélation après la phase de la prophétie est un apostat.

2ème) il s'agit de celle qui concerne les Saints leur permettant d'être plus avertis et de renforcer leurs fois et leurs craintes révérencielles et à condition que cette révélation soit en parfaite conformité avec la Loi de Dieu et la Sunna du Prophète (PSL). Et dans cette deuxième forme, figure la *Salâtul Fâtihi* ainsi que les autres formes de *Salât*, de *Zikr* et d'invocations déjà mentionnées.

Pourtant, les Saints considèrent cette forme comme étant identique à la première forme où nous trouvons, en premier lieu le Coran d'où Dieu dit : « **... Les diables inspirent à leurs alliés de disputer avec vous ...**[46] ». Dieu a désigné ce qui retombe dans les cœurs une révélation inspirée. C'est ce que les Soufis soutiennent et que les ignorants nient en un seul bloc. Ne voient-ils pas que Dieu a désigné par « révélation » l'inspiration que font les démons satanés. Il est dit dans un hadith que le cœur est à cheval entre deux collets : un collet pour l'Ange et un collet pour Satan. Alors, le collet pour l'Ange incite au bien et à la confirmation de la vérité ; tandis que le collet pour Satan incite au mal et à traiter de mensonge la vérité.

Par ailleurs, Dieu dit : « **Et lui** (l'âme) **a alors inspiré son immoralité de même que sa piété**[47] ». Ainsi, l'âme tentera et s'efforcera d'éviter de pratiquer cette immoralité et de rendre pratique la piété.

Dieu dit : « **Et nous révélâmes à la mère de Moïse** ». Elle peut, également, se faire vis-à-vis des dépourvus de raison comme : « **Et ton seigneur révéla aux abeilles** ». Cependant, elle peut être une véritable révélation comme celle faite aux Prophètes et aux Messagers (PSE). En fait, celle faite aux Envoyés (PSE) les aide à être certains de l'honneur que Dieu leur a octroyé. Ils ont pour mission de transmettre le Message voire la Loi Divine. Les savants ont divergé sur la pratique de cette inspiration. Un groupe parmi lequel figure Ibn Salâh travaille de manière inconditionnelle pour implanter la vérité si toutefois, il n'y a point de contradiction d'avec les règles de la religion. En revanche, si l'on note une contradiction, ce n'est point une inspiration divine ; mais plutôt une inspiration satanique. C'est pour cela que l'on dit :

« L'exactitude est bâtie sur une balance nommée Charî'a (loi)

---

[46] Sourate : Al-An'âm ; verset : 121.
[47] Sourate : As-Chams ; verset : 8.

Renfermant toute la vérité pour celui qui aspire à s'affirmer.
Son contenant renferme toute sa réalité,
Bien qu'il y a manquement et probabilité par lesquels juge le jeune ».

Sur ce, la personne a besoin de distinguer entre l'inspiration et la suggestion en vue de ratisser large le champ de la science authentique avec une parfaite probabilité de l'esprit sain et exempt d'erreurs qui pourraient induire en tentation. La réalité qui doit être sous tendue ici est que l'inspiration revient à l'inspiré, le véridique, le fidèle.

Il s'agit d'un argumentaire qui prend appui sur ce qui ne percute pas une quelconque règle juridique islamique ou un des principes fondamentaux de la religion. C'est dire que si cet argumentaire est en accord avec le Coran et la Sunna, donc il peut constituer sans doute un vrai argumentaire. Par contre, si nous confrontons ces deux argumentaires ou prenons en compte un seul argumentaire, nous saurons de façon certaine que c'est ça la vérité évidente par la volonté de Dieu.

Cependant Al-Qâsimî Jamâl Dîn a commenté autrement ce verset « ... **Et à qui Nous avions enseigné une science émanant de Nous** [48] ». Commentaire qui nous laisse tout à fait perplexe. En réalité, la science dont il est question dans ce verset, c'est la science occulte désignée par « science émanatrice » (*al-ilm laduniyyi*). Et le verset en est une argumentation. Gazâlî a écrit une sorte d'épître pour confirmer l'existence de cette science et pour répondre celui qui nie son existence. En fait, il a démontré à plusieurs reprises, les sciences manifestes connues avant d'aborder la qualité de la Parole Divine pour attester l'existence de cette science. Il ajouta ceci :
« Sache que la science humaine s'acquiert par deux voies différentes :
1)- partant de l'enseignement humain ;
2)- partant de l'enseignement divin.

S'agissant de la première voie, il concerne l'enseignement exercé par une personne. C'est une voie bien connue, habituelle et bien évidente. Et elle se fait de deux méthodes distinctes.

Pour ce qui est de la seconde voie, c'est la voie inspirationniste. Il s'agit d'une alerte qui vient du macro esprit vers le micro esprit selon la valeur de ses qualités, de sa capacité de réception, de sa force et de sa prédisposition. A noter que l'inspiration

---

[48] Sourate : Al-Kahf ; verset : 65.

prend sa source de la révélation. Révélation qui exprime la mise en évidence de la chose imperceptible. Et c'est l'inspiration qui permet de la définir. Alors, la science acquise par la révélation est désignée par « science prophétique », et celle acquise par l'illumination est appelée « science mondaine ». Donc on n'a pas besoin d'intermédiaire entre l'âme et Celui qui donne un commencement à toute chose (Al-Bâri'u).

Cette science est comparable à de la lumière placée dans la lampe du monde invisible et qui se projette dans un cœur pur, libre et bienveillant. En fait, les sciences pénètrent dans l'Essence du macro esprit qui figure parmi les quintessences en rapport avec la raison première (al-'aql al-awwal) à l'image du rapport existant entre nos deux ancêtres : Adama et Hawa. Il a démontré que la raison parfaite est plus noble, plus exhaustive, plus intense et plus proche de Dieu que la raison partielle ou sectorielle. L'âme parfaite reste la plus importante, la plus douce et la plus noble de toutes les autres créatures. Donc, de surplus, il faut dire que l'inspiration émane de la raison parfaite.

De fait, la révélation constitue le joyau des Prophètes (PSE) ; alors que l'inspiration demeure le décor des Saints. Par conséquent l'âme dépourvue de raison est comme le Saint qui n'est pas secondé par le Prophète ou l'inspiration loin de la révélation. C'est dire que cette inspiration est moins importante que la révélation, laquelle reste plus constante que la vision.

En conclusion, l'inspiration constitue le savoir des Prophètes et des Saints. La science de la révélation est exclusive aux Prophètes (PSE) à l'instar des Prophètes/Messagers tels qu'Adama, Mûsâ, Ibrâhîm, Muhammad. Il a tenu à dissocier entre le Message et la Prophétie, celle-ci étant l'acceptation de l'âme sacrée des réalités des connaissances qui restent intelligibles avec l'Essence de la raison originelle. A l'opposé, le Message est la communication de ces connaissances plausibles aux méritants et aux suivants (disciples). Il se peut que cette acceptation soit en accord étroit avec l'âme. Aucun prétexte ni aucune raison ne peut être admis. Ainsi, la science émanatrice appartient aux détenteurs de la Prophétie (Nubuwwa) et de la Seigneurie (Wilâya) comme ce fut le cas pour Khudar, quand Dieu nous informa à son sujet : « **... Et à qui Nous avions enseigné une science émanant de Nous** ». Là, imam Ghazâlî dit : « Si Dieu veut du bien à quelqu'un, il lui ôte le voile se dressant entre Lui et la psyché parfaite qui n'est rien d'autre que l'Esprit (ar-Rûh) ».

Alors les mystères de certaines choses secrètes se manifestent à cette psyché parfaite en y cherchant le sens de ces choses secrètes. C'est ainsi que la psyché s'en exprime comme il veut en s'adressant à qui il veut parmi les serviteurs. Puis, il convient de savoir que cette science émanatrice constitue le canevas de la lumière provenant de l'inspiration qui ne sera qu'après la normalisation comme le signale ce verset : « **Et par l'âme et Celui qui l'a harmonieusement façonnée** [49] ».

Ce rajustement est la restauration de l'âme la permettant de rejoindre son innéité. Ce retour se fera de trois manières :
1°) l'acquisition de l'ensemble des connaissances ainsi que de leurs avantages et bienfaits.

2°) un sincère exercice spirituel et d'une observation régulière, car le Prophète (PSL) a dit : « *Celui qui agit selon son savoir, Dieu lui fera don d'une science qu'il ne savait pas* ».

3°) la cogitation car l'âme s'initie puis fait la théorie et la pratique. Et par la suite, elle réfléchit partant de ses connaissances.

En raison de cette réflexion, les portes de l'invisible s'ouvrent à lui à l'image du commerçant qui disposent de ses biens par le biais du commerce et qui voit les bénéfices de sa vente. Et si celui-ci emprunte une fausse voie récoltera les dangers de la perdition. Alors, médites sur ceci, et louange à Dieu.

L'inspiration est là pour servir d'indication de la Sunna comme le témoigne le Coran et les propos des Savants et des Véridiques. Quant à l'indication du Coran, nous avons ce verset : « **Voilà vraiment des preuves pour ceux qui savent observer** [50] ». Mais le Prophète (PSL) a élucidé ce verset en disant : « *Craignez la perspicacité du croyant, car il observe par la lumière de Dieu* ». La perspicacité est une partie de l'inspiration. Le Saint la renferme en lui sans pour autant ressentir aucune affection sensationnelle. De même, parmi les éléments de l'inspiration, figure le fait d'entrer en contact avec un élément extérieur via l'imagination dans le monde de l'imaginaire à l'instar des bénéficiaires de la bonne nouvelle. De fait, le Coran dit : « **Il y a pour**

---

[49] Sourate : As-Chams ; verset : 7.
[50] Sourate : Al- Hijr ; verset : 75.

eux une bonne annonce dans la vie d'ici-bas tout comme dans la vie ultime...[51] ».

Elle peut être définie comme étant la vision pieuse que fait l'homme ou que l'on lui fait voir moyennant l'assentiment et la dévotion. Nous pouvons, également, définir les éléments composants cette inspiration. Elle peut, en fait, être une imagination émanant du cercle sensationnel vers l'élément sensible. C'est ce que l'on appelle la manifestation accidentelle (wâqi-'a). Elle peut être chose écrite par la Plume de la Puissance sur une feuille. C'est ce qui est arrivé à Abî Adallah Qudayb Al-Bân et d'autres.

La Parole Eternelle de Dieu

La parole de Dieu est subordonnée à la science. Sa science est éternelle et infinie. Sa parole est indiquée par des lettres éternelles rendues en sons innovés. C'est le sens de ce verset : « **Aucun rappel** [de révélation] **récente ne leur vient de leur Seigneur...[52]** ». Le sens de « éternel » se résume à la préexistence de l'Essence Primordiale. Et Dieu seul sait. Les imâms musulmans se sont accordés sur le fait que Dieu est le qualificatif de la Parole, c'est-à-dire une qualification traduisant Son Essence Sempiternelle. Sa Parole est ni vexante, ni anticipée, ni retardée. Elle n'a ni lettre ni son. L'existence de la Parole est comparable à la puissance et à la volonté. Elle s'agit d'une chose qui va de pair avec le Créateur. Cette chose peut avoir un lien avec les existants dont elle interpelle.

Dans la prééternité, il a été décidé de l'extérioriser et la présenter à chaque existant par le discours existentiel ou nihiliste ou encore inspirationnel ou bien encore légiféré dans l'échéance arrêtée pour sa manifestation. Dieu dit : « **Quand Nous voulons une chose, Notre seule parole est : «sois». Et, elle est [53]** ».

Donc, son commandement à travers l'injonction « *Kun* » est éternel indiquant son vouloir de faire exister la créature. Et il est en contact avec ces êtres selon l'ordre des

---

[51] Sourate : Yûnus ; verset : 64.
[52] Sourate : Al- Anbiyâ ; verset : 2.
[53] Sourate : An- Nahl ; verset : 40.

normes établies pour les mettre en place. Par conséquent, l'action de ce terme « *Kun* » est, à la fois, infinie et éternelle. De là, nous saurons que la Parole de Dieu est illimitée et inimaginable. Parmi cette parole, il y a une partie qui descend sur les Prophète (PSE) et sur les Messagers (PSE) ; une autre partie qui descende toujours sur les Saints par voie inspirationnelle. Une autre partie encore descend sur les pierres. Ainsi, voyons le secret de ce verset : « **Dis : « Si la mer était une encre** [pour écrire] **les paroles de mon Seigneur, certes la mer s'épuiserait avant que ne soient épuisées les paroles de mon Seigneur, quand même Nous lui apporterions son équivalent comme renfort** [54]». Nous avons, en plus, ce verset : « **Quand bien même tous les arbres de la terre se changeraient en calames** [plumes pour écrire], **quand bien même l'océan serait un océan d'encre où conflueraient sept autres océans, les paroles d'Allah ne s'épuiseraient pas...** [55] ».

Donc, celui qui pense que la Parole de Dieu est cloîtrée entre les deux couvertures du Noble Coran, ou encore entre ce Coran et le reste des Livres célestes comme les Feuillets D'Ibrâhîm et de Mûsâ, qu'il sache qu'il avance un propos sans fondement sur Dieu et qu'il prend une voie différente de celle des croyants. Le Cheikh Ahmad Sukayridj dit : « Seul un ignorant ou un moqueur peut taxer de mécréant celui qui parle des choses venant de l'Invisible. Il ne comprend pas et ne veut pas comprendre ». En vérité, Dieu s'est adressé aux Erudits bien versés dans Sa Science par voie inspirationnelle et lors de leurs sommeils. A leurs têtes, nous avons l'imâm Ahmad Ibn Hanbal qui dit, en relatant la Parole Divine : « La meilleure façon permettant aux rapprochés de s'approcher de Moi, c'est l'usage de Ma parole ». Il demanda au Seigneur : « En comprenant ou sans comprendre ? » Il dit : « Toutes les deux formules ». La communication des Saints en est une illustration montrant le caractère éternel et non confiné de la Parole de Dieu. En fait, ce dernier nous informe qu'il parle aux humains en ces termes : « **Il n'a pas été donné à un mortel qu'Allah lui parle autrement que par révélation, ou de derrière un voile, ou qu'Il [lui] envoie un messager (Ange) qui révèle par Sa permission, ce qu'Il [Allah] veut...** [56] ».

Ainsi, la conversation de Dieu avec Les Saints de cette communauté muhammédienne est chose effective d'après ceux-là. Certains la font en sommeil et

---

[54] Sourate : Al- Kahf ; verset : 109.
[55] Sourate : Luqmân ; verset : 27.
[56] Sourate : As-Chûrâ ; verset :51.

d'autres en état d'éveil. Il s'avère impossible qu'ils puissent comploter et inventer des mensonges contre Dieu. En réalité, ce sont eux les hommes pieux de Dieu. De même, il est certain que ce qui est un miracle pour un prophète peut être un prodige pour un saint et surtout s'il s'agit des Saints de cette communauté musulmane, en raison de l'avènement du Prophète Muhammad (PSL) en son sein. Tout ce que Dieu a donné aux Prophètes antérieurs revient, également, de droit au Prophète Muhammad (PSL), de manière égale voire plus constante.

En conséquence, si Dieu a parlé à certains d'entre eux comme Mûsa, rien ne l'empêche de faire de même pour les Saints de cette communauté, conformément à ce que nous avons démontré plus haut.

La *Salâtul Fâtihi* dont le Prophète (PSL) a enseigné en état d'éveil à notre Cheikh fait partie de la Parole Eternelle de Dieu. Le Cheikh l'a reçu de la même manière que reçoivent les Saints de ce monde les miracles.

Notre réponse ne s'adresse pas aux négateurs des prodiges des Saints ; mais elle s'adresse à ceux qui croient et confirment ce qu'ont apporté le Coran et la Sunna sur l'authenticité des prodiges des Saints. A ceux-ci, nous disons qu'il n'est pas question de croire ce qu'apporte le Cheikh tout en restant en désaccord avec la pure Chari'a. Cependant, il convient de croire les Saints pour ne pas s'exposer à la perdition et à l'incrédulité. Et le fait de leur traiter de mensonge constitue la plus grande offense à leurs égards. Laquelle offense peut conduire à déclarer Dieu la guerre comme Lui-Même le montre : « *Celui qui se montre hostile à un de mes Elus, Je lui déclarerai la guerre et il n'a aucune chance de ne pas faire cette guerre* ».
Il y a beaucoup de Hadith Qudsiyyi dont la chaîne de transmission n'est authentique et malgré cela, les gens les communiquent en soutenant que c'est de la parole de Dieu. A notre connaissance, personne parmi les 'Ulamâ' n'a taxé de mécréant celui qui soutient que ces hadiths font partie de la parole de Dieu.

Rapport étroit entre
la « Salatul Fatihi » et la Parole de Dieu

La dimension spirituelle et cultuelle de la Tarîqa Tijjâniyya

Beaucoup d'aspects nous poussent à chercher à savoir q'il y a effectivement similitude entre la Salâtul Fâtihi et la Parole Eternelle de Dieu. En effet, les ténors de cette Tarîqa ont évoqués certains aspects ; alors que d'autres sont démontrés par la Volonté Divine. Nous allons en rappeler quelques uns de ces aspects en vue de couronner ce modeste travail.

1er aspect: La Salâtul Fâtihi émane de l'Invisible, du Lieu Sacré. Sans doute, tout ce qui provient des connaissances dévoilées et authentiques a, lui-même, un caractère invisible et ses préceptes dépendent des lois qui les régissent. Puisque là, la disparition s'applique entièrement aux âmes partant de ses dispositions naturelles argileuses. Et que seul, le Seigneur subsiste.

2ème aspect: Elle est transmise aux adeptes de la Voie et en premier chef, Cheikh Ahmad Tidjâne, par l'entremise de l'Ange. Et nous avons vu la possibilité de voir les Anges sans distinction. On avait des textes – le Coran et les Hadiths – à l'appui pour étayer notre thèse sur cette possibilité de poser le regard sur eux et sur le fait que même les non prophètes peuvent entrer en contact avec eux. L'Ange est un être pourvu de lumière et infaillible. Il est en contact direct avec Dieu et ne fait que ce qu'on lui demande de faire : « **... Ne désobéissants jamais à Allah en ce qu'il leur commande, et faisant strictement ce qu'on leur ordonne** [57]». Les anges précisèrent : « **Nous ne descendons que sur ordre de ton Seigneur...** [58]».

3ème aspect : Elle englobe en son sein le Nom Sublime de Dieu à l'image de la Sourate « *Al-Fâtiha* ». Mais, cette réalité n'est connue que par ceux qui craignent leurs Seigneurs ainsi que par ceux qui sont bien enracinés dans la science. C'est une chose qui ne s'écrit pas sur des feuilles.

4ème aspect : Elle est venue avec un parfait accord avec les lettres de l'alphabet arabe qui sont agencées dans la Sourate « *Al-Fâtiha* », la Mère du Coran (*ummul Qur'ân*). Elles sont 23 lettres que renferme aussi bien la Sourate « *Al-Fâtiha* » que la *Salâtul Fâtihi*.

Il s'agit de ces lettres : le alif (ا) ; le hâ (ه) ; le mîm (م) ; le sâd (ص) ; le 'aïn (ع) ; le sîn (س) ; le yâ (ي) ; le dâl (د) ; le nûn (ن) ; le hâ (ح) ; le fâ (ف) ; le tâ (ت) ; le

---

[57] Sourate : At-Tahrîm ; verset : 6.
[58] Sourate : Maryam ; verset : 64.

ghaïn (غ) ; le qâf (ق) ; le wâw (و) ; le khâ (خ) ; le râ (ر) ; le bâ (ب) ; le tâ (ط) ; le kâf (ك) ; le zâ (ظ) ; la hamza (ء) et le lâm (ل).

5ème aspect : Quant à ses lettres marquées de points, elles viennent selon le nombre des lettres de l'alphabet agencées dans cette *Salâtul Fâtihi* bénie ainsi que dans la sourate « *Al-Fâtiha* ».

6ème aspect : Les mots de la *Salâtul Fâtihi* sont assimilables à ceux de la Sourate « *Al-Fâtiha* ».

7ème aspect : Les lettres dépourvues de points dans la *Salâtul Fâtihi* sont au nombre de 85 lettres. Et si nous y éliminons les lettres répétées, il nous restera 13 lettres. C'est le même cas dans la Sourate « *Al-Fâtiha* » où nous avons 89 lettres dépourvues de points et là, aussi, si nous enlevons les lettres répétées, il nous restera 13 lettres. Ceci constitue une comparaison très significative entre cette Salât et la Parole Eternelle de Dieu dont cette sourate.

8ème aspect : La *Salâtul Fâtihi* renferme 23 « *alif* » comme la Sourate. Donc, il y a là, une nette ressemblance.

9ème aspect : Le nombre de ses « *alif* » est identique au nombre des lettres pointillées, c'est-à-dire 23 lettres.

10ème aspect : Le nombre de ses « *alif* » est le même que le nombre des lettres alphabétiques qu'elle contient. C'est, également, une parfaite comparaison entre cette Salât et la Sourate. Par conséquent, l'aspect miraculeux revient au Coran ; tandis que la Salâtul Fâtihi constitue un prodige pour ses pratiquants et ceux qui la croient parmi les disciples de la Tarîqa Tijjâniyya.

11ème aspect : Le nombre de lettres comprises dans la première phase de la *Salâtul Fâtihi* est de 25 lettres. Il s'agit de : « **Allâhumma salli 'alâ Sayyidinâ Muhammadine Al-Fâtihi** اللهم صل على سيدنا محمد الفاتح ».

De même, le nombre de lettres dans ce verset : « **Yâ ayyu hallazîna âmanû, sallû 'alaïhi** ياأيها الذين آمنوا صلوا عليه » est de 25 lettres. Quel miracle ! Nous avons vu que cette Salât est dépourvue du terme « *Salâm* ». Là aussi, cette première injonction divine en est dépourvue.

12ème aspect : Ses indications sont extraites du Coran Glorieux que nous allons illustrer :

- Le terme « Allâhumma اللهم » est extrait du verset : « Sub'hânaka Allâhumma سبحانك اللهم » (Yûnus ; 10).

- Le terme « Salli 'alâ صل على » est extrait du verset : « Sallû 'alaïhi صلوا عليه » (Al-Ahzâb ; 56).

- Le terme « Sayyidunâ سيدنا » est tiré du verset : « wa sayyidane wa hasûrane وسيدا وحصورا » (Al-Imrân ; 39).

- Le terme « Muhammad محمد » vient du verset « Muhammadur- Rasûlul- Lâhi محمد رسول الله » (Al-Fath ; 29).

- Le terme « Al-Fâtihi limâ ughliqa الفاتح لما أغلق » vient du verset : « rasûlunâ yubayyinu lakume alâ fatratine mina rusul رسولنا يبين لكم على فترة من الرسل » (Al-Mâ'ida ; 19).

- Le terme « Wal Khâtimi limâ sabaqa والخاتم لما سبق » est tiré du verset : « walakine rasulal- Lahi wa khâtami nabiyyîne ولكن رسول الله وخاتم النبيين » (Al-Ahzâb ; 40).

- Le terme « Nâsiral haqqi bil haqq ناصر الحق بالحق » est extrait de ce verset : « lâkini rasûla wal lazîna âmanû ma'ahu jâhadû bi'amwâlihime wa ane fusihime لكن الرسول والذين آمنوا معه جاهدوا بأموالهم وأنفسهم » (At-Tawba ; 88).

- Le terme : « Wal Hâdî ilâ sirâtikal mustaqîm والهادي إلى صراطك المستقيم » est tiré du verset qui précise que: « Innaka lâ tah'dî ilâ sirâtine mustaqîme sirâtil- Lahi إنك لتهدي إلى صراط مستقيم صراط الله » (As-Chûrâ ; 52-53).

- Le terme : « Wa 'alâ âlihî وعلى آله » vient de ce verset : « Illal ma waddata fil qurbâ إلا المودة في القربى » (As-Chûrâ ; 23).

- Le terme « Haqqa qadrihî حق قدره » est extrait du verset : « wamâ qadaru Lâha haqqa qadrihi وما قدروا الله حق قدره » (Az-Zumar ; 67).

- Et le terme « Al-'Azîm العظيم » vient du verset : « wa innaka la'alâ khuluqine 'azîmine وإنك لعلى خلق عظيم » (Al-Qalam ; 4).

13ème aspect : Ses lettres alphabétiques agencées sont au nombre de 23, comme le nombre de lettres notées dans la *Basmala* y compris les lettres géminées par l'emploi de la *chadda* « ّ ». Pour plus de clarté, considérons ce tableau :

م	ي	ح	ر	ر	ل	ا	م	ح	ر	ر	ل	ا	ه	ل	ل	ا	ل	ل	ا	م	س	ب

ع	ظ ك	ط	ب	ر	خ	و	ق	غ	ت	ف	ح	ن	د	ي	س	ع	ص	م	ه	ل	ا

NB : la 1ᵉʳᵉ ligne représente la Basmala avec toutes ces lettres, y compris celles qui sont géminées ; alors que la seconde ligne représente les lettres agencées et non répétées de la Salâtul Fâtihi

14ᵉᵐᵉ aspect : Le nombre de mots dans la *Salâtul Fâtihi* est le même que le nombre de lettres de la *Basmala* à condition de considérer les lettres géminées et le petit « *alif* » que certains placent dans le terme « *Allah* » entre le dernier « *lâm* » et le « *hâ* ». Ainsi nous avons ce tableau :

ه	ا	ل	ل	ل	ا	م	س	ب
والخاتم	أغلق	لما	الفاتح	محمد	سيدنا	على	صل	اللهم
	ن	ا	م	ح	ر	ر	ل	ا
	صراطك	إلى	والهادي	بالحق	الحق	ناصر	سبق	لما
	م	ي	ح	ر	ر	ل	ا	
	العظيم	ومقداره	قدره	حق	آله	وعلى	المستقيم	

15ᵉᵐᵉ aspect : Elle renferme 20 mots non répétés, même nombre de lettres dans la *Basmala*. Examinons ce tableau :

ه	ل	ل	ا	م	س	ب
لما	الفاتح	محمد	سيدنا	على	صل	اللهم
ن	ا	م	ح	ر	ل	ا
إلى	والهادي	الحق	ناصر	سبق	والخاتم	أغلق
م	ي	ح	ر	ل	ا	
العظيم	ومقداره	قدره	آله	المستقيم	صراطك	

61

16ème aspect : Le nombre de mots dans la *Salâtul Fâtihi* est le même que le nombre de lettres comprises dans les deux formules du témoignage à savoir : « Lâ ilâha illal-Lâhu ; Muhammadur- Rasûlul- Lâhi ». Prenons ce tableau pour illustrer :

ه	ل	ل	ا	ا	ل	ا	ه	ا	ل	ا	ل
ناصر	سبق	لما	والخاتم	أغلق	لما	الفاتح	محمد	سيدنا	على	صل	اللهم
ه	ل	ل	ا	ل	و	س	ر	د	م	ح	م
العظيم	ومقداره	قدره	حق	آله	وعلى	المستقيم	صراطك	إلى	والهادي	بالحق	الحق

17ème aspect : Cette salât est composée de 5 parties. Et si nous multiplions ce nombre par le nombre de la lettre « lâm ل » qui est répétée 17 fois dans cette Salât. Alors, le résultat donnerait 85[59]. Et ce résultat trouvé donne le nombre des lettres non pointillées dans la *Salâtul Fâtihi*. Nous avons enfin cette équation : $5 \times 17 = 85$ [60]. Donc, une telle technicité mérite plus de réflexion.

18ème aspect : Le nombre de lettres de la *Salâtul Fâtihi* est identique au nombre mystique associé de ces deux beaux noms de Dieu : « *'Azîz* ; *Wahhâb* وهاب عزيز ». Le nombre mystique du nom « 'Azîz عزيز » est 94 et celui du nom « Wahhâb وهاب » est 14. En additionnant ces deux chiffres, nous aurons : 108. C'est dire que le nombre de lettres de la *Salâtul Fâtihi* est tiré de ces deux noms : « *Al-'Azîz* » et « *Al-Wahhâb* ».

19ème aspect : La salâtul Fâtihi est débutée par le terme « *Allâhumma* » et est terminée par le terme « *Al-'Azîm* ». Le premier terme comprend 5 lettres et le second terme comprend 6 lettres. Et le tout fait 11 lettres. De même, la *Salâtul Fâtihi* comprend 6 noms de Dieu : « *Allah* » ; « *Haqq* » (qui vient 3 fois) ; « *Hâdî* » et « *Azîm* ». Et si nous multiplions ce chiffre 6 par 11, nous aurons 66, soit le valeur mystique du terme « *Allah* ».

---

[59] Ces parties sont :
1ère partie: va du terme اللهم au terme محمد.
2ème partie: va du terme الفاتح au terme سبق.
3ème partie : va du terme ناصر au terme بالحق.
4ème partie : va du terme والهادي au terme المستقيم.
5ème partie : va du terme وعلى آله au terme العظيم.
[60] Le chiffre **5** indique le nombre de partie de la Salâtul Fâtihi ; alors que le nombre **17** indique le nombre de la lettre « lâm » dans cette Salât.

20ᵉᵐᵉ aspect : Le nombre des lettres de la *Salâtul Fâtihi* correspond au nombre mystique du nom de Dieu « *Al-Haqq* », c'est-à-dire 108. Et cette mise au point constitue la plus grande preuve démontrant que la *Salâtul Fâtihi*, telle qu'elle est connue, est extraite de l'océan de ses signifiés débordés de mysticismes.

Donc, vu cette étude comparative très pertinente, nous disons tout simplement qu'il y a lieu de mener des recherches poussées pour entrer dans le puits mystique de cette Salâtul Fâtihi. Celui qui désire en connaître plus, doit d'abord être animé d'une intention sincère en tournant le dos à ses plaisirs mondains. Qu'il s'efforce et donne du sérieux à ses recherches afin qu'il puisse prospecter ses côtés mystiques. De fait, il sera en face de ce qui rend éblouissant la raison, du fait que cette Salât est riche en perles et en bienfaits cachés. Un groupe de Savants, tel que le Cheikh 'Umar Ibn Qudûr dans « <u>Al-ibdâ'u wal i-'âdatu الإبداء والإعادة</u> », ont fait état de cette mysticisme. De même, l'auteur de « <u>Mîzâbu rahmati ميزاب الرحمة</u> » l'a mentionné en l'abordant sur le côté pédagogique laissant la personne stupéfaite.

Les mérites de cette Salat en rapport avec le Coran

De prime abord, il convient de notifier que cette étude comparative n'est pas venue pour démontrer la *Salâtul Fâtihi* est comme le Coran en mérite, ou même plus méritant que ce Coran. Et pourtant c'est ce que supposent certains faiseurs d'illusions et que certains faiseurs de malins s'en vantent. En effet, ces derniers soutiennent que Cheikh Tijjâne et ses disciples donnent la préférence à la Salâtul Fâtihi qu'au Coran. Nous disons que cette affirmation, avancée par des éléments qui éprouvent de la haine pour le Cheikh et ses disciples, n'est rien d'autre qu'une manifestation de rancune et de jalousie.

En revanche, le Cheikh dit avoir demandé ses mérites au Prophète (PSL). Et que ce dernier lui a répondu qu'une lecture de cette Salât équivaut à six lectures du Coran. Et certains disciples tentent de donner une autre interprétation à cette réponse prophétique. Laquelle interprétation est d'abord erronée puis ne sied pas à cette réponse. Et voyant la position du Cheikh, ils ont redoublé d'effort et ont rendu sincères leurs intentions dans leurs réponses. Certes, Dieu accepte celui qui agit bien et pardonne celui qui agit mal.

Nous concernant, nous tenterons de résumer notre réponse sur cette question tout en priant Dieu de nous assister pour qu'elle soit conforme à l'orientation du Coran et de la Sunna tout en prenant en compte les propos exhaustifs du Cheikh sans pour autant les interpréter, les altérer ou de penser comme ceux qui disent que cette position du Cheikh ne sied pas et présente une aberration. Nous demandons Dieu l'aide, la réussite et le soutien. Sans doute, les Savants en Dieu authentifient ce qu'ils extraient des écrits de leurs coreligionnaires.

Cheikh Tijjâne en personne a démontré de manière claire que c'est le Prophète (PSL) qui lui a communiqué, en état d'éveil, les mérites de la *Salâtul Fâtihi*. Et il faut savoir que le Cheikh n'a pas dit cela, de façon subjective.

Nous ne doutons point de la véracité des propos du Cheikh à propos des mérites de la *Salâtul Fâtihi*. Même si certains affichent une hésitation et que d'autres dénigrent le Cheikh voire même lui attaquer de front depuis qu'il fut le dépositaire de Cette Salât, vers la fin du 12ème siècle. Depuis cette date jusqu'à nos jours, le vacarme ne cesse de faire ses filets entre les musulmans comme si le Cheikh a apporté une chose horrible ou qu'il a fait voler en éclats un des principes de la religion. Mais, pourquoi douter des dires du Cheikh qui montre que c'est le Prophète (PSL), lui-même, qui l'a communiqué, en état d'éveil, les mérites qu'englobe cette Salât ?

Donc, celui qui veut qu'il accepte cet état de fait sans se lancer dans des futilités tendant à nier, à dénigrer. Il convient d'y aller avec une raison saine pour mieux situer la vérité et la confirmer. Et accepter avec conviction les informations que nous a donné notre vénéré cheikh Tidjâne à propos de cette Salât. A signaler, par ailleurs, que l'auteur de « al-fath » en a expliqué tous les détails.

Le Cheikh nous dit que la question n'est pas de savoir si la *Salâtul Fâtihi* équivaut à 6 000 fois la lecture finie du Coran ou non. Mais le but visé c'est de faire savoir qu'une lecture de cette Salât, faite par celui qui aspire à voyager vers Dieu et qui médite profondément de ses sens tout en ayant à l'esprit la présence effective du Messager de Dieu (PSL), octroie une grande récompense. Par contre, en lisant le Coran, son esprit n'est pas posé, il est absent et ne peut pas méditer sur ses sens. C'est dans ce cadre que notre vénéré disait qu'une lecture de la *Salâtul Fâtihi* même sans concentration et méditation est meilleure que 6000 lectures du Coran Sacré loin de tout respect, comportement, méditation et présence d'esprit qu'exige ce Livre Béni. Car, lire le Coran dans une indifférence totale provoque la colère de Dieu, l'exclusion de la miséricorde de Dieu.

Ce qu'il faut noter ici est que les dires de notre vénéré sont très explicites tels que nous le constatons dans la « Jawâhirul ma'ânî » et dans d'autres ouvrages de la Tarîqa comme « al-jâmi'i ». Par ailleurs, tous ses propos corroborent avec les textes prophétiques comme nous tenons à l'élucider.

Quant à nous, nous apprécions cette manière de voir et nous n'allons pas nous fier à d'autres interprétations que certains ont tentés de détourner. Une telle attitude n'est pas du tout sage et juste. Le Cheikh a dit, répondant à la question : « Est-ce que l'information donnée par le Prophète (PSL) après la mort a le même degré que celle donnée de son vivant ? » Il répondit : « Si je dis qu'il se peut que certains dont le savoir est limité puissent découvrir ce mérite relatif à la *Salâtul Fâtihi*, on me dira ceci. Si tel est le cas comme vous le soulignez, alors il serait plus logique de s'y adonner et laisser tout autre *zikr* y compris la lecture du Coran.

Nous signalons que la lecture du Coran est prioritaire, car elle est une chose requise dans la Chari'a dont le Coran constitue le soubassement. Une menace est faite à l'endroit de celui qui abandonne cette lecture du Coran. C'est dire que l'on ne doit pas laisser cette lecture. S'agissant des mérites de la *Salâtul Fâtihi*, déjà, il faut savoir que la pratique de celle-ci relève d'une option personnelle, et celui qui ne la pratique pas ne doit rien. On a soumis à Balqînî cette question sur la véritable formule de la prière sur le Prophète (*salâtu 'alan- Nabiyyi*), abstraction faite de la Salâtul Fâtihi. Il répondit que toutes les deux formes de Salât renferment des bienfaits. La *Salâtu 'alan- Nabiyyi* faite au moment des invocations et lors des prières canoniques est une obligation, car elle demeure la meilleure. Si le fidèle retourne toutes ses invocations à la *Salâtu 'alan- Nabiyyi*, cela lui suffirait. Elle est meilleure que la demande de pardon, et n'importe quelle autre invocation. Le hadith de Abî Ibn Ka-'ab rapporté par Tirmîzî en est une illustration.

Bien que cette fenêtre n'est pas l'objet de l'étude et étant donné que nous ne cherchons pas la polémique, nous en parlons car vu les mérites qu'elle renferme. Et on sait très bien l'indulgence des 'Ulamâ' et leurs refus catégoriques de se mêler dans des controverses. Sur ce point, le Cheikh dit : « Celui qui cherche à discuter en disant : il n'y a aucune contradiction entre ceci et ce qui est venu à propos des mérites du Coran et de la noble expression qu'est la formule « *lâ ilâha illal- Lâhu* » qui présente un cas général qui aspire à l'universalité ; de même qu'il présente un caractère exclusif. Le Prophète (PSL) communiquait les arrêtés généraux à tout le monde durant sa vie. C'est-à-dire que s'il interdisait une chose, c'est valable pour tous et s'il prescrivait une chose, c'est valable pour tous. Et parallèlement, il communiquait des arrêtés exclusifs à une tranche exclusive de la société. Parfois, certains éléments sont propres à certains compagnons. Un tel fait est fréquent et répandu au niveau des communications du Prophète (PSL). La mort du Prophète (PSL) est comme sa vie, car il continue toujours de communiquer des éléments exclusifs à des personnalités particulières de sa communauté. Bien que sa mort fût une rupture entre les deux mondes, il faut noter que son intervention à l'égard des particuliers demeure. Et quiconque s'imagine que le Prophète (PSL) a rompu toute son assistance, c'est que celui-ci ignore tout de la dignité de celui-là et affiche un mauvais comportement à son endroit. Je crains même qu'il ne meure dans la mécréance s'il ne se repent pas de cette croyance absurde.

Il se peut que certains s'interrogent pour savoir comment le Prophète (PSL) peut-il cibler un groupe parmi ses compagnons pour leur donner des connaissances particulières ; alors qu'il fut envoyé à toute la créature. La réponse que l'on peut donner par rapport à cette préoccupation c'est celle-ci. Nous n'allons pas chercher loin pour répondre.

Imâm Bukhârî rapporte dans son « Sahîh » au niveau de la section intitulée : « Particularisation du savoir pour une tranche de la société » (mane khassa bil 'ilm qawman dûna qawmin). Là, Ali dit : « Ils ne parlent des gens que ceux qu'ils comprennent. Voulez-vous qu'ils mentent sur Dieu et sur Son Messager ? » Ensuite, il rapporta le hadith de l'imâm Ali d'après Anas Ibn Malick, en montrant que le Messager de Dieu (PSL) a interpellé, par trois fois, Mu-'âz en ces termes : « Ô Mu-'âz ». « Oui, ô Messager de Dieu», répondit-il. Il Lui dit alors : « *Il n'y a personne qui témoigne, sincèrement, qu'il n'y a de divinité excepté Dieu et que Muhammad est son Messager, sans que Dieu ne lui interdise l'Enfer* ». Mu-'âz dit : « Pourrais-je en informer les gens afin qu'ils s'en réjouissent ? ».

L'illustre compagnon et le grand rapporteur de hadith, Abû Hurayra dit : « J'ai conservé du Prophète deux contenants (deux secrets). Quant au premier, je l'ai diffusé ; et pour le second, je ne l'ai pas diffusé par peur de voir ma veine jugulaire coupé ».

Par conséquent, ce mérite mentionné sur la *Salâtul Fâtihi* n'est venu ni pour minimiser le Coran ni pour le dévaloriser. Cependant, la préférence répond à la considération de la place de la *Salâtu alan- Nabiyyi*. En effet, les conditions imposées pour celui qui lit le Coran ne sont pas imposées pour celui qui fait cette Salât. La lecture du Coran est interdise à celui qui est en état d'impureté majeur, à celle qui a ses menstrues et celle qui a ses lochies. Mais, ceux-ci peuvent pratiquer la *Salâtu alan- Nabiyyi*. Donc, pour ceux-ci, pratiquer cette Salât tout en étant impurs est meilleur. Nous voyons qu'il est interdit à celui qui ne psalmodie le Coran de le lire. Aussi, Ibn Jazyi disait dans sa « <u>arjûza</u> أرجوزة » :

> « *Lire (le Coran) en le psalmodiant est chose obligatoire.*
> *Celui qui ne psalmodie pas le Coran a, certes, péché* ».

Pour le désobéissant, il lui est plus facile de pratiquer cette *Salâtu 'alan- Nabiyyi* que de lire le Coran. Anas rapporte ce propos : « *Combien sont-ils, ceux qui lisent le Coran ; alors que celui-ci les maudit* ». Aussi le Cheikh est comme le médecin qui donne des médicaments conformes à la maladie pour traiter le patient. Car, il peut le demander de prendre comme nourriture, du pain et de la viande, au moment où son estomac n'accepte pas ce genre de nourriture, même s'il l'utilisait pour retrouver la santé. Nous voyons le Cheikh donner des orientations à ses disciples lorsqu'il les dit : « Ô mes nobles disciples, vous êtes porteurs du Livre de Dieu, vous étudiez la religion en se méfiant de la colère de Dieu. Donc, si vous vous tournez, également, vers la *Salâtu 'alan- Nabiyyi*, elle vous suffirait largement ». C'est là, une recommandation du maître à son disciple, du médecin à son patient, de l'éducateur à son novice. Mais jamais, le Cheikh n'a préféré la *Salâtul Fâtihi* au Coran. Il disait : « Le meilleur que peut faire le disciple, c'est de lire deux sections du Coran par jour ». Aussi, le Cheikh a rompu tout lien avec les négateurs de la Tarîqa Tijjâniyya et a explicité de manière évidente les données permettant d'atteindre la vérité de façon certaine.

La portée dimensionnelle du Coran

La dimension spirituelle et cultuelle de la Tarîqa Tijjâniyya

Concernant les mérites du Coran sur les autres *azkâr* et sur la *Salâtu 'alan –Nabiyyi*, ils sont évidents comme la lumière du soleil. Ses mérites sont dus à deux choses essentielles : le fait qu'il soit la Parole Sacrée par Excellence et le fait que les sciences, les connaissances, le bon comportement, les bonnes qualités, les lois divines et les hauts attributs ont tous indiqué le caractère supérieur et inégalable du Coran. Ces deux choses ne sont connues que par les Savants en Dieu à qui les océans des réalités se sont manifestés. Donc, celui qui détient ses critères, il lui revient de droit de donner préférence à la lecture du Coran au détriment des autres formes d'Azkâr. Car il s'en donnera assidûment au point de se confondre à Dieu et de s'anéantir dans son Essence.

Partant, celui qui connaît parfaitement le sens des versets du Coran et prête l'oreille lors de sa récitation, c'est comme s'il entendait Dieu lui parler. En le lisant, il respecte les ordres et ne franchit pas les frontières de Dieu. C'est là, seulement, qu'il pourrait bénéficier des mérites de sa lecture.

De même, Celui qui ne sait des sens de ses versets que la récitation des lettres et ne sait pas non plus ce qu'indiquent les sciences et les connaissances dont démontre ce Coran, celui-là ne fait que croire la Parole de Dieu auquel il prête l'écoute lors de sa récitation bien que ne sachant rien de ses sens. Celui-là ne peut être qu'un guidé qui tient en compte les interdits et les obligations coraniques.

Par ailleurs, celui qui le Coran sans comprendre le fond du texte, et de surplus, il se noie dans l'obéissance à Dieu sans arrêt, il n'a pas la prérogative de lire le Coran. De fait, chaque fois qu'il le lit, il verra ses péchés augmenter voire sa perdition comme le souligne le Coran. Dieu dit : « **Quel pire injuste que celui à qui on a parlé les versets de son Seigneur...** [61]». Il dit encore : « **Malheur à tout grand imposteur pécheur !** [62] ». Il dit, en plus : « **... Et pour eux, il y aura un grand châtiment** [63]». Ailleurs, il dit : « **Dis : « Ô Gens du Livre, vous ne tenez sur rien, tant que vous ne conformez pas à la Thora et à l'Evangile...** [64] ».

---

[61] Sourate : Al-KAhf ; verset : 57.
[62] Sourate : Al-Djâsiya ; verset : 7.
[63] Sourate : Al-Baqara ; verset : 7 .
[64] Sourate : Al-Mâ'ida ; verset : 68.

Quiconque mémorise le Coran sans pour autant respecter ses préceptes, qu'il sache qu'il l'a pris pour futilité. Dieu dit : « **Et quand vous divorcez d'avec vos épouses, et que leur délai approche... ** [65]». En outre, il dit : « **... Ne prenez pas en moquerie les versets d'Allah... ** [66]».

Le Prophète (PSL) a dit : « *Quel est le sort réservé à un peuple qui cherche l'honneur, le luxe, qui méprisent les serviteurs de Dieu et qui ne disent du Coran que ce qui plait leurs passions et non le contraire. Alors, ils croient en une partie et en autre ils mécroient* ». En effet, le Prophète (PSL) confirmait ainsi le verset suivant : « **...Croyez-vous donc en une partie du Livre et rejetez-vous le reste ? Ceux d'entre vous qui agissent de la sorte ne méritent que l'ignominie dans cette vie et au Jour de la Résurrection ils seront refoulés au plus dur châtiment...** [67]». Le Prophète (PSL) ajouta : « *Le plus châtié, le Jour Dernier, c'est le Savant qui n'applique pas son savoir* ». De même Dieu précise : « **Et quiconque se détourne de Mon Rappel, mènera certes une vie pleine de gêne et le Jour de la Résurrection, Nous l'amènerons aveugle au rassemblement** ». Il dira : « **Ô mon Seigneur, pourquoi m'as-Tu amené aveugle alors qu'auparavant, je voyais ?** » [Allah lui] **dira** : « **De même que Nos Signes t'étaient venus et que tu les as oubliés, ainsi aujourd'hui tu es oublié** [68] ».

Donc, celui qui laisse d'œuvrer partant du Coran, cette menace s'abattra sur lui. En conséquence, une personne pareille, il est plus préférable pour lui de faire la *Salâtu 'alan- Nabiyyi*.

En somme, ceux qui se voient aptes à remplir toutes les conditions qu'exige une bonne lecture du Coran, qu'ils sachent alors que cette lecture est plus préférable pour eux que la pratique de la *Salâtul Fâtihi*.

Par contre, ceux qui pensent ne pas pouvoir remplir ces conditions, ils n'ont qu'à se rabattre sur la Salâtu 'alan- Nabiyyi est meilleure pour eux que la lecture du Coran. Lorsque ceux-là s'adonnent à cette lecture, celle-ci ne fait que les repousser, les maudire et les éloigner de leur Seigneur.

---

[65] Sourate : Al-Baqara ; verset : 232.
[66] Sourate : Al-Baqara ; verset : 231.
[67] Sourate : Al-Baqara ; verset : 85.
[68] Sourate : Tâ Hâ ; versets : 124-126.

Parfois, il peut arriver que quelqu'un soit admis dans le cercle divin au niveau du monde invisible, et qu'il soit compté parmi les Savants en Dieu, et pourtant il n'a pas rempli toutes les conditions posées. Celui-là verra ses péchés effacés dans le monde divin et toutes ses lectures qu'il fait sont traduites en bonnes actions, car il bénéficie de Dieu l'amour et l'affection. Et si, en revanche, celui-là n'est pas admis dans ce cercle céleste et qu'il ne remplit pas les conditions, deux cas se présenteront à lui, auprès de Dieu. Soit que Dieu lui garantie son pardon et la non considération de ses péchés en raison des bénéfices qui se trouvent dans l'absolution et le pardon. Soit qu'il lui règle ses comptes en lui disant : « *Nous allons régler tes péchés, atome après atome* ».

Alors, pour celui-ci, la pratique de la *Salâtu 'alan- Nabiyyi* est meilleure que la lecture du Coran. Car, s'il en fait une prière, Dieu priera sur lui 10 fois et aussi les autres créatures mondaines en feront de même en sa faveur. Et de ces prières faites à son endroit, il bénéficiera d'une félicité éternelle, comme l'a promis Dieu. Cette promesse ne distingue pas l'obéissant du désobéissant. Celui dont Dieu et les Anges prient sur lui, sera parmi les Heureux (ahlus- sa-'âda).

En conséquence, celui qui se trouve dans ce cas se retrouvera parmi les perdus et les malheureux s'il s'adonne à la lecture du Coran ; par contre, il sera parmi les Heureux et les Pardonnés s'il pratique la *Salâtul 'alan- Nabiyyi*. Ce propos est de notre vénéré, Cheikh Tidjâne. Mais, ce qu'il faut noter, il y a des allégations qui lui ont précédées. Nous en avons les commentaires des exégètes faits à propos de ce verset : « **Ceux qui récitent le Livre d'Allah, accomplissent la Salât et dépensent en secret et en public de ce que Nous leur avons attribués, espèrent ainsi faire un commerce qui ne périra jamais, afin** [qu'Allah] **les récompenses pleinement et leur ajoute de Sa grâce. Il est Pardonneur et Reconnaissant. Et ce que Nous t'avons révélé du Livre est la Vérité confirmant ce qui l'a précédé. Certes, Allah est parfaitement Connaisseur et Clairvoyant sur Ses serviteurs. Ensuite, Nous fîmes héritiers du Livre ceux de Nos serviteurs que Nous avons choisis. Il en est parmi eux qui font du tort à eux-mêmes, d'autres qui se tiennent sur une voie moyenne et d'autres avec la permission d'Allah devancent** [tous les autres] **par leurs bonnes actions, telle est la grâce infini** [69]**»**.

---

[69] Sourate : Fâtir ; verset : 29--32.

Nous avons tenu à diversifier le commentaire des exégètes en considérant leurs différentes convictions, doctrines et conceptions sur ces versets. Nous trouvons que le Cheikh a considéré parfaitement les dires des exégètes sur ces versets. Et nous constatons que les dires du Cheikh sont en conformité avec ceux d'Ibn Taymiyya qui fit le même commentaire lorsqu'il répondait à la question relative à la mémorisation du Coran et de la proclamation de la Gloire de Dieu.

Nous avons, en exemple, le bédouin qui reconnaît son incapacité de faire toutes les exigences de sa religion et qui est venu demander au Messager de Dieu (PSL) s'il peut se limiter aux obligations. Et le Saint Prophète lui dit, en substance, s'il se limite à ses obligations sans rien augmenter ou diminuer, il sera un des Elus du Paradis.

De là, il dit : « La pratique du zikr est meilleur que la lecture du Coran. La connaissance traite des questions partielles bien définies, alors que le savoir englobe des questions générales ». Les lecteurs du Coran disent : « Un des leurs dit avoir trouver dans le zikr ce qui réunit son cœur, ce qui renforce sa foi, ce qui repousse de lui les tentations sataniques, ce qui augmente la sérénité, ce qui donne la lumière et favorise la guidée. Et il ne les a pas trouvés dans la lecture du Coran. Par contre, s'il lit le Coran, il ne le comprend pas, de même son cœur et son esprit sont absents. Et facilement, il peut être détourné de sa concentration ». En contrepartie, certains trouvent la présence physique et spirituelle lors de la lecture du Coran au point qu'il puisse en comprendre et méditer. Eux aussi, ils ne trouvent pas cette présence physique et spirituelle dans la *Salâtu 'alan- Nabiyyi*.

Au total, que chacun applique ce qui lui paraît plus pragmatique. Quelqu'un peut préférer l'aumône plus que le jeûne et vice versa. Même si l'aumône est meilleure pour lui. Un autre peut voir que le pèlerinage est plus préférable que la guerre sainte (*jihâd*) comme les femmes et comme ceux qui ne sont pas capables de faire le jihâd. Même si la guerre sainte est meilleure. Le Prophète (PSL) a dit : « *L'accomplissement du pèlerinage est un djihâd pour le faible* ».

Le Cheikh ainsi que d'autres Savants en Dieu ont départagé entre celui qui s'engage dans la voie de Dieu (*as-sâlik ilal- Lâhi*) et celui qui œuvre en s'appuyant sur le livre de Dieu (*al-'âmil bikitâbil- Lâhi*) en comprenant son contenu. De même, ils ont donné une nette différence entre celui qui transgresse les lois de Dieu et celui qui n'a aucune compréhension du contenu du Coran. Donc, de ces deux cas, qui doit se limiter à lire régulièrement le Coran et qui doit s'adonner à la pratique de la *Salâtu 'alan- Nabiyyi* ?

Ibn Taymiyya revient, de manière explicite, sur les mérites de certains versets coraniques sur d'autres. Il s'est appuyé sur les textes prophétiques, sur les dires des pieux prédécesseurs, sur les lois de la Chari'a pour soutenir l'inégalité préférentielle d'entre les versets coraniques.

Par ailleurs, le Coran dans son intégralité est la Parole de Dieu comme le furent la Thora et l'Evangile. De même, les Hadiths Qudsiyyi que nous rapportent le Prophète (PSL), viennent directement de Dieu comme ce Hadith où Il (Dieu) dit : « *Ô mes serviteurs, j'ai interdis à ma personne la méchanceté (l'injustice) et je vous l'interdis. Donc évitez de vous faire mutuellement des méchancetés (de l'injustice)…* ». Un autre Hadith encore dit : « *Quiconque se souvient de Moi, Je me souviendrai de lui* ».

L'exemple de la parole communiquée a deux niveaux : un niveau propre au sujet parlant, l'informateur direct et un niveau propre à l'interlocuteur, l'informé direct. En guise d'exemple, nous citons : « **Dis : « Il est Allah, Unique** [70] » et « **Que périssent les deux mains d'Abou Lahab** [71] ». Tous ces deux versets sont des Paroles de Dieu ; mais ils n'ont pas le même niveau si l'on considère les interpellés. Dans le premier verset, Dieu parle de lui-même en donnant sa propre description. Alors que dans le second verset, il parle d'un sujet de sa créature en nous annonçant son état ultérieur. C'est dire que leurs différences de niveaux résident dans l'orientation de la parole.

Les textes d'Ibn Taymiyya renferment des preuves tirées de la Sunna du Prophète (PSL). Ces preuves démontrent de façon évidente que Dieu a mis pour ses serviteurs tout ce qui les permet d'être en mesure de mener un bon culte divin. Comme nous allons le démontrer, il convient de savoir que la Sunna prophétique reste évident et palpant pour le doué de raison saine. Et cette Sunna dévoile que les mérites avancés sur la *Salâtul Fâtihi* résident au niveau de la rétribution et non à la substance même des termes.

---

[70] Sourate : Al-Ikhlâs ; verset : 1.
[71] Sourate : Al-Masad ; verset : 1.

Spécificités de certaines sourates

* **la sourate « Al-Ikhlâs »**. On a démontré que cette sourate équivaut en mérite et en rétribution au tiers du Coran. Tirmîzî rapporte d'après, dans son « Jâmi-'i » au chapitre réservé aux mérites du Coran que le Messager de Dieu (PSL) a dit à ses compagnons : « *Est-ce que l'un de vous est-il capable de lire chaque nuit le tiers du Coran ?* » Ils trouvèrent la chose peu aisée et dirent : « Qui de nous est capable de cela ? Ô Messager de Dieu ». Il dit : « *Le chapitre 112 du Coran : Al-Ikhlâs* ». Beaucoup de Savants spécialistes en hadith se sont prononcés sur ce hadith à des versions différentes.

* **la sourate « Al-Kâfirûne »** équivaut au quart du Coran en mérite. Tirmîzî et d'autres encore ont rapporté ce hadith.

* **la sourate « An-Nasr »** équivaut en mérite au tiers du Coran. Tirmîzî a rapporté ce hadith. D'après Anas, le Messager de Dieu (PSL) a dit, un jour, à un de ses compagnons : « *T'es-tu marié ?* ». Il répondit : « Non ». « Mais Prophète, je n'ai rien pour me marier ». Le Prophète (PSL) lui dit : « *N'as-tu pas avec toi la sourate Al-Ikhlâs* » ? Il répondit : « Mais si ! ». Le Prophète (PSL) lui signifia que cette sourate a la valeur du tiers du Coran. Le Prophète (PSL) continua : « *N'as-tu pas mémorisé la sourate (Al-Kâfirûne) ?* L'homme dit : « Mais si ! ». Le Prophète lui révéla que cette sourate a la valeur du quart du Coran. Ensuite, le Prophète (PSL) poursuivit : « *As-tu en mémoire la sourate (An-Nasr) ?* » L'homme dit : « Je l'ai en tête ». Le Prophète (PSL) lui dit que sa valeur est comparable au quart du Coran. Aussitôt, le Prophète lui dit : « *Maries-toi ! Maries-toi !* ».

* **la sourate « Az-Zulzila »** équivaut au quart du Coran. Mais selon certains cette sourate fait la moitié du Coran. Ce hadith est rapporté par Tirmîzî dans son « Sunan » et d'autres. En fait, d'après Anas, le Prophète (PSL) a dit : « *Celui qui lit la sourate « Az-Zulzila », est comme celui qui a lu la moitié du Coran. Et celui qui lit la sourate « Al-Kâfirûne », c'est comme s'il a lu le quart du Coran. Alors que celui qui lit la sourate « Al-Ikhlâs » est comme celui qui a lu la tiers du Coran* ».

* la sourate « **Al-'Âdiyât** » équivaut à la moitié du Coran. Abû 'Ubayd rapporte d'après Hasan que le Messager de Dieu (PSL) a dit : « *La sourate « Az-Zulzila » équivaut à la moitié du Coran tout comme la sourate « Al-'Âdiyât ».*

* la sourate « **Al-Qadr** ». D'après Anas, le Prophète (PSL) a dit : « *Celui qui lit la sourate « Al-Qadr » est comme celui qui a lu le quart du Coran ».*

* la sourate « **At-Takâsur** » qui a l'équivalence de mille versets lus, c'est-à-dire presque le quart du Coran.

* la sourate « **Yâ-Sîn** » équivaut à dix lectures complètes du Coran, selon certains et pour d'autres, à douze lectures. D'aucuns même disent qu'il équivaut à une lecture entière du Coran et pour d'autres elle en équivaut à deux lectures. Certains montrent que celui qui écoute sa lecture, c'est comme s'il a fait charité de vingt dinars. Tandis que celui qui la lit est comme celui qui a fait vingt pèlerinages. D'après Anas Ibn Mâlick, le Messager de Dieu (PSL) a dit : « *Etant donné que chaque élément renferme un cœur, alors le cœur du Coran c'est la sourate « Yâ-Sîn ». Quiconque lit cette sourate une fois, Dieu lui prescrira la lecture entière du Coran dix fois ».* D'après Abû Hurayra : « *Elle équivaut à tout le Coran ».* D'après Ibn Sa-'îd Khudarî : « *Une lecture de cette sourate équivaut à une double lecture de tout le Coran ».* D'après Ali, le Prophète (PSL) a dit : « *Quiconque écoute la lecture de cette sourate est comme celui qui a donné vingt dinars dans le sentier de Dieu. Tandis que, celui qui la lit, il sera compté pour celui qui a fait vingt pèlerinages ».* D'après Abî Ibn Ka-'ab, le Messager de Dieu (PSL) a dit : « *Celui qui lit cette sourate en y recherchant la Face de Dieu, il lui sera pardonné (ses péchés). Par contre, celui qui la lit, c'est comme s'il a fait douze lectures entière du Coran ».*

Des actes très bénéfiques

* le fait de regarder ses deux parents avec un œil de miséricorde et de tendresse traduit un pèlerinage accepté. Le Prophète (PSL) a dit : « *Il n'y a pas un fils tendre qui regarde ses parents avec un œil d'affection sans que Dieu ne lui prescrit pour chaque regard la récompense d'un pèlerinage accepté* ». On lui dit : « Et s'il jette sur eux cent regards par jour ? » Il répondit : « *Dieu est Grand et Bon* ».

* la bonté envers les deux parents équivaut à la fois à un pèlerinage, une 'umra et un jihâd dans le sentier de Dieu. D'après Anas : « Un homme est venu trouver le Prophète (PSL) pour lui dire : « Je désire faire le jihâd et je ne suis pas en mesure de le faire ». Le Prophète (PSL) lui dit : « *Est-ce que l'un de tes parents est vivant ?* » Il dit : « Ma mère ». Il lui dit : « *Va t'occuper d'elle, car si tu le fais, tu seras à la fois un pèlerin en 'umra et un mujâhid dans le sentier de Dieu* ».

* le fait de ne pas quitter la mosquée juste après la prière faite en assemblée équivaut à la fois à un pèlerinage et à une 'umra. D'après Anas, le Messager de Dieu (PSL) a dit : « *Celui qui accomplit la prière du Matin en assemblée, ensuite s'assoit pour faire le zikr jusqu'au lever du soleil, puis il fait deux rak'a, il aura la récompense d'un pèlerinage et d'une 'umra effectués à la fois* ». Le Messager de Dieu (PSL) dit : « *Ne rien négliger ! Faites tout de manière exhaustive !* ».
* le fait d'effectuer six rak'a après la prière du coucher du soleil sans interruption équivaut à douze ans d'adoration. Le Prophète (PSL) a dit : « *Celui qui fait six rak'a après la prière du maghrib sans parler entre elles, c'est comme s'il s'est consacré à Dieu pendant douze ans* ».

* les mérites du bain rituel le jour du Vendredi et le fait de se rendre à la prière. Al-Munzir dit dans « At-Targhîb wat-Tar'hîb » : « *On a rapporté de 'Atîq Abî Bakr Siddîq et de 'Imrân Ibn Husayn que le Messager de Dieu (PSL) a dit : « Celui qui pratique le bain rituel le Vendredi, on effacera ses péchés et ses erreurs. En se rendant à la mosquée, on lui inscrira pour chaque pas effectué vingt bonnes actions. Après chaque prière canonique effectuée, il sera payé l'équivalence de deux cent ans d'actes de dévotion* ».

Cette grâce infinie de Dieu relève de la quintessence de sa générosité inégalable. Cette grâce se manifeste dans le mérite des sourates courtes du Coran ; dans le regard de l'enfant vertueux qui regarde ses parents avec l'œil de la tendresse ; dans la lecture constante du Coran ; dans le fait de quitter tout ce qui provoque la colère de Dieu. Il s'agit, en fait, pour le fidèle de s'intéresser à ces actes idoines en vue de se voir rétribuer une grande récompense. Certaines bonnes actions sont inclues dans les arcanes mystiques que dévoile la sagesse divine. Assurément, les bouffées d'air divines emportent cette grâce infinie vers les Elus de Dieu qui en profitent largement. A noter que tous les nobles actes recherchés sont transcrits dans la « Jawâhirul ma'ânî ».

C'est le même cas concernant la *Salâtul Fâtihi*, ses mérites ne résident pas dans la substance des termes qui composent le Coran ; mais ils résident dans la récompense de celui qui n'est pas en mesure de lire ce Coran ou d'en comprendre la signification. En fait, celui qui ne peut pas respecter les normes de la lecture en vigueur ou ne peut pas le mémoriser en entier, pour celui-là, je suis persuadé qu'il devrait prendre en compte les recommandations du Cheikh. Par contre, Ibn Taymiyya donne toute préférence au Coran car étant la Parole Eternelle de Dieu, le Capable. Et qu'en plus, le Faux n'atteint d'aucune part ce Coran, ni par devant ni par derrière.
Nous voyons Muhammad Al-Mughîr Ach-Chinqîtî qui parlait dans sa « Arjûza » en ces termes :
« *Les Saints ne se sont pas attardés sur les mérites, mais ils ont départagé*
Les lecteurs partant de leurs acquis lors de la lecture.
Parmi eux, celui qui respecte les ordres divins
Se limitant aux frontières établies,
Celui-ci voit sa lecture approuvée
Si toutefois, il donne à la lecture tous ses droits.
Celui-là, la prière qu'il fait sur le Prophète Muhammad
Est meilleure pour lui, partant de la bonne nouvelle qu'il en reçoit :
Dieu prie dix fois en contrepartie d'une seule prière sur le Prophète.
En plus, celui qui se rend vers Dieu, ce dernier lui choisit
Un zikr qui assouvira son désir.
Consulte l'ouvrage intitulé « Sâhilil asâ »
Et le commentaire de AL-Husni al-Hasîne al-Fâsî.
Il vaut mieux comprendre celui qui fait le zikr
Et non de considérer le zikr conféré.
De toute façon, le mérite n'est pas là,
Car, qu'est-ce qui est plus méritant que ce qui a été révélé ?».

Il faut souligner que le Cheikh a beaucoup parlé des mérites de la parole de Dieu sur les autres paroles comme les invocations et les azkâr, sans compter ce que l'on vient de démontrer. J'ai extrait intégralement ces allégations des dires des Savants en Dieu qui l'ont précédé dans la foi en Dieu et qui se sont tous appuyés sur le Livre de Dieu et sur la Sunna du Prophète (PSL). Ce qu'il faut noter ici, est que ceux qui aiment critiquer pour critiquer n'ont pas mené des recherches dignes de foi. La plupart d'entre eux invitent à se limiter à ce verset « **Malheur donc à ceux qui prient ...[72]** ». Ils regardèrent à courte vue les dires du Cheikh à propos de la *Salâtul Fâtihi*. Ce mérite que lui a informé le Prophète s'est effectué verbalement en état d'éveil et non en sommeil. Mais, ils ne regardent pas ce qu'il dit de manière détaillée comme nous l'avons démontré. Ils ne considèrent pas, en plus, les propos qui sont en accord avec ceux d'Ibn Taymiyya. Propos qui collent avec ce verset : « **... Il en est parmi eux qui font du tort à eux même, d'autres qui se tiennent sur une voie moyenne et d'autres avec la permission d'Allah devancent tous les autres par leurs bonnes actions ...[73]** ».

Tous les commentateurs de Coran, malgré leurs différentes écoles, ont fait le même commentaire que le Cheikh sur ce verset. Donc, c'est seulement l'aberration et l'abjuration qui empêchent certains de le croire. Celui qui n'a que la passion pour remède n'est rien d'autre qu'un insensé, un fou sauf par assistance divine qui pourra le guérir, voire le « repêcher » de sa damnation pour l'introduire dans sa miséricorde.

Aussi, nous nous réfugions auprès de Dieu contre les interpellés dans ce verset : « **Ils les nièrent injustement et orgueilleusement, tandis qu'en eux même ils y croyaient avec certitude...[74]** ». Nous demandons Dieu de nous accorder le bon comportement vis-à-vis des Hommes de Dieu, et d'interpréter de la meilleure interprétation leurs propos. Et nous concernant, nous reconnaissons que notre entendement est limité vis-à-vis de leurs propos. A rappeler que Dieu l'Exalté nous suffit et quel meilleur Protecteur !

Ces vers constituent des panégyriques à l'endroit de la Salâtul Fâtihi et ils incitent à multiplier la récitation de cette Salât. Il s'agit de ces vers :
« *Sois assidu et constant dans la récitation de la Salâtul Fâtihi.*
Car, les bonnes choses s'acquièrent par elle.
Si une autre prière sur le Prophète a une récompense considérable

---

[72] Sourate : Al-Mâ-'ûne ; verset : 4.
[73] Sourate : Fâtir ; verset : 32.
[74] Sourate : An- Naml ; verset : 14.

77

La dimension spirituelle et cultuelle de la Tarîqa Tijjâniyya

Que dire de celle de la Salâtul Fâtihi ?
Récite-la avec assiduité matin et soir,
Parce que l'ésotérisme est inclue dans cette Salât.
Elle englobe en son sein tous les bienfaits, elle est la meilleure voie d'accès.
Combien de mérites et d'avantages renferme-t-elle ?
Fais en beaucoup tant que Dieu te prête la vie.
En fait, la pratique du zikr trouve le charme dans la Salâtul Fâtihi.
Combien d'ignorants pataugent dans l'égarement
Et que leurs yeux soient réouverts par la Salâtul Fâtihi ?
Celui qui se laisse emporter par le sommeil de l'ignorance
Sera certainement réveillé par la Salâtul Fâtihi.
En négligeant la prière constante sur le Prophète
Je me réjouis et me réconforte par la Salâtul Fâtihi.
La plupart des rapporteurs sur la vie du Prophète
Ont confirmé la teneur et la portée de la Salâtul Fâtihi.
Consacres y tout ton temps et tu obtiendras ton désir,
Car la félicité est dans la Salâtul Fâtihi.
Priez sur le Soleil Illuminé par le biais de cette Salât,
La meilleure prière pour vous est la Salâtoul Fâtihi.
Priez sur le Meilleur de la créature par le biais de cette Salât.
Fais-en beaucoup toujours avec cette Salât.
Priez par elle, faites en beaucoup et vous connaîtrez le succès,
Car, le succès et l'ouverture émanent de cette Salât.
Priez par elle, Priez par elle, Priez par elle,
Car, le trésor est enfoui dans la Salâtul Fâtihi.
Priez par elle, Priez par elle, Priez par elle,
Car, le butin est dans l'acquisition de la Salâtul Fâtihi.
Priez par elle,
Faites beaucoup et dans l'assiduité la Salâtul Fâtihi ».

Par ailleurs, l'érudit en Dieu, le charme et la gloire de la Tarîqa, le mât de la Voie ainsi que sa langue, le nommé Cheikh Ahmad Sukayridj dit, dans son ouvrage à la page 273 :

« Seigneur, j'ai tendu mes mains car étant dans le besoin,
En recherchant ta donation, Ô Celui qui répond au derviche
Prie sur l'Elu, Notre Maître
Muhammad, mer des dons qui coulent en abondance.

78

Il est le commutateur qui a mis à jour
Tout bien existant dans le cosmos encore clos.
Il est le Sceau, par excellence, des Savants
Qui ont précédé et il les dépasse en degré.
Il est celui qui secoure la vérité par la Vérité.
Laquelle vérité qui est toujours secourue par Dieu »

« *Mon Dieu ! Accorde Ta bénédiction à notre Seigneur Muhammad qui a ouvert ce qui était clos, qui a clos ce qui a précédé, le Défenseur de la vérité par la Vérité ; le Guide du droit chemin ainsi qu'à sa famille suivant sa valeur et l'estimation de son ultime dignité* ».

« Tout en étant vertueux selon sa valeur et son rang
Et en considérant l'estimation de son ultime dignité
Par lui, j'implore en vue d'obtenir les désirs.
Si les désirs recherchés sont acquis, je n'attends rien d'autre ».

« *Mon Dieu ! Accorde Ta bénédiction à notre Seigneur Muhammad qui a ouvert ce qui était clos, qui a clos ce qui a précédé, le Défenseur de la vérité par la Vérité ; le Guide du droit chemin ainsi qu'à sa famille suivant sa valeur et l'estimation de son ultime dignité* ».

Comme nous l'avons vu, tout élément créé s'y spécifie par un rang qui lui est propre. Alors la révélation impliqua ici toutes les créatures et plus précisément la race humaine à qui Dieu signifia : « **Ne l'avons-Nous pas guidé aux deux voies** ».

Le livre de la ziara

Parmi les bienfaits de Dieu sur ses serviteurs, le fait que Dieu oriente la pensée du croyant vers ce qui préoccupe les musulmans, vers tout ce qui aide à parfaire leurs affaires concernant le spirituel et le temporel. De même, Dieu m'a honoré et s'est montré généreux à mon égard en m'aidant à se soucier de ce qui concerne mes frères Tidjânes. Mon inquiétude s'est portée sur l'attention et la préoccupation de propos malsains adressés à l'endroit de la Tariqa Tidjâniyya et surtout ce qui vibre les esprits ou que les âmes répugnent.

Ainsi, ce qui a surtout marqué ma conscience depuis que j'ai adopté et reçu l'autorisation dans cette Tarîqa, c'est mon désir ardent de répondre quiconque s'y apparente par ignorance ou tente de ternir son image et celui de ses nobles adeptes.

Certains propos ont transpercé mon cœur en y laissant une égratignure. De nos jours, ce que l'on entend répéter fréquemment de la bouche de certains frères lors de leurs assemblées publiques comme privées est vraiment déplorable. Ils énoncent des propos non fondés et non authentiques dans la religion de Dieu et non évoqués dans la législation apportée par le Prophète Muhammad (PSL). Aucun des compagnons et des suivants ne tiennent ses propos sans fondement, et même le fondateur de la Tarîqa Ahmadiyya n'a jamais confirmé ces allégations. Et si on interroge quelqu'un sur l'authenticité de tels propos répétitifs, la réponse est la même chez nos frères tidjânes. Ces propos qui circulent entre les frères sont d'un grand muqaddam.

Ce dernier peut aller jusqu'à retirer la permission (al-izn) des mains de tout disciple tidjâne qui se fait pitié devant un des Saints ou gagne la satisfaction d'un des vertueux ou parvient à jeter un coup d'œil sur ces Awrâd. Elle est, également, retirée sur celui qui lit les écrits de cette Voie dans le but d'en savoir le contenu. Sur la même onde, ils soutiennent que la permission (al-izn) ne concerne pas celui qui invite un croyant ou une croyante. Elle ne concerne pas, non plus, l'invocation d'un musulman.

Ils dirent, par ailleurs, cette permission ne concerne pas le novice qui cautionne simplement l'invocation de celui qui invoque. Ils dirent qu'elle ne concerne pas, en outre, le novice tidjâne qui effectue la prière sur une des tombes des Saints ou s'y rend pour un n'importe quel besoin. De plus, selon eux, elle ne concerne pas celui qui se rend pour apprendre chez l'un des vertueux qu'il prend pour un véritable saint même si celui-ci ne figure pas parmi les adeptes de la Tarîqa Tijjâniyya.

J'ai effectivement écrit des réponses adressées à mes frères Tidjânes. J'ai répondu partant de ma conviction personnelle que c'est la vérité et l'exactitude. J'y ai élucidé le point relatif à l'interdiction du Cheikh de rendre visite aux Saints en démontrant le côté ésotérique de cette interdiction. Cependant, quel est le but visé dans les multiples interrogations sur le fondateur de la Tarîqa ?

La dimension spirituelle et cultuelle de la Tarîqa Tijjâniyya

La réponse reste exclusive à la question de la ziara et de son sens dans la Tarîqa Tidjâniyya. Il faut dire que ces allégations non fondées proviennent des frères tidjânes et que certains ignorants véhiculent car étant convaincus de leurs authenticités et de leurs affiliations à la Tarîqa. La meilleure réponse plausible peut être donnée pour celui qui y porte ses regards.

Les sollicitations affluèrent de tout côté en vue de répandre cette réponse autonome afin qu'en tirent profit les frères musulmans et que par cette réponse se guide celui dont Dieu veut son bonheur et qu'en meurt celui dont Dieu veut son malheur et sa malchance.

Et là, nous entrons dans le chapitre de la ziara. Je cherche aide, réussite et droiture auprès du Seigneur Adoré. Il me suffit et quel meilleur Protecteur !

Ô sincère frère en la foi affectueux, que Dieu nous achemine tous vers la meilleure destination pour que nous puissions bien comprendre la sagesse cachée dans la ziara faite auprès des Saints, aux yeux de la Tarîqa Tijjâniyya Ahmadiyya. Partant de cette interdiction et de cet ésotérisme cachés dans cette ziara, force est de se demander si cette interdiction est effective chez les détenteurs du savoir avant Cheikh Tidjâne ou non.

Espérant l'assistance de Dieu, nous répondons en disant : « La ziara basée sur la *tarbiyya* (éducation spirituelle) faite à l'endroit des Saints et des Grands Notables dans le but de bénéficier des *awrâd* et de vertus mystiques, cette forme de ziara est défendue dans la Tarîqa Ahmadiyya Tidjâniyya. Elle est interdite de manière formelle par les Eminents Saints parmi les Elus qui recommandent aux disciples de se garder d'adopter, à la fois, toutes les voies spirituelles balisées par les Pieux. C'est seulement un nombre minime de « cardiologues » qui reste insouciant de cette interdiction. Ils laissèrent la bride au cou en exigeant des conditions aux disciples par indulgence ou par bienveillance aux Faibles parmi les Serviteurs. Parmi les Saints, certains orientent vers la réunification du disciple en une direction singulière, par miséricorde pour lui et par intérêt pour sa conduite. D'autres préfèrent donner le disciple la liberté de choix et ceci n'est pas une sage décision.

Etant donné que la ziara à l'endroit des Saints, vivants comme morts, est chose défendue dans notre voie spirituelle, donc notre vénéré a orienté son interdiction vers la formation spirituelle permettant d'aller vers Dieu et non dans l'initiation à la

La dimension spirituelle et cultuelle de la Tarîqa Tijjâniyya

Chari'a comme le croient certains faiseurs d'illusions et certains négateurs. Ces conditions obligent le disciple tidjâne à s'en acquitter dès lors qu'il reçoit l'autorisation (*izn*) dans cette Tarîqa Tidjâniyya au point qu'il puisse obtenir son ésotérisme. Cet aspect mystique figure parmi les arcanes qui ne se manifestent pas au non initié. Il a eu le succès au sein du Soufisme faisant qu'il en constitue un de ses hommes parmi sa cavalerie. Aucune plume ne sera en mesure de déchiffrer ce mystère et ce, quelque soit la description faite. Car ce mystère ressort des sciences de la sensibilité et non des sciences descriptives. Donc, les Soufis se doivent d'exiger la faisabilité des conditions notifiées au disciple et surtout s'ils ont pressenti en lui une bonne conduite, un cœur ouvert, une bonté et un succès. Dans ce cas, ils doivent être bien attentifs à son égard jusqu'à ce qu'ils le conduisent vers la guidée et le salut. On n'est pas sans savoir que le magnétisme cardiaque renferme une forte attirance d'impact au niveau des cœurs des fidèles serviteurs.

On rapporte que Imâm Mâlik interdisait certains de ses compagnons de se rendre chez Rabî-'a dont il fut le Cheikh et l'Educateur. Cette question entre dans le cadre de la préhension et de la compréhension de la religion. Par conséquent, que dire des questions relatives à la bonne manière et de l'interdiction de la ziara qui reste établie dans la Tarîqa Tijjâniyya Ahmadiyya. Revenons un peu sur le sens de cette interdiction en se demandant s'elle concerne uniquement cette Tarîqa ou implique-t-elle toutes les autres Tarîqa. Emane-t-elle de l'amour de la passion des Cheikhs comme le supposent certains ?

En effet, certains, parmi ceux-ci, portent atteintes à leurs particularismes. Peut-on dire qu'elle est instituée pour l'intérêt du disciple en personne qui est appelé à l'adopter et à l'incorporer dans ses comportements ?

Alors, faisons une analyse sur la sagesse de cette interdiction, et cherchons de savoir le but visé dans cette ziara faite aux hommes de Dieu. Tentons de détailler toute la portée de l'interdiction de cette forme de ziara. Nous voulons, par cette précision, amener l'ignorant et le négateur à réaliser leurs fausses prétentions. De fait, ils traitent injustement les hommes de la Voie en les regardent avec haine, car ignorants leurs rangs spirituelles. Et ma réussite ne dépend que d'Allah !

Sache mon frère que la ziara interdite par le Cheikh est celle qu'il a défendu catégoriquement à ses compagnons. Elle est comme l'ont démontré les hommes de la Tarîqa. Ceux qui « oscillent » entre la Vérité et le Faux ignorent carrément le rang des disciples de notre vénéré. Effectivement, Cette ziara n'est rien d'autre qu'une affection et une inspiration. Donc celui qui voit son cœur attaché à un Saint, vivant comme mort, ou qu'il en puise un des secrets est considéré comme ayant fait cette ziara interdite. Ainsi, il viole le pacte qui le liait avec son Cheikh qu'il avait signé et, du coup, il rend vain son engagement qu'il avait conclu le jour où il a reçu l'autorisation de pratiquer le wird ahmadiyya. Sans aucun doute, la violation de l'engagement et le manquement à sa parole sont vus comme un grand péché. De même, le fait de remplir entièrement ses engagements favorise l'acquisition d'une grande récompense et d'un énorme salaire auprès de Dieu.

Par ailleurs, considérer l'affection et l'inspiration envers un des Saints, qu'il soit vivant ou mort, entraîne la déconnexion pure et simple entre lui et son cheikh originel qui ne pourra plus lui porter assistance.

La conduite que doit adopter le novice

Chers frère en la foi, sache que la question de la ziara présente un grand polémique, un litige et une large discussion au point que cette situation a pu amener certains ascètes à déclarer la guerre aux autres frères. C'est le même cas qui a poussé certains négateurs à offenser la Tarîqa et ses adeptes en leur parlant de l'interdiction de rendre visite aux Saints, qu'ils soient vivants ou morts.

Il faut noter que, de prime abord, cette question n'est ni une obligation imposée ni un acte recommandé. Mais, elle est, plutôt, une obligation de conduite faisant que le Cheikh l'a introduit dans sa voie spirituelle avec l'intention que le novice puisse s'y cantonner et s'orienter vers une seule direction. Et, il pourra, par la suite se tourner entièrement vers Dieu et son Messager (PSL) et vers quiconque accepte de se conformer au bon comportement qu'incarne le Cheikh-Educateur. Dans ce cas-ci, le novice se doit d'obéir et de se conformer aux recommandations de son Cheikh et de son Educateur. Ainsi, le novice bien éduqué aspirant à Dieu pourra échapper tout élément nuisible placé tout au long de son chemin. Car, il se trouve qu'il est guidé par une main habile connaissant bien cette voie spirituelle et connaissant bien ses dangers et ses péripéties. C'est dire que chaque fois que ce novice entre en contradiction avec son cheikh, il sera atteint d'un de ces éléments nuisibles. Par contre, s'il se garde de dénigrer, de désobéir à son cheikh, il sera préservé de la malédiction divine, d'avoir une mauvaise fin. La colère de Dieu ne s'abattra pas sur lui.

Mon cher frère en la foi, la ziara est effectuée dans le but soit de régler des affaires mondaines, soit pour préparer les frets pour l'au-delà, soit pour rechercher la Noble Face de Dieu. Et peu sont ceux qui font la ziara pour ce dernier but. Ils ne savent pas ce que c'est : œuvrer uniquement et avec sincérité pour plaire Dieu. Car agir autrement rendra vains nos actes sauf ceux à qui Dieu aura accordé Sa miséricorde.

Le Cheikh Tayyib Sufyânî, après avoir puisé des propos de Cheikh Tijjâne, dit que tous leurs actes sont connus et intériorisés. Et que l'acte fait uniquement pour Dieu n'est connu que par les gens de l'ouverture. Le Cheikh Ahmad Sukayridj dit : « Concernant la recherche des choses mondaines lors de la ziara, les Saints, eux, n'ont pas le droit de se déplacer pour ce but, et quiconque le fait est dans un grand danger ». Donc, celui qui échappe à cette orientation est certes heureux.

Dans cette lancée, Cha-'arânî disait : « Rendre visite le Saint pour des choses de l'autre monde est chose acceptée pour celui qui n'a pas encore adopté la Voie du cheikh digne d'être cheikh. Cependant, s'il a déjà adopté cette Voie, et qu'il part faire la ziara affective ou inspirationnelle auprès d'un autre cheikh, il sera tout simplement déconnecté de son premier cheikh ». Car, il faut rappeler que ces deux types de ziara sont choses défendues dans notre voie spirituelle. Celui qui médite bien sur ce qui emporte la passion saura pertinemment que la récompense accordée au zâ'ir (visiteur) qui a rempli toutes les conditions posées atteindra tout membre adepte de cette Tarîqa. Nous sommes, également, conscients que nous devons respecter les conditions de cette Tarîqa et de respecter Nos maîtres Saints, qu'ils soient vivants ou morts et en leur regardant avec l'œil de la majesté et de la grandeur. Tout ceci n'est pas fait pour viser quelque chose, mais c'est pour seulement la Grandeur de Dieu.

Par contre, celui qui les rend visite pour son propre compte, pour un intérêt quelconque, en pensant du fond de son cœur qu'il est venu les magnifier, se trompe, car ce qu'il incarne n'a point de fondement si ce n'est le faux.

Mon cher frère en la foi, les hommes véridiques de cette Tarîqa ne cessent de bénéficier d'un soutien complet, Louange à Dieu. Jamais tu ne les vois se rendre ailleurs que chez le Cheikh. Et même si la situation les y oblige, leurs cœurs ne quittent jamais leurs cheikhs originaux.

Le Cheikh Churaychi dit dans sa « *ra'iyya* » :
> « *Ne te présentes pas devant un éducateur*
> *Avant que tu ne sois convaincu de son expertise en la matière* ».

En revanche, il dit à propos du manque de conviction :
> « *Celui qui s'oppose à son cheikh dans sa conviction*
> *Sera toujours un négateur, un contestataire* ».

Par ailleurs, il montra la condition impérative qui lie le disciple à son maître spirituel :
> « *Le jeune novice est placé sous le toit de son cheikh-éducateur*
> *Qu'il ne doit quitter qu'après sevrage effectif* ».

Cheikh Abd 'Azîz Mas-'ûd Dabbâgh a expliqué ces vers dans son livre « Al-Ibrîz ». Sur la même onde, la plupart des voies spirituelles adoptées par les Soufis donnent sur l'accord de la nécessité de suivre exclusivement la Voie balisée par les Saints Cheikhs. Lorsque le Cheikh recommanda à ses disciples d'abandonner la pratique de la ziara en ne tenant pas compte des œuvres des générations passées et en obéissant aux ordres du Prophète (PSL). Mais, de nos jours, force est de constater la pluralité des négateurs qui ne cessent d'attaquer notre vénéré, Cheikh Tijjâne, de dénigrer sa Tarîqa ainsi que ses adeptes attachés à ses principes. La seule explication à un tel comportement est que ceux-là ignorent les premières voies spirituelles qui ont précédé celle-ci. C'est dire qu'il n'est pas le premier innovateur des voies spirituelles. Mais, il est, comme je le disais, quelqu'un qui s'adonne à magnifier la grandeur des Saints lors de la ziara tout en respectant leurs actes cultuels.

Les savants Tijjânes ont donné leurs réponses concernant les négateurs, sans parler les ouvrages qu'ils ont écrits à cet effet. La meilleure réponse qui fut donnée à cet effet, à ce que je sache, c'est le fait d'étaler, d'exposer la beauté de la Tarîqa vue comme un joyau précieux. De même, Cheikh Ahmad Sukayridj est considéré comme étant la langue par laquelle s'exprime cette Voie pour mieux s'afficher et montrer son charme. Sous ce rapport, ce Cheikh a apporté des réponses remarquables dans beaucoup de ses ouvrages relatifs à la Tarîqa. Donc, Dieu merci.

La dimension spirituelle et cultuelle de la Tarîqa Tijjâniyya

Nous avons ces ouvrages-ci en guise d'exemple : « <u>Al-kawkab al-wahhâdj litaw'hîd al-min'hâdj</u> الكوكب الوهاج لتوضيح المنهاج » ; « <u>Kachf al-hidjâb</u> كشف الحجاب » et « <u>Raf-'u niqâb</u> رفع النقاب » qu'il a fait pour répondre les négateurs.

Nous avons, cependant, son ouvrage phare qui a apporté une réponse pointue et nous invitons les disciples à le consulter et tenter, s'il le faut même, de le mémoriser. C'est un ouvrage intéressant qui donnera plus de connaissance aux disciples. Il s'agit de cet ouvrage intitulé : « <u>Arjûjatu nasîhatil ikhwâne fî sâ'iril awtâne</u> أرجوزة نصيحة الإخوان في سائر الأوطان ». Nous avons, en plus, les propos du Cheikh que voici :

« *Combien est étonnant de voir le négateur dénigrer et critiquer*
La ziara que fait le disciple pour magnifier son cheikh ?
C'est comme celui à qui le cheikh reconnaît une telle attitude
Et qui persiste dans sa position de contestateurs.
Seigneur, aucune ziara n'est effectuée dans le vrai sens du terme,
Et agir ainsi ne procure aucune récompense.
Celui qui effectue la ziara sans en remplir les conditions requises
Viens avec des péchés et retourne tout en étant perdu.
Celui qui ne sait pas ce que c'est la ziara n'aura aucune permission
De rendre visite aux Saints toute sa vie.
Cependant, cette interdiction renferme des bienfaits
Dont le renforcement de l'anse de la Foi.
Le secret résidant dans cette interdiction est la connexion
Du novice le projetant dans le cercle de la connaissance.
Combien sont-ils, ceux qui se cramponnent d'ipso facto sur l'interdiction ?
Et ceux qui ont défendu cette interdiction avec des arguments probants ?
Nous sommes des humains dont les œuvres ne sont pas tout à fait sincères.
Mais, vouer un culte exclusif à Dieu épargnerait nos actes de rabaissement.
Chacun parmi nous agit dans la mesure de son possible.
Et celui qui connaît le but de ce culte gagnera en perfection.
A signaler que notre vénéré n'a point interdit de rendre visite
Aux compagnons du Prophète ainsi qu'à ses frères de la Voie.
Me concernant, je prie Dieu de me permettre de rendre visite
A l'Elu Choisi, descendant de 'Adnâne (le Prophète Muhammad).
A, certainement, réussi celui qui l'a rendu visite de son vivant.
Les yeux seront très réjouis de voir cette physionomie brillante.
Mon souhait majeur : me voir agenouillé devant son Tombeau Béni
Car c'est là, le summum de tout souhait pour les connaisseurs ».

La dimension spirituelle et cultuelle de la Tarîqa Tijjâniyya

Notre Maître spirituel démontre que nous pouvons noter dans les écrits du Cheikh Al-Manâ-'î at- Tûnisî : « Vous devrez savoir, mes frères, que les Awrâd du Cheikh al-Akbar Al-Kibrît Al-Ahmar Sayyid Ahmad Ibn Sâlim Tijjânî renferment des conditionnalités remises en doute par celui qui ne connaît rien des ouvrages des Cadres Tijjânes et surtout les ouvrages ayant traits au Fiqh. Mais toujours est-il que ce négateur ne cesse de critiquer de manière intense ces ouvrages. Et il se peut qu'il se montre indifférent à ce qui est dit dans ces ouvrages. Cependant, la réalité est que le fameux prétentieux ne peut jamais concevoir que la nouvelle mariée n'est connue que par sa belle famille.

C'est dans ce cadre qu'il est souvent dit :
« Il est probable que l'œil nie la clarté du soleil, car atteint de conjonctivite.
De même, la bouche peut nier le goût de l'eau pour cause de maladie ».

Ailleurs, il est dit :
« Le fait que le voyant prétend ne pas voir la clarté du soleil
Ne peut pas causer préjudice au soleil qui continue sa course à l'horizon ».

Ô mes frères en la foi, celui parmi vous qui se conformez aux conditions posées, il lui sera autorisé de prendre le wird du Cheikh. Par contre, celui qui ne s'y plie pas n'en sera pas autorisé. En fait, les conditions en question montrent qu'il ne faut pas donner au novice la liberté de choix. Mais, s'il est forcé de délaisser la pratique du *zikr* ou s'il en est empêché par un cas de force majeur, il s'en acquittera obligatoirement.

La deuxième condition, il doit cesser d'effectuer la ziara vers les autres Saints, vivants comme morts, grands comme petits sans en distinguer personne. Nous disons qu' : « Il est fort possible que celui qui ignore les écrits des Grands Cadres Tijjânes doit savoir qu'ils en ont parlé dans tous leurs ouvrages. C'est dire que cette Tarîqa c'est celle d'une partie et non celle de tout. Donc, ceux-là ont démontré que le disciple n'atteindra Dieu que s'il se tourne uniquement vers son Cheikh faisant qu'il croie de façon ferme que le bien ne lui viendra que par l'intermédiaire de son Cheikh. Et tout ce qu'il reçoit en bonnes choses, il se dira qu'en vérité, elle provient de son Cheikh et non ailleurs. Par conséquent, dès l'instant qu'il pense que cette chose ne vient pas de son Cheikh, le cordon qui le liait avec celui-ci se rompra. Il doit bien méditer sur le récit entre Cheikh Jaylânî et son valet.

Effectivement, un jour il remettait en état la zaouïa, lorsque entra Khudar qui le salue. Il lui rendit le salut sans pour autant lever la tête ni jeter le regard à son endroit. Et Khudar lui dit : « Ô cher ami, tu ne me connais pas ? Donc, sache que c'est moi Khudar ». Le serviteur du Cheikh lui dit : « je t'ai bien reconnu ; mais il s'est trouvé que mon amour et mon affection pour Abd Al-Qâdir occupent pleinement mon cœur ».

Le zâ'ir (visiteur) qui se rend vers les Saints est face à un dilemme : soit il croit au bienfait qu'il aura des mains du Saint qu'il a rendu visite. Et s'il croit en cela, il se détourne, ipso facto, de son Cheikh. Et si par contre, il croit au bienfait de son Cheikh, alors sa ziara est traitée comme une frivolité et un manque de respect vis-à-vis du Saint qu'il a rendu visite. Quant à nous, on n'est pas tenu de dénigrer cette forme de ziara, encore moins ses mérites. Nous nous limitons seulement à dire que nous écoutons notre maître spirituel. S'il nous demande de laisser cette pratique, nous le ferons sans hésitation, sinon on sera des entêtés. Et l'entêté ne verra jamais le bonheur à sa porte. On dit même souvent que celui qui dit à son Cheikh : « Pourquoi ceci ? Ou pourquoi cette condition ?», celui là ne réussira jamais. Donc, les choses sont évidentes. Il n'est pas question de contredire son Cheikh qui, parfois tient compagnie les Saints. Il ne faut pas penser qu'il a imaginé cette chose de sa propre intuition. Et c'est dans ce sens que l'on a dit :

« Comment soutenir la laideur d'une femme dont on a jamais vu le visage ?
De toutes façons, il vaut mieux arrêter de clamer sa laideur ».

Il faut reconnaître que notre vénéré, Cheikh Tidjâne, est également un océan de savoir en Chari'a, un érudit sans pareil. Je le voyais mémoriser les livres de Fiqh comme le « Mukhtasar Ibn Hâdjib مختصر ابن الحاجب », le « Mukhtasar Khalîl مختصر خليل » et « Tahzîb al-Barâzi-'î تهذيب البراذعي ». Il m'a même raconté qu'il mémorise, à la fois, tout ce qu'il entend. Et avec tout ceci, un ignorant des choses élémentaires comme l'ablution se permet de le contredire et de le critiquer. Concernant les livres de hadith, il a mémorisé le « Sahîh al-Bukhârî صحيح البخاري », le « Sahîh Muslim صحيح مسلم » et le « Muwatta' الموطأ » de l'imam de Mâlik. En matière de théologie, il est comparable à l'imam Ghazâlî, de son temps. A noter seulement que les cœurs sont régis par la manivelle directrice de Dieu qui les oriente vers où Il veut.

Pour la troisième condition, il n'est pas donné au jeune tidjâne de pratiquer à la fois le wird du Cheikh et un autre wird. Donc, s'il prend un wird d'un autre Cheikh, il doit l'abandonner. Et même si ce Cheikh était Cheikh Jaylânî ou Châzilî ou Hanafî ou Sayyid Ahmad Ibn Nâsir Muhammad Ibn Îsâ ou encore d'autres Cheikhs. Il revient au jeune tidjâne de laisser tomber tout wird apparenté aux Saints comme Jaylânî, Hâtimî, Châzilî et d'autres. Ce qui est notifié ici est que le disciple ne doit pas associer son wird avec un autre wird.

Celui qui se conforme à ces conditions, recevra de manière effective l'autorisation faisant qu'il puisse représenter le Cheikh dans les assemblées. Et celui qui ne s'y conforme pas, n'aura aucune autorisation. Sur ce, nous disons que celui qui ne connait pas le contenu des livres des Anciens, peut se permettre de dénigrer. En cela, nous avons cette image : le disciple est comparable aux abeilles qui se posent sur tous les arbres en vue d'y extraire le miel. C'est la même manière que l'indication donnée sur les livres des Anciens. Je dis, en se basant sur les propos de Sukayridj, que ceci est une vérité indéniable que personne ne peut nier. Toutefois, si le Cheikh demande au disciple de mettre par terre la ziara, il ne doit qu'obéir pour ne pas être un entêté. Car dans ce dernier cas, il n'y a point à considérer la sénilité. Et le cordon qui le liait avec son Cheikh se rompra.

Il est recommandé de prendre en compte les dires de l'auteur de « <u>Al-Ibrîz</u> الأبريز » en le soutirant de son Cheikh Sayyid Abd 'Azîz. Il dit : « Le disciple est comme le wird funeste, si son odorat est intense, sa bonne odeur et son utilité seront moins senties ». Considérons les propos de Hâtimî lorsqu'il dit : « Le disciple est comme le malade, si deux médecins affluent à la fois sur lui, il mourra. Car les diagnostics donneront des résultats différents ». Méditons, en plus, sur les dires de Bakrî quand il déclarait : « Le disciple est comme celui qui creuse un puit, s'il continue à creuser dans un seul endroit, il trouvera l'eau. En revanche, s'il creuse en différents endroits, il y vieillira sans ne rien trouver. Car creuser un seul endroit permettra de trouver l'eau à cet endroit ». En somme, nous ne nions pas les mérites des *awrads* ni le mérite des Saints, nous demandons de nous préserver d'une telle attitude. Ce que nous disons à propos des Saints, de façon exacte, « **à chacun son orientation vers laquelle il se tourne** [75] ». Eux tous, ils sont abreuvés par la même source : celle de la prophétie. Mais, on peut noter une prise de quantité différente selon ce que Dieu a donné à chacun.

---

[75] Sourate : Al-Baqara ; verset : 148.

La dimension spirituelle et cultuelle de la Tarîqa Tijjâniyya

Mes frères en la foi, le fait de se dresser contre les Saints constitue une maladie chronique. On lit dans un hadith Qudsiyyi : « *Quiconque porte préjudice à un Saint, je lui déclarerai la guerre* ». Donc, qui peut mesurer la guerre de Dieu ? Est-il raisonnable qu'un aveugle puisse diriger un voyant ? Est-il raisonnable qu'un ignorant puisse contredire le savant ? Est-il admissible qu'un ignorant puisse indiquer la voie à suivre ? Mais non ! Cela n'est pas du tout logique. Nous avons suffisamment abordé cette question. En somme, Dieu seul sait.

Nous disons que la dénégation à l'endroit de la Tarîqa Tijjâniyya et de ses adeptes présente une gravité que Dieu Seul connaît la portée. En vérité, les adeptes de cette Tarîqa, dans leurs ensembles, ne changent pas. Ils sont inébranlables à l'image du Mont Hira qui n'a pas connu de secousse lors de la descente de l'Ange Jibril sur lui.

A propos de l'interdiction faite au novice tidjâne d'effectuer la ziara, elle n'est qu'une quintessence du Soufisme qui est une expression de la science qui étincelle dans le cœur des Saints dès lors qu'elle s'illumine par le biais des actes conformes au Livre de Dieu et à la Sunna du Prophète (PSL). Celui qui œuvre à partir de ces deux supports – Coran et Sunna – verra étinceler en lui les savoirs, les convenances et les réalités incontestables au point que la langue se retrouvera incapable de les décrire. C'est ce qui arrive aux détenteurs de la Chari'a qui voient les lois religieuses se manifester en eux lorsqu'ils appliquent ces lois.

Le Soufisme est la quintessence des actes du serviteur conformément aux lois de la Chari'a, si toutefois ces actes sont exempts de défectuosité et de plaisir sensuel. Le Soufisme est comme la sémantique et la rhétorique qui sont les quintessences de la grammaire. Aussi, celui qui considère le Soufisme comme une science autonome a, certes, raison. De même celui qui le considère comme étant une section intégrale de la Chari'a a, également, raison. Sur la même piste, dire que la sémantique et la rhétorique sont des sciences indépendantes est chose indiscutable ; et dire qu'elles font parties intégrales de la grammaire est, également, chose non réfutable. Cependant, sauf celui qui est totalement versé dans la science de la Chari'a peut sentir la saveur, le goût de la science du Soufisme qui est une branche de la Chari'a. De ce fait si le disciple adopte cette nouvelle voie en s'y imprégnant de manière à s'y fondre, Dieu lui octroiera la capacité de pouvoir déduire des lois (*ahkâm*) et mieux encore, il sera en mesure de se prononcer sur la Voie, en précisant les obligations, les recommandations, les convenances, les interdits, les actes ignobles et répréhensibles.

Il faut rappeler que c'est le même travail que produisaient les mujtahid (ceux qui font des efforts d'interprétation personnelle). Mais, ce qu'il faut surtout noter, dans ce cadre, c'est l'effort que fournit un Saint pour produire un *fatwa* (avis juridique) est plus constant que l'effort fourni par le mujtahid. Le Saint al-Yâfi-'i et d'autres ont confirmé cette assertion. Même le Cheikh Cha-'arânî est allé dans le même sens.

Je dis : ceci est le mot que j'ai adressé à mes frères tidjânes. Louange à Dieu, à Lui la reconnaissance et la magnificence.

Autorisations et ijâza obtenues

Après mon entrée dans la Tarîqa, les gains bénéfiques tirés de ses sublimes écrits, leur appropriation et l'étude sérieuse qui en est menée, j'ai su, avec certitude, que je viens d'acquérir un honneur suprême et une grande prévenance. Ce fut le jour où j'ai reçu l'autorisation d'être adepte dans la Tarîqa des mains du grand Cheikh, du grand Saint et d'homme de Dieu, Sayyid El Hadj Abubakr Zaydî Diallo de Bansa[76]. Je m'étais engagé de ne jamais abandonner le wird tant que je serai en vie et que je ne prendrai jamais un autre wird. De même, je n'ai plus l'autorisation de m'inspirer ou de dépendre d'un autre Saint qui n'est pas de la Tarîqa TiJjâniyya. S'agissant des autres normes de la Tarîqa, l'intéressé doit en étudier les ouvrages et s'y cramponner.

Me concernant, je suis persuadé que ce fait entre dans le cadre des prodiges. En fait, ce grand Cheikh m'a révélé ce qui a pu palpiter mon cœur. Il faut dire que rien ne m'est venu par inspiration en fait de sciences ; mais il m'a informé en m'annonçant la bonne nouvelle que je serai de ceux qui assisteraient cette Tarîqa et la défendraient de ses ennemis et des ignorants. Je compte seulement figurer parmi les défenseurs de cette Tarîqa en publiant le maximum d'ouvrages allant dans ce sens, comme l'avait souhaité mon maître. Je compte, par là, me dresser contre ceux qui sont habités par la haine contre la Tarîqa et contre ses adeptes.

Tu verras mon noble frère ce qui viendra confirmer mes assertions bien que beaucoup parmi mes frères l'ignorent ou font semblant de l'ignorer. Certains même ne peuvent pas supporter le fait d'en parler en dépit de l'atrocité du mutisme sur cette

---

[76] En République de Gambie, pays au centre ouest du Sénégal.

question, car ce mutisme sera qualifié de crime, de délit. Par conséquent, mon noble frère en la foi, si tout ceci reste évident à tes yeux, sache que celui qui donne son cœur à un Saint, vivant ou mort ; ou qu'il s'inspire de lui de n'importe quel élément mystique, sache que celui-ci a accrocher sa passion et s'est laissé emporter par la convoitise. De plus, s'il sollicite le soutien d'un Saint, vivant comme mort, et s'il est chez lui, il sera considéré comme quelqu'un qui a rendu visite à ce Saint et qu'il a rompu le pacte qu'il avait signé avec son Cheikh. Partant, le novice tijjâne se doit de considérer la déontologie et renouveler son wird ahmadiyyi auprès du Muqaddam qui lui a donné cette autorisation si ce Muqaddam est encore en vie ou s'il est capable de se rendre auprès de lui qu'il le fasse. Et si, par contre, cela n'est pas chose facile, il doit renouveler même si c'est auprès d'un autre Muqaddam.

A l'opposé, si le Muqaddam est décédé, l'essentiel est que le premier Muqaddam est appelé à opérer le renouvellement pour quiconque ait reçu l'autorisation dans cette Tarîqa. Et que ce nouvel adepte prenne la ferme décision de ne pas revenir sur des cas pareils. Cependant, s'il ne fait pas cela après l'émanation de ce qui a procédé de lui, il ne doit blâmer que sa propre personne. Et qu'il se considère ayant désobéi à son Cheikh et cette désobéissance n'est pas chose pardonnable comme on le dit. La chose la plus extraordinaire c'est qu'il ne figure plus parmi les disciples du Cheikh, car le fil conducteur qui les liait est coupé du fait qu'il a déshonoré le pacte d'engagement que signe tout novice avant qu'il ne prenne ce *wird*. Après ce pacte d'engagement, il doit respecter les normes posées et remplir les conditions, sinon il finira par rompre ce pacte entre lui et son Cheikh et entraînera sa propre perte. Que Dieu nous en garde ! Nous demandons Dieu de nous accorder le salut et la santé.

L'esprit sensé et subtil n'est pas sans savoir que la désobéissance à l'endroit du Cheikh n'est rien d'autre que l'expression d'une mauvaise conduite aux yeux de Dieu. Le réfractaire se voit interdit le dévoilement des secrets et l'attribution des félicités. Le disciple qui a peur de prendre la place de ce réfractaire doit se tourner vers son Cheikh et ne doit pas tourner le regard ailleurs. En un mot, dans tous le cosmos, il ne doit regarder et s'intéresser qu'au Seigneur, qu'au Saint Prophète Muhammad et qu'à son Cheikh. S'il reste dans cette orientation, alors celui-ci sera le fil qui le connectera directement à son Seigneur.

Le Cheikh Charnûnî dit dans « <u>Tâ'iyya as-sulûk</u> » :
« Ne jamais détourner le regard de son Cheikh.
Car, ce serait un signe patent de rupture entre disciple et cheikh ».

La dimension spirituelle et cultuelle de la Tarîqa Tijjâniyya

Il dit bien avant ce vers ci-dessus :
« *Il doit suivre son Cheikh comme le défunt lors de son lavage.*
Celui qui le lave le tourne et le retourne ».

Concernant le dernier vers, le commentateur démontre que le novice doit donner sa vie au Cheikh sans pour autant qu'il ait la prérogative de faire un choix quelqu'il soit. Il doit être comme le défunt entre les mains de celui qui le lave. Car celui-ci le tourne et le retourne comme il veut sans lui demander son avis. Quant au premiers vers, on a défendu au novice de se tourner, un jour, vers un autre que son Cheikh qui renferme en lui les qualités louées. C'est lui le Cheikh-Educateur. De fait, ce changement de Cheikh est vu comme une chose mauvaise pouvant empêcher d'atteindre le but recherché. Sur ce, l'Imâm Cha-'arânî dit dans « <u>Al-Anwâr al-Qudsiyya</u> » : « Prends garde ! Limites-toi à ton Cheikh pour mieux parfaire ta religion. Cependant, sois convaincu que tout Cheikh qui te fait parvenir le bien de sa main, sache qu'il fait partie du passé. Ces Cheikhs du passé limitaient leurs disciples. Ce sont des Saints et des Savants en Dieu qui connaissent bien les lois divines.

S'agissant des Cheikhs actuels, ils ne détiennent pas ce savoir émanatif (*'ilm ladunî*). En revanche, si le Cheikh figure parmi ceux qui doivent guider le disciple en l'inculquant le savoir au point qu'il puisse remonter à eux et avoir, à la fois, la science exotérique et celle ésotérique ; même si ces cheikhs sont des illettrés ne sachant ni lire ni écrire, le disciple doit savoir de façon sûre que son salut et sa droiture dans la Voie est entre leurs mains. Aussi doit-il se donner entièrement à eux, de s'inscrire dans leurs lignes de conduite et de cantonner son âme dans le canevas de leurs orientations. Toutes ces recommandations font parti des éléments admis par tous les hommes de Dieu vertueux à l'instar de Cha-'arânî. Nous allons faire appel à certains de ses écrits en toute sincérité et honnêteté.

En réalité, il dit : « Le disciple sincère dans sa marche vers le spirituel doit être disciple d'un seul et unique Cheikh qui est un érudit bien versé dans la Chari'a. Et cela lui permettra d'être suffisant et serein. Notre Cheikh Muhammad Chanâwî dit qu'un jour qu'il a dit à son Cheikh Sayyid Muhammad Sarwî : « Mon seul désir c'est de rendre visite à un tel Cheikh ». Alors, son Cheikh fit grise mine en lui signifiant : « Ô Muhammad, si je ne te suffis pas, pourquoi m'as-tu choisi ? » Ainsi, le Cheikh Muhammad Chanâwî révéla : « Depuis ce jour, je n'ai plus rendu visite à un autre Cheikh jusqu'à sa mort ». C'est là qu'il sut que ce qui s'est passé sur lui était chose déjà prédestinée. Par la suite, il entra sous la responsabilité d'un autre Cheikh ne connaissant pas bien les sciences de la Chari'a. Dans un tel cas, il y'a aucun mal à ce qu'il prend place parmi l'assemblée des hommes, comme c'est le cas aujourd'hui pour un bon nombre de Cheikhs. Nous avons ici le propos de Abil Qâsim al-Quchayrî qui y met en garde le disciple de ne pas appartenir à une autre école juridique autre que la tienne et ne doit suivre que son Cheikh. Il doit croire avec certitude qu'il est sous l'aile d'un cheikh bien versé dans la science de la Chari'a. De ce fait, le disciple doit se réjouir de l'avoir comme modèle à suivre.

Ce qui incombe au disciple tidjâne, c'est de rester fermement attaché à son Cheikh et de ne pas aller ailleurs pour s'initier. Un tel acte est qualifié d'abandon de son Cheikh.

Nous nous devons de signaler que le fait que le disciple se rend parfois chez certains Cheikhs en vue d'apprendre les lois religieuses n'est pas synonyme d'abandon. Mais, il signifie, plutôt, la délivrance du disciple de l'opprobre de l'ignorance dans laquelle pataugent, de nos jours, nombreux de nos contemporains. Parmi eux, figurent certains de nos compagnons qui se prononcent sur ces balivernes. Sans doute, Dieu nous a prescrit des lois composées d'obligations religieuses, de recommandations, d'impératifs, d'illicites et de licites que seuls les Savants connaissent. De là, quiconque se gardent de suivre les savants de son époque, ne recevra pas leurs savoirs – il sera victime de l'ignorance et de la cécité – et il essuiera un échec ici-bas et dans l'au-delà. Nous reviendrons sur ce point, plus tard, par la grâce de Dieu.

Cha-'arânî dit, en plus : « Le disciple sincère doit avoir un seul Cheikh et non deux ou plus. Car l'édifice de cette Tarîqa a pour fondement le monothéisme sincère ».

Le Cheikh Muhyi Dîn Ibn Arabî Al-Hâtimiyyi dit dans le 181ème chapitre de son livre : « <u>Al-Futûhât al-Makiyya</u> الفتوحات المكية » ceci : « Sache qu'il n'est pas donné au disciple d'avoir plus d'un Cheikh, car c'est dans son intérêt. Jamais on a vu un disciple, sous la tutelle de deux Cheikhs, arriver à destination ».

De la même manière, le monde ne peut pas exister sous le règne de deux dieux, le fidèle ne peut pas mener un culte sous la tutelle de deux messagers de législation différente et non une femme avec deux époux. Aussi, le disciple ne peut pas être à cheval entre deux Cheikhs. Il doit, au contraire, se limiter à un seul qui orientera ses pas vers la Tarîqa. Mais, celui qui ne reste pas dans ce sillage ne pourra pas s'attirer les bénédictions du Cheikh.

Sayyid Ali Al-Murassafî disait : « Celui qui aura la malchance d'avoir deux Cheikhs à la fois, qu'il place dans son cœur le Cheikh dont il croit bien le guider en l'inculquant les convenances. Que le disciple fait tout pour que son amour pour ce Cheikh soit à côté de son amour pour le Prophète (PSL) ». Il faut se dire que ce Cheikh est le suppléant qui prendra le relais pour exhorter la communauté de Muhammad pour l'orienter vers le droit chemin.

Mon cher frère en la foi, tu viens de comprendre que les Savants en Dieu avant Cheikh Tidjâne admettent tous l'interdiction de suivre deux Cheikh à la fois, bien qu'ils l'autorisent dans le cadre de la quête du savoir et de la bénédiction et surtout si le Cheikh qui oriente le disciple n'est pas très versé dans les sciences de la Chari'a. Par ricochet, si ce Cheikh en est bien versé et est capable de transmettre à son disciple tout ce dont il a besoin en matière de déontologie et d'orientation spirituelle, alors, ce disciple doit se limiter et se suffire à lui toute la vie. Et si ce Cheikh rendait l'âme, il peut chercher un autre pour son instruction ; quant à la question de la déontologie, il doit rester fidèle aux instructions de son premier Cheikh. Il doit savoir que les faveurs de son premier Cheikh à son égard ne sont pas rompus tant qu'il est, lui, vivant. De ce fait, le disciple pourra tirer beaucoup profit de son Cheikh en le suivant à la lettre et vice versa. C'est là, tout le canevas suivi par les adeptes de la Tarîqa Tijjâniyya qui ont emboîté le pas de leurs prédécesseurs.

Au-delà de ce fait, nous voyons le Cheikh Ahmad Chihâb ad-Dîn Ibn Hajar al-Husayn dire sur ce point : « Le fait de prendre le wird des mains de plusieurs Cheikhs connaît divers aspects : certains cherchent à s'attirer la bénédiction et d'autres aspirent à la déontologie ». Ainsi, pour le premier cas, il peut suivre n'importe qui selon son choix, car rien ne le lui interdit. Pour le second cas, il doit éviter de commettre des choses réprouvées et blâmables. Que Dieu nous place dans le cercle des Saints.

Le disciple ne doit s'intéresser qu'à celui qui a fini par l'attirer avec force de telle sorte que son âme admirable s'anéantit dans l'abîme du véritable Cheikh. Ce dernier lui aidera à se détourner de ses plaisirs charnels. Alors, il lui sera évident d'adopter sa guidée le permettant de s'incorporer et de mouvoir selon ses recommandations et interdictions à l'image du mort entre les mains de celui qui assure son lavage rituel. Et si rien du Cheikh ne l'attire, il peut, quand même, tout faire pour estimer le rang des Cheikhs les plus remarquables dont il témoigne l'assiduité dans la pratique des lois de la Chari'a. Il sera, ainsi, possible d'évoluer selon ses directives. De même, celui qui se soumet au premier ou au second type de Cheikh, il n'a pas le droit de l'abandonner pour suivre un autre. Et si, par contre, son âme lui suggère qu'un autre Cheikh s'avère plus qualifié que son propre Cheikh, il est entrain de porter atteinte aux droits de son premier Cheikh. L'âme voudra, dans ces conditions, quitter ce dernier pour plonger dans le faux.

Pour ce qui est de l'acceptation par le disciple de se soumettre au Cheikh, il n'a aucune raison de le quitter ni d'être avec d'autres Cheikhs. Concernant le cas du second Cheikh, s'il est au courant que le disciple qui le trouve a déjà un maître apte à le conduire à la spiritualité, le Cheikh doit le supplier de retourner vers ce maître spirituel qui doit continuer à l'initier. De plus, il incombe à ce Cheikh de lui faire savoir que si ce maître spirituel est, en vérité, dans la rectitude, l'âme ne peut en aucun cas le fuir voire l'abandonner, ce maître n'acceptera jamais de se séparer de lui. Et c'est là une indication notoire pour confirmer l'état complet de son maître, sa connaissance profonde de la Tarîqa.

Si le disciple désire bénéficier une acuité éducationnelle de son maître et au même moment il lui tourne le dos en le taxant de mauvais et d'incomplet, bien que ce maître en est candide, ce disciple est dans une erreur évidente. Qu'il se garde d'agir ainsi. Il faut dire que l'âme ne veut que sa propre perdition. Pour en échapper, il ne doit pas prêter l'oreille à cette âme qui finira par le détourner de son Cheikh.

Celui qui aborde le chapitre relatif aux interprétations faites par les Cheikhs, en fermant les yeux sur leurs propres états, en se confiant à Dieu, en s'occupant de ce qui le regarde et en faisant des efforts dans la mesure du possible, celui-là sera en mesure de voir le bout du tunnel et de se rendre maître de son désir de manière prompte.

A l'opposé, celui qui cherche à contredire les Cheikhs partant de leurs situations et de leurs actes, il est, certes, entrain d'afficher les signes de sa privation et de sa funeste, et jamais, il ne réussira. Ils montrèrent que quiconque dit à son Cheikh : « Pourquoi ? », ne réussira jamais dans sa double formation éducationnelle/spirituelle et dans son initiation. Le disciple qui se soumet à son Cheikh doit se considérer comme le mort placé entre les mains de celui qui assure son bain rituel. Si le Cheikh est détenteur de connaissances, ou qu'il pratique des actes qu'il ne comprend pas, il ne doit pas les considérer pour mieux le suivre, car la flamme du vrai maître connaisseur purifie les souillures et les gomme. Ainsi, le « médecin spirituel » sera là pour démontrer, de manière évidente, la pureté de sa quintessence et le caractère précieux de son organisme. La chose la plus désirée et la plus acceptée pour celui qui aspire à se rendre à Dieu, en passant par la main de ceux qui sont arrivés à Lui, il doit obliger sa personne à obéir son maître et à respecter ses recommandations.

A cet effet, nous précisons : « Voilà quelques règles de comportements que le disciple doit adopter et respecter vis-à-vis de son Cheikh-Educateur. Qu'il se soumet à lui en se conformant à ses préceptes, qu'il soit sur place ou en voyage. Et par ricochet, si le disciple ne comprend pas ce que veut son Cheikh lorsqu'il l'interdit ou le recommande, qu'il se limite à s'habituer au bon comportement en comptant uniquement sur l'assistance de son Cheikh. Il arrive parfois que le disciple ait rendu visite à un des Cheikhs Soufies et qu'il y voit des choses que son propre Cheikh ne possède pas, alors, sur le coup, Satan les lui enjolive et les orne en suggérant à son âme : « Ce Saint que tu viens de voir est plus grand, plus qualifié et plus méritant que ton Cheikh. Il t'a montré des prodiges que ton Cheikh n'a pas pu faire ». Et nous avons là quelques suggestions de Satan le banni à l'endroit de ce disciple déboussolé. Il se peut même qu'il revalorise le rang de son Cheikh en le méprisant et en le rabaissant. De même, il est possible qu'il profère des paroles malsaines inconsciemment. Et de plus, il ne sait pas l'ardeur et la jalousie qui habitent les hommes de Dieu envers le disciple. En réalité, la jalousie des Cheikh est plus vive que la jalousie des épouses vis-à-vis de leurs époux.

Concernant la Tarîqa Tijjâniyya, cette condition qui interdit le disciple de rendre visite à un autre que son Cheikh est la plus pénible des conditions pour celui qui aspire à se soumettre et à se conformer aux directives du Cheikh. Ce disciple se doit de se rappeler de Dieu sans pour autant confiner sa personne dans le cercle restreint des *Awrâd* du Cheikh. Mais toujours est-il que ceux qui ne peuvent ni les atteindre ni les saluer nient cette conditionnalité. Et même certains Soufis qui dénigrent la Tarîqa Tidjâniyya soutiennent : « Elle ordonne à ses adeptes de rompre avec les hommes de Dieu qui sont de grands connaisseurs en matière de Dieu. De plus, elle appelle ses adeptes à ne pas reconnaître les autres Saints et leurs qualités et vertus ; et de ne reconnaître que les Saints Tijjânes ».

La seule réalité, est que ces allégations et ces prétentions ne sont que des calomnies et des mensonges montés de toutes pièces contre cette Tarîqa et contre ses adeptes.

La dimension spirituelle et cultuelle de la Tarîqa Tijjâniyya

Parmi ceux qui ont inventé ces faux éléments figurent les non Savants, ceux qui n'ont aucune notion d'éthique, certains envieux qui ont une maladie au cœur, les hypocrites, ceux qui n'aiment pas la congruence, ceux qui sont animés par le désir de semer la discorde et la division. Tous ceux-ci n'ont trouvé mieux que de forger ces mensonges contre la Tarîqa et contre ses adeptes en vue d'en ternir l'image et en portant atteinte à la dignité du Pôle Cheikh Tidjâne.

Nous allons faire appel à des arguments péremptoires permettant d'étayer ce que nous disons concernant les mensonges forgés contre cette Tarîqa Ahmadiyya Tijjâniyya. Alors, il sera évident pour quiconque veut la certitude que cette Tarîqa est comme les autres Tarîqa qui empêche le disciple qui a noué le pacte avec Cheikh Tidjâne de se tourner et d'avoir de l'affection pour les autres Saints. Et ce n'est point un désir de les mépriser, que Dieu augmente leurs degrés auprès de lui.

Nous donnons cette précision pour leur rendre leurs hauts rangs bien élevés auprès de Dieu et pour amener le disciple à être très prudent pour ne pas manquer de politesse envers Son Cheikh et le Saint dont il pourra rendre visite plus tard. Il s'est trouvé que Cheikh Tidjâne, le fondateur de cette Tarîqa, y a posé cette condition primordiale à l'image de ce qui est établi comme conditionnel chez beaucoup de nos Saints. Que Dieu augmente leurs élévations et qu'il nous inscrit parmi leurs familles et parmi les défenseurs de leurs Ecoles respectives. Et quiconque accepte cette condition, je lui donnerai l'autorisation de devenir un fervent disciple ; et celui qui ne l'accepte, rien ne lui incombe. C'est pour cela que le Cheikh a dit que le Messager de Dieu (PSL) a parlé d'une chose que les Cheikhs ont négligée. Il s'agit de : « Celui qui prend le wird d'un Cheikh qu'il a rendu visite à l'insu de son Cheikh, sachez qu'il ne tirera profit ni de son Cheikh ni du Saint visité. Le Cheikh Muhammad al-Hâfiz dit : « Le sens voulu par l'idée de rendre visite ici, c'est le fait de l'effectuer tout en étant animé d'affection et de souci d'y prendre quelque chose. Ces deux cas constituent la trajectoire de l'éducation morale dans la Tarîqa. Au contraire, la ziara faite sans aucun motif ; mais uniquement pour appliquer la Sunna, on a rien à y dire ».

Nous démontrons que : « Ce propos montre une nette évidence sur l'interdiction faite dans la Tarîqa concernant la question de la ziara affectionnelle et inspirationnelle et surtout vers les grands maîtres spirituels ; et le fait de donner l'autorisation de pratiquer les *awrâd*, bénévolement, de la part des Cheikhs-Educateurs dans la société musulmane, et plus précisément, ceux qui inculquent le savoir. Le disciple doit obligatoirement aller à la quête du savoir auprès des connaisseurs, en suivant chacun dans son domaine.

Aussi, il prendra la science du Fiqh auprès du *Faqîh* (jurisconsulte) bien versé et ce, même s'il figure parmi les grands Saints. Il étudie la science du Hadith auprès des connaisseurs en la matière. Et ce, même si ce saint qu'il trouve figure parmi ceux qui ont le droit de conférer les *awrâd* du Cheikh et même si ce saint est un adepte d'une des voies spirituelles du soufisme. Ceux-ci que nous venons de mentionner et ceux qui se sont inscrits sous la bannière des Cheikhs-Educateurs ont tous le droit de bénéficier de la ziara basée sur la Sunna. Il leur revient de droit d'initier leurs disciples en vue de faire une bonne ziara basée sur la Sunna et faite uniquement pour plaire Dieu. Il y va de même concernant le fait de les consulter s'ils sont malades ou les féliciter s'ils sont contents ou leur consoler s'il leur arrive un malheur, même s'ils figurent parmi les saints qui ont l'ouverture (*ahlul fath*), que dire alors s'ils ont reçu la permission de conférer les *awrâd*. Je ne cesserai de parler de cette question jusqu'à ce que l'entendent tous ceux qui désirent l'entendre.

Il s'agit de montrer à qui veut entendre que la condition invite à ne pas éprouver une quelconque affection ou tenter de s'inspirer de leurs savoirs mystiques et de se fondre dans leurs esprits comme le fait de les considérer comme des voies et moyens permettant d'atteindre Dieu. Et si le disciple ne cherche pas cette affection lors de la ziara, il peut le faire, car comme nous l'avons démontré plus haut, il s'agit d'un acte souhaité parce que la Sunna l'a authentifié. Et plus intéressant encore, cette forme de ziara est à la fois un droit et un devoir entre les musulmans. Donc comment osons-nous en mettre un terme alors que la vérité est là et que c'est un droit en Islam, un droit à l'enseignement ?

La ziara recommandée par la Sunna

La Tarîqa Tijjâniyya est parmi les Tarîqa qui incitent à rendre les droits aux ayant droits et qui interdit de couper les relations et d'instaurer l'hostilité, car ces Tarîqa ne font qu'ordonner et interdire ce qu'ont ordonné et interdit Dieu et Son Prophète (PSL). Et quiconque prétend autre chose que ça, c'est qu'il ignore tout du Coran et de la Sunna et pire encore, il ignore le contenu des ouvrages relatifs à la Tarîqa.

La dimension spirituelle et cultuelle de la Tarîqa Tijjâniyya

On n'est pas sans savoir que Dieu a donné une nette précision de l'identité des hommes de Dieu dans ce verset : « **… Seuls les gens doués d'intelligence réfléchissent bien, ceux qui remplissent leur engagement envers Allah et ne violent pas leur pacte, qui unissent ce qu'Allah a commandé d'unir, redoutent leur Seigneur et craignent une malheureuse reddition de compte, et qui endurent dans la recherche de l'agrément d'Allah, accomplissent la Salât et dépensent (dans le bien), en secret et en public, de ce que Nous leur avons attribué, et repoussent le mal par le bien. A ceux-là, la bonne demeure finale, les jardins d'Eden où ils entreront ainsi que tous ceux de leurs ascendants, conjoints et descendants qui ont été de bon croyants. De chaque porte, les Anges entreront auprès d'eux : « Paix sur vous pour ce que vous avez enduré ! » Comme est bonne votre demeure finale ! »**[77].

Selon Abû Hurayra, le Messager de Dieu (PSL) a dit : « *Le musulman a cinq obligations vis-à-vis de son frère musulman :*
    1- lui rendre le salut,
    2- lui rendre visite en cas de maladie,
    3- suivre son cortège funèbre,
    4- répondre à son invitation,
    5- lui dire quand il éternue : « Que Dieu te sois miséricordieux : ».

Dans une autre version rapporté par Muslim : « *Le musulman a six obligations vis-à-vis de tout autre musulman :*
    1) quand tu le rencontres, salue-le,
    2) quand il t'invite réponds à son invitation,
    3) quand il te demande conseil, donne-lui en toute loyauté,
    4) quand il éternue et dit : « Dieu merci ! » dis-lui : « Que Dieu te sois miséricordieux »,
    5) s'il tombe malade, rends-lui visite,
    6) s'il meurt, accompagne son cortège funèbre ».

Par ailleurs, le Prophète (PSL) a prescrit sept choses pour sa communauté :
    1) répandre le salut,
    2) rendre le salut,

---

[77] Sourate : Ar-Ra-'ad ; versets : 19 – 24.

3) rendre visite au malade,
4) répondre à l'invitation,
5) donner le conseil en toute loyauté,
6) dire à celui qui éternue : « Que Dieu te fasse miséricorde ! » s'il dit « Dieu merci »,
7) suivre son cortège funèbre ».

Ces sept droits incombent à tout musulman vis-à-vis de son frère musulman en les pratiquant à la règle dans sa vie de tous les jours.

Tous les musulmans doivent s'y conformer en dépit de leurs différentes Ecoles. Ils doivent, en plus, remplir leurs engagements vis-à-vis de la Tarîqa Tijjâniyya. Ainsi comme nous l'avons dit, il n'est pas donné à cette Tarîqa d'ordonner ou d'interdire ce que n'ont ni ordonné ni interdit Dieu et son Prophète (PSL). Quiconque avance des choses non fondées, c'est que lui-même il s'est posé sur le faux.

Par conséquent, nous invitons tous les adeptes de la Tarîqa Tijjâniyya de prendre garde et de savoir que la Voie qu'ils suivent n'est pas la meilleure à pouvoir inculquer les bonnes manières et les convenances. Il faut savoir que les adeptes de la Tarîqa rendent pratique dans leurs vies quotidiennes la guidée de Dieu et celle de son Prophète (PSL). Cheikh Tidjâne n'a ordonné et interdit ce qu'ont ordonné et interdit Dieu et son Messager (PSL). De même aucun Cheikh, quelque soit son degré et son rang, n'a pas le droit d'ordonner ou d'interdire des choses contraires aux enseignements de l'Islam. Celui qui respecte les directives de la Tarîqa en suivant ses adeptes sera un tidjâne sincère. Et par contre, celui qui affiche une indifférence totale par rapport aux directives de la Tarîqa risque de figurer parmi : « **Ceux dont l'effort, dans la vie présente, s'est égaré, alors qu'ils s'imaginent faire le bien** »[78].

S'il ne figure pas parmi ceux qui respectent les directives de la Tarîqa et ses conditions, il n'a d'autres choses à faire que de respecter l'ordre des awrâd. Car celui-ci du fait qu'il transgresse les textes de la Chari-'a, c'est dire qu'il a fait de même pour les conditions posées par la Tarîqa. Ces conditions sont fondées sur un édifice bien renforcé et sur une base solide : le Coran et la Sunna. Quiconque se permet de s'en détourner, c'est qu'il s'est, du coup, détourné de la voie droite.

Aussi, nous disons à ceux dénigrent la Tarîqa Tijjâniyya et ses adeptes que nous tenons à les exhorter avec un cœur pur. Nous leur disons : « Baissez les bras, ô

---

[78] Sourate: Al-Kahf; verset: 104.

négateurs et sachez que ce que vous remettez en cause dans la Tarîqa vous est inspiré par Satan le Banni qui enjolive vos supputations. Vous déliez vos langues sans pour autant avoir quelque chose de sûre. Mais, si vous aviez commencé par demander aux érudits du Livre, ce serait meilleur pour vous. De fait si vous aviez pris le temps de bien demander, de creuser la question avec sincérité, conviction et équité, surtout si vous vous adressiez aux connaisseurs, vous serez en mesure de sauver votre propre personne de l'ignominie de la négation et vous gagnerez en savoir, en connaissance et en salut auprès des hommes de Dieu. Vous serez délivrés des contestataires et de leurs diffamations. Ceci constitue la maladie chronique dont il est difficile de s'échapper. Cette maladie atteint, plus particulièrement, celui qui ignore la situation des hommes de Dieu et de leurs ouvrages, excepté celui dont Dieu veut son bonheur et sa réussite. Alors, dans ce cas, Dieu lui apportera son soutien et sa protection. Dieu dit : « **... S'ils la rapportaient au Messager et aux détenteurs du commandement parmi eux, ceux d'entre eux qui cherchent à être éclairés auraient appris** (*la vérité de la bouche du Prophète et des détenteurs de commandement*) ...[79] ». Dieu seul est Savant et Sage.

Revenons à nos moutons en disant que ce qui permet de rompre d'avec son Cheikh est scindé en trois facteurs et pas plus, d'après Cheikh Tidjâne. C'est lui le fondateur de la Tarîqa Ahmadiyya. Et s'il y a d'autres facteurs de plus, nous les signalerons. Nous tenons à faire état du cas des Cheikh Erudits et des ouvrages encyclopédiques comme « <u>Zajr al jânî 'alal mutassawwif at-Tidjânî</u> زجر الجاني على المتصوف التجاني ». Ces trois facteurs qu'a noté notre Cheikh sont :

1- Prendre un autre wird pour l'introduire dans le wird tidjâne
2- Rendre visite aux autres Saints, vivants ou morts dans le but de leur témoigner son affection et s'inspirer d'eux
3- Abandonner le wird dans sa totalité. C'est là un fait qui peut entraîner l'exclusion de la Tarîqa.

Pour ce qui est de l'abandon par négligence, il est toujours accepté. Le Cheikh Muhammad Al-Hâfiz dit dans son commentaire : « Le sens de ziara ici implique celle effectuée chez le Saint en vue d'en tirer profit et dans le but d'en tirer un intérêt spirituel ».

---

[79] Sourate: An-Nisâ'; verset: 83.

La dimension spirituelle et cultuelle de la Tarîqa Tijjâniyya

Les Educateurs des autres Tarîqa ont admis que celui qui se rend chez un Cheikh par affection pour que celui-ci l'inculque la convenance afin qu'il puisse atteindre le summum de la spiritualité, il n'aura pas son désir s'il demeure respectueux des directives de ce Cheikh. Et s'il se détourne de lui, jamais il n'obtiendra de lui ce qu'il cherche. Cela ne signifie pas que cette ziara est interdite ou blâmable. Là aussi, je dis en apportant des précisions sur la première et la troisième question, que l'épine dorsale de cette Tarîqa Ahmadiyya Tidjâniyya est tenue par trois clous qui en constituent ses piliers considérables et authentiques. Ces trois clous sont : le « *Istighefâr* », la « *Salâtu 'alan- Nabiyyi* » et la « *Haylala* ». Le disciple doit, au préalable, remplir les trois conditions citées plus haut pour qu'il puisse rendre opérationnels ces trois piliers-ci sur lesquels flotte le *wird* ainsi que la *wazîfa* et la *haylala* quotidienne. Si ces conditions ne sont pas remplies, il ne lui est permis de pratiquer ces trois piliers.

Et pour le reste des autres conditions, certains soutiennent qu'il y en a 23, d'aucuns 40, d'autres en comptent 80. Celui qui soutient autre chose que ceci, est vraiment un prétentieux, un grand menteur. Il se prononce sur ce dont il n'a aucune connaissance en inventant des mensonges sur les Grands Cheikhs Honorables. En fait, le mensonge ne fait que tourner le dos à la foi et à la conviction. Dieu dit : « **Seuls forgent le mensonge ceux qui ne croient pas aux versets d'Allah...[80]** ». Nous avons, en plus, un autre point qui nous permet d'étayer nos assertions.

Cheikh Tidjâne mettait l'accent sur la question de la ziara que personne n'ignore dans la Tarîqa et ce, en vue de préserver le novice tidjâne. Par ailleurs, nous faisons appel à Cheikh Ahmad Sukayridj qui prend appui sur les écrits du Faqîh Ibn Hamdûch. En fait, Sukayridj démontre que : « Le vertueux faqîh, Sayyid Muhammad Ibn Hamdûch Makanâsî, a directement embrassé la Tarîqa des mains de Cheikh Tidjâne. Il l'aimait d'un amour ardent. Il a subi une rude épreuve venant de cette Tarîqa Muhammadiyya en raison de la visite qu'il a effectuée auprès des autres saints. Et par conséquent, il doit renouveler son autorisation auprès de Cheikh Tidjâne ». Ce dernier lui précisa qu'il sera repris uniquement pour recevoir l'éducation spirituelle. De fait, un autre homme avait adopté ce wird tout en continuant de rendre visite aux autres Saints. On lui dit : « Jusqu'à présent, tu les rends visite ! ». On lui signifia qu'il doit renouveler son autorisation. Alors, il prit la ferme décision de venir trouver le Cheikh. Mais, il fut accueilli par certains adeptes

---

[80] Sourate : An –Nahl ; verset : 105.

de ce dernier. Ils lui dirent, « Reviens plus tard ». Mais, il afficha le désir d'entrer en possession du wird tijjâne. Le Cheikh lui ordonna d'abord de répudier les femmes, ensuite de donner tout son bien pour la face de Dieu en les plaçant au niveau des magasins. Par la suite, il le vêtit d'habits sombres. Une fois chez lui, il fit tout ce qu'on l'a ordonné de faire et puis, il revint au Cheikh qui lui dit : « Tu n'as rien à chercher ici, occupe-toi de ce qui te regarde ». L'homme demeura perplexe et confus. Sur le champ, il erra dans la campagne, car ayant perdu femmes et biens. Et au cours de cette errance, il croisa un groupe d'hommes qui le connaissaient déjà. Ils se demandèrent : « N'est-ce pas lui ? ».

Après avoir constaté son état désolant avec des cheveux ébouriffés, ils l'interrogèrent. Il leur précisa que c'est lui en personne. Ils lui disent : « Qui t'a rendu ainsi ? ». Il leur informa en disant : « J'ai voulu prendre le wird chez un Cheikh qui m'a ordonné de faire ce que j'ai fait. Et une fois mission accomplie, je me rendis chez ce Cheikh. Mais à ma surprise, il me dit : « Tu n'as rien à chercher chez nous, va voir ailleurs ». Et comme vous le voyez, me voilà dans cet état ». Un individu du groupe dit : « Gardes-toi de croire que quelqu'un d'autre que lui pourra te rendre un quelconque profit. Et, rends-toi chez ce Cheikh et dis-lui : « Il m'est impossible de laisser ta porte ». Une fois arrivé, il fit ce qu'on l'a recommandé. Et le Cheikh l'accepta sur le champ. Et l'homme lui dit : « Mon maître, le bien est avec toi et tu me fais cela ». Le Cheikh lui dit : « Nous voudrions te séparer des biens de ce monde et tu es parvenu à t'en débarrasser. Il te reste le fait que tu donnes ton affection à un autre que nous. Et lorsque tu es venu à nous détaché de tout ce qui est mondain, tu es désormais parmi nos rangs. C'est en ce moment que notre Cheikh lui donna l'autorisation. Observe bien cette règle de politesse de cet homme qui l'a fait sans peine ni gêne.

Sur ce point, je dis : c'est ce genre de ziara qui est défendue dans notre voie spirituelle, car elle est une ziara basée sur l'affection et sur l'inspiration et en outre, elle est faite auprès d'autres éminents Cheikhs. C'est ainsi que le Cheikh a corrigé son disciple. Il faut dire que le Cheikh a relaté cette anecdote dans le but d'amener son disciple à respecter ses engagements envers la Tarîqa. Les éminents Cheikhs que l'ont doit rendre visite et prendre d'eux des awrâd ne sont pas exclus de cette ziara. Mais par mesure de prudence et pour respecter les règles de l'art, il doit laisser de côté cette ziara pour ne pas avoir de l'affection pour eux ni prendre d'eux des choses mystiques. Car le fait d'agir ainsi signifie leur rendre visite même sans aucun motif et du coup, ce disciple a tourné le dos à son Cheikh. Quiconque les rend visite, c'est qu'il a abandonné l'autorisation qu'il avait reçue dans cette Tarîqa Ahmadiyya, car il est tombé dans l'interdiction et il a fait ce que le Cheikh lui a défendu de faire. Par conséquent, il lui revient de faire demi-tour et de revenir vers son Cheikh ou vers son Muqaddam ou vers un autre pour renouveler son autorisation afin qu'il puisse pratiquer de nouveau le wird ahmadiyyi. Le mieux, c'est de se rendre auprès du Muqaddam s'il est vivant, même s'il doit voyager pour le trouver dans une contrée lointaine.

Et si, par contre, ce Muqaddam est décédé, il doit aller voir un autre qui a eu la permission de conférer ce wird afin qu'il lui renouvelle le sien. Ce retour se fera avec humilité et sincérité. Ainsi si le Cheikh ou le Muqaddam voit que le disciple a formulé une sincère intention, qu'il lui renouvelle son wird, et c'est Dieu qui accepte l'œuvre de ses pieux serviteurs. Aussi, notre Cheikh a une fois dit à ses compagnons : « Le Prophète (PSL) m'a ordonné de retirer l'autorisation de deux personnages qui ont rendu visite à Abd Salâm Ibn Machîch. Le Cheikh Muhammad al-Hâfiz, dans son commentaire sur la ziara défendue – car basée sur la *tarbiyya* (éducation spirituelle) – auprès des autres Tarîqa, dit que cette forme de ziara défendue envisage l'obtention de profit permettant de voyager vers Dieu. Et c'est différent de celle faite pour recevoir le savoir des mains d'un cheikh, ou de partager avec lui une assemblée qui n'a rien à voir avec le voyage vers Dieu.

Par contre, celui qui accompagne un Cheikh dans le but d'adopter sa conduite, qu'il sache qu'il a laissé tomber son premier Cheikh. C'est la raison pour laquelle les Cheikhs de la Tarîqa ont exigé du disciple de suivre toute la vie le Cheikh qui lui a donné, la première fois, le wird. Car dans ce cas, celui-ci sera en mesure de purifier ses actes pour les présenter à Dieu.

Je dis que ces propos sont bien évidents et bien explicites. Bien que beaucoup de nos frères fanatiques ne parviennent pas à distinguer les différentes formes de ziara existantes : affectionnelle, inspirationnelle, recommandée, pour la quête du savoir, pour renouer et renforcer les liens de parenté et enfin dans le but de féliciter la personne visitée. Ils ne font que parler de choses qui tendent à dénigrer nos vaillants frères qui savent comment départager celui qui appelle vers Dieu dans la perspicacité.

J'ai vu certains d'entre eux, et je suis bien convaincu qu'ils ne savent même pas leurs obligations religieuses comme la pureté et la prière. Ils se prononcent sur certains Savants de cette Voie-ci qui servent d'exemples aux disciples ; alors qu'ils suivent ceux des autres voies spirituelles. C'est ce qui a amené certains de nos frères habitants dans la même zone à entrer en conflit : un groupe qui prend toujours le dessus car épaulée par une connaissance sûre leur permettant de prévoir le futur et de se prémunir en conséquence ; et un autre groupe qui compte avoir le dessus en prenant appui sur l'ignorance des sois disants muqaddam qui n'ont aucune connaissance de la religion. Ce dernier groupe s'est basé sur le fanatisme et la passion.

De même, il convient de signaler que cette inimitié et cette haine, qui se sont développées au sein de nos frères en la foi, ont laissé des traces indélébiles faisant que certains disciples qui, étaient sur le point de recevoir l'autorisation et de prendre le wird, ont fini par marquer du recul. Un autre facteur de ce recul vient du dénigrement fait à l'endroit de la Tarîqa qui est pure de ces fausses accusations. De plus encore, certains même vont prétendre être de ses adeptes et qu'ils sont initiés pour la pratique du wird. Nous reviendrons sur point avec une large explication afin que le lecteur puisse avoir une idée de ce que nous vivons aujourd'hui.

En effet, certains soient disant apparentés à cette Tarîqa oeuvrent dans l'ignorance sans se rendre compte qu'ils sont entrain de démolir leurs maisons de leurs propres mains. Au contraire, ils pensent avoir bien agi ; alors qu'en réalité, ils prêtent assistance à l'antagonisme qui gagne du terrain dans la Tarîqa Tidjâniyya Ahmadiyya. Une chose est sûre : à Dieu appartient le commandement, au début et à la fin.

Nous allons faire état de la lettre écrite par Cheikh Ahmad Sukayridj qui s'est ressourcé des écrits du Cheikh al-Muqaddam Sayyid Muhammad Balqâsim Busarî al-Miknâsî. Cette lettre est envoyée à certains Savants de Chinqîtî.

En voici le contenu : « Je veux que vous sachiez, mon Maître, que ce qui m'a empêché de vous rendre visite durant le temps que je suis resté à Fez, c'est qu'au même moment je rendais visite à notre Maître, Cheikh Tidjâne. Et ce, nous étions deux, lui et moi. Nous parlions de l'interdiction et de l'autorisation concernant la ziara dans notre Tarîqa Tidjâniyya. En résumé, notre vénéré, Cheikh Tidjâne m'a fait savoir : « Celui qui prend notre wird et entre dans notre Tarîqa ne doit pas rendre visite un autre Saint, qu'il soit vivant ou mort ». Il convient de méditer sur ce propos-ci. En effet, il précisait que : « Le Messager de Dieu (PSL) m'a ordonné de retirer l'autorisation sur deux hommes qui ont rendu visite à Abd Salâm Ibn Machîch » ; et sur ses propos : « Le Prophète (PSL) m'a dit quelque chose que les Cheikhs ont fini par négliger. Il s'agit de ceci : « Quiconque entre en contact avec un autre Cheikh que son propre Cheikh ne gagnera rien des deux ». Cheikh Tidjâne ajoute que : « Le Prophète (PSL) m'a dit que si tes compagnons croisent mes compagnons, qu'ils se rendent visite ».

Nous lisons dans « Jawâhirul Ma-'ânî الجواهر المعاني » : « Concernant les mérites de suivre Cheikh Tidjâne, le Prophète (PSL) l'a informé que celui qui l'aime, le Prophète (PSL) l'aimera. Et avant de rendre l'âme, il sera, à coup sûr, un Saint. De plus, le Prophète (PSL) l'a ordonné d'interdire ses disciples de rendre visite aux autres Saints, vivants comme morts. Et quiconque les rend visite se retire, du coup, de cette Tarîqa et n'obtiendra pas ce qu'il cherche. Et lorsqu'il entendit ce qui a précédé dans les textes à propos de la non ziara, il m'a dit : « Le Cheikh rendait beaucoup visite à notre Maître Idrîsa. Je lui dis : « Ô toi, sache que ce Cheikh fait partie de la Tarîqa, donc il peut se permettre de faire cette ziara et de l'interdire à tous ses disciples ».

En somme, il peut défendre une chose à son disciple et se le permettre en personne selon la volonté de Dieu. Il faut noter que Dieu l'a dévoilé tout ce qui pourra les profiter en bien, ce qu'Il compte les octroyer en science ésotérique, ce qu'Il désire leur faire don en matière de Sagesse Divine et ce qu'Il les accordera en Providence Divine.

Ce qu'il ne faut surtout pas ignorer, c'est que la Tarîqa renferme, à la fois, des obligations, des interdits, des recommandations, des choses blâmables et des choses permises. Tous ces éléments reviennent au Cheikh qui a le droit de les donner voire les communiquer à qui il veut. Donc, si nous ne connaissions pas le mysticisme dissimulé dans cette Tarîqa, jamais, nous ne saurions la sagesse qui en est. Seulement, ils ont démontré que celui qui dit à son Cheikh : « Pourquoi ? » ne réussira jamais. En fait, le Cheikh connaît bien leurs états et à chacun, il sait son niveau d'élévation spirituelle et son niveau de connaissance. C'est pour dire qu'il traitera chaque disciple avec son niveau mental, spirituel et scientifique. Aussi, il les parle en tenant un langage convenable et adéquat avec eux, chacun avec son niveau de compréhension. Il donne à chacun selon ses prédispositions et son degré de spiritualité. Et s'ils sont au top de leurs divergences et de la disproportionnalité de leur état d'âme, les Grands Cheikh se garderont de leur ordonner de se rabaisser pour pouvoir être avec les Faibles et se garderont, également, d'ordonner aux Faibles de tenter de surmonter l'escalade pour atteindre les Forts, puisque les Forts n'ont pas cette autorisation et que les Faibles n'ont pas cette résolution ferme.

Aussi, si le disciple est fort, interpelle-le avec fermeté et prévoyance et s'il est faible, aborde-le avec douceur et légèreté conformément aux enseignements du Prophète (PSL) comme nous l'avons vu dans la Chari'a, sa biographie, à travers ses nobles compagnons et les pieux membres de sa famille. On voit le Prophète (PSL) se permettre la pratique de certains actes cultuels tout en l'interdisant à ses compagnons. De même, il s'interdit et interdit sa famille de faire usage des produits de la Zakât et le permet à ses compagnons. Sur la même onde, il s'impose des choses comme la prière du *Duhâ* [81], la fête du mouton (*îdul ad'hâ*), le *tahajud* [82], le *Witr* [83] quand il demeure chez lui, l'utilisation du *siwâk* [84] pour chaque prière. Et il ne les a pas imposées à ses compagnons, voire le reste des musulmans. De la même façon, il a permis à certains de ses compagnons de donner en aumône tous leurs biens. Il a interdit à 'Abdallah Ibn 'Umar de jeûner constamment tout en permettant la pratique de ce jeûne à Hamza Ibn 'Umar al-Aslamî. Il ordonna Abû Bakr d'élever la voix dans la prière et ordonna 'Umar Ibn al-Khattâb de la baisser. Il ordonna les gens de *Suffa* [85] de mener librement leurs vies spirituelles en renonçant aux plaisirs de cette vie mondaine et il recommanda à Hakîm Ibn Hizâm de travailler dignement pour gagner sa vie. Il informa à Mu-'âz Ibn Jabal que celui qui dit : « *Lâ ilâha illal-Lâhu* » le Paradis lui revient de droit ; mais il lui demanda de garder cela en secret. Il enseigna Huzaïfa la science ésotérique. Il recommanda à Abû Hurayra de faire la prière du Witr avant d'aller au lit. Il demanda Alî et Fâtima de ne pas se plaindre de leurs conditions de vie ; mais de veiller la nuit en prière. Tandis qu'à 'Â'icha, elle était constamment auprès du Saint Prophète (PSL) à l'image du défunt devant son laveur. Cependant, malgré cette présence serrée, le Prophète (PSL) ne l'a pas dévoilé beaucoup de chose, en raison de son bas âge et de sa non maturité à concevoir certaines vérités et données.

---

[81] C'est le moment compris quand le soleil levant dépasse l'horizon de la longueur d'une lance jusqu'à un peu avant midi.
[82] La prière surorégatoire faite en pleine nuit lorsque les gens dorment.
[83] L'unique unité de prière faite la nuit avant de se coucher.
[84] Un bout de baton permettant de nettoyer les dents.
[85] Ce sont ceux-là qui restaient aux alentours de la Mosquée du Prophète (PSL) à Médine qui ne demandaient rien aux autres. Mais, ils se résignaient et confiaient leurs sorts à leur Seigneur. (cf. sourate : la Vache ; verset : 273.

La dimension spirituelle et cultuelle de la Tarîqa Tijjâniyya

Quant au fait de laisser de côté la question de la ziara, elle reste une obligation bien fondée dans notre voie spirituelle et elle reste une condition sine qua non pour être en mesure de recevoir le wird. Il est dit dans « al-Muniyyatul Murîd المنية المريد » :

« *A chaque disciple de la Tarîqa, il est demandé*
De ne pas faire la ziara aux Saints.
Qu'ils soient morts ou vivants ;
Excepté les Compagnons et les Prophètes.
Il n'y a aucun mal à rendre visite les disciples de la Voie,
Et ce serait une attitude à suivre.
Celui qui se ressource à un Cheikh et rend visite un autre,
Il perdra les deux, et aucun d'entre eux ne pourra lui être utile.
Nous n'avons aucun intérêt à les rendre visite,
Et l'interdiction qu'on nous a faite est meilleure pour nous.
Mieux, nous en avons un alternatif
Indiscutable.
Celui qui récite la Jaw'haratul Kamâl
Selon le nombre établi [86], *le bénéfice reviendra à l'opérant*
Qui aspirait la présence du Saint Prophète à ses côtés,
Pour le rendre visite, lui le Chef des Envoyés.
Cette récitation équivaut à la visite rendue à tous les Envoyés
Et Prophètes, à tous les Pôles et Saints.
Il a l'air de quelqu'un qui a rendu visite à
Un Prophète, et il peut s'en vanter.
Vantes-toi, je donne en rançon mon père et ma mère.
Ce que je te dis ne te récoltera que du bien en abondance.
Mais, il ne nous est pas donné de se montrer orgueilleux
Vis-à-vis des Saints, détenteurs de qualités et de hautes spiritualités.
Eux tous, sans distinction, jouissent d'un respect de notre part,
Car étant des hommes de Dieu de haute facture spirituelle, des nobles ».

S'agissant l'interdiction que le Cheikh nous a fait par rapport à cette ziara, elle reste une chose nécessaire dans notre Tarîqa Tidjâniyya. Cette interdiction nous interpelle de force et ne concerne pas le Cheikh, en personne. Quelle sera ta réponse si on te demandait de savoir si le Cheikh faisait ou non les Azkâr obligatoires. Supposons qu'il les ait fait, est-ce que cela reste une obligation pour lui comme cela nous

---

[86] Douze (12) fois.

incombe, nous ? Il faut dire que nous avons su que la ziara a pour but de nous canaliser pour savoir ce que l'on doit faire en fait de préceptes et d'affection à son égard.

De même, il convient de savoir que le jeûne fait volontairement aura la valeur d'une obligation sur la personne qui s'est engagée. Dans ce cadre, certains Savants ont montré que :

« La pratique bénévole de la prière, du jeûne, du pèlerinage, de la umra
De la retraite rituelle et du tawwâf devient obligatoire ».

D'autres disent que :

« La prière, le jeûne, le pèlerinage, La umra
Et la retraite rituelle deviennent obligatoires, si on s'y engage ».

Les Savants ont notifié le droit de rompre le jeûne fait volontairement si le Cheikh l'en ordonne. Il est dit dans « <u>Al-Mukhtasar</u> المختصر » de Khalîl : « Même s'il devait jurer de répudier son épouse, il doit s'y plier. L'ordre peut émaner du père, de son cheikh ou même de sa mère ». Le Cheikh dont il est question ici, c'est le cheikh de la Tarîqa, et plus précisément, le cheikh porteur de la science de la Chari'a. Si le disciple a la possibilité de délaisser une obligation religieuse sur ordre de son Cheikh, que dire s'il lui ordonne de ne pas faire un acte simplement permis ou recommandé ? Il est fort évident que l'obligation n'est pas égale à la recommandation. Cependant, une des conditions que pose notre Voie-ci est qu'il incombe au disciple de respecter très sincèrement tous les Saints en leur rendant la dignité et le rang qu'ils méritent. Il est visible qu'il doit, en plus, magnifier le Prophète (PSL) et les membres de sa famille. Aussi, il doit apprendre sa religion auprès de l'ensemble des Saints en assistant à leurs assemblées et écoutant leurs exhortations. Mais, si cette visite renferme une intention de s'attirer les bénédictions ou manifester une affection, ce n'est pas la peine de s'y rendre. Cette attitude est chose mauvaise pour le disciple et défendue pas les Saints de la Tarîqa.

Pour moi, je m'engage à emboîter le pas du Cheikh sans jamais lui tourner le dos. De même, je m'engage à respecter toutes les exigences de la Voie. Je suis très convaincu que ce Cheikh n'a d'autres modèles à suivre que le Saint Prophète Muhammad (PSL). Aussi, je me tourne vers mon Seigneur pour lui dire :

« Mon intercession est entre Tes Nobles Mains mon Dieu

La dimension spirituelle et cultuelle de la Tarîqa Tijjâniyya

Et je compte sur cette intercession.
Rien n'est plus beau que le pardon venant du Puissant
Orienté surtout vers celui qui en a fort besoin ».

En ce qui me concerne, je sais pertinemment qu'il n'est point question de porter atteinte à la dignité de notre vénéré, Cheikh Ahmad Tidjâne, et de rendre désagréable le cœur de ceux qui l'aiment d'un amour ardent. Alors qu'il est évident qu'il les appelle vers le bien et vers ce qui permettra de parfaire leur religion et améliorera leurs situations de vie. Mais, il faut dire que ce sont des jaloux et des rancuniers comme le démontre Dieu : « **Envient-ils aux gens ce qu'Allah leur a donné de par Sa grâce ?...** [87] » ; et comme il le dit en les apostrophant : « **Est-ce eux qui distribuent la miséricorde de ton Seigneur ?...** [88] ».

De la même manière, force est de constater qu'il est difficile pour les adeptes de la Tarîqa de dissocier entre les différentes ziara en cours, et en savoir celle permise et celle interdite. Ils ne distinguent pas, en plus, le type de ziara dont le but c'est de nouer les rapports entre deux personnes comme le fait d'apprendre une science ou de conserver les liens de parenté ou encore de chercher une intervention qui pourra faciliter les liens entre le musulman et son frère musulman. C'est la non considération de ce point qui entraîne l'inimitié et la haine entre les musulmans, voire même ternir la peau des innocents parmi leurs frères. Et ce, même si ceux-là sont meilleurs que ceux-ci.

Il est très fréquent de voir certains frères en la foi allaient vite en besogne en s'empressant de désavouer leurs frères en la foi. Et il se peut même que le désavoué soit meilleur et plus savant que le négateur. Et pire encore, ce dernier ne se donne pas la peine de s'enquérir de lui pour bien le connaître. Ils pourront alors savoir s'ils ont raison ou non dans leurs désaveux. Beaucoup de frères en la foi tombent dans cette erreur, bien que parfois ceux-ci présentent le plus profit dans la Tarîqa. Mais, il faut dire que c'est leur ancienneté dans la Tarîqa qui pousse certains à dénigrer tout ce qui vient de leurs contemporains et même si cela reste meilleur et plus scientifique que ce qu'ils présentent. Ils ne savent pas que la balance originelle reste la Loi de Dieu qui est composée du Livre de Dieu et de la Sunna. Et tout ce qui sort de ce cadre est considéré comme égarement, perdition et éloignement de la religion. Ainsi, nous

---

[87] Sourate : An-Nisâ'i ; verset : 54.
[88] Sourate : Az-Zukhruf ; verset : 32.

verrons à travers nos lectures que le disciple doit suivre et rester attaché à cette Loi quelque soit le degré d'incompatibilité, le rang de son Cheikh, de son statut scientifique, de sa capacité de scander les subtilités du monde occulte.

De toute façon, il faut reconnaître que l'arbitre est d'abord le Livre de Dieu suivi de la Sunna du Prophète (PSL). C'est une évidence incontestable qu'aucun argument ne peut remettre en cause. Il ne nous est pas donné de favoriser le désaccord. Et ce, même si l'élément contesté est au sommet du savoir, de la connaissance et de la seigneurie. Il convient tout d'abord de mener une étude et une investigation sérieuse montrant que le propos ou l'acte ne tient pas debout et aucun argument ne peut étayer. Et c'est-là que l'on pourra déceler le grand cataclysme, moment de fanatisme entre les individus et de délaissement de la vérité par laquelle restent passionnés leurs contemporains. Mais, il s'est trouvé que leurs orgueils et leurs arrogances les ont emportés au point de ne pas être en mesure d'exposer la vérité à leurs familles. Il faut dire que c'est là, la plus grande erreur des frères en la foi qui ont fini par y tomber, aujourd'hui. Et il convient de rappeler que cette qualité n'est pas perdue à notre époque-ci.

Nous voudrions, seulement, rappelé que nous faisons cette exhortation à l'endroit de nos frères pour leur permettre d'être sur le bonne voie. Aussi, l'être pensif et l'averti doivent faire preuve de retenue et de prévenance. Nous voyons certains frères en la foi nier d'un trait les détenteurs du savoir dans la Tarîqa. Si les hommes équitables agissaient avec raison et justice, ils auraient rendu à chaque ayant droit son dû. De même, si les négateurs qui attaquent à tort les pratiquants de la ziara, s'étaient armés de patience pour avoir le temps de bien méditer et de bien réfléchir sur la question avec franchise et abnégation loin des passions et du fanatisme, ils auraient compris d'où vient la raison de cette complaisance. Il est à signaler que le « Jawâhirul Ma-'ânî » n'est pas revenue sur cette question comme nous l'avons démontré sur l'interdiction de faire la ziara chez les Saints, encore en vie ou déjà morts. Au fait, l'interdiction ne concerne que les Saints encore en vie. Ainsi, nous avons ici un extrait de la « Jawâhirul Ma-'ânî » : « Celui qui prend notre wird et adhère à notre Tarîqa, ne doit plus rendre visite un autre Saint vivant.

Quant aux Saints déjà morts, celui qui se rend à leurs mausolées avec la conviction de la possibilité d'entrer en contact avec eux, car étant les portes permettant d'accéder à Dieu, et que lors de cette entrevue en aparté, le désirant affiche l'envie de bénéficier de l'agrément divin et prophétique ainsi que celui de son cheikh, celui-là doit savoir qu'il s'est perdu de voie ». Cependant, beaucoup de nos frères en la foi ignorent ou font semblant d'ignorer ce point. En effet, ils ont vu un savant vertueux parmi les compagnons de Cheikh Tidjâne, un érudit en Dieu que des circonstances ont poussé à se rendre au niveau du mausolée d'un de ces Saints. Et sur le champ, ils commencèrent à dénigrer cet acte. Et à notre avis, ce n'est pas de la sagesse de leur part et cela ne relève point de la droiture. Et même si la « Jawâhirul Ma-'ânî » n'en a pas évoqué, mais la raison nous dit de ne jamais se précipiter pour dénigrer quelqu'un et à plus forte raison un Savant respecté. En effet, ce dernier connaît mieux ce qui vient.

Pour nous, nous ne soutenons pas l'idée selon laquelle la « Jawâhirul Ma'ânî » donne une entière liberté au disciple de rendre visite les Saints, vivants comme morts. Il faut dire que ce qui se trouve dans la « Jawâhirul Ma-'ânî » est également mentionné dans « Mîzâbur- Rahma » et dans « Jaychul Kafîl ». Peut être même que ce dernier ouvrage a pris appui sur la « Jawâhirul Ma-'ânî », Dieu seul sait, quoi que l'on ait noté un retard dans la compilation de cet ouvrage par rapport à la « Jawâhirul Ma-'ânî ». Cependant la thèse relative à l'interdiction de faire la ziara aux Saints - vivants comme morts - est énoncée dans les propos de Cheikh Tidjâne dans beaucoup d'ouvrages servant de support comme la « Ifâda Ahmadiyya الإفادة الأحمدية » qui est une de ses productions expressives. Au demeurant, ce qui se trouve dans ce dernier ouvrage provient de sa bouche. En fait, il y a mentionné les trois raisons entraînant la déconnexion du disciple de la Tarîqa, à savoir : prendre un autre wird sur le nôtre, rendre visite aux autres Saints et l'abandon pur et simple du wird. La formule englobe la généralité, c'est-à-dire tous les Saints, vivants comme morts. On a déjà élucidé ce point. Seulement ce qui vient de la «Ifâda» donnera plus de lumière sur cette question. Il y mentionne : « Le Messager de Dieu (PSL) m'a ordonné de retirer le wird de deux hommes ayant rendu visite à 'Abd Salâm Ibn Machîch ». Donc cette précision n'a point besoin d'interprétation ou de probabilité car il s'est trouvé que ce 'Abd Salâm était déjà mort avant la venue de Cheikh Tidjâne. Il a rendu l'âme en l'an 722 de l'ère chrétienne pour certains ; en l'an 723 de l'ère chrétienne pour les uns et en l'an 725 de l'ère chrétienne pour les autres, c'est-à-dire 5 siècles et 25 ans (525 ans) avant la naissance de Cheikh Tidjâne. Alors, l'interdiction resta effective pour tous les Saints qu'ils soient en vie ou déjà morts.

Donc, ce qu'il faut noter, c'est que cette interdiction n'a aucun rapport avec la ziara basée sur la Sunna car étant une ziara requise et désirée aussi bien dans la Chari'a que dans la Tarîqa. Cependant, c'est seulement un ignorant idiot qui peut nier cette réalité. Et c'est pour cette raison encore que nous voyons le Cheikh Muhammad Ibn Abdallah Ibn Husayn Ach-Châfi-'î At-Tatfâwî dire : « Gardes-toi de considérer le contenu de la « Jawâhirul Ma-'ânî » mentionnant que le disciple doit rendre visite les Saints déjà morts. Car le Cheikh est revenu sur cette question vers la fin de sa vie et il l'a catégoriquement défendue. Ce qu'il faut noter est que cette interdiction ne figure pas dans la « Jawâhirul Ma-'ânî », car son auteur a fini de l'écrire bien avant la mort du Cheikh soit 16 ans avant. La réalité est que le Cheikh est resté ferme sur son interdiction jusqu'à sa mort et même ses disciples lui ont emboîté le pas sur cette fermeté. Il faut noter que Sayyid Ali Hirâzam Barrâdah al-Fâsî a fini de compiler la « Jawâhirul Ma-'ânî » en 1214 de l'ère chrétienne; alors que Cheikh Tidjâne a rendu l'âme en 1230 de l'ère chrétienne.

De son côté, le Faqîh Cheikh Muhammad Ibn Misrî, l'auteur de « Al-Jâmi'i » a rendu l'âme en 1224 de l'ère chrétienne. Alors la thèse la plus plausible est que celui-ci a fini d'écrire son ouvrage deux ans après la compilation de la « Jawâhirul Ma-'ânî ». Aussi, on y trouvait pas la mention d'une quelconque interdiction de rendre visite les saints vivants comme morts parmi les Saints. Concernant l'ouvrage intitulé « Al-jaychul kafîl », je n'ai pas pu avoir la date précise de sa compilation. Tout ce que je peux dire, c'est que son auteur s'est adossé sur les écrits de Sayyid Muhammad al-Hâfiz ach-Chinqîtî. Par ailleurs, ce dernier s'est appuyé sur notre vénéré Cheikh Tidjâne. Seulement, je ne sais pas la date exacte de cette historicité. A mon avis, je crois qu'il a quitté Cheikh Tidjâne et est retourné à son pays. Et là, l'auteur de « Al-jaychul kafîl » s'est appuyé sur le cheikh Chinqîtî sans passer par l'intermédiaire de son frère et il a suivi la méthode de son frère pour la transcrire. Il a terminé sa tâche en 1268 de l'ère chrétienne. En dépit de ce retard noté, il n'a pas mentionné ce sur quoi est revenu Cheikh Tidjâne vers la fin de sa vie tout en considérant son éloignement par rapport à la civilisation perse comme lui-même il le précise. Dieu seul sait la vérité. Je n'ai fait état de ce point que pour seulement en profiter. Car l'histoire aide le chercheur à retrouver les autres domaines de la connaissance qui lui manquaient. C'est là une nette précision historique très primordiale.

Après ce bref survol, nous revenons sur la question de la ziara en disant : « Il ne fait aucun doute que l'inexactitude a gagné beaucoup de démunis en matière de connaissances. Elle a même gagné certains Muqaddam non anciens et qui ne sont pas versés dans la science au point d'avoir une parfaite compréhension. Ils ne distinguent pas la ziara affectionnelle-inspirationnelle et celle basée sur la Sunna. De plus, ils ne distinguent pas entre l'élève et le novice, entre l'affectueux et l'ascète. Le Cheikh Ahmad Sukayridj est revenu sur ce point en disant : « Sur ce chapitre, celui dont le Cheikh a dicté la pratique dénombrée de la *Salâtul Fâtihi* et l'a fait comprendre aux muqaddam est un élève (*tilmîz*) et non un novice (*murîd*). L'élève c'est celui à qui on a exposé la Tarîqa Ahmadiyya. C'est en quelque sorte l'ascète dans la langue populaire, car les ascètes, dans la terminologie, sont les compagnons du Cheikh-Educateur, ils sont ceux qui restent attachés à lui afin qu'il les conduit vers le canevas de sa voie spirituelle. Ils sont, en plus des frères car devant cultiver entre eux l'esprit de fraternité en rapport avec les questions de paternité. Il constitue leur maître spirituel qui les a transmis la Tarîqa. Il est probable que quiconque tient compagnie ou éprouve une affection envers la Tarîqa puisse savoir et discerner les termes « compagnons » (*as'hâb*), « frères » (*ikhwân*) et « ascètes » (*fuqarâ'*). On leur applique parfois le terme « les bien-aimés » (al-*ahbâb*). Terme qui était réservé à ceux qui ont adopté le wird ; alors que le terme « frères » (*ikhwân*) est appliqué sur les affectueux bien qu'ils n'ont pas pris le wird.

En générale, Cheikh Tidjâne emploie le terme « *as'hâb* » (compagnons) pour désigner ceux qui ont pris le wird. Ce sont eux les loués. Je précise : « Partant de ces définitions déjà évoquées, il nous est possible, à présent, de discerner entre celui qui se rend chez le Cheikh-Educateur pour entrer dans la Tarîqa et celui qui s'y rend pour apprendre. Concernant, la question portant sur l'un des arcanes légaux de la Chari'a ou portant sur leur effacement des activités mondaines, le fait qu'une personne se rend chez un des Cheikhs ne peut pas être qualifié de ziara, dans le vocabulaire de la Tarîqa. Mais l'objectif majeur réside dans la quête du savoir que le Cheikh est appelé à communiquer comme l'a fait Dieu à son égard. Partant, nous voyons clairement que la ziara interdite dans la Tarîqa est celle faite pour exprimer une affection ou pour s'attirer des connaissances ésotériques, le spiritualisme. Une telle attitude signifie l'abandon du premier Cheikh et l'affection portée sur le second. Et agir ainsi ne donne aucun intérêt.

S'agissant du fait de se rendre auprès d'un Saint-Erudit en quête du savoir ou pour s'enquérir de son état de santé ou encore pour conserver les liens de parenté ou bien encore pour lui prêter assistance de ses affaires religieuses et mondaines, il faut dire que de telles raisons ne laissent personne indifférente, tidjâne ou pas tidjâne, pourvu qu'il soit musulman. L'essentiel c'est d'avoir une connaissance de la Chari'a et de la Voie. Aussi, tous les adeptes de la Tarîqa se sont convenus à soutenir que celui qui tient des propos contraires à cette vérité incontestable, est vraiment un ignorant qui ne sait rien des fondements de la Tarîqa et de ses caractéristiques, car rien n'y indique l'interdiction absolue de cette forme de ziara basée sur la Sunna.

En fait comment cela peut-il être alors que la Tarîqa même incite à la quête du savoir comme l'a fait la Chari'a islamique qui nous recommande de le chercher même en Chine. C'est-à-dire, même si nous nous rendions en Chine pour ce but et nous y l'apprenons auprès de quelqu'un qui n'est pas de notre voie spirituelle ni de notre école doctrinale, il n'y a aucun mal, car la recherche du savoir est une obligation aussi bien pour le musulman que pour la musulmane. Tout le monde doit chercher le savoir même si c'est entre les mains d'un libertin si toutefois il est expert dans ce domaine, car son libertinage ne concerne que lui alors que son savoir est profitable pour tous, sans distinction.

Le Cheikh 'Umar Fûtiyyu Tall a fait mention de ces réalités que beaucoup de nos frères tidjânes ont négligées. Il l'a démontré dans le 22ème chapitre de son valeureux et utile ouvrage intitulé : « Rimâh hizbu Rahîm fî nuhûr hizb rajîm رماح حزب الرحيم في نحور حزب الرجيم » (*Les lances des archers du Tout Miséricordieux pointées aux cous des combattants de Satan*).

Il y est revenu sur la ziara en démontrant celle permise et celle non permise aux yeux de la Tarîqa. Il a même rétorqué aux négateurs de cette Tarîqa en défendant les conditions et les principes posés par son fondateur. Nous y ramassons quelques morceaux choisis afin que nous puissions consolider notre position sur cette question qui préoccupe les esprits, perturbe les raisons et blesse certains cœurs. Des adeptes de la Tarîqa tentent de faire état des sciences mystiques alors qu'ils ignorent tout de cette Tarîqa. Tu verras mon cher lecteur ce point de manière évidente au fil de ta lecture de ce modeste travail que Dieu a voulu faire manifester pour qu'il soit à la portée de tout désirant qui est habité par la curiosité.

Cheikh 'Umar montra que l'on demanda au Cheikh de la Tarîqa, Cheikh Ahmad Tidjâne, qui est bien versé aussi bien dans la Chari'a que dans la Haqîqa. S'agissant du Cheikh Mukhtâr Kuntî, il fut interpellé sur la question de savoir si le disciple qui rend visite aux saints, vivants ou morts, ne risque pas de se voir « débrancher » de la Tarîqa. En fait si sa ziara est un souhait de la part de son Cheikh ou une forme de mépris, donc elle constitue un préjudice contre son vouloir. Et cela peut entraîner sa privation et il ne peut en aucun tirer avantage d'eux. Aussi, s'il le voit commettre le péché, cela peut diminuer la teneur de son intention et de sa conviction et cela peut être source de sa perdition comme l'ont démontré l'ensemble des cheikhs qui ont précédé et qui en sont tombés unanimes. Celui qui n'est pas habité par la controverse et l'antagonisme ne doit pas considérer ses propos.

Par contre, s'agissant de l'aspect de la consécution et de la quête du bien, personne ne vient l'interdire et y causer un quelconque préjudice. Ce fait figure parmi les nouveautés du IXème siècle, dès lors que les querelles se sont multipliées, la passion a gagné les humains, l'adversité s'est propagée, l'hétérodoxie a gagné du terrain et que la débauche s'est répandue. Aussi, nous disons que Cheikh Tidjâne est un homme de Dieu. Il est impératif pour le disciple de se fondre à lui en toute circonstance de telle sorte qu'il ne sent plus son âme, ne détient par devers lui aucun bien. Il convient, en plus, de parfaire la meilleure affection quant à la considération, à la préoccupation et à la non dépendance de l'ensemble de la créature. Et là, on sera persuadé que Dieu n'a pas créé un autre cheikh hormis lui de son vivant.

Nous disons que tous les musulmans se sont accordés à l'unanimité du caractère obligatoire de la consécution vis-à-vis de Dieu, du renforcement des liens de parenté, de l'apprentissage et du fait de prêter une oreille attentive aux exhortations. Il faut savoir que le Cheikh n'a jamais interdit les adeptes de la Tarîqa de rendre pratique ce qui est faisable légalement. Cependant, il les a interdit de pratiquer la ziara réprouvée pour des raisons déjà évoquées. Il faut noter que c'est eux-mêmes - Cheikh Tidjâne, Cheikh Mukhtâr et d'autres Cheikhs - qui ont, ensemble, interdit cette forme de ziara. Mais, toujours est-il que le disciple est invité à faire preuve de politesse devant n'importe quel autre cheikh, bien qu'il puisse partager leurs assemblées et écouter leurs propos.

Le savant en Dieu, Cheikh Ahmad Dardayr, dit dans « Tuhfatul ikhwân تحفة الإخوان » : « Malgré la différence de point de vues des savants en Dieu sur la convenance à adopter, les bonnes manières exigées au novice pour respecter les droits du Cheikh sont : sa vénération, la reconnaissance de sa dignité » jusqu'à son propos : « lui donner la préséance à un autre, ne jamais recourir à un autre parmi les Saints que lui, ne pas rendre visite aux Saints de son époque ni aux Pieux, sauf s'il en donne la permission. Il ne faut tenir compagnie que lui, n'écouter que lui à tel point de pouvoir se désaltérer de l'eau mystique de son Cheikh ». Mon discours-ci s'adresse aux Véridiques sincères et non à ceux qui ont reçu le wird dans le seul but de s'attirer la bénédiction. Cependant, vouloir se limiter et suivre uniquement celui qui a conféré le wird est une erreur manifeste et un égarement de la voie tracée par Dieu. J'ajoute en m'appuyant sur les dires du Cheikh 'Umar Fûtiyyu : « Certains bornés en matière de connaissance et de compréhension ou certains envieux et pervers nient, de façon jalouse et opiniâtre, le Cheikh ».

Je dis : « Seul le privé de raison peut se cramponner à ce propos pour divers raisons. Le Cheikh peut bel et bien conférer à celui qui vient à lui les awrâd non obligatoires de la Tarîqa. Nous aussi, nous agissons de la même manière et louange à Dieu. Le propos de notre vénéré et mon intervention à l'endroit des disciples sincères constituent des répliques à l'adresse du négateur. La réalité est que tout disciple qui adopte la voie balisée par Cheikh Tidjâne en prenant ses *awrâd* et en affichant toute son affection à son égard a vraiment atteint son objectif. Et c'est différent de celui qui se montre affectueux vis-à-vis du Cheikh en adoptant son wird et puis s'apprête à rendre visite un autre que lui tout en ayant l'intention de s'attirer les bénédictions. Celui-ci s'est certes égaré de la voie de la rectitude. Notre Cheikh n'a pas généralisé l'interdiction de manière formelle, car il n'a pas empêché à ses adeptes d'aller chercher le savoir auprès de l'ensemble des Saints et des Savants, ni auprès de ceux qui ont pris part à leurs assemblées, ni auprès de ceux qui ont écouté leurs exhortations et leurs propos, ni auprès de ceux qui ont conservé la consécution vis-à-vis de Dieu et de ceux qui ont consolidé les liens de parenté. Et en dépit de tout ceci, nous restons des adeptes de la Tarîqa Muhammadiyya Ibrâhîmiyya Tidjâniyya et jamais, nous ne nierons celui qui embarque pour se rendre auprès des autres Cheikhs. De fait, ceux-ci n'ont interdit et recommandé qu'à partir d'une autorisation, car ils sont véridiques et ne se prononcent que sur ce qu'ils témoignent et prennent de Dieu et de son Messager (PSL).

C'est alors que le Cheikh s'est ressourcé des propos de Cha-'arânî dans « Al-bahrul mawrid البحر المورد » inclus dans « Al-Mawâsiq wal 'uhûd المواثيق والعهود » : « Nous nous sommes engagés de n'interdire à personne de rendre visite à un de nos contemporains, ni à un Cheikh de notre époque, sauf que si nous sommes informés que l'acquisition des clefs de l'ouverture ne se fera que dans sa contrée natale. Dans ce cas, il nous incombe de l'interdire de rendre visite à un autre que nous. A rappeler que nous ne sommes pas là pour chercher à se rendre maîtres des gens, et si nous sommes convaincus que son ouverture mystique n'est pas entre nos mains, on a alors aucun droit de l'interdire d'aller chercher ailleurs ».

La dimension spirituelle et cultuelle de la Tarîqa Tijjâniyya

Cha'arânî démontre que Sayyid 'Ali al-Khawwâs disait : « Les Ténors de la Tarîqa n'ont pas vanté eux même leurs puretés. Leur seul souci est de rapprocher la Tarîqa à ses adeptes et à leurs disciples ». A cet effet, le Prophète (PSL) disait : « *Je serai le premier intercesseur et le premier à être intercédé en sa faveur* » dans le seul but de montrer à sa communauté que personne n'intercédera avant lui, elle viendra à lui d'abord et aucun autre Prophète ne recevra de visite ce Jour-là. Cha'arânî ajoute : « Les ténors parmi les Cheikhs de la Tarîqa sont libres de saisir leurs brides, car ils sont capables de discerner entre les rangs d'élévation spirituelle ; mais pour les faibles sur le plan spirituel, on ne peut pas les laisser faire, sinon ils risquent de sortir de notre enclos pour aller paître ailleurs. Et cela risquerait de leur coûter cher. Je dis en m'appuyant sur les propos de Cheikh 'Umar Al-Fûtiyyu que de manière formelle, la pratique de la ziara inspirationniste et affective est interdite. Mais, l'accent est surtout mis sur les faibles spirituellement. Ils doivent se garder d'effectuer la ziara quelque soit sa forme. Et dès l'instant qu'il lui devient évident, il doit les empêcher de rendre visite aux autres Saints.

Et avec tout ceci, notre Cheikh a acquis une connaissance péremptoire lui permettant de discerner les faibles d'esprits et les ténors. Aussi, l'auteur de « Rimâh » rapporte de « Lawqihul anwâril muqaddasa لوقح الأنوار المقدسة » : « J'ai entendu Sayyid Alî Al-Marsafi dire : « Il n'est pas donné au novice de rendre visite ou d'être rendu visite par crainte de voir les malheurs s'abattre sur lui. Il n'est pas non plus le rond central pouvant servir de guide aux autres. Il n'est pas également l'élément visité car considéré pour son éducation spirituelle. Car, il se peut qu'il entende de ce Cheikh un propos qui répond à ses vouloirs mondains et qu'il l'adopte pensant qu'il lui est profitable. Il dit : « Sayyid Muhammad Chanâwî a voulu rendre visite un des Cheikhs de son époque. Alors, ils se consultèrent et on lui dit : « Ô Muhammad, il ne convient pas pour le novice de prendre chez un Cheikh le wird que s'il est certain et convaincu que celui-ci lui suffira. Et si tu juges que je ne peux répondre à tes attentes, alors ne te donnes pas à moi alors qu'au fond tu n'es pas tranquille ». Il dit : « Mon maître ! Je veux le repentir ». Et il se repentit. Notre vénéré a évoqué ce récit dans la « Jawâhirul Ma-'ânî » où il se prononce sur les conditions communes entre le Cheikh et son disciple : « De ne pas donner son affection à un autre, ne pas proclamer la grandeur d'un autre, ne pas s'inspirer d'un autre, ne pas marquer une interruption vis-à-vis de son Cheikh et qu'il médite sur les directives données par Chari'a apportée par le Prophète Muhammad (PSL). Et celui qui considère au même pied d'égalité la dignité de son Prophète (PSL) avec celle des autres Prophètes et Messagers (PSE) sur le plan de l'affection, de la grandeur, de l'inspiration, de l'interruption et de la législation, celui-ci a mille malchances de mourir dans la mécréance, sauf que la Divine Providence l'ait récupéré, car précédée de l'Amour Divin. Et si le disciple sait cela d'avance, qu'il reste auprès de son Cheikh comme celui-ci l'est toujours au côté du Prophète Muhammad (PSL) en reconnaissant sa grandeur, son affection, son inspiration et sa non interruption.

Combien de fois j'éprouve au font de mon cœur le souhait pour que Dieu guide tous afin qu'ils sachent, de science certaine, que Cheikh Tidjâne n'est pas seul dans son coin à interdire la ziara à d'autres Saints ou Pieux. Il faut dire qu'eux tous, ils tendent à préserver le disciple de tomber dans la perdition et dans l'égarement au point qu'il ne soit non récupérable. Celui qui emprunte une voie étrange et désertique sans guide ou panneau d'indication, il va sûrement se perdre. C'est ainsi que le Cheikh l'a interdit pour une telle situation déplorable. Cette interdiction est chose effective bien avant la venue de Cheikh Tidjâne. Beaucoup de ses devanciers ont agi comme il l'a fait. Aucun des Saints n'aura empêché à ses disciples de se ressourcer ailleurs si cette quête du savoir est relative à la science de la Chari'a. Il se peut même que le Cheikh n'ait aucune connaissance, n'ait pas beaucoup lu, cela ne diminuerait en rien de son grade. Une chose est sûre, cela n'a jamais été et ne sera jamais pour les Elus véridiques de Dieu, adeptes de la Tarîqa, par la grâce de Dieu. Et ce, même si certains éléments absurdes l'ont inventé et l'ont clamé, car chaque Cheikh-Educateur est un Savant en Dieu et a une grande expertise dans le domaine de l'engagement dans la voie de la Tarîqa. Et il est même capable de faire plus. Les conditions qu'ils imposent au disciple ne dépendent pas de leurs passions. Un de ces savants dit : « Celui qui n'a pas les compétences de mener les disciples vers ce dont ils aspirent, ne peut pas prétendre être cheikh de qui que ce soit. Car le disciple aspire à la formation spirituelle et à l'engagement. Il paraît raisonnable que celui qui se convertit en prédicateur puisse bel et bien se rendre auprès de celui-là qui est plus versé que lui dans la science en Dieu. Il peut même se faire accompagner par les disciples qui le suivent. Eux, tous y vont pour réétudier les lois de la Chari'a. Il est évident, ici, que tous les Soufis doivent suivre en tout temps et en tout lieu la voie déjà tracée dans la Tarîqa.

Imâm Bukhâry rapporte qu'Ali Ibn Husayn était assis auprès de Sayyid Ibn Aslam et il traversa l'assistance. Nâfi-'i Ibn Jubayr Ibn Mut-'am lui dit : « Tu traverses les gens pour rejoindre Abdallah Ibn Al-Khattâb ». Il répondit : « L'homme doit prendre place auprès de celui qui lui enseigne sa religion ». Je dis : « Combien de fois cette réponse est à la fois saisissante, émouvante et véridique ».

En fait, l'homme sensé ne fréquente que les lieux qui profitent aussi bien pour la religion pour les affaires mondaines. Il pourra y apprendre tout ce dont il a besoin dans sa vie individuelle et collective. Il pourra y apprendre la sagesse afin qu'il puisse vivre en dignité au sein de sa famille. Il pourra y écouter des sermons le renvoyant à son Seigneur et lui rappelant le Jour Dernier. Au-delà de ces trois paliers, prendre place dans une assemblée n'est que pure perdition. Partant de ce propos très significative de cet imâm, nous savons, de science certaine, que la fréquentation des Savants – qu'ils soient d'éminents savants ou de notoires adeptes soufis distingués dans l'octroi de l'autorisation et du wird comme le faqîh Al-Kattânî - n'est pas chose interdite. Rien n'empêche de les consulter, si parmi nous il n'y a pas un érudit en la matière.

La recherche du savoir incombe à tout musulman et musulmane. Nous voyons Dieu recommandé à son Prophète (PSL) : « **Dis : « Ô mon Seigneur, accroît mes connaissances ! [89]**». Et s'il y avait une chose plus importante que la connaissance, il lui aurait dit d'en demander plus. Aussi, par la connaissance, la vie subsiste et en reste très dépendante. La connaissance se cherche même auprès de celui dont le comportement est non apprécié dans sa religion, sa dévotion et sa piété. La fréquentation de ces savants n'a rien à voir avec cette ziara interdite par Cheikh Tidjâne à ses adeptes. L'interdiction porte sur la forme intentionnelle qui épaule cette ziara comme nous l'avons longuement démontré. Celui qui l'accomplit au point de tourner le dos à son Cheikh tombe dans l'interdiction. Ce que répètent certains de nos frères de la Tarîqa et soutenu par certains muqaddam qui parlent de l'interdiction faite au disciple tidjâne d'aller apprendre auprès d'un non tidjâne est non fondé. Cela n'est que pur mensonge et calomnie à l'endroit de Dieu et de Cheikh Tidjâne. C'est même une atteinte à la réputation de la Tarîqa Ahmadiyya Tidjâniyya que Dieu a blanchi de ces superstitions et de ses duperies. L'Islam dans sa nature primitive a imposé à tout musulman, sexe confondu, d'aller à la quête du savoir profitable. Dieu dit : « **... Demandez donc aux Erudits du Livre, si vous ne savez pas [90]**». Mais Dieu n'a pas dit : « *Demandez tel ou tel ou demandez à un tel et non à un tel* ». Donc les Erudits du Livre se valent excepté ceux qui sont taxés de menteurs ou de

---

[89] Sourate : Tâhâ ; verset : 114.
[90] Sourate : Al-Anbiyâ' ; verset : 7.

fraudeurs. Si tel est le cas, les fatwas de ce dernier ne marchent pas aux yeux de la religion, car il s'est trouvé qu'on a déjà invectivé à sa foi.

Ceci est repris par la plupart des ouvrages relatifs aux fatawas. Si nous confirmons ce que disent certains muqaddam actuels tout en reconnaissant leurs fausses opinions, alors l'ignorance se propagerait à travers le monde. C'est ça la volonté de ceux qui profèrent des mensonges. A ceux-là qui se sont donnés pour faire passer le wird tidjâne, je leur exhorte de craindre Dieu envers leurs frères de la Tarîqa et de ne pas les empêcher d'étudier le fiqh. Cela permettra de répandre les lois de Dieu. Ce serait encore mieux si ce maître-enseignant est un tidjâne. Mais, il n'y a aucun mal si celui-ci ne l'est pas, car l'étude et le fait apprendre auprès de lui le savoir utile ne peut en aucun cas départager le disciple tidjâne de sa Tarîqa et ce, tant qu'il garde intact le pacte qui le lie avec Dieu tout en étant fermement engagé à honorer sa parole vis-à-vis de son Cheikh qu'il ne quittera jamais. Nous disons, également, à ceux-là qui se sont donnés pour conférer les awrâd de cette Tarîqa et en étant détenteurs de permissions et qu'ils font manifester aux adeptes de la Tarîqa pour gagner la sympathie des gens pour que ceux-ci leur donnent en retour le respect, la déférence et la considération. Nous leur disons : « Ne frappez pas d'interdiction les fidèles sur ce que Dieu leur a fait large. Mais oeuvrez pour l'union des cœurs des musulmans et faites-leur aimer la Tarîqa Tidjâniyya, en usant d'un langage courtois, sage et d'un style abordable comme l'a recommandé Dieu : « **Par la sagesse et la bonne exhortation appelle** (les gens) **au sentier de ton Seigneur. Et discute avec eux de la meilleure façon …** [91]».

Par conséquent, je leur demande de ne pas rendre la Tarîqa un point de mire public que la rumeur finira par exposer au devant de la scène. Ne la rendez pas détestable à leurs yeux. Ce n'est pas du tout raisonnable que celui, dont Dieu a placé comme modèle idéal pour la créature, aille dans le sens de disperser la foule et de semer entre eux l'inimitié et la haine. Il doit, au contraire, être le répondant de ce modèle idéal dans l'action conformément à la satisfaction de Dieu et de son Messager (PSL). Il devra œuvrer par tous les moyens pour réaliser l'unité, l'affection, la fraternité et l'harmonie entre les musulmans en les incitant à aller à la quête du savoir. Chacun de nous se doit de chercher le savoir auprès de qui que ce soit, même auprès d'un impie si la situation l'oblige. Car il faut savoir que son immoralité ne concerne que lui.

---

[91] Sourate : An-Nahl ; verset : 125.

La dimension spirituelle et cultuelle de la Tarîqa Tijjâniyya

Nous disons à l'endroit des inconscients : « Nous nous adressons à vous, ô insouciants ! Réveillez-vous de votre sommeil, reconnaissez votre rang et soyez assidus dans vos actes cultuels. Concernant ce qui vous paraît suffisant de vos efforts dont vous avez fait preuve depuis une décennie, je vous invite à vous repentir à Dieu et à parfaire entre vous et votre Seigneur et réconciliez-vous avec vos coreligionnaires. Si vous le faites, aucun mal ne vous atteindra, car vous avez mal agi à leur égards lorsque vous avez répandu entre eux l'inimitié et la haine et plus précisément dans notre pays-ci. Il est temps que vous vous remettiez de votre ivresse et de votre étourdie qui ont fini par sceller vos cœurs en vous empêchant de voir la réalité en face et de l'entendre. Ne vous suffit-il comme preuve la duperie qui a emporté vos frères en la foi en leur faisant aimer les biens d'ici-bas ? Ne vous suffit-il pas de méditer sur les fausses superstitions que vous véhiculer par ci par là ? N'est-ce pas vous qui disiez que vous retirer la permission de celui qui aura placé la main droite sur la main gauche lors de la prière en imitant le Prophète (PSL) ? Une telle attitude démontre le degré de votre ignorance de la religion et de la Sunna du Prophète (PSL), voire votre degré d'ignorance de la Tarîqa et des ses principes. N'est-ce pas vous qui renvoyez l'affectueux du cercle où est fait le zikr, si toutefois, le renvoyé n'a pas eu l'autorisation de pratiquer le wird ? Tout ceci fait parti des vaines prétentions et des mensonges forgés de toutes pièces. N'est-ce pas là, toute l'ampleur de votre ignorance voire de votre duperie ? Est-ce que cela est chose admissible sur le plan rationnel ou peut-on la trouver dans l'une des Tarîqa suivies par les musulmans ? Est-ce que cela figure parmi les plus nobles qualités islamiques ? Il faut dire tout simplement non. Par Dieu, une telle voie n'est pas celle des Pieux ni des Saints encore moins de la Tarîqa Tidjâniyya ».

« Quant à vous, bande d'inconscients, je vous suggère de tenir vos langues pour ne pas répandre la mal entre les musulmans et au sein de la Tarîqa. Alors, il vous est préférable de rester cois. Si vous devez forcément parler, prononcez-vous sur ce que vous savez et qui se trouve confirmé par le Coran et la Sunna »

On disait souvent : « Que Dieu fasse miséricorde à celui qui dit du bien ou se tait ». Aujourd'hui, le cœur est sur le point de « verser des gouttes de sang » en raison des choses absurdes que nous entendons quotidiennement et qui sont adressées à l'endroit de la Tarîqa. Ils parlent de choses qu'ils éparpillent à travers le monde sans pour autant leur trouver un fondement légal. Ils parlent au nom de la religion et de la Tarîqa bien que Dieu les a blanchies de ces frivolités vides de sens. On se plaint d'une douleur intense lorsque l'on voit ceux-là répandre ces mensonges. Il faut dire que ceux-là sont détenteurs de diplômes dans la Tarîqa et certains les regardent comme étant des cheikhs ou califes des cheikhs ; alors qu'en réalité, ils pataugent dans une ignorance indescriptible. Ils n'ont d'autres préoccupations que de palabrer longuement sur des futilités en s'attardant sur celui qui a humé l'odeur du savoir. Et là, ils se jettent tous sur lui en le blâmant de toute indignité tout en sachant que leurs actions honteuses seront découvertes par les détenteurs de la science. C'est ceux-ci qui suivent ces propos malsains pour les mettre sur la table afin d'en discerner ce qui reste vrai et juste partant du Coran et de la Sunna.

Un jour, un membre de ma belle famille, à qui j'ai pleine confiance, me rapporta qu'il s'était rendit avec certains de ses frères en la Tarîqa auprès de ceux qui ternissent l'image de la Tarîqa. Ils étaient également accompagnés des fils de l'un des muqaddam de la Tarîqa. Il se peut même que l'un d'entre nous aspire à y prendre le wird des mains de celui que l'on croyait être parmi les muqaddam-prédicateurs. Alors qu'en réalité, ce dernier ne fait que défigurer la Tarîqa tout en entachant l'honneur de ses adeptes. Tous les participants cherchèrent à participer à la conversation. Rappelons qu'ils étaient tous dans une chambre du fils de ce muqaddam-prédicateur, assis autour d'un cercle où le zikr est fait. Donc, il est impossible de s'en écarter. Ce propagandiste dit : « Il n'est pas donné à celui qui n'a pas encore reçu l'autorisation, au sein de la Tarîqa, de participer au zikr ». Quelqu'un lui dit : « Et comment devons-nous faire avec certains affectueux qui participent à notre *zikr*, à notre *wazîfa* et à notre *haylala* ? »

Le propagandiste répondit : « Faites-les sortir de ces cercles ». Par Dieu, c'est là un propos mensonger qui est entrain de se répandre entre les frères évoluant sous la bannière de la Tarîqa Tidjâniyya. Me concernant, je me dois de tenir un langage fracassant que pourra entendre aussi bien le proche que le lointain. Je jure par Dieu, Singulier dans Son Royaume, cet apôtre ne gagnera aucun profit des awrâd qu'il mentionne et quiconque prendra de lui ne verra aucun résultat favorable, sauf que s'il se repent et renouvelle son autorisation auprès d'un autre que lui. En fait, nous notons les intrigues posées par ce propagandiste et ses extravagances qui se répandent au sein de la Tarîqa Ahmadiyya qui en est bien propre. Ce propagandiste fréquente beaucoup de ses frères en la foi qui l'érigent en conférencier chaque année. Et celui-ci fait un discours qui fait frissonner les coeurs et irriter les âmes. Ce discours reste la principale raison de la disparité notée entre les gens et l'abandon des assemblées. Cependant, ce contestataire persiste dans son refus d'accepter cette réalité. Et sur le champ, les adeptes de la Tarîqa l'interpellèrent pour lui faire part de son erreur.

La dimension spirituelle et cultuelle de la Tarîqa Tijjâniyya

On lui dit : « Que devra faire le jeune novice si son épouse lui demandait de l'accompagner auprès d'un des Saints, ou auprès de sa descendance ou encore auprès de certains ayant la capacité de traiter certaines maladies, car détenant la clef de l'ouverture et du mystère. Il peut traiter les maladies comme les problèmes veineuses très graves, ainsi que d'autres sortes de maladies dont nous savons tous qu'elles sont traitables par des effets mystiques hérités des ancêtres ». Ce propagandiste dira, selon lui : « Il ne doit ni l'accompagner ni l'autoriser à s'y rendre. Parce que, s'il l'accompagne ou lui donne l'autorisation de s'y rendre, c'est qu'il s'est retiré de la Tarîqa et il est pris comme celui qui a effectué la ziara et a rompu le pacte qui le liait avec la Tarîqa Tidjâniyya ». Celui qui l'interrogeait lui posa encore cette question : « Si l'épouse se résout à partir à la recherche du « rétablissement spirituel ». En plus, elle exige de son mari pour qu'il l'accompagne en disant : « Si tu ne m'accompagnes pas, j'y vais seule ». Alors, ce bonimenteur décida de ne pas parler avec elle et de ne pas l'accompagner. « S'il part, il sera déconnecté de la Voie ; de même s'il part avec elle », répondit-il.

L'interrogateur demanda : « Ô homme, l'année prochaine, tu verras tous les disciples tidjâniyya de cette contrée ». Et lorsque certains de mes coreligionnaires qui avaient pris part à cette assemblée m'ont parlé de cet abîme profond que l'on assimile au négateur, je répondis : « Celui qui dit cela ignore tout de la religion et de la Tarîqa. C'est quelqu'un qui ne connaît ni les obligations ni les actes recommandés ». Le fait de se rendre auprès des Saints ou auprès de leurs descendances pour la médication aussi bien mystique que non mystique ne peut causer aucun mal au novice tidjâne, par la grâce de Dieu. De même, il n'encoure rien s'il avait accompagné son épouse. Mais, le fait de la tenir compagnie est une obligation notoire. Et même le fait de se rendre pour un traitement médical au niveau d'une clinique ou d'un hôpital public ressort d'une obligation.

Nous invoquons ce qui suit pour étayer notre assertion. Cheikh Sukayridj disait : « Sayyid Ahmad Al-'Abdlâwî m'a informé que lorsqu'il s'était décidé à rendre visite à Cheikh Tidjâne à 'Aïn Mâdî, il se rendit à Fez en 1256. En cette année, l'ennemi a eu envie de conquérir 'Aïn Mâdî et ses environs. Il dit : « J'ai eu échos de cette affaire et mon cœur se serra ». Et lors du voyage, Muhammad Habîb me donna des recommandations en me disant : « Quand tu seras à Fez, interroge les détenteurs du savoir mystique à propos de ce malheur horrible. La ville de Fez ne peut jamais subsister sans les Saints ». Sur ce, Abdlâwî dit : « A mon arrivée à Fez, j'ai regroupé certains co-disciples de la Tarîqa en leur demandant s'ils connaissaient un érudit des sciences ésotériques pour qu'il nous informe de l'avenir de cette contrée. Alors, le faqîh Sayyid Charrabî, un des adeptes particuliers de Cheikh Tidjâne, me dit : « Nous avons entendu parler de quelqu'un. Les gens de Tuwat[92] nous informèrent que ce saint dont il est question est le seul consulté de nos jours ».

Abdlâwî poursuit : « Je lui dis : allons-y chez lui pour que nous puissions le connaître de manière certaine ». Partant, Cheikh Muhammad Habîb m'avait demandé de lui interroger sur un point. Il dit : « Comment pouvons-nous rendre chez lui ; alors que nous sommes des disciples tidjânes ? » Je lui dis : « Il n'y a aucun mal à ça, car on n'y va pas pour faire la ziara, mais pour un but bien déterminé ». Il dit : « Nous nous sommes rendus chez ce personnage et avons eu un entretien avec lui ». Il me dit : « Sache que cet homme posé et serein désire acheter de quoi manger à ma monture ». Je lui dis : « Très volontiers ! » Ensuite, j'ai remis quelques dirhams à certains fidèles pour qu'ils puissent l'acheter. Puis, je l'ai demandé en ce qui concerne mon moi interne. Il n'a pas pu me préciser mes désirs et mes intentions. Alors, j'ai douté de sa connaissance. Je le quittais avec un cœur près à exploser partant de ce que j'ai vu.

Là aussi, Abdlâwî fait savoir : « Après, je me rendis au mausolée de Cheikh Tidjâne pour y demander, grâce à sa bénédiction, de me désigner celui qui pourra me décharger de mon chagrin qui préoccupe mon cœur ». Il ajouta : « C'était un Jeudi, je me rendis au marché pour me dissiper. Et lors de mon retour, j'ai trouvé au niveau de la grande porte d'entrée de la ville le noble chérif Muhammad Ibn Abî Nasr, l'auteur de l'ouvrage intitulé « at-tarjama الترجمة ». Il poursuit : « Je ne le connaissais pas et je n'ai eu aucun entretien avec lui. Lorsqu'il me vit, il vint à ma rencontre, me saisit la main en m'interrogeant au sujet de Muhammad Habîb et au sujet de la famille de Cheikh Tidjâne à 'Aïn Mâdî. C'est en ce moment là que je l'ai reconnu. Ainsi, on a longuement causé jusqu'à ce que je fusse bien élucidé sur ses activités personnelles. Ensuite, je l'ai demandé s'il connaît quelqu'un qui sait lire le contenu des pensées pour qu'il me rappelle le message que m'avait confié Muhammad Habîb ». Il me dit : « Je connais quelqu'un avec qui je te mettrais en contact. Mais, cette nuit tu seras mon invité ». Il dit : « Nous nous rendîmes chez lui et j'y ai passé la nuit. C'est alors que j'ai vu des choses extraordinaires ». En sortant de chez lui, il me dit : « Tu dois

---

[92] Nom d'une contrée.

revenir ici une autre fois pour que je te mets en contact avec celui dont tu désire rencontrer ». Il dit : « Je revins à lui une seconde fois en insistant de voir, sur le champ, ce mystérieux personnage, détenteur du *kachf*. Et, il faut noter que cette préoccupation a profondément affecté mes pensées ». Il dit : « Quand je suis entré chez lui, je lui ai répondu. Il me reçu à bras ouvert et avec honneur. Puis, il commença à me parler. Il voulut savoir pourquoi je tiens tant à rencontrer cet homme. Je lui dis : « Je ne te le dirai que si nous le contactons pour qu'il nous informe ensemble de ce qui traverse mon esprit et afin que ma conscience se tranquillise et que mon doute se dissipe ». Il me dit : « Te suffira-t-il si je t'en donne l'information ? » Je lui dis : « Cela me fera encore plus plaisir et je pense que cela me permettrait d'assouvir ma curiosité ». Il me dit : « Tu me demandes au sujet de la demeure du Cheikh, à propos de l'ennemi ». Je lui dis : « Oui, mais il reste autre chose ». Il me dit : « Tu me demandes à propos de Muhammad Habîb pour savoir s'il a un garçon ou non ». Je lui dis : « Oui ».

Il me signifia : « Concernant la demeure du Cheikh, il n'y a pas de mal. Mais, elle sera toujours un endroit sublime dont il sera difficile de porter atteinte à sa pudeur. S'agissant de Muhammad Habîb, il ne mourra qu'après avoir eu beaucoup d'enfants qui auront leurs propres destinées. Voilà toute la réponse à ta préoccupation ».

Il dit : « Quand je l'ai vu, il m'a tout raconté. Seulement, il me reste une autre préoccupation ». Il me dit : « Tu m'interroges au sujet des filles du Cheikh ». Je lui dis : « Oui ». Je me suis dis que Muhammad Habîb n'aime pas nouer des liens de mariage avec les habitants de 'Aïn Mâdî ; alors que les filles du Cheikh ont bien grandi. Que pensez-vous de leurs cas, de mon état en rapport avec le fils du Cheikh. Comment sortirais-je avec lui dans ce monde-ci ? Par la suite, le Cheikh me précisa : « Ils les épouseront bientôt. Puis, tu me demandes sur ton rapport avec le fils du Cheikh ». Je lui dis : « Oui ».

Le Cheikh me dit : « Tu lui tiendras une bonne compagnie et ce n'est pas mal ». C'est alors que j'ai loué Dieu de cette bonne nouvelle que m'a fait le noble Cheikh. J'ai remercié Dieu du fait qu'il m'a envoyé un de ses Saints particuliers pour m'informer de ce qui me préoccupait. Et puis, Abdlâwî m'a dit : « Sois très discret et ne m'abandonne pas. Et si tu arrives en paix à 'Aïn Mâdî, salue de ma part le fils du Cheikh ». Une fois arrivé, je le suivais avec prudence et je l'ai côtoyé. Au finish, j'ai vu, parmi ses prodiges, ce qui rend éblouissant l'esprit. Ce fut ainsi jusqu'à sa mort.

La dimension spirituelle et cultuelle de la Tarîqa Tijjâniyya

Le Cheikh Ahsan Ba-'aqîlî dit : « Certains ascètes demandent de savoir ce qui s'est réellement passé entre Muhammad Habîb et Abdlâwî comme le fait de se rendre quelque part à la recherche de la *baraka* ou comme le fait d'être en mesure de guérir certaines maladies de la part des descendants des Saints. Si la marche est entamée en vue de la quête de la *baraka* de ses ancêtres, donc elle est similaire à la ziara qui entraîne la rupture entre le disciple et son maître spirituel. Et si l'intention porte sur le traitement médical pour celui qui a une maladie particulière qu'il compte traiter de manière particulière, il n'y a aucun mal à ça. Seulement, la masse ne sait pas faire pour Dieu. Et si l'homme ordinaire agit ainsi, forcément, il cherche à s'attirer la *baraka* ». C'est cela qui devait servir de support dans la Tarîqa, car le traitement médical légal peut se faire chez quiconque en a l'aptitude et la compétence. Et personne ne peut l'interdire. Il n'y a pas de différence entre le médecin qui soigne les malades et celui qui traite la maladie à l'aide d'olive ainsi qu'à l'aide d'arcanes divins. Il est possible d'apporter une réponse sur ce qu'a dit le Cheikh Ba-'aqîlî comme nous l'avons démontré plus haut.

Mais la réalité est que le commun des humains ne sait pas faire uniquement pour la face de Dieu, l'acte de l'homme ordinaire est pour la plupart basé sur l'attirance de la *baraka*. La seule réponse à ça est que : « Les lois posées par la Tarîqa sont très explicites pour quiconque s'y engage. Concernant les cœurs, ils sont sous le contrôle strict de Dieu qui les oriente là où il veut. Il ne nous est pas donné d'empêcher à qui que ce soit de faire le bien pour son corps et sa religion en soutenant que la majorité ne fait pas pour plaire Dieu. Cependant, l'obligation impose à la personne de bien traiter autrui, c'est dire qu'il incombe aux muqaddam qui sont bien versés dans les sciences religieuses et qui connaissent bien les principes de la Tarîqa d'enseigner leurs coreligionnaires ce qu'ils ne savent pas. De même, il revient au disciple d'écouter attentivement les conseils et les recommandations des muqaddam afin qu'ils puissent suivre leurs voies illuminées. Il n'est donné à personne, quelque soit la provenance de son savoir, de dire, partant de son opinion personnelle, que ceci est licite et que cela est illicite. Cette sorte de *fatwa* ne revient qu'aux Prophètes et Messagers (PSE). Il n'est pas du tout permis d'innover des choses étrangères à la Tarîqa et même dans la religion de manière générale. Car cette innovation est qualifiée de pure mécréance.

Nous concernant, nous nous rangeons du côté de Dieu contre tout propos en désaccord avec les enseignements de Cheikh Tidjâne. Si la nécessité s'impose pour certains de permettre à leurs épouses de se rendre auprès des autres Saints en quête de traitance qui est susceptible d'être entre les mains de ce saint. J'exhorte mes frères de la Tarîqa d'accompagner leurs épouses et de ne pas les laisser aller seules. Aucun péché ne suit, par la grâce de Dieu, le disciple tidjâne s'il accompagne sa femme, comme le suggèrent certains ; bien que ceux-ci soutiennent que cela fera perdre au disciple la valeur de son autorisation. Mais encore une fois, j'exhorte mes frères de la Tarîqa de ne point quitter leurs épouses dans ces cas de situation. Et même s'il devait, dans ce cas, entrer dans la demeure exclusive du Saint vivant en compagnie de son épouse. Certes, ce cas de figure est chose sérieuse et non pas de la plaisanterie. Combien de malheurs rencontrent les femmes du fait de leurs mixités avec les hommes étrangers. Je veux dire que le disciple peut bel et bien se rendre avec son épouse auprès du saint – même s'il est mort – pour implorer, en sa faveur, la miséricorde et le pardon divin ; sans pour autant chercher auprès de lui la *wasîla* (voie permettant d'accéder à Dieu) ou lui manifester son affection dans le seul but de régler ses affaires d'ici-bas et de l'au-delà. C'est là, ma sincère exhortation à l'endroit de mes frères de la Tarîqa. Je signale que ces exhortations n'infirment ni ne bafouent les principes et les préceptes de la Tarîqa et de la religion.

Une autre question préoccupe les esprits. C'est l'ignorance des principes de la Chari'a et de la Tarîqa. De fait, il s'agit de la question relative aux assemblées des disciples qui ont en charge de véhiculer le message du Livre de Dieu. Dans beaucoup d'occasions, certains frères de la Tarîqa posent la question de savoir s'il est possible pour le disciple tidjâne d'assister ou non à ces genres de rencontre ? Est-il possible qu'on lui remet des pièces de Dirhams ou des choses pareilles afin qu'il formule des invocations en faveur du donateur de ces pièces ou de ces choses ? Il est question de savoir si ce disciple qui agit ainsi s'est retiré ou non de la Tarîqa ? Commet-il, alors, un péché ou non ?

Pour répondre, nous disons qu'il n'y a aucun mal à se rendre auprès de ces lieux où le Coran est récité et pas de mal, également, à assister les cercles estudiantins quelque en soit la nature, si et seulement si le disciple n'y va pas dans l'intention de s'attirer la *baraka*. Car ceux qui portent dans leurs poitrines le Livre de Dieu tout en respectant les frontières de Dieu, sont, en réalité, des Saints.

Donc, il ne convient pas au disciple tidjâne de solliciter leur aide ou de leur demander des prières. Car s'il a l'intention d'y chercher la baraka ou pour des affaires profanes en leur remettant, en contrepartie, quelques biens, il sera considéré comme ayant sollicité leur aide pour la réalisation de ses désirs et de ses ambitions. Il a donné ses biens non pas pour Dieu mais pour d'autres fins. Il est vu comme un associateur aux yeux des Savants en Dieu. Sur la même lancée, s'il formule intérieurement l'intention de bénéficier leur *baraka* par l'intermédiaire de leurs assemblées, il est compté comme quelqu'un qui a sollicité leur soutien ou qui a cherché leur affection. Et du coup et de manière irrévocable, il perd la valeur de son autorisation. Par contre, s'il les donne quelque chose uniquement pour plaire Dieu, alors Dieu inspirera aux Saints afin qu'ils invoquent et supplient le Seigneur en sa faveur. Il n'y a aucune objection à faire ici. En outre, s'ils implorent l'assistance d'un des Saints de Dieu et plus précisément celle de Cheikh 'Abd Salâm Ibn Machîch, c'est qu'ils cherchent le coup de main de ce Pôle dans la plupart de leurs oraisons. Dans un tel cas, rien n'incombe au disciple si toutefois son intention est sincère et que sa donation est faite exclusivement pour plaire Dieu et rien d'autre.

Si par contre, il a effectivement posé les conditions auprès de ceux-là qui n'ont pas l'autorisation, le renouvellement de celle-ci s'impose car il sera vu comme celui qui a fait la ziara, sollicité le soutien et cherché à gagner l'affection d'un autre Cheikh qui n'est pas le sien. Et ce, même si ce cheikh lui assurait l'accès à l'ouverture sans que le disciple l'ait demandé, alors aucun péché ne le suit et le don qu'il fait est vu comme tout don qu'un musulman fait à son prochain en vue de l'assister dans le but de rechercher l'agrément de Dieu. Si le musulman invoque pour son prochain la réussite et le salut, il a fait un acte bien approuvé. Il se peut même que l'on admette la prise de cadeau en utilisant les formules de supplication et d'invocation de certains Pieux. Il est fort possible que la personne visitée soit un des éminents Saints, chose que peut ignorer celui qui formule le vœu. Alors, Dieu inspirera à ce Saint pour qu'il l'invoque afin de réaliser le vœu de ce visiteur. Il faut reconnaître que tout ceci ne renferme aucun mal si toutefois aucun principe, aucun précepte de la Tarîqa n'est ébranlé.

J'ai entendu un jour certains frères de la Tarîqa se prononcer sur certains muqaddam charlatans. En fait, ces derniers soutiennent qu'aucun adepte de la Tarîqa ne pourra dire « *amen* » suite à l'invocation des non adeptes. S'il fait l'invocation avec lui ou avec un autre, il ne pourra pas dire « *amen* ». Me concernant, j'ai assisté à leurs causeries pour voir la portée de leurs réflexions et pour découvrir la nature de leurs convictions personnelles. Sur cette question et à ma grande surprise, j'ai vu que la majorité d'entre eux n'ont aucune connaissance ni de la Chari'a ni de la Tarîqa. Ils ne font que véhiculer ce qu'ils entendent sans en chercher la preuve.

La dimension spirituelle et cultuelle de la Tarîqa Tijjâniyya

Je leur interpelle : « Ô mes coreligionnaires, si un des musulmans invoque en compagnie d'un disciple tidjâne, en présentant ou non un cadeau, l'homme ordinaire se doit de croire et respecter cette invocation en y espérant une réponse favorable à sa demande. Mais, si celui qui fait l'invocation agit comme certains disciples en y cherchant l'inspiration ou l'affection, l'homme simple ne doit pas s'y suffire. Et quiconque soutient le contraire, qu'il sache qu'il est un faqîh charlatan qui ne connaît rien ni de la Tarîqa ni de la Chari'a. Il est, également, vu comme un fanatique, un hautin, un indolent. Il est impossible d'en comprendre mot de ce qu'il dit. Il n'est suivi que par son compagnon (le diable) qui l'incite au mal. Même si une personne lui dictait tout le contenu des Livres Célestes, il ne changera pas d'avis ; mais il écouterait son compagnon qui a fini par affecter sa conviction tarée. Et tout ce qui reste en désaccord avec l'avis de ses frères de la Tarîqa, on ne le trouvera pas dans les ouvrages de la Tarîqa ce qui viendra le justifier et le confirmer sinon la passion et la fanatisme.

Un jour j'étais assis avec certains frères de la tarîqa et ensemble, nous participions à la conversation quand soudain, d'autres frères nous trouvèrent avec des cadeaux. Un d'eux dit : « Lisez-lui une sourate en faveur de ses deux parents ». Un autre articula ces deux vers :

> *« Seigneur, honore quiconque nous a honoré.*
> *Augmente-lui ses biens en abondance.*
> *Exauces ses vœux au-delà de ses espoirs,*
> *Et soulage-lui de toute affliction ».*

D'autres disent : « Nous étions un jour chez un tel qui nous a bien honorés et lorsque nous avons voulu le quitter, nous lui récitâmes ces deux vers ». Il nous dit : « Les tidjânes ne connaissent que cette invocation ». Alors, je leur dis : « Le Messager de Dieu (PSL) a dit : « *Celui qui vous comble de faveurs, gratifiez-le. Si vous ne le pouvez pas invoquez pour lui* ». C'est pour cette raison que cette invocation est formulée dans ces cas et surtout s'elle retombe dans un cœur sincère et soumis à Dieu. Certains tijjânes disent : « Certes, nous vivons avec nos frères de la Tarîqa, donc il ne nous est permis d'invoquer qu'avec ces deux vers, comme il ne nous est pas donner de dire « *amen* » suite à l'invocation de quelqu'un qui nous est étranger ». Je dis : « Une telle allégation ne tient pas, car le croyant, toutes confréries confondues, reste le principal interpellé et concerné dans ce dire prophétique : « *Celui qui vous comble de faveurs, gratifiez-le. Si vous ne le pouvez pas invoquez pour lui* ».

C'est dire que tout croyant a la prérogative de parfaire sa gratification à l'endroit de celui qui agit bien à son égard. Et s'il ne trouve pas quoi le gratifier qu'il invoque pour lui. Cependant, cette invocation n'est pas possible si celui-ci nie d'un trait les bienfaits de Dieu. En réalité selon un hadith : « *Celui qui ne remercie pas les gens, ne peut pas remercier Dieu* ». Sur la même lancée : « *Celui qui n'est pas reconnaissant envers le bienfaisant s'expose à la colère de Dieu ; et que par conséquent, si ce dernier venait à implorer une calamité, un malheur, Dieu répondra favorablement à sa demande* ». Le Messager de Dieu (PSL) a dit, par ailleurs : « *Celui qui comble de faveurs un peuple et que ce peuple ne manifeste pas sa reconnaissance, si celui-là invoque pour eux, cette invocation sera exaucée* ». Dans ce hadith, nous voyons qu'il est impératif pour le croyant, de manière générale, et à fortiori pour le disciple tidjâne, de manifester sa reconnaissance envers les gens et envers Dieu. Celui qui remercie Dieu, remercie du coup, les gens pour leurs bienfaisances, assistances et invocations. Le Messager de Dieu (PSL) a dit encore : « *Celui qui vous fait du bien et vous lui dites : Que Dieu te récompense de la meilleure façon* », sachez que vous ne lui devez plus rien en fait de reconnaissance ».

Ainsi, la sincérité va de paire avec l'invocation et le compliment va de paire avec la bonne action en remplacement de la gratification de l'acte jugé tel. Et si un des assistants formule l'invocation avec celui qui a fait le bien, l'assistance doit dire « *amen* », car l'invocateur et le croyant s'associent pour gratifier celui qui a bien agi à leurs égards. Et aucun reproche ne sera fait au disciple tidjâne.

Prières faites sur les (auprès des) tombes des Saints

Une autre interrogation préoccupe pas mal de tidjânes. Il s'agit de la prière faite sur les mausolées des Saints Pieux qui ne sont pas des compagnons de Cheikh Tidjâne. Sur ce point, certains muqaddam actuels pataugent dans la boue en clamant des assertions fausses vides de sens et qui sont toutes des mensonges inventés de toutes pièces. Ni le Coran ni la Sunna encore moins la Tarîqa ne viendront étayer de telles allégations absurdes. Ce n'est que leurs passions et leurs hâtes de donner des fatawas sans étude sérieuse qui les pousse à de telles suppositions. Ils ne disent que ce qu'aiment leurs âmes et ce qui permettra d'assouvir leurs fanatismes.

J'ai entendu maintes fois des fatawas énoncés par les muqaddam de nos jours. Des fatawas qui interdisent le fait de se rendre auprès des mausolées des Saints, pour y prier ou pour s'y apitoyer. Chaque fois que j'entends de tels propos, ma fureur s'intensifie alors que je ne détiens aucun argument pour leur tenir tête. Il faut dire, en plus, que les circonstances n'étaient pas favorables pour apporter des réponses précises, épaulées par d'arguments percutants. Mais, aujourd'hui, le sort divin a voulu que Dieu me fasse connaître la plupart des ouvrages de la tarîqa Ahmadiyya. Nous n'avons trouvé aucune trace de ce que disent avec force certains muqaddam dont le sort divin a voulu que nous constations qu'eux aussi ne fréquentent pas les mausolées de ces Saints. Et mieux encore, j'ai vu l'un d'eux tenir un discours à l'endroit des éminents Saints et l'étonnement me saisit lorsque j'ai vu la manière par laquelle, ce personnage de 70 ans, et qui a passé 50 ans sous l'aile de la Tarîqa, ose-t-il délivrer une telle *fatwa*. *Fatwa* consistant à montrer qu'il est interdit de faire la prière sur ces mausolées où est tenue la prière du vendredi. On voit même ce fameux mufti se contredire. Encore une fois, je fus frappé d'étonnement quand je le vois émettre des contradictions dans ses propos. Il soutient que celui qui, parmi les adeptes de Cheikh Tidjâne, aura prié sur un mausolée dont l'inhumé n'est pas un compagnon du Cheikh, celui-ci s'est retiré de la Tarîqa, car il est compté au nombre de ceux qui ont rendu visite à ce Saint inhumé. Malgré cela, il ne déteste pas cela en lui-même, du fait des pièces de dirhams qu'il reçoit en contrepartie de ses discours frivoles.

Cependant, il sait pertinemment que notre vénéré, Cheikh Tidjâne, n'aime ni ne veut prendre la récompense de tout acte de bonté. Et si quelque chose est vue ici, c'est que ceci indique que le muqaddam de nos jours qui donne des fatawas sans fondement dans l'unique but de s'afficher et de chercher la célébrité. Ce fameux mufti ne se base sur aucun argument authentique et exempt d'ambitions pernicieuses et de caprices pour donner son avis. Il s'appuie sur l'ignorance et les caprices de son moi intérieur pour donner ses opinions qui sont en portent à faux avec ceux de ses contemporains. L'unique réalité que doit savoir tout tidjâne, partout où il se trouve, est que, comme l'a dit Cheikh Tidjâne, dès l'instant que le temps lui ait donné pour se rendre à la tombe d'un Saint, il peut y aller. Une fois sur les lieux, il peut dire : « Paix sur vous ! ». Puis, qu'il y accomplies ses prières canoniques suivies de son wird quotidien ».

Cheikh Muhammad Fat'h Ibn Ibn Abd Wâhid disait dans « <u>Ghaniyyatu As'hâb</u> غنية أصحاب » disait dans ce sens :

« Ô mon frère, en te rendant auprès de leurs tombeaux,
Prie pour eux et pour les autres musulmans.
Ne cherche jamais l'assistance à partir de leurs flux !
Ne cherche jamais auprès d'eux la wasîla en comptant sur leurs rangs.
Mais prie pour eux, en recherchant exclusivement l'agrément de Dieu.
Mais non pour un bien ou pour repousser un mal.
Ton devoir est de leur implorer la miséricorde divine ;
Et non de dire : Que Dieu nous accorde le profit par leur intermédiaire,
Par leurs savoirs, par leurs mysticismes,
Par leurs bénédictions, par leurs lumières.
Ne te suffit-il pas de tourner le regard vers le Pôle
Au point de tourner le regard ailleurs ?
Ne sollicite point le secours de l'un d'eux
Quelque soit la gravité de l'affliction. Mais purifie ton cœur
Que tu confies uniquement à notre vénéré, Cheikh Tidjâne,
Lui qui alimente spirituellement tout autre saint ».

Je dis que ces vers sont très explicites et très logique. Ils permettent de soutenir que celui dont le sort a voulu qu'il se rende auprès d'une des tombes des Saints, il peut y entrer, y accomplir sa prière canonique, y faire son wird et même y passer la nuit. Seulement, il ne doit jamais avoir l'intention de le rendre visite pour lui témoigner son affection, s'inspirer de lui. S'il respecte ses principes, il n'a aucun péché.

Les muqaddam actuels finiront par faire fuir certains affectueux en raison de leurs allégations non fondées. Combien de jeunes ont été détournés par ces genres de balivernes qui n'ont rien à voir avec le Coran, avec la Sunna et avec la Tarîqa. Nous avons devant nous des ouvrages qui démontrent, de manière évidente, leurs degrés d'ignorance. En fait, ils se prennent pour des cheikhs afin d'extorquer vainement de l'argent des mains d'innocents en leur imposant des choses qu'ils ne supportent pas. Il faut dire que ceux-là n'ont aucun dérangement à se rendre auprès des tombes des Saints pour y délier leurs langues. Ils n'ont aucune gêne à se retrouver parmi les disciples pour leurs propres intérêts.

Et s'ils aperçoivent quelqu'un parmi les disciples faire cela, ils lui font de sévères reproches pour se montrer comme étant des maîtres utiles qui ont la prérogative de donner des ordres et de formuler des interdictions dans cette Tarîqa. Alors qu'en réalité, ils sont plus ignorants que l'âne. La preuve en est que s'ils voient un muqaddam faire ce qu'ils nient devant les gens, ils l'exposent devant tout le monde. Ils ne cessent de lui faire des reproches et de le dénigrer. Ils font tout ceci dans le but de lui faire des critiques enflammés et de faire que tous les regards des ascètes soient braqués vers ce muqaddam qui n'a rien fait de mal. Bien au contraire, ce muqaddam sait bien les choses ultérieures conformément à la Charî-'a (science externe) et à la Haqîqa (science interne). Le Cheikh Ba-'aqîlî dit : « S'il effectue la ziara et fait le wird de son Cheikh au dessus de la tombe de celui-ci tous les morts qui y sont inhumés auront la miséricorde de Dieu ». Autrement dit, si le disciple tidjâne arrive au niveau de la tombe d'un Saint, par nécessité, soit pour y passer la nuit ou y prier et qu'ensuite il y fait tous ses awrâd, alors tous les morts qui y sont inhumés se verront accordés la clémence de Dieu en raison de ce wird fait sur place.

Seulement, nous demandons à ces fameux muqaddam, qui nient de tels faits réels et évidents, s'ils sont plus savants et plus méritants que les Saints comme Ba-'aqîlî, Nazîfî, 'Abdlâwî, Sukayridj, Cheikh Muhammad Al-Hâfiz et leurs semblables ?

Ceux-ci ont bien détaillé la nature et les composantes de la ziara, comme nous l'avons démontré plus haut. De plus, est-ce que ces soient disant muqaddam connaissent mieux que ces savants, mentionnés là-dessus, les arcanes et les préceptes de la Tarîqa ? Ou veulent-ils tout simplement prendre possession des consciences des gens pour les anesthésier de telle sorte que leurs consciences approuveront toute forme d'altération commise dans la Tarîqa ? Et ce, lorsqu'ils ont déclaré publiquement qu'ils peuvent démettre le disciple tidjâne de son autorisation spirituelle du fait que celui-ci place la main droite sur la main gauche lors de la prière, bien que ce disciple tente d'imiter le Prophète (PSL). Et c'est là un propos vicieux qui peut entraîner la perte de celui qui le profère s'il ne se repent pas à temps.

Je considère que de telles suppositions viennent pour provoquer la Sunna Prophétique et elles sont vues comme étant des machinations que certains tendancieux trament au sein de la Tarîqa Tidjâniyya afin qu'ils puissent s'afficher devant leurs égaux, en laissant des traces notoires dans les cœurs des disciples tidjânes. Mais, ce qu'il faut surtout noter, c'est qu'ils ne pourront jamais atteindre leurs objectifs sans l'aide de Dieu.

La dimension spirituelle et cultuelle de la Tarîqa Tijjâniyya

Par ailleurs, une autre préoccupation attire l'esprit d'un bon nombre de Tidjânes. En fait, certains parmi nous en venant adhérer à la Tarîqa viennent avec des habitudes non souhaitées tout en affichant la volonté d'épouser les directives de la Tarîqa. De la même manière, certains apportent chaque année des cadeaux composés d'argents et de bêtes sacrifiées en l'envoyant vers certains zâwiya ou vers certaines mosquées dont les ténors n'ont rien à voir avec les compagnons de Cheikh Tidjâne. D'aucuns même organisent des manifestations comme la célébration de la naissance du Prophète (PSL) aussi bien dans les villages que dans les villes. Au moment où d'autres saisissent la même occasion pour se souvenir des Saints. Nous disons seulement que toute manifestation organisée au nom de la Tarîqa et où on ne note aucun attentat à la pudeur comme la promiscuité entre l'homme et la femme ainsi que d'autres cas jugés interdits.

En fait, on se doit d'être en conformité avec ses engagements tant que c'est possible. Il n'y aucun grief à ce que le novice tidjâne, qui est en accord avec les principes de la Tarîqa, puisse présenter ce qu'il juge présentable à ces Saints ou à la mosquée avant qu'il ne s'engage à entrer dans la Tarîqa Ahmadiyya. Cela va de même pour les Zâwiya où ceux qui assurent leurs entretiens ne sont point des adeptes de la Tarîqa. Il n'y a pas de grief pour le novice s'il fait tout cela uniquement pour rechercher le Noble Visage de Dieu et il ne veut ni récompense ni gratitude. De même, si le novice tidjâne présente certains sacrifices aux ténors de la Tarîqa avant son adhésion au sein de la Tarîqa sans y rechercher aucune gratification ou récompense de la part de ceux-ci. Mais, il leur présente ces offrandes pour rechercher la satisfaction. La seule condition posée, dans ce cas, est de ne pas être en désaccord avec la Chari'a du Maître des Envoyés comme nous l'avons démontré. Il n'a pas le droit de chercher l'affection d'un Saint dont il présente le cadeau. Et chaque fois que l'acte est exempt de mauvaises intentions, le novice peut effectivement faire ces cadeaux. Il n'y aucun mal à approuver leurs invocations en disant « amen ».

Dans d'autres cas, il ne doit pas dire « amen », lorsqu'ils formulent les invocations sauf que s'elles sont fait avec sincérité et une bonne intention. La preuve soutenant notre assertion est ce qu'a mentionné le Cheikh Tayyib Sufyânî, d'après Cheikh Ahmad Tidjâne. Effectivement, le Cheikh Tayyib Sufyânî dit qu'un homme a pris son wird et lui a informé qu'il sacrifiait, chaque année, une brebis qu'il donne à 'Abd Qâdir Djaylânî. Ensuite, il croisa un autre qui lui dit qu'il donne en sacrifice une brebis qu'il donne à notre vénéré Cheikh Tidjâne. Alors, il lui conféra le *wird*. Notre vénéré Cheikh Tidjâne disait : « Je lui ai conféré le *wird* uniquement pour la face de Dieu ». Dans le même ordre d'idée, Cheikh Tayyib Sufyânî démontrait que certains hommes de Dieu marqués par le signe de la Seigneurie venaient à lui pour lui demander des choses les concernant. Cheikh Tidjâne l'interpellait sur cette question et ce dernier lui en donnait les informations nécessaires. Donc, c'est dire que les textes régissant la Tarîqa reconnaissent la possibilité pour le disciple de sacrifier des brebis à l'endroit des Saints de cette Voie Spirituelle. Comme il leur est possible de leur présenter des cadeaux de toutes formes. Et tant que cela reste dans le cadre de la Chari'a, il n'y a aucun grief pour le disciple tidjâne qui agit ainsi.

Ainsi, nous interrogeons les Muqaddam de nos jours. Et il est fort possible qu'ils tiennent les mêmes propos que ceux tirés de la bouche même de notre vénéré Cheikh Tidjâne. Il convient de rappeler que tout ce qui est dit dans la « al-ifâda al-ahmadiyya الإفادة الأحمدية » provient de Cheikh Tidjâne.

Disent-ils que cela est chose uniquement réservée pour l'époque de Cheikh Tidjâne ? Ou tentent-ils d'inventer des propos relatifs aux interprétations comme ils ont l'habitude d'interpréter les textes prophétiques en démontrant la différence entre le particularisant et le particularisé et entre l'abrogation et l'abrogeant. Mais le commandement appartient à Dieu seul.

Il faut noter qu'une autre question préoccupe l'esprit des tidjânes. Il s'agit de la ziara faite au niveau des cimetières, de la ziara recommandée (sunna), de la ziara faite à l'endroit des deux parents qui sont inhumés ou à l'endroit de certains affectueux qui y sont inhumés parmi les musulmans en invoquant pour eux et pour les autres morts la miséricorde et la pardon de Dieu. Tous ces faits sont choses souhaitées sur la plan de la Chari'a. Cette visite renferme des bienfaits indénombrables comme l'amollissement du cœur et l'effacement de tout souillure. Tout ceci est chose permise dans la Tarîqa Ahmadiyya Tidjâniyya tant qu'on n'y note pas une affection ou une sorte d'inspiration entre le visiteur et le visité.

Cheikh Tidjâne recommandait de faire constamment preuve de bonté envers les deux parents et de ne jamais les désobéir comme l'a enseigné le Coran. De même, il recommandait le novice de toujours les consulter tant qu'ils sont en vie, lorsque l'on veut entrer dans cette Tarîqa. Car, c'est là, le summum de la bonté envers eux. En fait, il s'agit de leur tenir bonne compagnie, leur rendre visite à leurs dernières demeures en invoquant pour eux la miséricorde et la satisfaction, en recherchant leurs agréments, en fréquentant tous ceux qui leur étaient affectueux. C'est ce à quoi invitent les textes prophétiques qui mettent en exergue toute l'importance de conserver les liens avec les amis et les proches des deux parents. Et tout ceci fait partie de la bonté envers eux. Ainsi, il est rapporté dans Sahîh Muslim qu'un bédouin rencontra 'Abdallah Ibn 'Umar dans une rue de la Mecque. 'Abdallah le salua et le plaça sur son âne qu'il montait. Il lui remit son turban qui était sur la tête. Ibn Dînâr précisa : « Le père de celui-ci était très attaché à 'Umar Ibn Khattâb. Et j'ai entendu le Messager de Dieu (PSL) dire : *La meilleure bonté c'est celle que le fils fait envers les amis de son père* ».

Cheikh Ba-'aqîlî dit qu'on lui a ordonné de rendre visite aux deux parents, aux Cheikhs en charge de l'instruction et aux faibles parmi les musulmans en formulant l'intention de les rendre utile et non d'en tirer un profit. Le Cheikh Nazîfî dit : « Celui qui prend ce *wird ahmadiyya* et invite sa descendance à le prendre sera inscrit parmi les meilleurs élus. Et quiconque, parmi les saints non tidjânes, sollicite son soutien seront inscrits parmi eux. Que Dieu soit satisfait d'eux tous en les faisant habiter dans les loges somptueux du Paradis ».

Il faut impérativement imposer au disciple de ne pas rendre visite aux pieux prédécesseurs et à leurs ancêtres s'il envisage y gagner une inspiration. Et de ne point chercher en eux la *wasîla* quelque soit la situation qui se présente. Mais ce qu'il faut signaler, c'est que la *ziara* basée sur la sunna, telle que l'a défini le Saint Prophète (PSL), n'est pas prohibée au sein de la Tarîqa. Dieu dit : « **... et dis : « Ô mon Seigneur, fais-leur, à tous deux, miséricorde comme ils m'ont élevé tout petit »**[93]. Il dit ailleurs : « **Et Nous avons enjoint à l'homme de la bonté envers ses père et mère ...** [94]». Il n'est pas, en outre, interdit de rendre visite dans ce cadre ceux qui ne sont pas ses propres parents et mieux encore, il peut même se rendre auprès des autres pour les rendre visite dans le plus simple du terme. Il n'y a aucun grief que quelqu'un dit à l'un de ses parents : « *Prie pour moi Dieu afin qu'il me fait largesse de son agrément et de celui de son Messager* ». Le contentement du Cheikh envers le disciple réside dans le contentement de ses deux parents à son égard. Et toute autre forme de *ziara* effectuée et sortant ce cadre, peut rendre nul le *wird*. Dieu seul sait !

---

[93] Sourate : Al-Isrâ' ; verset : 24.
[94] Sourate : Al-Ahqâf ; verset : 15.

Je tiens seulement à préciser que : « S'agissant de la ziara faite au niveau des tombes, c'est une ziara basée sur la Sunna ». Le Cheikh Nazîfî dit dans ses écrits :
« *Ne pas délaisser de rendre visite les tombes et ne pas*
Délaisser de faire la ziara pour renforcer les liens fraternels.
Le Prophète dit : « Visitez les tombes et rendez-vous visite mutuellement
Sans dépasser les bornes par peur d'installer la rancœur entre vous ».

Cheikh Tidjâne dit à propos de ces deux vers que : « S'agissant de la ziara faite au niveau des tombeaux musulmans, ceux des Saints y sont inclus. Mais, il faut surtout mettre en avant le salut. Ne délaissez pas la ziara fraternelle en Dieu, la ziara faite au nom de la Tarîqa et au nom du lignage paternel et ce, quelque soit les circonstances et à n'importe quel moment.

Assurément, le fait de se rendre au niveau des tombes des musulmans relève de la Sunna. Car, une telle visite entre dans le cadre de demander à Dieu de déverser sa miséricorde infinie sur nos frères qui nous ont précédé dans la Foi en leur accordant Son Pardon. Et il en va de même, s'agissant du fait de donner en cadeau la récompense de la lecture du Coran ou celle de la prière sur le Saint Prophète (PSL) ainsi que d'autres formes d'azkâr. Il faut noter qu'il n'y aucun mal ni aucun grief à ça, si seulement, c'est fait pour la Face de Dieu. Sur la même piste, nous notons d'autres formes d'invocations des musulmans approuvées par le Coran et la Sunna. Dieu dit : « **Seigneur : Pardonne-moi et à mes père et mère et à celui qui entre dans ma demeure croyant, ainsi qu'aux croyants et croyantes ...[95]** ». Il dit, également : « **... Seigneur ! Pardonne-nous ainsi qu'à nos frères qui nous ont précédés dans la foi ; et ne mets dans nos cœurs aucune rancœur pour ceux qui ont cru ...[96]** ». Nous avons, également, beaucoup d'autres versets qui démontrent cette pratique.

La Sunna Prophétique, de son côté, vient confirmer ce fait à travers de nombreux hadiths. Cependant, certains de nos contemporains interdisent cela en faisant de sévères reproches à celui qui se rend au niveau des tombes ou à quiconque leur invoque la miséricorde et le pardon de Dieu. Ils disent : « Il n'est pas donné au disciple de rendre visite les tombes ni les faire cadeaux d'une quelconque

---

[95] Sourate : Nûh ; verset : 28.
[96] Sourate : Al-Hachr ; verset : 10.

récompense provenant de la lecture du Coran ou ailleurs. Et cette supposition exprime une grande ignorance et une gaffe grossière.

En somme, il s'agit de montrer que c'est leur ignorance et leurs illusions qui les ont entraînés dans ce gouffre. Ils ne font que suivre leurs âmes qui les incitent au mal.

Quant à nous, nous ne ferons que louer Dieu et jamais nous ne partagerons leurs avis vicieux que nous considérons comme des choses étrangères à la Tarîqa Tijjâniyya. Ainsi, nous nous rendrons au niveau des tombes des musulmans pour leur implorer la clémence, le pardon et l'agrément de Dieu. De plus, nous faisons don de nos lectures du Coran et des invocations à nos deux parents, nos proches, nos amis vivants comme morts. Et nous implorerons la clémence de Dieu pour quiconque parmi nos voisins musulmans déjà morts et ce, en dépit de l'aversion des négateurs qui ne croient en rien. En outre, nous prions et continuerons à prier sur les mausolées des Saints, mais sans pour autant penser à la *ziara* affectionnelle ou à celle inspirationnelle, voire de chercher auprès d'eux la *wasîla*. Et chaque fois que le sort nous amène à exécuter la prière dans une Zâwiya ou sur une tombe ou encore dans une mosquée, nous ferons cette prière tout en ayant la ferme intention que nous y recherchons uniquement la noble Face de Dieu et qu'on le fait partant du Coran et de la Sunna. N'est-ce pas le Prophète (PSL) qui disait : « *La terre m'est rendue lieu de prière et de purification* » ? Et nous sommes persuadé que ceux qui nient ces réalités ne font que conjecturer comme ils le font dans d'autres questions. Peut-être cherchent-ils la célébrité et la notoriété ?

De toutes façons, s'ils cherchent à ternir la réputation de la Tarîqa en haïssant ses adeptes, ils ont, réellement, eu gain de cause en parvenant à épauler les négateurs qui n'ont d'autres soucis que de faire du mal à la Tarîqa. Alors que l'unique réalité est que la Tarîqa est loin de tout ce qu'on lui colle à la peau et que ces propagandistes soutiennent qu'ils sont les vrais disciples et les vrais défenseurs de sa cause ; alors qu'en vérité, ils sont ses propres destructeurs.

Un jour, un des hommes de Dieu présent dans une grande zâwiya tidjâne raconta qu'un personnage qui jouit d'une grande célébrité et d'un haut rang au sein de la Tarîqa fit son entrée dans la zâwiya. Alors, il fut interpellé à propos de la lecture de la sourate « *Al-Ikhlâs* » en guise de cadeau pour les morts musulmans. Ce muqaddam, qui se prend comme défenseur de la Tarîqa, répondit que cela n'est pas permis. Celui qui l'interrogeait dit : « Voilà, plus de trente ans, je n'ai pas vu un muqaddam pareil ».

Un disciple racontait être en compagnie d'un muqaddam qui a une grande notoriété au sein de la Tarîqa. En traversant une ville, il récita onze fois la sourate « *Al-Ikhlâs* » pour en faire don aux morts inhumés dans ces tombes. Et lorsqu'il en informe ce muqaddam, il lui dit : « Tu as fais ça ? Maintenant, ils (les inhumés) ne savent pas comment départager cette récompense entre eux ». Sur ce, ce muqaddam lui signifia : « Tu t'es retiré de la Voie Spirituelle ; donc tu n'as rien à gagner de tes *azkâr* que tu récites depuis cette date ». Alors qu'est-ce qui empêche ce pauvre frère de suivre ce muqaddam afin qu'il puisse renouveler son autorisation spirituelle et qu'il insiste s'il le faut jusqu'à ce qu'il obtient satisfaction. Mais, ce demandeur est un illettré qui ne sait rien ni de sa religion ni de sa Tarîqa. Seulement, il voit ce muqaddam comme le représentant spécial de Cheikh Tidjâne.

La vérité est que ce qu'a émis ce muqaddam comme fatwa ne relève que du pur mensonge et de la pure calomnie puisque aucun fondement n'est venu sous tendre ces allégations. Il s'est laissé emporter dans ses *fatawa* par les passions aveugles et par la précipitation à édicter des lois sans fondement scientifique. Il n'y de force et de puissance que celles de Dieu, le Parfait.

Ce faiseur de fatawas est celui-là même qui prétend que celui, parmi les disciples du Cheikh, qui place la main droite sur la main gauche lors de la prière s'est, certes, opposé à son Cheikh et qu'il risque de connaître trois malheurs comme la mauvaise fin avant de mourir. A noter que ce propos-ci peut laisser un impact ineffaçable dans l'esprit des tidjânes faisant que l'inimitié et la haine les gagnent depuis cette date. De même, en parlant de ça, je tends à montrer une différence nette entre l'enfant et le père, entre l'ami et son amant car le propos de ce fameux « juriste » est entrain de gagner du terrain et d'être perceptible entre les frères tidjânes. Personne ne peut connaître quelque chose de sa religion en l'écoutant parler, bien qu'elle oriente son regard vers lui. On a même l'impression que ce fameux « juriste » parlait avec la langue de Cheikh Tidjâne. On est même amener à croire qu'il est le « calife » apte à assurer l'intérim du Cheikh. Beaucoup de frères en la foi croient en cela ; alors que la vérité est loin de cette prétention. A Dieu appartient le commandement au début comme à la fin.

Les propos malades de ce fameux « juriste » ne figurent nulle part dans les textes régissant la Tarîqa. Cette dernière est exempte de ces mensonges forgés par ces calomniateurs. Tout novice doit considérer ces superstitions comme des balivernes, des mensonges et des superstitions comme l'a mentionné Cheikh Ahmad Sukayridj dans son ouvrage.

Je vais évoquer une histoire renfermant ces superstitions. En fait, j'étais avec des amis et nous avons entamé une conversation portant sur le fait de faire don de la récompense suite à la lecture du Coran ou à autre chose. Un des muqaddam célèbres de cette Tarîqa Tidjâniyya admet qu'il ne convient pas au novice de faire cadeaux, pour un autre qui n'est pas tidjâne, la récompense acquise après la récitation de la *Salâtul Fâtihi*. Alors, je lui dis : « Crains Dieu ! ». En fait, ce muqaddam dont j'ai mentionné n'est pas aussi stupide que ça. Il faut dire qu'il y a parmi les Savants ceux qui écrivent de riches ouvrages dont l'intérêt gagne tout le monde. Ainsi, Cheikh Tidjâne a écrit des ouvrages qui viennent infirmer ces allégations.

Arcane bénéfique

Cette invocation a un grand bénéfice : « **Allâhumma al'hiq sawâba salâtil fâtihi likulli mane kâna lahû haqqune, aw tab'atune, aw muzlimatune, aw daynune yutâlibunî bihî yawmal qiyâmati mine khurûjî mine batni ilal istiqrâri fil qabri** ».
(*Seigneur, je Te prie d'adresser la récompense de la Salâtul Fâtihi à celui qui en a le droit, celui qui a adopté la Voie, celui qui est habité par l'injustice, à celui à qui je dois une dette qui risque de me traîner le Jour de la Résurrection, depuis le jour de ma naissance jusqu'au jour où je serais introduis dans ma tombe*).

Celui qui la récite une fois, Dieu lui inscrira comme ayant rempli tous ses droits. J'ai dit que c'est là, la source dans la donation en cadeau de la récompense de la *Salâtul Fâtihi* pour magnifier la grandeur de Dieu dans sa dévotion. Sur la même lancée, nous voyons Cheikh Tidjâne recommander à ses disciples de donner aux gens la *Salâtul Fâtihi*, même sans la foi afin qu'ils meurent croyants. Et le fait de donner en cadeau la récompense de la *Salâtul Fâtihi* à un musulman constitue une invocation et une miséricorde pour le destinataire de ces cadeaux. L'invocation faite pour les musulmans vivants comme morts est chose requise et approuvée aussi bien par le Coran que par la Sunna. Et seul un ignorant charlatan fallacieux et submergé par l'ignorance et l'orgueil ose l'empêcher. Par contre, il ne cherche que la célébrité et même s'il devait pisser dans une mosquée pour l'avoir il l'aurait fait.

C'est pour cela que nous n'allons pas partager leurs opinions et nous cherchons à blanchir la Tarîqa Ahmadiyya de toutes formes de souillures. Nous considérons ces allégations comme des aberrations qu'on ne doit pas écouter, car même la norme scientifique invite à rompre d'avec ces frivolités. De toute façon, je ne partage pas cet avis.

Nature du comportement face
aux hommes de Dieu

D'après 'Abdallah Kansûsî, certains compagnons ont demandé à Cheikh Tidjâne est-ce qu'il est permis à Idrîsa de lui saluer ou non. Le Cheikh leur répondit qu'il ne doit pas saluer. Il précisa que : « Tout le monde est dans une vallée ; alors que moi et mes adeptes sont dans une autre vallée. Les gens suivent une voie ; mes adeptes et moi suivons une autre voie ». On note dans l'ouvrage intitulé le « raf'ul hijâb » du vénéré Sayyid Muhammad Kanûn, que le Saint Rabbânî, notre maître Banânî l'a informé qu'après qu'il eut signé le pacte avec Cheikh Abî 'Abbâs Tidjânî.

Je dis : « Nous approuvons ce qu'a dit le Cheikh Nazîfî à propos de l'abandon de rendre visite aux Saints sans solliciter leur soutien. En fait, nous disons que leur rendre visite sans aucun motif ; mais uniquement pour appliquer la Sunna est chose souhaitable. Cependant, il s'avère impossible qu'un novice tidjâne puisse ne pas tomber dans le piège en confondant la ziara interdite par la Tarîqa et celle autorisée par la Sunna. C'est pour cela qu'il est obligatoire pour le disciple de s'en écarter pour qu'il soit quitte avec tout ce qui nuit. Par contre, le fait qu'il se rend auprès de la tombe d'un des Saints ne renferme aucun grief lorsqu'il invoque pour lui la miséricorde de Dieu et pour rendre pratique la ziara basée sur la Sunna.

Et ce, si le novice en se rendant chez le Saint formule l'intention de le saluer, à mon avis, je considère ce fait comme le premier cas ; à l'opposé s'il passe devant lui car étant l'unique chemin pour rentrer sans pour autant avoir cette intention, il n'y a aucun mal et aucun grief pour le disciple s'il le salue. Il faut reconnaître que le Cheikh Nazîfî a fait l'ijetihâd (effort personnel) et il suit une voie qu'il lui est propre, et Dieu seul sait. S'agissant des propos de Cheikh Kansûsî, je ne partage pas son avis vu les normes que j'ai déjà explicitées. Et concernant la levée du blâme, elle a la même nature que ce qui l'a précédé. Nous y ajoutons que nous ne réagirons partant du rêve voire de la supposition que s'ils sont soutenus par d'authentiques normes scientifiques. Et si ces normes les frappent de nullité ; alors ils relèvent d'un pur sommeil et sont, par conséquent, inapplicables. Seulement, certains muqaddam prennent appui sur cette supposition pour émettre des fatawas à l'endroit des adeptes tidjânes. Et je tiendrai à apporter mon désaccord, par la grâce de Dieu.

Déjà, j'exhorte mes frères de la Tarîqa de bien examiner ces propos partant des critères que Dieu et Son Messager (PSL) nous ont donnés. Il s'agit en fait de voir si ces propos sont confirmés d'abord par le Livre de Dieu, puis par la Sunna. Et quiconque néglige cette balance posée par Dieu, c'est qu'il est carrément perdu et s'est égaré du droit chemin. Et rien dans la Tarîqa ne lui servira de support, car le fondateur de cette Tarîqa a bien dit : « Si vous entendez de moi une chose, pesez-la à partir de la Chari'a, si c'est conforme, appliquez-la et si c'est non conforme, délaissez-la ».

Ainsi, nous avons placé ce qui a précédé sur la balance et nous nous sommes rendus compte que ce n'est pas du tout conforme ; alors, nous l'avons réfuté. Combien de Vertueux ont proféré des propos qui ne représentent rien devant les propos de notre vénéré faisant que nous n'oublions pas ce qu'on a dit au sujet du Cheikh Ba-'aqîlî lorsqu'il dit : « Si le temps te permet d'aller auprès de la tombe d'un Saint, vas-y et dis : « Que la paix soit sur vous ! ». C'est cela qui est obligatoire pour le novice tidjâne dans sa Tarîqa et confirmé par le Messager de Dieu (PSL) qui démontre que répandre le salut fait partie des droits du musulman à l'endroit de son frère musulman.

Effectivement, le Messager de Dieu a dit : « *Le musulman a six obligations vis-à-vis de tout autre musulman* ». On lui dit : « Qui sont-elles ? » Il répondit : « *Quand tu le rencontres salue-le ; quand il t'invite, réponds à son invitation ; quand il te demande conseil, donne-le lui en toute loyauté ; quand il éternue et dis « Dieu merci », dis-lui « Que Dieu te soit miséricordieux ; s'il tombe malade, rends-lui visite et s'il meurt, accompagne son cortège funèbre ».*

Donc, nous disons qu'étant donné que le fait de répandre le salut figure parmi les droits du musulman vis-à-vis de son prochain, il est plus obligatoire sur les gens du mérite. Ainsi, Cheikh Tidjâne revenait fréquemment sur la recommandation de conserver et de respecter le prodige des Saints, qu'ils soient vivants ou morts. Il incitait à leur honorer et à les magnifier dans la mesure du possible. Tous les ouvrages de la Tarîqa n'ont pas négligé ce point. Il disait : « Ne jamais allonger les pieds en direction des tombes ». Il incitait à avoir un bon comportement envers les hommes de Dieu et surtout avec les proches du Prophète (PSL). Cheikh Muhammad Al-Hâfiz apportant sa contribution dit : « Il faut inciter à vouer son affection envers les Saints en se comportant de la bonne manière envers eux. Car, faire preuve d'impolitesse à leurs égards signifie la perdition et la malédiction. Que Dieu nous en garde ! ». Cheikh Ahmad Sukayridj dit, en rapportant les propos de Sayyid Tayyib Sufyânî que Cheikh Tidjâne exhortait souvent ses adeptes à leur marquer du respect ainsi qu'à tous les autres Saints, vivants ou morts et en faisant preuve de politesse. Il nous est parvenu que l'auteur de l'ouvrage « <u>at-tarjama</u> » habitait une maison opposée à la tombe de Idrîsa. Cheikh Tidjâne demanda au sujet de cette demeure. On lui dit que cette demeure lui est réservée. Il le loua et se réjouit du fait que cette demeure soit opposée à cette noble coupole sous lequel est inhumé Idrîsa. Cheikh Tidjâne dit : « « Ne jamais allonger les pieds en direction des tombes » dans le seul but d'honorer et de clamer la grandeur de notre vénéré.

Je pose la question de savoir comment la raison saine peut-elle approuver que le disciple puisse admettre ces propos disant que si le disciple Tidjâne dépasse un Saint qu'il soit Idrîsa ou un autre, il ne doit pas lui adresser le salut. Nous demandons de savoir si Cheikh Tidjâne lui-même peut confirmer ces propres malades ? Car il ne fait pas de doute que tout Saint est vu comme un frère du Cheikh Tidjâne et comme un oncle paternel du disciple tidjâne. Est-il, donc, raisonnable qu'un disciple puisse passer devant son oncle sans lui adresser le salut ? C'est là, une chose vraiment étonnante. Une telle attitude traduit, du coup, l'impolitesse envers les Hommes de Dieu. Et jamais Dieu, son Prophète et Cheikh Tidjâne ne négligeront leurs hommes. Me concernant, par Dieu depuis que j'ai connu cette Tarîqa Tidjâniyya, j'ai toujours été dégoûté par ces discours et d'autant plus que je ne partage pas ce point de vue. Je demande Dieu d'orienter les pas de mes frères de la Tarîqa, mes pas ainsi que tous les croyants vers le canevas des principes de la Tarîqa. La vérité est que les convenances constituent le soubassement de cette Tarîqa. Et le plus que l'on peut donner au disciple c'est les règles de politesse à observer dans la Tarîqa. Que Dieu nous guide dans le droit chemin !

De même, je ne pourrais pas supporter de voir mes frères de la Tarîqa osciller dans leurs convictions internes. Chaque fois que quelqu'un dit une chose qu'il considère comme vrai sans pour autant la vérifier minutieusement pour être certain de sa véracité, la crainte me saisira à l'image de quelqu'un qui a peur de tomber dans le fanatisme, parce qu'il rend aveugle son prochain l'empêchant de voir la vérité et en le détournant de son droit chemin. Je ne supporte pas, encore, de voir un frère de la Tarîqa proférer de tels propos non fondés. C'est comme quelqu'un qui confirme tout propos émis par une femme qu'il aime profondément sans en chercher la preuve. Il faut passer à la vérification avant de confirmer ou d'infirmer un propos émis. Dans ce cadre, le disciple tidjâne est quelqu'un qui cherche toujours des preuves patentes et soutenables pour ne pas tomber dans l'abîme de l'erreur et du fanatisme. Sinon, il finira par approuver des propos dépourvus de savoir et de logique. J'exhorte mes frères de la Tarîqa de prendre garde et de ne pas suivre ces superstitions

Il ne faut pas commettre l'erreur qu'a commis les Fils d'Israël lorsqu'ils dirent à leur Prophète Mûsâ (Moïse) : « **Et ils dirent : « Quelque soit le miracle que tu nous apportes pour nous fasciner, nous ne croirons pas en toi** [97]». Alors, prenons bien garde de ces déboires qui ne peuvent que causer la désolation, la perte et la misère.

Distinction nette entre la ziara interdite et la ziara autorisée

Ô mes frères de la Tarîqa, je vous interpelle tous, quelque soit votre zone géographique. Tout doué de raison saine, connaissant bien la vie et ayant parcouru beaucoup d'ouvrages soufis de la Tarîqa sait pertinemment que la ziara faite auprès des Saints n'a rien à voir avec celle consistant à se rendre chez eux, s'ils sont vivants ou au niveau de leurs mausolées s'ils ont rendu l'âme en s'adressant à leurs âmes.

---

[97] Sourate : Al-A'arâf ; verset : 132.

La dimension spirituelle et cultuelle de la Tarîqa Tijjâniyya

Que le disciple sache qu'il se peut que l'interdiction tombe sur la ziara faite auprès des Saints, si toutefois elle est faite pour manifester son affection ou pour solliciter son assistance pour les affaires relatives à la religion ou à la vie. Il se peut même qu'elle soit faite pour s'inspirer de son mysticisme. Toutes ces formes de ziara sont absolument interdites dans la Tarîqa Tidjâniyya.

Si le disciple sollicite l'assistance d'un Saint en tournant le dos à son Cheikh et à son Educateur en lui manifestant son impolitesse et en rompant le pacte qui les liait, il doit, impérativement, renouveler son autorisation spirituelle pour reprendre son wird. Cela n'entre pas dans le cadre de la prohibition comme le supposent certains ignorants et négateurs ; mais, il entre plutôt dans le cadre de l'orientation à l'image du médecin vis à vis de son patient pour pérenniser sa santé. Il est évident que tout patient qui ne respecte les directives de son médecin, est entrain de tomber dans le danger. C'est cela qui fait que celui-ci ordonne à son patient d'éviter tous les vivres ou quelques uns qui pourraient nuire à sa santé. Le médecin prend toutes ces précautions pour lui assurer une santé durable, sinon la catastrophe se produira sur le patient. C'est le même combat que mène Cheikh Tidjâne à l'endroit de son disciple. C'est dire que si les médecins s'occupent de l'organisme ; les Cheikhs de leurs côtés s'intéressent aux domaines spirituels. Personne ne doute des préoccupations des médecins à assurer le salut, le réconfort et la santé de l'organisme. De même, il ne faut pas douter de l'effort des Cheikhs par rapport à la spiritualité. Il convient de savoir que le côté corporel n'est pas la chose recherchée chez l'homme ; mais c'est la spiritualité. Car un Cheikh dépourvu de cet aspect est inexistant même s'il est vivant. De fait, la vie spirituelle est inhérente à la marche vers Dieu. Que Dieu nous place tous dans le cercle des hommes vertueux et sincères dans leur foi !

Pour cette raison, nous disons que le disciple qui aspire à atteindre le rang des Savants en Dieu se doit tout d'abord de humer la bonne odeur que dégage la pratique du wird.

C'est là tout le secret du soutien des saints vis-à-vis de leurs disciples ici-bas et après leurs morts. Parce qu'ils leur éduquent avec toute la rigueur requise et ce, avant même qu'ils n'entrent en contact avec eux pour une raison indescriptible mais que seuls ceux qui savourent la saveur mystique peuvent goûter. N'est-il pas possible de dire que cela ressort du propos divin : « **Ne suis-je pas votre Seigneur ?** » **Ils**

répondirent : « Mais si, nous en témoignons … [98]» et du propos prophétique : « *Les âmes sont comme des troupes enrôlées, celles qui se connaissent se coalisent ; et celles qui ne se connaissent pas entrent en conflit* ». Parmi ce qui indique la fermeté des Saints à assister leurs disciples, nous relatons deux récits.

Le premier, il s'agit de cette anecdote. Un jour, j'étais avec certains amis alors que nous étions jeunes. Pendant que nous marchions dans un quartier, deux compagnons vinrent nous trouver pour nous inviter à entrer avec eux dans un restaurant pour dîner. Il était détestable en moi de manger dans ce restaurant populaire si ce n'est par nécessité de voyage. En conséquence, j'ai tenté d'empêcher mes deux amis de ne pas répondre à cet appel. Mais, je leur ai dit tout de même : « Entrez ! » Et moi j'ai resté dehors pour les attendre. Lors de cette attente, j'ai vu quelqu'un sortir en tenant à la main un œuf dur, alors j'ai souhaité manger cet œuf sur le champ. Mais il s'est trouvé que je ne voulais pas l'acheter moi-même sur place. Ainsi, j'ai eu toute la peine du monde à demander à mes deux amis de me l'acheter. Sur le champ, je me suis dit si je suis vraiment un sincère disciple de Cheikh Tidjâne, Dieu me facilitera mon vœu sans formuler une demande et sans peine. Aussitôt, ce derviche s'approcha de moi, alors que moi, j'étais transi de peur qu'il me donne cet œuf. J'ai décidé de le lui rendre s'il me le donnait. Il resta debout en face de moi. Il prononçait des mots que je ne comprenais pas. Et tout en parlant, il indiquait l'œuf. Ensuite, il partit de son propre gré. Et quelques temps après son départ, mes deux amis sortirent tenant chacun un œuf. Ils me les remirent tous deux, alors j'ai loué Dieu et je l'ai remercié, car je voulais en avoir un et voilà que j'en ai eu deux.

Le second, il s'agit de cette histoire. A la fin du mois de Ramadan, j'étais chez moi avec un de mes amis qui est un enseignant. Nous parlions de savoir depuis la matinée jusqu'à l'approche de la prière de l'après-midi. Ensuite, il me demanda de l'accompagner chez lui. Alors que nous marchions, il me conta une histoire qui s'est produit dans cette rue où nous sommes. Il me dit qu'il tomba sur des gens qui ne font pas pitié aux faibles démunis, qui ne respectent pas l'homme distingué. Mais, il n'a fait que réciter une invocation qu'il avait en tête pour en sortir indemne. J'ai voulu lui demander cette invocation. Il me fit savoir qu'un tel cheikh lui en a donné autorisation. Et quand il m'a parlé de qui s'agit-il, il s'est trouvé que je le connaissais et même sa famille. Sur ce, je me suis abstenu de poser la question que je voulais poser à celui qui a un lien rapproché avec ce personnage. Seulement, mon cœur était

---

[98] Sourate : Al-A-'arâf ; verset : 172.

impatient de connaître cette invocation ainsi que les secrets mystiques qu'elle renferme. Là, également, je me suis dit si, effectivement, je suis un des disciples de Cheikh Tidjâne, Dieu m'aidera à me la rappeler sans pour autant interroger aucun Savant en Dieu comme ce personnage qui a pu la posséder.

J'ai interpellé mon Cheikh par des propos que j'ai l'habitude d'utiliser, lorsqu'une idée me vint à l'esprit. Et je ne voulais plus retourner vers mon Cheikh pour un tel cas. Mais, je suis revenu chez moi. J'avais toujours l'habitude avant de dormir de jeter un coup d'œil dans un ouvrage. Et après la prière du matin et après avoir fait mes lâzim et avant de redormir, j'ai pris la deuxième section de cet ouvrage pour revoir certains points. C'est en cours de lecture que j'ai vu cette invocation qui renferme des choses mystiques que m'a parlé mon ami enseignant. Et sur le champ, le sommeil me quitta. J'ai pris une feuille et un stylo pour la recopier avec les références. Puis, je n'ai eu la paix que lorsque j'ai contacté mon ami pour lui demander si l'invocation d'hier est la même que celle que j'ai entre les mains. Il me dit : Par Dieu, c'est la même. Où tu l'as eu ? Alors, je lui ai tout raconté.

Voilà les deux récits qui m'ont confirmé, de manière certaine, que je suis, en réalité un des disciples véridiques de Cheikh Tidjâne. Et que je figure parmi les hommes véridiques et sincères de la tarîqa en dépit des mensonges forgés par les rancuniers et les envieux. Je prie Dieu de les guider et de les faciliter le repentir afin qu'ils retournent vers lui. Que Dieu nous préserve de leurs méfaits !

En voici l'invocation dont j'évoquais tantôt :
« Chahidal- Lâhu annahu lâ ilâha illâ huwa ; wal Malâ'ikatu wa ûlul 'ilm qâ'imane bil qist. Lâ ilâha illâ huwa, al-'Azîz, Al-Hakîm.

شهد الله أنه لا إلـه إلا هـو والـملائكة وأولوا العلم قائما بالقسط لا إله إلا هو العزيز الحكيم.

« Allâhumma innî 'a'ûzu binûri qudsika, wa bi barakati tahâratika, wa bi-'azamati djalâlika mine kulli 'âhatine, wa âfatine, wa târiqil djinn, wal insi ; illâ târiqane yutriqunî bikhaye rine, yâ Ar'hama Râhimîne.

اللهم إني أعوذ بنور قدسك وببركة طهارتك وبعزمة جلالك من كل عاهة وآفة وطارق الـجن والإنـس إلا طارقا يطرقني بـخير يا أرحم الراحمـين.

« Allâhumma bika mulâzî, fa bika alûzu, wa bika ghiyâsî, aghûsu, yâ Mane zallat lahû riqâbal farâ-'inati, wa khada-'at lahû maqâlidal djabâbirati.

اللهم بك ملاذي وبك ألوذ وبك غياثي أغوث يا من ذلت له رقاب الفراعنة وخضعت له مقالد الجبابرة.

Allâhumma zikruka chi-'ârî, wa disârî, wa nawmî, wa qarârî. Ache hadu ane lâ ilâha illâ anta. Wadrib 'alayya surâdiqâti hifzika. Wa qinî ra-'abî bikhayri minka, yâ Rahmân ».

اللهم ذكرك شعاري ودساري ونومي وقراري أشهد أن لا إله إلا أنت واضرب علي سرادقات حفظك وقني رعابي بخير منك يا رحمان.

Et selon une autre version : « Chahidal- Lâhu annahu lâ ilâha illâ huwa ; wal Malâ'ikatu wa ûlul 'ilm qâ'imane bil qist. Lâ ilâha illâ huwa, al-'Azîz, Al-Hakîm. Rabbul 'archil 'azîm.

شهد الله أنه لا إله إلا هو والملائكة وأولوا العلم قائما بالقسط لا إله إلا هو العزيز الحكيم. رب العرش العظيم.

« Allâhumma innî a-'ûzu binûri qudsika, wa 'azamati tahâratika, wa barakati djalâlika mine kulli âfatine, wa 'âhatine, awe târiqine yutraqu illâ târiqane yutraqu bikhaye rine, yâ Ar'hama Râhimîne.

اللهم إني أعوذ بنور قدسك وبركة طهارتك وبعزمة جلالك من كل آفة وعاهة وطارق يطرق إلا طارقا يطرق بخير يا أرحم الراحمين.

« Allâhumma anta 'iyâzî, fa bika a'ûzu, wa anta mulâzî, fa bika alûzu, yâ Mane zallat lahu riqâbal djabâbirati, wa khada-'at lahû maqâlidal farâ-'inati. A-'ûzu bi karamika mine ghadabika, wa mine nisyâni zikrika, wa ane tah'zianî, awe take chifa sitrî. Anâ fi kanafika fi laylî, wa nahârî, wa za-'anî, wa asfârî, wa nawmî, wa qarârî. Fadje-'ale sanâ'aka disârî, wa zikrika chi-'ârî. Lâ ilâha ghaye'ruka, tanzîhane li wadje'hika, wa ta-'azîmane lisabahât qudsika. Adjirnî mine 'uqûbatika, wa sakhatika. Wadrib 'alayya surâdiqâti hifzika. Wa a-'atinî khayera ma a'hâta bihi 'ilmuka. Wasrif 'annî sû'a ma ahâta bihi 'ilmuka. Wa ammine raw-'âtî yawmal qiyâmati, yâ Ar'hama Râhimîne ».

اللهم أنت عياذي فبك أعوذ وأنت ملاذي فبك ألوذ يا من ذلت له رقاب الجبابرة وخضعت له مقالد الفراعنة أعوذ بكرمك من غضبك ومن نسيان

150

ذكرك وأن تحذيني أو تكشف ستري أنا في كنفك في الليل ونـهاري
وذعاني وأسرافي ونومـي وقراري فاجعل ثناءك دساري وذكرك شعاري
لا إلـه غيرك تنـزيها لوجهك وتعظيما لسبحات قدسك أجرني من عقوبتك
وسخطك واضرب علي سرادقات حفظك وأعطنـي خير ما أحاط بـه علمك
واصرف عنـي سوء ما أحاط به علمك وأمن روعتـي يوم القيامة يا أرحم
الراحمـين.

Fadl fait savoir que : « Je ne suis jamais entré chez une autorité en récitant cette invocation sans qu'elle me sourit et m'honore ».

Selon une autre version, l'imam Châfi'-i interrogea Fadl si c'est la même invocation que l'imam Mâlick employait. Il répondit par l'affirmatif en précisant que : « C'est ça que m'a parlé Mâlik d'après Nâfi-'i qu'Ibn 'Umar rapporta que le Messager de Dieu (PSL) avait fait cette même invocation le jour des coalisés : « Allâhumma a-'ûzu bi nûri qudsika, wa 'azamati tahâratika, wa barakati jâlâlika mine kulli âfatine, wa 'âhatine ».

اللهم أعوذ بنور قدسك وعظمة طهارتك وبركة جلالك من كل آفة وعاهة.

« Seigneur, je T'implore par la lumière de Ta sainteté et par la sublimité de Ta pureté et par la noblesse de Ta magnificence de me préserver contre tout malheur et contre toute infirmité ».

Cette invocation occupe une place prépondérante dans l'ouvrage de Subkî intitulé « الطبقات at-tabaqât », ainsi que dans celui intitulé « tartîbul madârik ترتيب المدارك ».

Mon frère de la Tarîqa, je voudrais aborder plus longuement la question de la ziara ; mais ce que nous évoquons présentement ne nous fera pas sortir du sujet et Dieu merci.

Cheikh Al-Ahsan Ba-'aqîlî dit démontre la vraie nature de la ziara. Elle peut être accomplie pour le bénéfice du défunt comme les deux parents et les faibles parmi les musulmans qui n'ont rien à voir avec la Seigneurie. Par exemple, le fait de se rendre auprès des tombes des parents, tout en étant certain que leurs œuvres sont coupées du monde. Et sur ce, on fait la charité comme de la nourriture, de l'argent, la lecture du

Coran ou comme le zikr en ayant la conviction que cela les profitera. En faisant, on est convaincu que nous sommes leur suppléant ici-bas. Un tel acte est chose louée si l'intention est sincère. Et si au contraire, on y tirer bénéfice en implorant leurs bénédictions, cela constitue une subornation interdite, car elle permet de satisfaire autant que possible les besoins partant des invocations formulées sur ces tombes.

De toutes façons, le Messager de Dieu (PSL) dit : « *Quiconque vous comble de bienfaits, récompensez-le. Et si vous ne le pouvez pas, invoquez pour lui* ». Je dis que les propos du Cheikh Ba-'aqîlî sont très explicites, car ils n'interdisent que ce qui ne s'inscrit pas dans la ligne de mire de la Tarîqa. Il ne convient pas au disciple tidjâne de manifester son affection envers un autre savant en Dieu ou de s'inspirer de son spiritualisme après qu'il ait pris l'engagement avec Dieu, son Messager et son Cheikh. L'engagement consistait à ne plus jamais rendre visite à un autre Saint, vivant ou mort, pour ces raisons ci-dessus. Cependant, le disciple tidjâne se doit de respecter, à la règle, toutes les directives de son Cheikh ou son Educateur, car c'est lui son indicateur et son guide. Dans de tel cas, le disciple est comme un malade entre les mains de son médecin. Donc, ces Cheikh jouent le rôle de médecins qui traitent les douleurs corporelles.

Il est vraiment désolant que la plupart des négateurs n'aient pas encore goûté à cette saveur. De même, beaucoup de Soufis ignorent ce grand secret intériorisé dans la ligne de conduite en dépassant les bornes dans leurs affections de telle sorte qu'ils sont allés trop loin. Ils ne savent pas que l'exagération dans la religion figure parmi les plus grands péchés que peut commettre l'homme qui pense qu'il agit dans le bon sens. C'est cela qui est arrivé à beaucoup d'entre eux comme les muqaddam actuels. Ces derniers soutiennent que celui qui parle à son Cheikh des choses relatives à la religion est sorti du cadre de la Sunna du Prophète (PSL) ou il a violé un verset du Coran. Il sera vu comme quelqu'un qui s'est retiré de la Tarîqa de par son interposition. Vraiment, ils ne savent pas que les compagnons du Prophète (PSL) occupent la meilleure place en matière de connaissance, de seigneurie, d'ouverture et de dévoilement mystique. Ils discutent avec le Messager de Dieu (PSL) sur beaucoup de questions jusqu'à ce qu'ils s'assurent qu'une telle question est soutenue ou non par la Chari'a. Ils ont négligé la demande d'explication et la recherche d'arguments. Les savants en ont fait état dans leurs écrits et l'ont compilée dans des encyclopédies. Nous demandons Dieu de nous accorder la réussite !

La dimension spirituelle et cultuelle de la Tarîqa Tijjâniyya

En guise d'illustration, nous allons revenir très brièvement sur la demande d'explication qu'avait faite Habâb Ibn Munzir al-Ansârî, lors de la bataille de Badr. En fait, le Prophète (PSL) a occupé un endroit pour y mener cette bataille. Mais ce choix n'avait pas suffit à Habâb. Aussi demanda-t-il au Prophète (PSL) : « Le choix de ce lieu t'est-il dicté par Dieu, ou est-ce tout simplement une tactique de guerre ? » Le Prophète (PSL) lui répondit que ce n'était effectivement qu'une tactique de guerre. Alors, Habâb lui dit : « Ô Messager de Dieu (PSL), dans ce cas, nous ferons mieux de nous rendre au puit le plus proche que je sais très profond et autour duquel nous construirons un bassin. Ensuite, nous rendrons secs les puits environnants. Ainsi, nous aurons de l'eau à profusion tandis qu'ils mouront de soif et nous les combattrons jusqu'au dernier ». Le Prophète (PSL) salua cette proposition et leva le camp pour regagner l'endroit indiqué par Habâb Ibn Munzir qui était un grand expert en tactique de guerre. Tous les ouvrages qui parlent de la biographie du Prophète relatent cette histoire, donc c'est un récit vérifiable.

Nous voyons, alors, le Prophète (PSL), en personne, revenir sur sa décision en adoptant la proposition de Habâb, bien que Dieu ait dit à son sujet : « **Nous avons fait descendre vers toi le Livre avec la Vérité, pour que tu juges entre les gens selon ce qu'Allah t'a appris. Et ne te fais pas l'avocat des traîtres [99]**». Ainsi, comment se fait-il qu'on ne peut pas revoir et apporter nos idées par rapport aux propos de nos Cheikhs. C'est dire que le fait de revoir leurs propos ne signifie en aucun cas s'opposer à eux. Mais cela entre dans le cadre de l'authentification des éléments et dans le cadre de l'instruction du disciple aux mains des Cheikhs pour que ce disciple ne tombe pas dans la déviation. Il faut savoir que les Cheikhs se sont blanchis de tout propos contradictoire avec le Coran et la Sunna. Donc, chaque fois que le propos du cheikh est validé par la Sunna, il est interdit au disciple tidjâne de le discuter.

En fait, concernant les questions de moralité, le disciple n'a pas à demander d'explication, car l'éducateur (al-murabbî) est plus connaisseur et il lui revient le droit de donner des ordres au disciple. Et s'il se trouve en désaccord avec son cheikh sur un ordre ou sur un interdit, il ne gagnera rien dans la Tarîqa.

On n'est pas venu, également, pour clamer l'infaillibilité des saints et des vertueux comme le supposent certains soufis ignorants. Il faut signaler que quelque soit le degré de connaissance d'une lignée déterminée, cette lignée est toujours exposée à

---

[99] Sourate : An-Nisâ'i ; verset : 105.

l'erreur, à l'insouciance et à l'oubli hormis les Prophètes et les Messagers (PSE) que Dieu a préservés de tomber dans ces dérives grâce à la prophétie et au message dont ils sont les dépositaires. Aucun sunnite n'admet le caractère infaillible des saints et des imams sinon les Chî-'ites. Le saint peut faire des erreurs à l'image du commun des humains loin des Prophètes et des Messagers (PSE). Mais, s'agissant des questions éthiques, ces saints demeurent des modèles de la Tarîqa. Et le fait de se détourner de leurs directives en s'opposant à eux signifie, irréfutablement, la perdition. C'est pour cela que la ziara à caractère affectionnelle et inspirationnelle est catégoriquement interdite dans la Tarîqa. C'est une condition sine qua non pour tout disciple tidjâne ayant désiré adopter les bonnes manières de cette voie spirituelle. Sinon qu'il sache qu'il a rompu son pacte avec son cheikh.

Concernant la ziara basée sur la Sunna comme le fait de rendre visite aux deux parents ou au cheikh-enseignant même s'ils sont des gens de la gaieté et des détenteurs des sciences ésotériques ou qu'ils confèrent les azkâr, cette ziara est permise et recommandée. Il en va de même pour la ziara faite à l'endroit des proches pour consolider les liens de parenté comme les alliances par mariage et la vie en communauté. Cette forme de ziara est permise dans les limites de cette permission sur le plan de la Chari'a et de la moralité.

Pour cela, nous disons qu'il n'y a aucun mal si l'intention est sincère et n'a aucun rapport avec l'affection et l'inspiration. Il faut dire que certains ont la bride au cou. Donc, il ne convient pas de nier cette condition impérative de la Tarîqa. Et pour cela, il faut d'abord guster la saveur des propos des hommes de la Tarîqa et entrer en connaissance avec leurs mysticismes.

De toutes les façons, la vérité est très explicite alors que le faux est composé de tortuosité. C'est en raison de cette négation répugnante sur la Tarîqa que le cheikh-fondateur a imposé cette condition sur celui qui désire entrer dans la Tarîqa. Il faut reconnaître que ses devanciers ont également posé cette condition. Le cheikh Ibn al-'Arabi al-Hâtim a dit : « Etant donné qu'il ne peut y avoir deux dieux dans ce monde, ni deux messagers ayant des missions différentes et ni deux époux pour une épouse, le disciple tidjâne ne peut pas avoir deux cheikhs. Seulement, il peut suivre un autre cheikh si ce n'est pas dans le cadre de la formation spirituelle. Car dans ce cas, il n'est pas soumis à leur jugement ». Cette forme de compagnonnage est désignée par « compagnonnage basée sur la bénédiction (*suh'batul baraka*)». A noter que la sainteté est le soubassement de toute réussite.

La dimension spirituelle et cultuelle de la Tarîqa Tijjâniyya

Aussi, les savants ont donné la place première aux cheikhs et aux Messagers (PSE) à travers ces vers :

« La sainteté du cheikh réside dans celle vouée à Dieu.
Alors, ne viole pas cette sainteté par respect pour Dieu.
Ils (les cheikhs) sont les indicateurs, les proches de Dieu comptent sur eux
Pour appuyer leurs preuves tout en se basant sur Dieu.
Ils sont les héritiers des Messagers dans leur totalité,
Tous leurs propos tournent au sujet de Dieu.
A l'instar des Prophètes, tu leurs vois dans leurs combats
Pour l'amour de Dieu n'implorant que Dieu.
Si tu notes, en eux, une quelconque pratique non-conforme à
La Chari'a, laisse-les avec Dieu.
Dans ce cas, ne les suis pas dans ces pratiques,
Dis-toi que ce sont des hommes de Dieu qui s'anéantissent en Lui.
Ne suis pas celui dont la Chari'a n'est pas visible à tes yeux ;
Même s'il t'apportait des nouvelles venant de Dieu ».

Aujourd'hui, les gens et plus précisément les disciples ont semblé ignorer le rang de leurs cheikhs. Cependant, nous disons toujours que :

« Certes, le rang des cheikhs demeure une chose ignorée.
Alors qu'ils sont les profondément ancrés dans la science ».

Les cheikhs sont les dépositaires réels du savoir à l'instar des Messagers (PSE) à leurs époques. Ils sont les héritiers des sciences de la Chari'a apportées par les Prophètes (PSE). La seule différence est que ces cheikhs n'apportent pas une nouvelle Chari'a. Ils sont là pour conserver la Chari'a Divine et pour garantir l'application des convenances. Chaque cheikh s'occupe d'un domaine bien déterminé à l'image des savants spécialisés dans divers domaines de connaissances. Il arrive parfois que le cheikh s'intéresse à deux domaines de connaissances à la fois.

Mais, la chance que peut avoir les cheikhs, dans leur connaissance en Dieu, consiste à ce qu'ils puissent connaître des gens le soubassement de leur mouvement, connaître leurs pensées secrètes – qu'elles soient des pensées répréhensibles ou des pensées louables – connaître ce qui provoque l'ambiguïté dans leur intérieur en fait de pensées répréhensibles exposées dans le paysage des choses louables, connaître les souffles respiratoires et les jets de regard, connaître les choses qui attire l'agrément de Dieu et celles qui provoque son courroux, connaître les causes et les solutions (remèdes), connaître l'évolution temporelle, le cours des années, le domaine spatial, connaître les formes et les types de nourriture, connaître la différence entre le dévoilement réel (*al-kachf al-haqîqî*) et le dévoilement fictif (*al-kachf al-khiyâlî*).

Ils reconnaissent la manifestation divine et la formation spirituelle. Ils savent la trajectoire du disciple de l'enfance à la quinquagénaire en passant par la juvénilité. Ils savent le moment durant lequel, il est fort possible, de ne plus juger le disciple à partir de sa nature innée ; mais de le juger partant de sa raison. Ils savent ce que suggère le « moi » intérieur et Satan. Ils connaissent le talisman qui pourra empêcher Satan de gagner le cœur de l'homme. Ils savent ce que cache l'âme du disciple indépendamment de celui-ci. Ils peuvent aider le disciple à pouvoir marquer une nette différence entre ce qui se manifeste à lui en fait d'ouverture spiritualiste et celle divine. Ils peuvent reconnaître parmi les hommes de la Tarîqa ceux qui rendent du bien au disciple et ceux qui ne le font pas.

Ils savent par quoi orner les âmes des disciples, les poupées de la vérité. Ils sont pareils à la coiffeuse offerte à la nouvelle mariée et par laquelle elle peut parfaire sa beauté. Ils sont les hôtes du Très Haut. Ils savent, de science certaine, la déontologie requise par la Sanctuaire Divine et tout ce qu'elle mérite en matière de sacralité. La vérité est que le cheikh traduit en lui tout ce que le disciple qui entame le voyage vers Dieu a besoin comme provision pour renforcer son tempérament et son comportement ainsi que tout ce qui lui permet d'atteindre le cercle réservé aux cheikhs.

De la même manière, il traduit en lui tout ce que le disciple désire pour se soulager si toutefois il sent son cœur tomber dans les griffes de la turbulence spirituelle et qu'il ne sait pas comment y sortir, comme cela est arrivé à Sahl Ibn Abdallah Tastarî, que Dieu l'agréé. Ce même phénomène est arrivé au Cheikh Ibn Al-Arabî Al-Hâtimî lorsque l'on a voulu l'assimiler à Îsâ Ibn Mariyam.

Il faut que les cheikhs demeurent les docteurs de cette religion de Dieu. Et toutes les fois qu'une chose nécessaire pour inculquer au disciple une bonne éducation spirituelle leur manque, il n'est pas donné au jeune novice de s'y intéresser s'il atteint l'âge de la sénilité. Il fera beaucoup de dégâts lorsqu'il donne des fatawas à l'image du soi-disant guérisseur qui fait tout pour trouver ou déceler une maladie dans le corps du bien portant. Il peut même aller jusqu'à tuer ce « malade ». Et si la personne atteint cette ligne de démarcation, alors elle deviendra un cheikh de la Tarîqa, dans le vrais sens du terme. Il incombera désormais à tout disciple de l'honorer.

Les Cheikhs maîtrisent parfaitement le Coran et la Sunna par lesquels ils se prononcent et qu'ils concrétisent dans leurs pensées intimes. Ils respectent les frontières de Dieu, ils sont fidèles à leurs engagements envers Dieu, ils rendent pratique la Chari'a. Ils n'interprètent pas pour interpréter, ils agissent toujours dans le juste milieu, ils s'écartent des gens farfelus qui n'ont aucune décision ferme à prendre. Ils éprouvent de la pitié pour la Umma islamique, ils ne détestent pas les désobéissants. Ils aiment ce que aime Dieu, ils détestent ce que déteste Dieu et ils sont au-dessus de tout critique. Ils ordonnent ce qui est convenable et interdisent le blâmable. Ils concourent aux bonnes actions, pardonnent les gens, ils honorent les personnes âgées et font pitié aux enfants. Ils écartent l'obstacle du chemin, ils invitent vers le bien. Ils remplissent leurs devoirs vis-à-vis des ayant droits.

Et si par contre, ils tombent dans la désobéissance, ils accourent vers le repentir en faisant preuve de pudicité envers Dieu. Ils ne fuient pas leurs destins, car une telle attitude signifierait un manque de politesse à l'égard de Dieu. Ils sont dociles, doux, capables de se venger de l'ennemi. Ils sont miséricordieux entre eux, tu les vois inclinés et prosternés à partir de leurs regards. Ils sont miséricordieux envers les serviteurs de Dieu. Ils pleurent plus qu'ils ne rient. C'est à l'image de ceux-ci qu'il faut prendre exemple et ils doivent être respectés. Ce sont eux qui, s'ils voient des choses qu'ils ne comprennent pas, mentionnent le nom de Dieu.

En fait, nous n'avons aucune autre voie excepté celle que Dieu nous a tracée. Et celui qui soutient que notre Tarîqa est en désaccord avec la Chari'a, il ne fait que proférer des mensonges. On n'imite pas un Cheikh ni se montrer poli à son égard même s'il est véridique ; mais on le respecte. Il faut savoir que la sainteté de la vérité réside dans celle du Cheikh ; alors que manquer du respect à la vérité signifie l'ingratitude envers le Cheikh. Les Cheikhs sont les conservateurs de la vérité et les contrôleurs des cœurs des disciples. Celui qui accompagne un Cheikh qu'il doit imiter sans le respecter, sa punition entraîne la privation de la vérité dans son cœur, l'insouciance et l'impolitesse envers Dieu. Certains hommes de Dieu disent que quiconque prend place avec eux tout en s'opposant avec eux sur un point dont ils sont certains de sa réalité, alors Dieu ôtera de son cœur la lumière de la foi. Donc s'asseoir avec eux devient un danger et celui qui partage leurs assises est en danger. Nos frères de la

157

Tarîqa se sont divergés sur le droit du disciple envers un autre Cheikh qui a des points de vue différents avec ceux de son propre Cheikh.

Tous s'accordèrent à ce que le disciple fasse preuve de respect pour proclamer la sainteté du Cheikh. L'état du disciple est assimilable à celui du Cheikh, en ce sens qu'il soit convaincu que ce Cheikh a tous les bagages spirituels pour le guider vers le salut. Et s'il ignore cette réalité, il n'est pas tenu de le suivre. Dans ces circonstances, on voit le Prophète (PSL) dire à une femme : « *La véritable endurance sincère se reconnaît juste après le premier choc* ». Mais, elle ne savait pas que c'était le Prophète (PSL). Le disciple se doit de viser que la vérité. Et dès l'instant que son vouloir se manifeste par la porte de la vérité, il doit s'en suffire et le saisir. Force est d'admettre que les hommes se reconnaissent par la vérité et non que la vérité se reconnaît par eux.

Nous disons : « Ce texte démontre, de manière évidente, la véracité de l'interdiction faite au disciple d'évoluer sous la direction de plusieurs Cheikhs, s'il veut y subir l'éducation spirituelle et acquérir les bonnes manières. Mais si c'est pour autre chose ; il peut suivre qui il veut parmi les Cheikhs. Par contre, s'il désire nécessairement subir cette formation spirituelle, la première chose à observer c'est de respecter leurs conditionnalités. Et s'il viole cette conditionnalité qu'il avait acceptée et saluée et qu'il avait pris l'engagement, devant Dieu, de remplir, il sera compté parmi ceux qui ont désobéi à leurs Cheikh. Il risque d'être menacé de perdition tôt ou tard sauf si Dieu l'aide en lui accordant sa miséricorde, son pardon et en acceptant son repentir et ses bonnes actions. Ainsi, il reviendra vers son Seigneur et retrouvera sa place d'antan. C'est ce qu'a rappelé Cheikh Hâtimî et les autres Cheikhs à l'image de Cheikh Tidjâne qui a guidé ses disciples vers le droit chemin en les mettant en garde de ne pas tomber dans la divergence et tout ceci dans le but de préserver leurs âmes et en leur assurant leur réussite dans les deux mondes. Il n'est pas confirmé que Cheikh Tidjâne a interdit à un de ses disciples de se rendre auprès des séances religieuses où le savoir est dispensé et où l'enseignement est garanti et quelque soit le Cheikh qui assure cette formation, même si ce Cheikh fait partie des détenteurs des sciences ésotériques (*ahlul fath wal kachf*).

Tout ceci entre dans le cadre du principe de ne jamais tourner le dos à notre vénéré, Cheikh Tidjâne. Et s'il s'avère possible que le disciple puisse se détourner de son Cheikh, alors le salut réside dans la non assistance à ses majâlis (cercles d'étude).

La dimension spirituelle et cultuelle de la Tarîqa Tijjâniyya

En somme, cette interdiction posée dans notre Tarîqa et cette autorisation permettant d'aller se procurer le savoir constituent des points saillants qui doivent être bien explicitées et bien commentées. Et ce, même si nous en avons déjà apporté des éclaircissements. Le disciple tidjâne a été interdit de faire la ziara aux autres Saints pour manifester son affection ou pour s'y inspirer, alors qu'il a déjà son propre Cheikh. A l'opposé, on le permet de faire la ziara basée sur la Sunna, aussi bien durant la vie de son Cheikh qu'après sa mort. Et celui qui soutient autre chose que cela est vraiment un grand menteur.

Quant à la ziara faite pour apprendre comme le fait de se rendre auprès des séances animées par les hommes de sciences – qu'ils soient ceux de l'ouverture ou les détenteurs des sciences ésotériques – reste une ziara autorisée voire une obligation pour tout disciple désirant délivrer son âme de l'ignorance. Sinon, il lui restera des points sombres dans sa religion et il en sera ainsi jusqu'à ce qu'il rencontre son Seigneur qui lui réglera son compte. Il était chose évidente que si le Cheikh était en vie et habitait la même zone que le disciple qui pourrait alors s'y rendre sans beaucoup de peine, cela lui suffirait pour qu'il puisse gagner une large connaissance aussi externe qu'interne. C'est un des types de Cheikhs dont il est fort recommandé de fréquenter pour espérer gagner la bénédiction.

C'est cela notre conviction et nous sommes persuadés que personne ne peut empêcher à un disciple de se rendre, pour étudier, auprès de ces Cheikhs que Dieu a désignés comme étant des guides, des prédicateurs et des indicateurs de la voie menant vers Lui. Et si par contre, ils sont bien versés dans la science de la Chari'a, ils ne permettront pas à leurs disciples de prendre place ailleurs que la leur, non pas pour le simple plaisir ; mais pour préserver le disciple de tomber dans la perdition. Si le Cheikh est décédé comme c'est notre cas aujourd'hui, il est permis au disciple de se rendre auprès des séances des 'ulamâ' en les écoutant et en les interrogeant, car cela devient une obligation pour lui. Et si le Cheikh qui devait assurer son éducation spirituelle est loin de telle sorte qu'il lui est difficile de s'y rendre pour écouter, il doit toujours tout faire pour s'y rendre parfois et ce, tant qu'il est en vie. Mais, lorsqu'il décède, il peut retourner vers ses fatawas, si ce qu'il cherche en est indiqué. Cependant, il lui est plus pratique de se rendre auprès des Savants de son époque.

Aussi, j'exhorte tous mes frères en la Tarîqa d'aller s'approvisionner le savoir et la connaissance auprès des Savants qui mettent en pratique leurs savoirs. Et ce, même si ces Savants sont des gens de l'ouverture (*ahlul fath*) et qu'ils confèrent des awrâds qui ne sont pas de la Tidjâniyya.

De la même façon, j'exhorte le disciple de la Tarîqa Ahmadiyya de rendre visite aux Cheikhs qui lui transmettent le savoir et qui le permettent d'atteindre son Seigneur le Très Haut, du fait qu'ils sont désormais ses professeurs en matière de connaissance. Il se doit de les magnifier, les honorer et les respecter autant que possible en vue de garder son amour et son affection pour Cheikh Tidjâne qui fut son principal Cheikh et principal éducateur spirituel.

Il incombe, également, au disciple d'avoir la ferme conviction que Dieu lui a déjà choisi son formateur spirituel même s'il ne figure pas de sa Tarîqa. On a seulement considéré son abnégation et son avancé vers Dieu. Il faut dire que ces Cheikhs restent ceux de l'enseignement et ont un droit exclusif que le disciple tidjâne doit prendre en compte même s'ils ne sont pas des adeptes de la Tarîqa. Il doit les rendre visite de leurs vivants comme après leurs morts en basant cette ziara sur la Sunna. Il doit invoquer Dieu et demander sa miséricorde pour eux, comme c'est le cas envers les deux parents. Il doit faire tout cela en respectant son engagement qu'il a pris. Il ne doit pas écouter les dires non fondés des grands menteurs qui sont là pour attaquer cette Tarîqa.

Que Dieu accorde sa miséricorde au Cheikh Ahmad Sukayridj, car il a émis beaucoup de conseils très utiles à l'endroit des disciples. Nous voyons dans ce qui suit ses écrits qui sont inscrits dans les archives de la Tarîqa et qui parlent surtout des mérites :

« *Je vois certains frères de la Voie, que Dieu les pardonne,*
Amener des choses dont le fait de les rappeler ne me chante pas.
En fait, les ignorants ont semé, pour eux, une récolte
De rancune qu'ils ont étalée dans le sentier de la droiture.
S'ils n'avaient pas augmenté une autre ziara dans la Voie,
Alors, les bouches des négateurs ne proféreraient que des faussetés.
Ils se disent détenir en eux tous les passages menant à la spiritualité ;
Et pourtant, ils ne se démarquent pas de ce qu'a rapporté Ibn Bayâne ».

Il appartient à nos frères en la Tarîqa de faire très attention à ces genres d'erreurs accolées en la personne de Cheikh Tidjâne. Il nous revient de parfaire cette Tarîqa en la revêtant de la Chari'a Islamique. En faisant cela, la Tarîqa Tidjâniyya pourra alors assurer sa continuité, tout en s'échappant de toute forme de désaccord et de différend, et ce à tout moment. Si tel n'est pas le cas, la jeunesse tidjâne contemporaine ne s'adonnera pas aux awrâds en raison du laisser-aller très courant et de l'expansion des mensonges forgés de toutes pièces contre la Tarîqa Tidjâniyya, notre Voie spirituelle. Bien que, heureusement, ces fausses accusations sont en désaccord avec le Livre de Dieu et la Sunna. Et ce qui fait encore mal, c'est que ces mensonges sont inventés par ceux-là même qui se prennent pour les défenseurs de la Tarîqa, qui se disent plus aptes à conférer le wird. Nous voyons ces soi-disant prédicateurs de cette Tarîqa se discuter dans leurs assemblées de manière inconvenante. Ils déposent sur la Tarîqa des choses que Dieu a balayées d'un revers pour la préserver et préserver ses adeptes de ses propos infirmes.

De ce fait, ils font fuir les gens en leur signifiant que tout ce qui ne vient pas d'eux est réfuté par la Chari'a de Muhammad. Il arrive même parfois que leurs suppositions soient en opposition hostile avec le Coran et la Sunna authentique. Partant des allégations de ces fameux prédicateurs, beaucoup d'adeptes de la Tarîqa ont rencontré des tracasseries, des ennuis et des difficultés. Peut être que c'est cela qui a entraîné la perte de certains d'entre eux.

Nous demandons Dieu de nous accorder, ainsi qu'à tous, la guidée et le salut. Nous le demandons, en plus, de nous préserver de manquer de politesse envers les Saints et les Cheikhs.

Ô mon frère, le but capital de tous ces messages que tu vois, c'est de confirmer tout ce que nous avons dit à propos de la ziara vis-à-vis surtout de la Tarîqa. Il faut savoir que la ziara n'est point une invention de Cheikh Tidjâne. Mais elle figure parmi les conditions posées par ses devanciers à l'endroit des disciples. J'aimerai bien être plus large dans cette explication pour que cette question de la ziara soit une chose bien comprise loin de toute confusion et de suspicion, et pour que les disciples puissent bien discerner le type de ziara qui est interdit. Je vais faire mention de certains éléments particuliers qui sont les défenseurs de la Tarîqa, les transmetteurs du wird car étant les premiers à comprendre la portée de cette Voie et qui ont toute la prérogative de conférer le wird tidjâne à celui qui mérite d'être maintenu et assisté. Il sera alors fort possible que l'obscurité se dissipe pour laisser la place à la vérité qui se manifestera à tous pour que chaque adepte puisse savoir les limites qui lui sont définies et qu'il ne doit pas franchir.

La dimension spirituelle et cultuelle de la Tarîqa Tijjâniyya

Cheikh Muhammad al-Hâchimî al-Bannânî al-Aqâwî dit : « Tout ceci concerne celui qui a un Cheikh qui lui est propre. Mais s'il choisit un Cheikh-Educateur, c'est qu'il a confirmé tous les Cheikhs qui reconnaissent le non regard vers un autre. Seulement, il faut noter qu'ils ont stipulé que le novice qui se laisse emporter par ses penchants personnels, même un instant, risque de goûter la conséquence néfaste de son comportement ».

Pour voir plus clair, consultons les ouvrages de l'imâm Châzilî intitulés : « Bughayyatul matâlib بغية المطالب » et « Bahrul mawrid البحر المورد » où il parle de certains piliers de la Tarîqa.

Dans le même ordre d'idée, l'imam Junayd évoque quelques points qui pourront aider le disciple à clamer son état de disciple : donner son cœur au Cheikh en le croyant et en s'inspirant de lui en fait de résignation, d'amour et d'arbitrage. Si le monde était plein de Cheikhs et tout ce qui s'est intériorisé dans le moi du disciple venait à se manifester à un autre que son Cheikh, il doit toujours saisir la corde tendue par son propre Cheikh. Son intérieur ne s'est pas ouvert dans la présence unitrice (*al-hadra al-wâhidiyya*). L'homme, composé de corps et d'esprit, est dans une direction. Alors que Dieu est l'Etre Suprême par excellence.

Ainsi, Dieu a octroyé au corps humain une multitude de compositions cellulaires scindées en deux directions : l'une est orientée vers Dieu et l'autre constitue la luminosité du Messager de Dieu (PSL) dans le monde des esprits. De fait, la prière n'est validée que s'elle est accomplie en se tournant vers Dieu et en appliquant la Sunna du Prophète (PSL). Il s'agit de connecter le cœur à sa prophétie. Car le Prophète (PSL) joue le rôle de pont entre le fidèle et Dieu. Alors que tous les autres Prophètes (PSE), tous étant des véridiques, ne joueront pleinement leurs rôles que s'ils connectent leurs cœurs à celui du Prophète Muhammad (PSL) faisant que tout le corps se tourne vers une seule direction amenant la personne à être un élément de la présence unitrice (*al-hadra al-wâhidiyya*). De là, on saura que l'affinité existante entre disciple et cheikh est basée sur une conditionnalité.

On rapporte dans certains propos confirmés par les Cheikhs dans leurs ouvrages que : « Le Cheikh qui est au beau milieu de son peuple est comparable au Prophète Muhammad (PSL) au sein de sa communauté. Impérativement, le disciple se doit de se tourner vers son Cheikh en lui donnant son cœur tout en étant certain que l'émanation ne viendra que par son intermédiaire ».

La dimension spirituelle et cultuelle de la Tarîqa Tijjâniyya

Supposons que tous les Saints soient des guides et des convertis, il convient au disciple de savoir qu'il doit se suffire uniquement à la spiritualité de son Cheikh. Car il doit être convaincu que l'inspiration qu'il reçoit de son Cheikh émane directement du Prophète Muhammad (PSL) en passant successivement par les Cheikhs intermédiaires qui forment une chaîne entre ce cheikh et le Messager de Dieu (PSL). C'est dire que cette inspiration est puisée de la réalité de celui-ci qui est, à son tour, alimenté par Dieu, le Grand Maître Suprême. C'est ainsi pour ce qui est de la Loi établie par Dieu envers ceux qui ont vécu auparavant et il n'y a pas de changement dans la Loi d'Allah. Aussi, connecter son cœur à celui du cheikh reste la chose première qui permet d'assurer l'octroi abondant de flux spirituel. En vue de garder intacte cette condition, les cheikhs ont émis des recommandations.

Le cheikh Muhyi Dîn Ibn al-'Arabî al-Hâtimî dit : « Qu'aucun cheikh ne pardonnera à son disciple qui l'associe avec un autre que s'il fait une étude comparative pour comprendre lequel des deux est meilleur de sorte que l'un d'eux le prendra comme disciple. Et s'il arrive qu'il connecte son cœur au premier cheikh contacté ; alors, le cœur du second le rejettera et il ne pourra tirer profit d'aucun des deux, car la condition de jouissance est bâtie sur l'intention formulée par le disciple qui est confiné entre les quatre murs de son cheikh jusqu'à ce qu'il y obtint la plénitude ».

Alors, mon frère en la foi, médite un peu sur ces écrits de ces savants en Dieu. Ces écrits sont publiés bien avant, notre vénéré, Cheikh Ahmad Tidjâne.

Alors, comment la Tarîqa Tidjâniyya peut-elle être accusée d'avoir inventé cette conditionnalité de son cru ? De la même manière, nous voyons cette condition posée par les hommes de Dieu bien avant Cheikh Tidjâne de plusieurs siècles. Tous les hommes de Dieu ont adopté cette méthode pratique et juste.
De son côté, le cheikh Ahmad Ibn Mubârak rapporte de son cheikh 'Abd al-'Azîz Ibn Mas-'ûd ad-Dabbâgh, lorsqu'il commentait ces deux vers où l'auteur de la « Tâ'iyya التائية » disait :
> « *Ne te présente pas à ton cheikh avant que tu ne sois convaincu*
> *Qu'il est un éducateur-spirituel, l'unique de son temps* ».

Cheikh Tidjâne disait : « Ne te présente pas à un cheikh en vue de le tenir compagnie jusqu'à ce que tu sois certain qu'il figure parmi les éducateurs spirituels (*ahl*

163

tarbiyya) et qu'il est le plus méritant d'être suivi, car le cheikh qui voit son disciple se tourner vers un autre cheikh ne fera que rompre le cordon qui les liait. Et le disciple qui tient compagnie un autre cheikh pourra se dire qu'il existe un cheikh à l'image du sien ou plus compétent que le sien. Et dans ce cas, il sera plus affectueux à celui-là qu'à ce dernier. Et quand son cheikh remarque cela, il marque une rupture irréparable. Le disciple ne tirera profit ni du premier ni du second ».

Cheikh Tidjâne dit encore : « C'est un fait très fréquent aujourd'hui. Que Dieu demeure notre Protecteur et notre Défenseur ! ».

Sur ce point, je dis que le fait de se tourner vers un autre cheikh-éducateur après avoir pris l'engagement avec le sien constitue l'un des plus grands malheurs dont rencontrent beaucoup de nouveaux initiés qui ne connaissent pas, au préalable, les statuts de la Tarîqa et la manière de suivre sa voie. Parmi ces malheurs, l'absence d'un guide (*murchid*) compétent et apte qui sera en mesure de saisir la main des adeptes pour les guider vers leurs réussites et leurs saluts. De ces malheurs, également, nous avons la prolifération des sois disants prédicateurs sataniques. C'est la raison pour laquelle beaucoup d'adeptes sont exposés à ces calamités sans s'en rendre compte.

Effectivement, j'ai vu un bon nombre non négligeable parmi les gens, ruraux comme citadins, s'incorporer dans la Tarîqa, bien que les calamités qui s'abattent dans la campagne sont plus significatives. Car ils délaissent le wird après avoir pris pacte avec Dieu de remplir pleinement leurs engagements. L'unique raison de cet abandon, c'est l'absence d'un superviseur qui contrôle quotidiennement s'ils ont accompli ou non leurs awrâd. De fait, la vie isolée a un impact surtout si la sauvagerie ou la morosité se voit démunie de l'expérience qui devrait redonner la compétence et l'aptitude à suivre la voie du salut en toute tranquillité.

J'interpelle les muqaddam de nos jours à être plus méfiants lorsqu'ils initient les désireux sans pour autant savoir, de prime abord, ce qui se trouve en eux. Car la Tarîqa Tidjâniyya est chose désirée et non la désireuse. Donc le muqaddam se doit de s'informer sur le disciple qui demande l'autorisation pour exécuter le wird ahmadiyya en lui demandant s'il a des coreligionnaires dans son quartier ou dans son village, s'il est en permanence avec eux, s'il sait avec certitude les normes sur lesquelles sont bâtis les statuts de la Tarîqa, ainsi de suite. De fait, il pourra revoir s'il est en mesure de porter ce fardeau avant qu'il n'accepte les conditions posées. Sinon, il lui sera autorisé de pratiquer la *Salâtul Fâtihi* qui garantit la sécurité et la réussite à celui qui prie sur le Prophète Muhammad (PSL).

Par contre, le fait que le muqaddam se précipite pour initier le disciple au wird sans lui en donner les notions de base, n'est pas considéré comme une crainte révérencielle aux yeux de la Tarîqa Ahmadiyya et ce fait n'est point une pratique des adeptes sincères de cette confrérie.

Il nous faut être, impérativement, prudents pour ne pas être des associés de Satan faisant que les musulmans puissent tomber dans le piège de la violation de l'engagement et dans le piège de la protestation contre les cheikhs. Quiconque se laisse emporter par ce piège endosse la responsabilité du muqaddam qui donne l'autorisation spirituelle à son disciple sans lui montrer la droiture. Il sera alors considéré comme un associé de Satan qui obstrue le chemin de Dieu. Et pire encore, il ne tirera aucun profit ni de son cheikh ni de celui qu'il croit être l'idéal pour le guider, le faire comprendre la religion et la Tarîqa en lui tenant la main.

Certains frères en la Tarîqa m'ont informé qu'un jour des adeptes de la Tarîqa se sont ressemblés pour célébrer la naissance du Prophète Muhammad (PSL) durant le mois de Rabî-'al Awwal. Ils avaient envisagé de rendre visite à Cheikh Tidjâne. Et parmi eux, il y avait un qui n'avait pas reçu l'autorisation dans la Tarîqa, mais il les avait suivis. Il faut se dire que Dieu est bien capable d'assister certains adeptes pour qu'ils prennent l'autorisation des mains de leurs frères de la Tarîqa. Ainsi, certains adeptes présents proposèrent à ce muqaddam de donner l'autorisation à un tel individu. Alors, le muqaddam l'appela pour l'obliger. Mais, ce dernier ne répond pas. C'est ainsi que la foule le saisit de force alors qu'il disait : « Non ! ». La foule recommanda au muqaddam : « Autorise-lui car il est le fils d'un disciple parmi nous et nous voulons qu'il soit comme son père ». Et le muqaddam finit par lui conférer le wird.

Et lorsque ce nouveau disciple retourna chez moi, il me conta tout ce qui s'est passé en me disant ceci : « Les ascètes tidjânes m'ont défendu de rendre visite les Saints et que ce muqaddam qui m'a conféré le wird ne m'a pas posé cette condition au moment de mon initiation'. En examinant bien ces propos, nous comprendrons que ce nouveau disciple n'a aucun péché car étant gagné par l'ignorance des ouvrages de la Tarîqa, de sa religion et de sa bonne intention à l'endroit des Saints. Car, peut être qu'il voulait les rendre visite en cherchant leur affection et que personne ne l'a éclairci les conditions arrêtées dans la Tarîqa. Et il se peut que ce muqaddam soit parmi ceux qui combattent ce stigmate en lui exigeant d'être prodigue, car ce muqaddam aime le cadeau, le bouillon et le gagne-pain. Et lorsque ce nouveau disciple fut informé que le disciple tidjâne ne peut pas solliciter le soutien d'aucun saint, ce dernier en demanda la raison. Il signifia qu'il les rende visite chaque jour et que personne ne l'a tenu au courant de ces conditions, auparavant. Il serait nécessaire de savoir que je n'ai aucune envie dans la Tarîqa et vous vous me confiez des choses que je ne peux pas supporter.

Je suis persuadé que ce personnage n'endossera jamais la responsabilité et aucun des adeptes de la Tarîqa n'est en mesure de dire qu'il désobéit aux cheikhs et ce, même s'il a fait des choses que la Tarîqa n'approuve pas. Car, il faut savoir qu'il n'est pas prêt à être destinataire de ce wird. Seulement, celui qui est appelé à endosser son péché n'est personne d'autre que ce muqaddam qui lui a donné ce wird sans que ce disciple n'en formule la demande et n'en montre le désir. Ce muqaddam ne fait que préparer les disciples dans toutes les contrées pour servir de base lui permettant de ratisser large pour pouvoir se balader et rechercher du plaisir.

Que Dieu extermine l'ignorance et les ignorants ! Qu'il rende aride l'ambition des avides !

Mon frère en la foi, je ne veux pas soulever ici cette question. Mais il s'est trouvé que je me vois obligé d'en mentionner partant de ce que je vois et de ce que j'entends de nos jours et qui vient ternir la peau de la Tarîqa et porter atteinte à la réputation de ses adeptes qui n'ont d'autres rôles que de rallier le cœur du disciple à l'esprit de la Tarîqa Tidjâniyya, l'amenant à éveiller, en lui, sa conscience et en le permettant de prendre la bonne orientation, la bonne direction.

Il n'y a de puissance et de force que celles de Dieu, le Très-Haut, le Parfait, que Son Nom soit Exalté, lui qui agit selon Sa propre Volonté, et qui n'a aucun compte à rendre !

Nous comptons revenir sur cette pureté spirituelle pour le reste de notre étude portant sur le désavantage de tourner le dos à son cheikh et les conséquences qui en découleront. La sanction la plus dure c'est la privation de tous les bienfaits qui devaient lui venir de son premier cheikh et ceux du second cheikh.

La dimension spirituelle et cultuelle de la Tarîqa Tijjâniyya

Cette question est plus ou moins abordée dans les ouvrages soufis permettant au disciple de pouvoir se guider dans toutes les directions avec abnégation et se tourner entièrement vers l'éducateur et jamais vers un autre. On ne connaît pas un véridique qui ait interdit à son disciple d'effectuer la ziara basée sur la Sunna. Ziara que Dieu et son Envoyé, le Prophète Muhammad (PSL) ont instituée. De même, aucun adepte de la Tarîqa n'en a défendu son disciple hormis ceux qui n'ont aucune notion d'éthique dans cette Tarîqa. Il faut dire que ceux-ci ont adopté le désaccord comme moyen de se rendre célèbre. Donc, il ne convient pas de se tourner vers ces propos légendaires.

Sur la même optique, je ne crois pas qu'il peut y avoir un doué de raison qui parvient à mettre le doigt sur cette évidence certaine ; et au même moment, il s'oppose en niant cette évidence tout en se basant sur des superstitions, des légendes qui n'ont aucun fondement authentique. Excepté celui qui est détraqué vers la fin de sa vie pour qu'ensuite vider la vase qui renferme la Loi de Dieu. Que Dieu nous place sur la bonne voie !

L'imam Cha-'arânî dit : « Certes, nous avons un engagement avec le Messager de Dieu (PSL) de rendre visite aux frères vertueux de la Tarîqa tout en honorant tout hôte qui atterrit dans notre Voie-ci, afin que Dieu le Très Haut fasse descendre sur nous Sa miséricorde. En fait, nous devons honorer tout nouveau venu dans notre Voie dans la grandeur, la majesté et la satisfaction de Dieu. Il convient d'afficher le désir de suivre le chemin en se laissant orienter par un cheikh mentor qui l'acheminera au beau milieu de la Présence Seigneuriale (hadarât al-wilâya) pour aboutir à la présence des Bonnes Qualités (hadarât al-khalâq al-hasana) qu'il finira par se vêtir. Alors, son âme sera son bouclier contre tous les agissements de Satan qui ne cherche qu'à amener le fidèle à la perdition. Les souverains lui obéiront de manière spontanée et ils seront à son service. Et ici, il plongera dans les eaux profondes de la Miséricorde Divine, si toutefois il s'est suffit à rendre visite fréquemment un seul guide spirituel.

Il faut dire que la plupart des ziara effectuées aujourd'hui ne sont pas basées sur la sincérité. Mais, elles sont basées sur la passion. Ainsi, on voit un disciple ou un savant rendre visite son prochain alors qu'il ne s'intéresse qu'à ses défauts et manquements qu'il ne tarde pas à raconter ailleurs. Il se peut même que les visités soient des ennemis déclarés à ce disciple visiteur. Et jamais, il ne lui informera de ce point qu'il a vu entre eux, ni qu'il joue le rôle de barrière pour cacher ses défauts. Et beaucoup de ceux qui sortent de chez ce disciple ou ce savant tiennent des propos comme : « J'ai rendu visite à un tel hier, et j'y ai trouvé une telle allégation qui tend à parfaire et à faire savoir. Et si je savais qu'il est dans cet état, je ne le rendrai jamais visite ». Alors, le regret et le remords se lisent sur son visage. Et un tel visiteur s'est exposé au Feu de Jahannam en aller comme en retour. Et il est fort possible que celui-là ait rendu visite les ténèbres, les pécules, qu'il y a mangé des choses interdites durant le mois de Ramadan en faisant état de leurs mérites et de leurs vertus. Rarement, on entendra d'eux un propos abordant leurs droits.

Et pourtant, il faut reconnaître qu'il y a toujours des disciples qui prennent la défense de ses adeptes touchés par la calomnie et par la diffamation. Et les premiers défendus son bien sûr les Erudits et les Saints.

Il convient de savoir que les disciples et les pieux ont des stratagèmes bien orchestrés qu'ils cachent aux visiteurs qui ne viennent pas uniquement pour la Face de Dieu ; mais plutôt pour un intérêt particulier. Il arrive même qu'ils les expulsent avec sagesse et lucidité, faisant qu'ils n'auront plus envie de revenir vers eux pour des *ziaras* non sincères.

A noter qu'un tel fait est arrivé à Sayyid Abî Sa-'ûd al-Jârihî avec un des éminents savants. Effectivement, il entra chez lui avec l'intention de tester son savoir.

Sur ce, le cheikh, Abû Sa-'ûd dit :
« Les gens pensent du bien de moi, alors que
Je suis le pire d'entre eux si on ne me pardonne pas ».

Le savant qu'il a rendu visite dit : « Si celui qui dit de tels propos ne différencie pas entre l'acteur et l'acte en tant que tel, comment peut-il prétendre être un pieux, un sincère ? ». Il le quitta tout en le blâmant.

Puis, le Cheikh le rencontra après des mois et il lui dévoila les secrets en lui signifiant « Effectivement, les gens pensent ». Sur le champ, le savant fit son apparition et implora le pardon de Dieu. Le cheikh lui dit : « Après la peine, l'apaisement t'est venue et tu connaîtras l'élévation spirituelle ». Est-ce que c'est comme ça que les gens rendent visite les adeptes de la Voie ? C'est seulement la faute de langage commise lors de la lecture du Coran et du hadith qui peut nous nuire.

La dimension spirituelle et cultuelle de la Tarîqa Tijjâniyya

« Ô mon frère, formule une bonne intention pour celui dont tu désires rendre visite. Puis, accomplis la ziara. Et même si tu n'as pas pu avoir la bonne intention, tu ne dois pas délaisser la ziara. Les pieux prédécesseurs (*salafu sâlih*) aimaient adresser leurs saluts entre eux et ils voyaient que cela était meilleur que la simple rencontre. En effet, chacun d'entre eux allait trouver son prochain en lui disant du bien, en proclamant son abnégation et en se vantant de sa pureté. Par contre, s'ils se mettaient à se dire des choses qui n'honoreraient pas l'autre, alors ils seront bannis et deviendront des êtres que l'on dégoûte, à l'image de Iblîs, le Diable maudit.

Sayyid Yûsuf al-'Ajamî, cheikh de la chaîne spirituelle (*silsila*) du soufisme en Egypte recommandait de ne pas faire don de la connaissance en Dieu à ceux qui ne veulent pas suivre le chemin qui mène vers Dieu sauf s'ils ont avec eux de la nourriture, des biens et des vêtements pour les pauvres. Il dit que celui qui n'apporte rien pour les pauvres, sa ziara reste une ziara mouvementée et perturbée. On lui dit : « Dieu merci, vous n'avez pas de penchants pour les choses mondaines ». Il dit : « Mais, c'est plus significatif que ce qui se trouve entre les mains de leurs progénitures et c'est également plus constant que ce qui se trouve chez les pauvres de leurs époques. Ne les préoccupe que ce qui les permettra d'obtenir plus de degrés le Jour Dernier. Et s'ils ont fait don de tous leurs biens mondains aux pauvres, nous leur consacrerons tout notre temps. Je ne connais pas parmi mes coreligionnaires, celui qui a fait meilleure ziara que mon frère, l'imam Chams Dîn al-Khatîb ach-Charbînî, ainsi que son compagnon le cheikh Sâlih Sulamî. Jamais, je n'ai retenu de leurs langages des paroles malsaines à l'endroit de la créature lors de leurs ziara. Ils n'ont jamais dit du mal ni aux savants, ni aux pauvre, ni aux seigneurs, ni aux communs des humains ». C'est un cas qui est arrivé à un groupe de savants de nos jours sans compter les autres savants. Mais, il m'est arrivé qu'un cheikh parmi les savants ait pris place en ma compagnie dans ma demeure auprès même de mon reposoir. A noter que là, l'invocation est effectivement exaucée. Mais, il commença à calomnier l'un de ses frères en la foi. Chose qui finira par lui faire perdre son invocation.

Mais, si ce n'était la Bonté Divine, une foudre venant du ciel s'abattrait sur nous. Je lui dis : « Oses-tu calomnier dans cet endroit béni ton prochain ? ». Il dit : « En fait, j'ai calomnié au beau milieu de la Ka'aba celui qui méritait d'être calomnié ». Je lui précisais : « Je prends à témoin la constitution (*dustûr*) divine et je prie Dieu si tu mens qu'il fait abattre sur toi une calamité ». Et il faut noter que ces éléments sont fréquents. Que Dieu nous en garde ! Nous demandons Dieu de nous accorder le salut.

La dimension spirituelle et cultuelle de la Tarîqa Tijjâniyya

Il convient de savoir que la ziara de nos frères devanciers était très bénéfique et très féconde entre eux, à l'image de celui qui s'apprêtait à inséminer voire vacciner les abeilles. Personne ne disait à son prochain : « Comment vas-tu ? » sans qu'il ne sut, sur le coup, son besoin suite à son propos ou à son acte. Mais, aujourd'hui une personne est capable de rejeter, d'expulser même son prochain. Aussi, s'il lui dit : « Comment vas-tu ? » L'autre n'a d'autres réponses à donner que : « Tout va bien ». Tandis que la réalité est que sa situation est très précaire, en raison de la dureté extrême de la vie, ou encore par l'offense dont il est victime. Il peut comprendre que cette forme de salutation n'est qu'une raillerie, une moquerie qui lui est adressée.

C'est la raison pour laquelle, certains leur disent tout simplement : « Quelle est la nature de votre état ? ». Mais, l'autre ne répond pas à cette question pour ne pas donner l'occasion à son « enquêteur » de connaître sa vraie situation. Et tout ce manège n'est que de l'hypocrisie qui sera notifié à celui qui agit ainsi. Pire, cette hypocrisie est inscrite dans le registre des hypocrites et conservée au niveau des Ecrits Célestes.

Jadis, ils disaient : « Si ton capital connaît la baisse, rend visite à tes frères de la Tarîqa ». Aujourd'hui si un religieux rendait visite à son frère de la Tarîqa, son capital diminuerait ou pourrait même se perdre, etc.

Je fais savoir que j'ai, effectivement, exagéré en rapportant ce texte dans son intégralité. Il est possible que mes coreligionnaires à qui je porte considération et respect soient en mesure de faire preuve de civilité et de bonne éducation et qu'ils soient en mesure de se tenir loin du mauvais comportement. En fait, le mauvais comportement constitue une grande calamité qui finira par s'abattre sur certains frères de la Tarîqa. Certains vont même jusqu'à clamer devant leurs frères leurs ruptures de relations. Il arrive même qu'un frère tende la main à son prochain pour le saluer et que l'autre lui réponde de manière répugnante.

Ainsi, je voudrais que mes frères soient parmi les premiers témoins sans oublier que Dieu demeure le Témoin Oculaire le plus certain. Néanmoins, je suis préoccupé par mes frères qui ont connu une régression au niveau de l'éducation et de l'enseignement. Ils sont gagnés par la nocivité, la dérision, le persiflage, l'antipathie, la rupture des relations et l'hostilité.

La dimension spirituelle et cultuelle de la Tarîqa Tijjâniyya

Voilà déjà 15 ans depuis que je suis entré dans la Tarîqa sans pour autant connaître le temps qui me reste à vivre. La seule certitude est que, je prends Dieu à témoin, j'ai toujours eu de la considération et de respect et j'ai toujours éprouvé à leurs égards une sincère affection. Je prends Dieu à témoin encore qu'en réalité, je pardonne quiconque me fait du tord et je ne donnerai pas de l'importance à cette personne. Je demande Dieu de nous accorder tous, sans exception, consistance, guidée, réussite et une bonne fin.

Mon très cher lecteur, je reconnais que ce point a failli me dévier du thème central à savoir l'interdiction qu'ont faite les cheikhs à l'endroit de leurs disciples de ne plus rendre visite à un autre cheikh par peur de leur manifester son affection et de s'inspirer d'eux.

Quant à la ziara basée sur la Sunna, personne ne l'a interdit comme nous l'avons longuement démontré. Je reviens souvent sur ce point afin que les adeptes puissent en avoir plus ample information. Peut être qu'ils prendront la voie de la rectitude et laisseront de côté toutes ces superstitions que profèrent certains déficients mentaux parmi les muqaddam actuels qui voient leurs vues et leurs cœurs castrés et scellés. De leurs langues, ils profèrent des paroles inadéquates avec leurs passions et font apparenter à la Tarîqa ce qui n'y appartient pas. Ils ont fini par prendre le dessus sur le cœur des faibles parmi les frères de la Tarîqa en obnubilant leurs cœurs après que ces cœurs eurent été exempts de toute déviation. Ils rendirent ces cœurs des proies faciles et des outils manipulables conformément à leurs vouloirs. Alors qu'il n'y a de force et puissance que celles de Dieu, le Très Haut, le Parfait.

Nous avons démontré que la ziara se fait par l'esprit et non pas par le corps. Il arrive parfois que quelqu'un ait rendu visite à un saint sans se déplacer. Alors qu'entre eux, il y a une distance incommensurable. Il peut faire cette visite soit par voie inspirationnelle soit par voie affectionnelle en vue d'implorer son secours pour des besoins précis. C'est ce genre de ziara qui est interdite dans cette Tarîqa. La ziara qui consiste à tourner le dos à son cheikh en suivant et en honorant un autre cheikh.

Mon frère de la Tarîqa, je t'exhorte de bien prendre en compte et ne jamais négliger ce que je te dis à travers ces écrits. Je suis quasi certain que tu ne pourras pas trouver ailleurs une explication détaillée de cette question comme je l'ai fait dans ce modeste livre.

171

Lorsque l'on interdit au disciple de rendre visite à un autre cheikh, il faut savoir que c'est dans son propre intérêt. On n'est pas sans savoir que si plusieurs médecins spécialisés dans divers domaines s'occupent d'un seul patient, ils finiront par troubler l'état d'esprit de ce patient. Dieu dit : « **S'il y avait dans le ciel et la terre des divinités autre qu'Allah, tous deux seraient certes dans le désordre ...** [100] ». Par là, la pluralité des Saints sur un seul disciple n'aura d'autres conséquences que de causer, de manière irréfutable et irrévocable, sa perte. Car, il est comparable au patient qui se trouve entre les mains de plusieurs médecins. Voilà pourquoi les hommes de Dieu ont interdit leurs disciples d'effectuer la ziara ailleurs dans le seul but de lui garantir le salut dans son élévation spirituelle (*sulûk*) et lui préserver la perdition dans la Tarîqa.

Les compagnons du vénéré cheikh Ahmad Tidjâne et ceux qui suivent leurs voies parmi les gnostiques sont ceux qui honorent et respectent les saints dans l'estime et dans la considération. Il faut reconnaître que les Tidjânes respectent avec considération les saints sans rien attendre en contrepartie. Quant au reste de la créature, ils honorent les saints pour des buts bien déterminés, pour suivre leurs passions et faire plaisir à leurs âmes. Il n'y a aucun d'entre eux qui agit ainsi si ce n'est pour quelque chose. Une telle attitude est vue par les hommes de Dieu comme du *chirk* (associationnisme). Il faut noter que celui qui rend visite, de nos jours, en ayant l'unique intention de rechercher, à travers cette visite, la Face de Dieu, Dieu lui inscrira la récompense de celui qui a rendu sincèrement visite à un Saint. Mais si par contre, son intention est mauvaise, il n'y récoltera que ces qu'il cherche, comme l'assouvissement des désirs mondains.

Dans le Coran, nous avons une indication qui démontre la portée de cette interdiction de rendre visite aux saints lorsque Dieu dit : « **Allah a cité comme parabole un homme appartenant à des associés se querellant à son sujet et un autre homme appartenant à un seul homme : sont-ils égaux en exemple ? ...** [101] ». Il n'est point possible de s'échapper pour sortir sain et sauf des mains de plusieurs médecins dont chacun prescrit son propre ordonnance et donne ses propres médicaments. La question qu'il faut se poser est de savoir comment prescrire plusieurs médicaments pour un seul patient qui souffre d'une seule maladie ? Et, si le patient les utilise, il se peut qu'il en meure, car ces médicaments n'acceptent jamais d'être pris en même temps dans le même organisme humain.

---

[100] Sourate : Al-Anbiyâ' ; verset : 22.
[101] Sourate : Az-Zumar ; verset : 29.

La dimension spirituelle et cultuelle de la Tarîqa Tijjâniyya

Mon cher frère en la Tarîqa, je te prie de bien méditer sur ce point que seuls les gnostiques seront en mesure de concevoir. Que Dieu nous guide vers la Bonne Voie !

Que Dieu fasse miséricorde à Sayyid Ahmad Qâsim Jasûs à qui le cheikh Ahmad Sukayridj a transmis les ficelles de la Tarîqa. De même, il lui a rappelé les vers qu'il a eu à faire. A travers ces vers, il rétorque à certains négateurs de la Tarîqa Tidjâniyya qui tentent de dénigrer certains points comme la question de la ziara. Ainsi, il dit dans ces vers :

« S'agissant de la ziara, il convient de la faire
Sur le champ, même avant d'en comprendre le sens exact.
Cette ziara n'est pas interdite. On peut voir le cheikh dans l'état
Dont on ne voulait pas voir en lui. Il faut considérer son manteau d'Educateur.
Il faut considérer les cheikhs comme des intermédiaires
En comptant sur leurs rangs pour résoudre toute affaire.
Mais, il faut se garder de segmenter la pensée du disciple,
Car cette segmentation peut causer sa perte.
Quant aux tombes des musulmans, le cheikh
Incite à s'y rendre.
Il convient de consulter le propos des savants sur la question
De manière sincère et avec une fermeté absolue.
On peut y trouver ce qui permettra de guérir toute maladie
Quelque soit sa gravité. Il suffira d'y chercher le remède adéquat.
Ecoute attentivement ce qui t'es dit, car
Cela peut te servir de réponse qui te révélera la vérité que tu cherchais ».

Mon cher frère en la Tarîqa, certains adeptes ont contesté ce qui est arrivé à Sayyid Ahmad kallâ. Effectivement, le cheikh Ahmad Sukayridj en a fait mention.

Et nous allons en rapporter une partie :
« C'est extraordinaire ce qui est arrivé au faqîh Sayyid Ahmad Kallâ, lorsqu'il s'était rendu au Hidjâz. Il montre qu'il était accompagné de certains adeptes et ensemble ils passèrent auprès d'un endroit où est inhumé un martyr. Alors, on lui signifia que c'est la tombe d'un tel adepte tidjâne. Et il se rapprocha pour être au chevet de ce martyr pour s'attirer les bénédictions car lui aussi étant un disciple tidjâne. Et on n'a pas interdit de rendre visite les Prophètes, les braves compagnons et les frères en la Tarîqa en cours de route. Cependant, à sa sortie, et après avoir fait une longue

distance, on lui informa que ce n'est pas la tombe d'un saint tidjâne mais plutôt la tombe d'un autre saint étranger à la Tarîqa. Sur le coup, il se gêna et ne put se retenir jusqu'à ce qu'il retourna auprès de cette tombe. Mais c'est comme si il n'est pas en face d'une tombe qu'il voit à ses yeux. C'est la cause pour laquelle, il s'adressa à l'inhumé à l'image de celui qui s'adresse à un vivant en ses termes : « Ô saint ! Je vous ai rendu visite pensant que vous êtes un adepte tidjâne et dès l'instant qu'il m'a paru certain que vous ne l'êtes pas, me voici pour réparer ma visite aussi sur le fond que sur la forme. Et si je savais au début que vous n'êtes pas de la Tarîqa, je ne vous aurai pas rendu visite de peur de rompre le lien qui me lie avec la Tarîqa ».

C'est pour cela qu'il faut d'abord impérativement comprendre les exigences du bon comportement, de l'éthique pour espérer mener, effectuer une bonne ziara. Un tel acte suffirait pour confirmer la véracité de rester fidèle à son engagement vis-à-vis de son cheikh en se gardant de ne pas effectuer la forme de ziara interdite.

Aussi, l'auteur de « Al-Munayya » dit :
> « Celui qui prend le wird d'un cheikh pour rendre visite
> A un autre, qu'il sache qu'il ne tirera profit d'aucun d'entre eux ».

N'est-il pas permis de dire qu'il est fort possible de se suffire à formuler l'intention d'accomplir la ziara auprès du cheikh que l'on a choisi sans pour autant se déplacer. Ce serait meilleur que de faire des allers-retours répétitifs très fatiguant. Et même si ce n'est pas son cheikh, il peut s'agir d'un des illustres Compagnons du Messager de Dieu (PSL). Or, il n'est pas interdit de rendre visite à ses illustres Compagnons.

Assurément, même si le disciple savait que cet aller-retour qu'il formule dans son for intérieur lui profiterait, même s'il ne le fait pas de façon évidente ; si toutefois il ne fait pas cette ziara, il serait mal compris par ses coreligionnaires. De toutes façons, on montre qu'il est permis, aux yeux de la Tarîqa Tidjâniyya, de faire cette forme de ziara, c'est-à-dire formuler l'intention sans pour autant se déplacer.

La plupart des gens imitent les savants à la lettre sans essayer de comprendre d'où se basent-ils pour justifier leurs actes. Mais ce qu'il faut notamment noter est que le fait de rendre visite à un autre saint est chose interdite. Cependant, il est permis de faire la *ziara* aux illustres compagnons du Prophète (PSL). Cette interdiction dont nous a fait savoir notre Vénéré Cheikh Tidjâne vient du Messager de Dieu (PSL). Donc, c'est dire qu'il n'est pas donné à un disciple sincère de chercher la raison de cette interdiction. La seule chose qu'il doit faire c'est de croire que cette forme de *ziara* est interdite. Seuls les contestataires et les négateurs se mettront à en chercher la raison. De toute façon, j'espère que cette mise au point suffira pour traiter cette question. Que Dieu harmonise notre culte !

De son côté, Ahmad Kalâ a rendu visite à un compagnon et non à un saint. C'est là toute son intention et aucun grief ne lui sera fait et il sera toujours maître de son autorisation spirituelle (*izn*). Et dès lorsqu'il se rendit compte de l'erreur qu'il a commise, il doit implorer le pardon de Dieu, car son propre cheikh ne considère pas son erreur ; mais considère l'intention.

Il faut dire que le retour d'Ahmad Kalâ vers ce saint et le fait d'accomplir carrément cette ziara expriment le summum du bon comportement, car ce Ahmad Kalâ figure parmi les savants et sait bien comment agir face à ces genres de situations. Il ne convient pas de compter sur ce retour en le prenant comme un argument au point de ne pas parfaire la praticabilité des bonnes manières vis-à-vis des hommes de Dieu. Et il se pourrait que nous agissions ainsi pour devenir des collaborateurs qui aident à cultiver le mauvais comportement vis-à-vis des hommes de Dieu.

Il faut reconnaître que Ahmad Kalâ a fait ce qu'il a fait comme l'en a attiré l'attention cheikh Ahmad Sukayridj en vue de confirmer leurs incorporations au sein de la Tarîqa pour que personne ne pense qu'il a négligé la question de la ziara. Nous reviendrons sur ce qui est arrivé à certains grands muqaddams parmi les savants. Le fait de craindre le mal et le fait de repousser l'incertitude et la psychose qui a gagné les cœurs de ses compagnons a amené ce cheikh a éprouvé de la compassion pour leurs faiblesses en évitant de leur menacer de perdition en raison de la large diffusion des on-dit.

Comme l'a dit cheikh Ahmad Sukayridj, la plupart des gens croit avec conviction que le savant en Dieu est un être parfait et infaillible. Aussi, ils l'imitent dans ses actes cultuels sans penser à l'interroger le pourquoi et le comment de ces actes. C'est la raison pour laquelle notre Vénéré n'a cessé d'attirer l'attention de ses disciples sur cette question, car très conscient du danger que cela représente. En guise d'illustration, on voit certains dirent : « Nous n'avons pas vu un tel savant faire ceci ou cela ; nous avons vu un tel savant faire ceci ou cela et nous n'en avons aucune preuve ».

Enfin, l'intention est la base de toute chose, car étant la plaque tournante de cette question centrale qu'est la ziara. Quiconque formule l'intention de se rendre chez un saint en vue d'implorer son secours ou pour lui manifester son affection ou encore pour s'inspirer de lui et ce, même s'il ne bouge pas de chez lui, il sera considéré comme un visiteur (zâ'ir) qui s'est retiré de la Tarîqa et qui a tourné le dos à son cheikh. Celui-là jamais, il ne tirera profit de son wird. Sauf à une condition, qu'il se repente et se tourne vers Dieu en renouvelant son autorisation spirituelle (izn) de manière sincère auprès de son cheikh ou auprès de son muqaddam ou auprès de celui qui lui a conféré ce wird.

Quant à celui dont la nécessité a poussé à se rendre auprès du mausolée d'un cheikh donné pour une raison précise et non pas pour se promener encore moins pour se détendre, celui-là ne sera pas considéré comme ayant tourné le dos à son cheikh et aucun grief ne lui sera fait, car la nécessité est de rigueur et elle pèse lourde pour la ziara. Il s'agit en fait d'adresser le salut au défunt inhumé avec politesse et respect en lui implorant la miséricorde et le pardon de Dieu. De même, nous lui signifierons, à plusieurs reprises, qu'on n'est pas venu pour lui manifester notre affection ou pour s'inspirer de lui ou encore solliciter son aide. Mais, nous lui dirons que nous sommes entrés en contact avec lui du fait de son rapprochement de notre maître spirituel. Et nous sommes très certains et très sûrs que notre maître spirituel sera satisfait de nous en raison de notre comportement basé sur le respect, la considération et la vénération.

Effectivement, il y a toujours des frères en la Tarîqa qui affichent la dureté extrême sur cette question en obstruant la voie d'accès. Car, ils ont peur que la majorité des frères en la Tarîqa ne soient pas parmi ceux qui encouragent la négligence et l'usage immodéré. Ceux-là se prononcent sur l'interdiction faite au disciple tidjâne de rendre visite les Saints car basée sur l'affection et sur l'inspiration spirituelle.

Nous concernant, nous ne partageons pas leurs points de vues. En fait, ils mettent l'accent sur la protection du jeune disciple en prenant en compte celui qui brouille sa pensée à propos de son Cheikh. De notre côté, nous donnons plus d'importance sur la conservation de la nature véritable de la Sunna Prophétique, ainsi que de ses textes, de ses convenances et de sa déontologie. Sur la même lancée, nous plaçons des barrières pour barrer la route aux négateurs de la Tarîqa, de ses adeptes voire de son fondateur en question. Ainsi, ils n'auront aucun prétexte pour nous salir. Il s'agit ici de toute notre volonté à vouloir concrétiser notre engagement, car nous y croyons et nous sommes persuadés que c'est ça la vérité et l'exactitude.

Alors, il convient que les chers frères en la Tarîqa ouvrent bien l'œil sur cette question et plus précisément sur ceux à qui autorisation a été donnée d'initier voire de conférer la Tarîqa. Qu'ils mesurent, avec science, les propos avant de s'y prononcer. Ils peuvent même user de tous les calculs pour trouver la vraie formule avant qu'ils ne donnent leurs opinions et avant qu'ils ne s'engagent à se jeter dans l'océan plein de dangers terribles. A Dieu appartiennent la réussite et le salut.

Assurément, il revient aux Erudits de la Tarîqa de bien clarifier les bonnes manières, le respect, la grandeur qu'il convient de s'armer pour aller trouver les Saints comme l'a recommandé notre Cheikh spirituel. De même, il revient à ces Erudits de mettre la lumière sur les obligations du jeune disciple afin qu'il puisse savoir comment il doit cheminer dans la Tarîqa et que doit-il éviter en fait de propos et d'actes au point qu'il puisse devenir clairvoyant et averti par rapport aux exigences de la Tarîqa. De même, il sera en parfaite sécurité contre les dangers et les péripéties qui jalonnent la Tarîqa. Et si toutefois, ces érudits s'adonnent à cette tâche, aucun grief ne sera fait au jeune disciple s'il fréquente de milliers de Saints parmi les grands Cheikhs. Seulement, il ne doit jamais tourner le dos à son Cheikh initial à qui il doit donner toute son attention. C'est là notre conception sur la question et si cette conception s'avère vrai, il faut savoir qu'elle émane de Dieu le Très-Haut et si elle affiche le contraire, il faut s'avoir qu'elle est le produit de ma propre imagination. Et alors, je demande Dieu de passer sur mes manquements, de pardonner ma famille, mes voisins et mes amis intimes.

Parmi les questions sur lesquelles les frères en la Tarîqa doivent pointer le doigt est que cette question-ci n'a rien à voir dans l'imploration et l'affection interdites au sein de cette Tarîqa Ahmadiyya. Certains ignorent ce point. Et ils vont jusqu'à nier certaines invocations relatant les litanies des éminents Saints. Donc, on en donne une lumière pour que le jeune disciple sincère qui suit la Tarîqa ne tombe pas dans le fossé de la perdition. Effectivement, il est rapporté dans un hadith que le Prophète (PSL) a dit : « *Si quelqu'un parmi vous perd quelque chose ou qu'il cherche un soutien dans un endroit où il est étranger, qu'il dit : « Ô serviteurs de Dieu, assistez-moi ! Ô serviteurs de Dieu, assistez-moi ! Car Dieu a des serviteurs invisibles* ».

Ce hadith pose un argument incontestable infirmant la thèse des négateurs qui critiquent le fait d'implorer le secours des Saints. Il constitue, également, une preuve patente pour réfuter la thèse des négateurs qui remettent en cause le fait de demander assistance aux Vertueux en les mettant tous au même pied d'égalité au sein de la Tarîqa. Nous adeptes Tidjânes, nous tirons notre argument des propos du Cheikh Ahmad Sukayridj lorsqu'il interprétait les dires de Sayyid Hufyâne Ibn Muhamad ach-Charqî al-'Umrî.

En fait le texte dit : « D'après Al-Hâdj 'Abd Al-Wahhâb Ibn Al-Ahmar, en effectuant la ziara auprès du Cheikh, il convient de dire : « Ô Seigneur, me voici debout devant Toi en cherchant l'intercession de Tes Prophètes (PSE), en implorant Tes Saints et plus précisément notre Cheikh Ahmad Tidjâne. Fais-moi ceci ou cela [102] ».

Il faut savoir que l'imploration faite à l'endroit des Saints sans pour autant les nommer n'entre pas dans le cadre de la ziara basée sur l'affection car celle-ci est interdite dans la Tarîqa. Mais quand il s'agit de les nommer, cette ziara est vue comme affectionnelle entraînant le fait de ne pas prendre en compte l'exemple en rigueur. Il y a peut être parmi nous ceux qui ne savent pas œuvrer pour la vérité et par la vérité. C'est ce que disait le Saint Salih Sayyid 'Arabî Ibn Sâ'ih : « Le commun des humains ne savent pas œuvrer uniquement pour plaire Dieu ».

Sous ce rapport, le chapitre relatif à cette question d'ignorance fut clos. Personne ne peut rendre visite à un Saint pour manifester son affection ou pour solliciter son soutien qu'il soit en vie ou déjà mort. Quant à ceux qui sont avertis sur cette question, ils ont un jugement bien particulier. En fait, ces vers viennent illustrer la ziara faite aux Saints montrant leur utilité notoire :

« *Ô les Saints, je suis souffrant*
Et vous détenez le remède et la guérison.
Donnez-moi le remède convenable à ma maladie, s'il vous plait
Accordez-moi votre générosité selon mon désir.
Combien de fois vous est parvenu un malade
Qui a fini par retrouver sa santé ?
Combien de fois avez-vous assisté, en permanence, le patient

---

[102] « Allahumma innî wâqifune bibâbika, mustache fi'une bi-anebiyâ'ika, matawassilune bi-aweliyâ'ika, wabi chaykhinâ haza Sayyid Ahmad Tidjâne. If-'ale lî kaza wa kaza ».

La dimension spirituelle et cultuelle de la Tarîqa Tijjâniyya

Dans son lit, et qui a fini par se rétablir ?
Vous êtes la porte d'accès et que Dieu demeure Généreux
Et auprès de vous, les vœux et la félicité sont acquis ».

Sur ce, je dis que ces vers constituent une preuve évidente pour soutenir que le fait d'implorer le soutien des Saints sans les nommer est chose permise au sein de la Tarîqa Ahmadiyya. Mais la condition impérative qu'il faut respecter est de se suffire d'un seul Saint pour ne pas tomber dans les filets du regret.

Cependant, j'aime toujours agir partant des textes et non se suffire à l'effort personnel (*Ijeti'hâd*). En effet, quelque soit la portée de la connaissance de l'homme, il faut toujours reconnaître que celui-ci est, en permanence, exposé à l'oubli, à l'insouciance et à l'erreur. Et c'est uniquement les Prophètes (PSE), dans leurs ensembles, qui sont exempts de ces manquements dénotant la faiblesse humaine. Aussi on ne peut pas approuver les dires de celui qui erre sans but précis et plus précisément si celui-ci prétend tirer ses arguments de la Tarîqa. Toujours est-il qu'il faut chercher la raison pour laquelle ceux qui confèrent le wird veulent-ils retirer l'autorisation qu'avaient ses frères en la Tarîqa du seul fait que ces derniers soient gagnés par l'animosité, la rancune, et le dégoût à l'adresse de leurs frères croyants en jetant sur eux la diffamation et le mensonge. Ils les collent des choses dont Dieu les a déjà innocentés. Et il est à noter que ceux qui agissent de la sorte n'ont aucune notion ni de la religion ni de la Tarîqa et en plus, s'ils ne se sont pas de vrais disciples, comment pourront-ils y orienter d'autres ?

L'image de ces ignorants est semblable à ceux qui cultivent l'inimitié et la haine entre les fidèles croyants par l'entremise de ce qu'ils propagent entre eux en fait de poison mortel en leur transmettant de faux propos et des croyances non fondées. Tandis que la Tarîqa, Dieu merci, se trouve indemne de toutes ces manigances et manèges qui sont loin avec ses directives.

Son fondateur a déjà interdit la Tarîqa, ceux qui forgent ces mensonges. En fait, il mettait en garde : « Si vous entendez de moi quelque chose, comparez-la à la Charî'a, s'il y a conformité appliquez-la et s'il y a désaccord, laissez-la de côté ».

Tous ce que prétendent les tendancieux allant dans le sens d'être en contradiction avec la Chari'a et la Tarîqa est chose rejetée. Et même s'ils sont des érudits en la matière. Les propos des véridiques parmi les disciples de notre Cheikh spirituel viennent confirmer noter assertion. Laquelle assertion constitue une réplique piquante à quiconque s'évertue à ternir la Tarîqa et à quiconque dénigre, dans l'ignorance, le chemin emprunté par les hommes de Dieu.

Nous avons déjà fait état des propos des Soufis qui ont précédé notre Cheikh spirituel. Ces propos ouvrent la porte à tout homme juste recherchant la vérité. Nous avons noté avec force qu'eux tous, excepté une petite minorité, sont unanimes sur la véracité de l'interdiction faite au jeune disciple de rendre visite autre que son Cheikh initial. En effet, notre Cheikh a posé comme condition sine qua non la non pratique de la ziara basée soit sur l'affection soit sur l'imploration. Et celui qui désire bénéficier de sa tutelle doit coûte que coûte s'éloigner de cette. Par contre, celui qui s'en détourne, il est considéré comme un désobéissant inconscient. Louange à Dieu, Seigneur de l'univers. Aussi les érudits de la Tarîqa doivent éclaircir ce point au jeune disciple au moment de recevoir l'autorisation (*izn*) de pratiquer le *wird*.

Le point primordial qui incombe au muqaddam c'est d'être en parfaite conformité avec les trois conditions qu'ont ratifiées les ténors de cette Tarîqa en raison de l'accord de notre Cheikh vis-à-vis de ces conditions. Et, à notre avis, il n'y a aucun mal à y revenir bien qu'on en a déjà fait mention en guise de rappel, puisque le rappel profite aux croyants. Le Cheikh spirituel précisait : « trois pratiques rompent le lien existant entre nous et le disciple :
- prendre un autre wird en plus du nôtre,
- rendre visite aux Saints,
- l'abandon du wird ».

Alors, le muqaddam se doit d'axer ses recommandations sur ces trois conditions amenant le disciple à s'engager pleinement à les remplir. En outre, il doit les lui rappeler constamment l'empêchant ainsi de tomber dans le piège des plaisirs sensuels, de la passion et des caprices de l'âme. En fait, la passion est une des cordes de Satan, le grand ennemi déclaré de l'homme. Dieu dit : « **Le Diable est pour vous, un ennemi déclaré ; prenez-le donc pour ennemi …**[103] ».

Sur ce point, j'invite l'ensemble de mes frères muqaddam à présenter de la plus belle manière la Tarîqa Tidjâniyya ainsi que les conditions notifiées dans ses références. Et si le disciple accepte toutes ces conditions qui lui sont imposées, il sera compté parmi

---

[103] Sourate : Fâtir ; verset : 6.

les véridiques ; et s'il en accepte une partie, il sera compté parmi les bienfaisants. En revanche, s'il les rejette dans leur totalité, il sera compté parmi les traîtres. Si, de notre côté, on a bien présenté les conditions posées, alors tous les hommes justes apprécieront cette Tarîqa. Mais seulement, il se peut que les premiers à s'y prononcer soient ceux qui émettent des critiques, ceux qui montrent leurs accords et ceux qui confirment. Il faut noter que ce qui fait fuir les gens de cette Tarîqa, c'est le comportement de certains qui se disent aptes à conférer le wird, alors qu'ils disent des choses qui n'ont rien à voir avec la Tarîqa. Et s'ils la présentent comme une mode par laquelle elle (la Tarîqa) se manifeste, alors elle aura une particularité bien spécifique comme ce fut le cas auparavant. La Tarîqa Tidjâniyya est une ligne de conduite et non une voie qui légifère. Et il revient aux ténors de cette Tarîqa qui en connaissent parfaitement les lois et ses différents aspects d'en informer leurs frères en la foi de ce que Dieu les a fait savoir en fait de recommandations et d'interdictions. Et quiconque se détourne de cette directive encore le châtiment divin sauf que Dieu lui accorde, à temps, son pardon et sa miséricorde.

Il incombe à tout croyant – disciple tidjâne ou n'importe quel autre musulman – d'apprendre les lois divines et les enseignements prophétiques relatifs à la religion. Mais, il est de rigueur à ce que le muqaddam expose au jeune disciple les règles à suivre lors de la purification (*at-tahâra*) et lors de la prière (*as-salât*) comme la pratique du nettoyage par les cailloux (*istijmâr*), du nettoyage par eau (*istinjâ'*), de l'ablution sèche (*at-tayammum*), de la purification complète (*al-ghusl*) à la suite d'une souillure majeure (*al-janâba*). Il faut noter que toute autre condition mentionnée à part celles-ci sera rejetée, même si l'auteur figure parmi les plus grands muqaddam et qu'il soit apte à donner la permission. C'est là, le cas des muqaddam actuels qui ignorent tout du Livre de Dieu, de la Sunna et même de la Tarîqa. Ils ne font que relater ses awrâd, les prodiges et les vertus des adeptes. Alors qu'en réalité, ils ignorent la substance qui symbolise la Tarîqa. C'est à Dieu que je me plains contre ceux-ci.

Que Dieu fasse miséricorde à Cheikh Nazîfî qui dit dans sa poésie intitulée : « Al-Yâqûta al-farîda » :

« *Combien sont-ils ceux qui se font cheikhs, partant de leurs ascendances ;*
Alors qu'ils sont les plus ignorants des actes cultuels ».

Dans son commentaire de ce vers, notre Vénéré, Cheikh Tidjâne démontre qu'il s'agit de celui qui incarne la sénescence ; tandis que qu'il n'a aucune connaissance en matière de religion. Sa seule base est de se vanter d'avoir un papa ou un ancêtre pieux. La réalité est que le manteau de cheikh ne s'hérite pas par la simple parenté.

Que Dieu fasse miséricorde à l'auteur de ce vers :
« *Si tu te vantes d'une ascendance noble*
Tu as raison ; mais quelle mauvaise progéniture ont-ils engendré ».

Dieu n'a pas hésité à montrer au Prophète Nûh (Paix sur lui) que son fils a opté l'égarement, délaissant de côté la voie du salut que lui a proposé son père. Et Dieu précisa à Nûh le comportement de son fils : « **... car il a commis un acte infâme ...**[104] ». Donc, la bonté ne s'hérite pas ; mais c'est plutôt une détermination divine : « **...et du vivant, il fait sortir le mort...**[105] ».

Mon très cher lecteur, tu dois comprendre que celui qui se fait passer pour un sénile est le plus ignorant des fidèles en matière de ses droits et de ses devoirs, de la même façon qu'il ignore le Livre de Dieu et la Sunna du Prophète (PSL). L'étrangeté viendrait surtout des invocations qu'il formule alors qu'il ne connaît rien des principes de sa religion. Comment pourra-t-il se prétendre appartenir à la dignité de Cheikh. En réalité, les Savants ont dit : « Si le *mukallaf* (celui qui est responsable de ses actes) effectue la prière tout en ignorant les actes obligatoires (*mafrûd*) et ceux traditionnels (*masnûn*), sa prière n'est pas valide. De même, si on l'interrogeait sur ce qui gâte la prière, il ne le sait pas. Et si on l'interrogeait sur la question de l'oubli, il ne sait pas comment le réparer ».

En somme, ne connaissant rien de ce qui pourra rendre parfait aussi bien ses ablutions que sa prière qui sont les deux fondements de sa religion, que dire sur les autres domaines ? De la même façon, si tel est le cas du Cheikh dans son ignorance, que dire de celui qui s'en étonne ou de celui qui le confirme ?

Je t'invite à méditer ces vers :
« *Combien sont-ils ceux qui se font cheikhs en se basant sur le prestige ;*

Alors que leurs flancs sont comparables au poisson qui dégage une odeur puante ?
Combien sont-ils ceux qui se font cheikhs en comptant sur leurs physionomies ;
Alors qu'ils ne s'intéressent qu'aux biens matériels comme l'or et l'argent ?

---

[104] Sourate : Hûd ; verset : 46.
[105] Sourate : Ar-Rûm ; verset : 19.

182

La dimension spirituelle et cultuelle de la Tarîqa Tijjâniyya

Combien sont-ils ceux qui se font cheikhs qui ne cessent de fumer ;
Alors qu'en réalité, ils sont les plus idiots, les plus ignorants de la religion ? ».

« Ô frère en la foi, après cette analyse que nous venons de mener, de manière exhaustive, nous disons que nous en avons tiré large profit. Et avant d'en finir avec cette question cruciale, je voudrais couronner cette modeste contribution par des recherches riches et profitables ayant un rapport étroit avec notre réponse ainsi qu'avec ce thème-ci. Notre vénéré Cheikh Ahmad Sukayridj, le porte parole et la perle de la Tarîqa démontrait la conduite et le comportement que doit avoir le disciple. Aussi, il fait état de quatre points essentiels :

1er point : « Il convient de savoir que les voies spirituelles empruntées par les hommes de Dieu sont multiples et elles sont classées selon leurs ordres de célébrité. Toutes ces voies mènent vers une unique destination : unique voie de chute illuminée que le damné (*hâlik*) ne pourra pas cheminer. Il s'agit de celle qui conduit vers Dieu. Ainsi, celui qui emprunte une de ces voies spirituelles atteindra, inéluctablement, la voie recherchée. Cependant, parmi ces voies, il y a celles de longue distance, celles de courte distance et celles de distance moyenne. Si le disciple engage une voie et y reste attaché atteindra, tôt ou tard, le bout du tunnel comme le souligne ce vers :

« Je jure que l'endurant verra la satisfaction de ses besoins,
S'il ne se décourage pas. Chaque porte qu'il tape s'ouvrira devant lui ».

On rapporte que Uways Qarni a dit : « Je prends à témoin un propos émis par les Sages ». Il dit :

« Charge ton cœur de la crainte en Dieu.
Et méfies-toi de tomber dans la diversion.
Œuvre en suivant un seul guide,
Alors tu seras en parfaite sécurité ».

En fait, le disciple sera facilement tenté par Satan l'amenant à suivre une toute autre voie. Mieux encore, l'âme qui incite au mal l'y poussera en lui donnant des arguments qu'elle (l'âme) jugera patents. Cette idée revient dans ces deux vers suivants :

« Les voies spirituelles sont différentes, où est celui qui les emprunte ?
Mais, il est très difficile de voir quelqu'un les emprunter.
Attaches-toi à une voie spirituelle sans te lasser

Et très certainement, tu atteindra ton but ».

Pour que Dieu préserve le jeune disciple de la sanction de son Cheikh, celui-là se doit de respecter toutes les exigences de son Cheikh sans dépasser les limites. Sinon, il encourra la colère de Dieu. Que Dieu nous en garde !

Sur la même piste, cette Tarîqa pose comme condition de ne point franchir ses frontières et de ne point faire la *ziara* aux autres Saints. C'est dire que tout disciple qui désire la suivre doit forcément respecter ses conditions. Il doit, au préalable, s'y plier de sa propre initiative. Et une fois l'engagement pris, il ne doit plus effectuer la *ziara* ailleurs. Il doit avoir en rappel ce verset : « **Soyez fidèles au pacte d'Allah après l'avoir contracté …**[106] ».

2ème point : « Sache que la voie spirituelle des hommes de Dieu impose à tout disciple de limiter son amour sur son propre cheikh et ne jamais le manifester pour un autre, vivant ou déjà décédé. Aussi, notre Cheikh dit : « Parmi les conditions les plus significatives entre le cheikh et son disciple est que ce dernier ne doit pas associer son cheikh à un autre cheikh et ce, quelque soit la forme de cet amour. Il doit avoir en souvenir les enseignements de la Chari'a qu'a bien clarifiés le Prophète (PSL) qui montre que sa propre dignité n'a pas d'égale parmi les Prophètes et les Messagers (PSE) aussi bien en amour, en grandeur qu'en source d'inspiration. Et le fait de couper tout contact avec le Prophète (PSL) démontre le risque de mourir en mécréance si toutefois, l'assistance divine ne vient pas en guise de récupération. Si une telle question est bien claire, le disciple doit toujours se suffire à son cheikh qui a montré la même attitude vis-à-vis du Prophète (PSL) en clamant sa grandeur, lui manifestant son amour profond, en s'inspirant de lui tout en conservant le fil conducteur qui les unit.

Ach-Cha'arânî, précisait dans son livre « <u>al-bahrul mawrid</u> » ce qui suit : « Il a pris de nous l'engagement qu'il ne se rendra plus auprès d'un disciple pour l'écouter et l'obéir, car on lui a recommandé ce qui était raisonnable. Et si nous connaissons de science certaine qu'il s'est engagé à nous manifester un amour ardent, un amour plus fort que celui qu'il a pour sa famille voire sa progéniture, nous saurons, alors, qu'il s'est vraiment engagé. Car nous devons être les premiers à être aimés.

---

[106] Sourate : An-Nahl ; verset : 91.

La dimension spirituelle et cultuelle de la Tarîqa Tijjâniyya

Il convient de savoir que si le Messager de Dieu (PSL) ne savait pas que l'amour sincère aiderait à rattraper la caravane de la guidée et à manifester sa soumission sans contrainte, il n'aurait pas précisé : « *Aucun d'entre vous n'aura une foi sincère que si je suis le plus aimé en lui que sa propre personne, sa famille, ses enfants, voire tout le monde* ».

Il convient de savoir que l'amour constitue l'arbre de la bonté et le fruit du paysan. C'est l'élément connecteur entre le cheikh et son disciple. De fait, il a un aspect attractif divin qui vise les âmes. Si le disciple parvient à mettre la main sur les rayons sentimentaux, alors l'amour du cheikh finira par cerner le jeune disciple.

Le savant en Dieu, 'Alî Ibn Wafâ, que Dieu sanctifie son âme, disait dans son livre : « al-wasâyâ الوصايا » ceci : « Sache que les cœurs des hommes sont comparables aux montagnes. Etant donné que seul l'associationnisme est capable d'ébranler les montagnes[107], de la même manière, seul l'associationnisme est en mesure de secouer les cœurs des hommes et plus précisément ceux des Saints. Lequel associationnisme émane des disciples qui confondent dans leurs amours tous les cheikhs. Et si l'amour du disciple se dissipe dans le cœur du cheikh, la voie de l'acceptation se ferme. Cependant, si le disciple se rend chez tous les Cheikhs qu'il rencontre ou qu'il connaît, il ne connaîtra plus le succès ou la réussite. Tandis que s'il oriente son regard et son affection vers un seul Cheikh, il aura gain de cause.

Que Dieu fasse miséricorde à l'auteur de ces vers :
« *Si tu te suffis à moi, je te renforcerai et te donnerai*
Tout ce que tu veux de moi.
Mais, si au petit matin tu me trouves un second, tu seras affaibli,
Et tes efforts seront voués à l'échec.
A l'image d'une lettre lisable s'elle est bien employée ;
Alors que s'elle n'est pas bien employée, elle ne sera point lisable ».

De même, que Dieu accorde sa miséricorde à l'auteur de ces autres vers :
« *Le plus aimé parmi mes amants, c'est celui qui se suffit à moi.*
Le plus aisé parmi mes amants, c'est celui qui ne viole pas ses engagements.
Si un de mes disciples se permet de suivre un autre que moi,

---

[107] « … que les montagnes ne s'écroulent du fait qu'ils ont attribué un enfant au Tout Miséricordieux. * Alors qu'il ne convient nullement au Tout Miséricordieux d'avoir un enfant ». Sourate : Maryam ; verset : 90-92.

La dimension spirituelle et cultuelle de la Tarîqa Tijjâniyya

Moi, je ne suis pas emporté par les passions. Mais je vis dans la solitude ».

Lorsque le fervent passionné aura constaté que la raison de son exclusion vient du fait qu'il a braqué, ailleurs, son regard, il se rappelle ces propos du guide :
« Revenez vers moi pour vous connecter, revenez.
De fait, mon affection pour vous est toujours là.
Rapprochez-vous vers Dieu, soyez plus proches.
Car, le rapprochement des amants de Dieu est une fête.
Saisissez-vous de ma poitrine et consultez-la,
Faites-en ce que vous voulez.
Si vous y trouvez un autre que vous, alors
Eloignez-vous de moi et abandonnez-moi ».

Nous concernant, nous avons tenu le même propos :
« Si tu désires nous rencontrer, sois prêt.
Fais serment que tu n'aimeras que nous.
Si tu respectes nos droits en honorant ta parole, toi qui prétends nous aimer,
Alors, tu verras plus clair la véritable réalité ».

Aussi, il serait utile de savoir que la trajectoire suivie par les adeptes de la Tarîqa est préservée par leur amour. Le disciple n'a aucune prérogative de tourner le dos à son cheikh, sinon il sera vu comme ayant commis un grand péché. Il arrive qu'un disciple tombe dans la sanction suite à l'épreuve qu'il subit de son cheikh, car lui ayant tourné le dos en catimini. Ce disciple écrivit à son cheikh pour le supplier de lui donner l'autorisation de lui rendre visite.
De son côté, le cheikh donna sa réponse à travers ces vers :
« En t'orientant vers nous, tu obtiendras la garantie.
Mais, fermes les yeux de ton cœur à un autre que nous.
Respecte nos conditions tant que tu es en vie,
Et tu seras à jamais sous l'aile de notre protection.
Viens à notre porte en te montrant indigent,
Et baisse ton regard pour que tu puisses nous voir.
Tu étais malheureux. Mais sois reconnaissant
En donnant ton âme si tu désires nous rencontrer ».

186

C'est là que réside tout le secret portant sur l'interdiction de la *ziara* faite auprès des autres Saints pour s'y inspirer, comme nous l'avons déjà développé dans les pages précédentes. Et nous, dépositaires de la Tarîqa Tidjâniyya, en sommes très jaloux.

3ème point : Il convient de savoir que le fait de prendre le wird des mains des cheikhs au gré des disciples connaît deux niveaux :

1°/ Par cette prise, le disciple vise à s'attirer les bénédictions des cheikhs en décidant de se rendre auprès d'eux sans pour y chercher une quelconque guidée. Dans ce cas, le disciple est libre de suivre tous les cheikhs, car il n'est pas sous leur autorité voire leur emprise. Cette attitude, même s'il présente un aspect noble, ne permet pas au disciple d'atteindre le rang de son cheikh et de ses coreligionnaires.

2°/ En prenant le wird, le disciple doit se soumettre à leurs décisions en leur donnant sa personne. Tout disciple qui agit de la sorte est un disciple qui bénéficiera de la véritable éducation spirituelle. Il doit suivre constamment les ordres de son cheikh et laisser ses interdits. Le contentement de Dieu vient après celui du cheikh et c'est le même cas pour sa colère.

L'imam Ibn 'Arabî dit dans le 181ème chapitre de son livre « al-futûhâtul makiyya الفتوحات المكية » ceci : « La sainteté de Dieu, le Réel, réside dans celle du cheikh ; de la même façon, sa sanction réside dans celle du cheikh. Ce dernier constitue le paravent même de Dieu. Ce cheikh est le conservateur des états des cœurs des disciples. Quiconque accompagne un cheikh en suivant son exemple sans pour autant le respecter, sera sanctionné de telle sorte que toute notion de Dieu s'effacera de son cœur et il sera un être insouciant vis-à-vis de son Seigneur ». Il dit : « Le mieux c'est de savoir ce qui suit : jamais deux dieux distincts pour un seul monde ; deux prophètes avec deux messages différents ; deux époux pour une seule femme. Et si tel est le cas, il est impossible qu'un disciple soit à cheval entre deux cheikhs afin qu'il puisse bénéficier d'une excellente éducation. Par contre, s'il désire se limiter aux directives de son seul cheikh, il est libre de suivre différents cheikhs à la fois. Car, il ne moue pas sous leur autorité. Alors qu'en fait, la sainteté constitue la source du salut. Et le disciple ne sera un vrai disciple que s'il se suffit à son propre cheikh qui est appelé à lui inculquer une véritable éducation spirituelle.

L'auteur de « al-khulâsatul mardiyya الخلاصة المرضية » dit : « Parmi les conditions imposées au disciple, le fait de rompre tout contact sortant du cadre de son propre cheikh. Il doit être au service exclusif de son cheikh. Chaque fois que le disciple porte son regard vers un autre cheikh, son amour n'est pas sincère et son propos n'est point considéré, car il n'a pas préparé son intérieur à suivre la voie balisée par son guide spirituel.

De fait, le disciple sera en mesure d'en connaître plus sur la valeur et les vertus de son cheikh et lui manifestera une obéissance singulière. Ainsi, son amour se renforcera. En réalité, respecter le cheikh n'engendre que réussite et guidée. En revanche, négliger ce respect conduit vers l'abandon et l'impiété. Il est d'obligation d'avoir son cœur toujours en contact permanent avec celui du cheikh. De la même manière, il convient de faire preuve de soumission, d'affection et de sagesse. Attitude qui ressort d'une obligation impérative pour manifester sa véritable conviction vis-à-vis du cheikh et de là, vis-à-vis de Dieu. Il n'est possible de tirer profit de ce flux (*fayd*) que par l'intermédiaire de son propre cheikh même si le monde entier est pétri d'éminents cheikhs.

Saïd 'Ali Ibn Wafâ démontre que le disciple doit s'en tenir aux recommandations de son maître spirituel. Selon lui, le disciple sincère dans sa démarche s'élève pour atteindre la spiritualité de son maître. Aussi, il doit éviter de fréquenter les demeures où ne se trouve pas son maître et il doit suivre, à la lettre, ses directives.

Le savant en Dieu, le cheikh 'Alamaïn Dîn al-Khawâriz dit : « Il convient au disciple de faire part de tout son état à son guide (*murchid*) et qu'il doit connaître, de façon certaine, qu'il doit compter sur le contentement et l'affection du cheikh pour atteindre son désir. Il devra chercher à bénéficier de la satisfaction de son propre guide spirituel ».

Ailleurs, il dit : « Si le disciple se démarque des directives de son *murchid* tout en marquant son affection à son égard, il est fort possible qu'il puisse bénéficier des flux divins qui ne lui sont pas interdits.

Le savant en Dieu, Sayyid Ahmad 'Urb Charnûbî al-Kabîr dit dans « <u>tâ'iyyatu sulûk</u> تائية السلوك » lorsqu'il étalait les conditions du jeune novice (*murid*) :
« Le disciple ne doit jamais tourner le dos à son cheikh,
Car, ce serait là un signe de déconnexion entre disciple et cheikh ».

Il dit dans « <u>Râ'iyyatu charnûbî</u> رائية الشرنوبي »
« Ne te présentes à ton cheikh que si tu restes convaincu qu'il est

La dimension spirituelle et cultuelle de la Tarîqa Tijjâniyya

Un Educateur, et de son temps, il n'a pas d'égal.
Car, celui qui veille à ne jamais lui tourner le dos
Dira à l'affectueux : « n'abandonne pas ta Voie Spirituelle ».

Il dit dans « Al-Ibrîz الإبريز » en commentant ces deux vers : « Le cheikh, Sayyid 'Abd 'Aziz Ibn Mas'ûd Ad-Dabbâgh, dit : « Ne te présentes pas à un cheikh dans le but de chercher sa compagnie jusqu'à ce que tu sois convaincu qu'il figure parmi ceux qui inculquent une éducation spirituelle (*tarbiyya*) et que ce cheikh soit le plus apte à remplir cette tâche. Le cheikh qui remarque que son disciple lui a tourné le dos finira par rompre le contact qui les liait. De son côté, le disciple qui évolue sous la tutelle de son cheikh et que par la suite, il est mis au courant de la présence d'un autre cheikh à l'image du sien ou encore un cheikh plus compétent, ce disciple finira par désirer celui-ci qu'il juge plus érudit. Sur ce, son cheikh, après ce constat désolant, finira par couper le contact. Au finish, ce disciple perdra doublement, du côté de son cheikh initial comme du côté du dernier. Le cheikh dit : « Nous en avons vu beaucoup agir ainsi. Nous prions Dieu de nous accorder son soutien et son secours ».

Pour sa part, Al-Fâsî dit dans son commentaire : « Le fait de suivre un cheikh autre que le sien entraîne la rupture affectionnelle existante entre les deux. Le disciple sera tout simplement déconnecté et débranché du fil spirituel qui le conduisait vers son Seigneur ».

Le cheikh Zurûq dit : « Ne tournes jamais le dos vers un autre cheikh, même si ce dernier demeure le plus érudit. Car, agir ainsi est synonyme de privation de la bénédiction aussi bien du premier que du second. C'est pour cette raison que les cheikhs interdisaient leurs disciples d'agir de la sorte. Mais, les ignorants qui ne comprennent pas l'agissement des hommes de Dieu dénigrent ces interdictions ».

Le cheikh Jibril Al-Huzmâbâdî dit : « Le lien qui permet de connecter le cœur du disciple à celui du cheikh se manifeste à travers la volonté et l'affection. Le disciple doit se rendre compte qu'il est en permanence sous l'aile protectrice du cheikh. Ainsi, il convient de s'en tenir fermement à cette Tarîqa en suivant les ordres du cheikh. Et Dieu préservera la vie du disciple par l'intermédiaire de ce cheikh. L'originalité vient de la connection interne et de la solidité du lieu au point que si les Saints affichent la volonté de soutenir et d'inculquer une éducation spirituelle au disciple, ils le feront sans aucun arrière pensé. Ce faisant, ils seront en mesure d'agir

189

dans le for intérieur de ce dernier. Mais le disciple ne doit pas se laisser dupé au point de devenir un perpétuel hésitant quant à l'agissement de ces Saints ».

L'imam Cha'arânî rapporte que cheikh Muhammad Chanâwî a voulu rendre visite un des cheikhs de son temps. Il consulta son cheikh, le cheikh Muhammad Ibn Abî Al-Hamâ'il sur cette question. Ce dernier le regarda de travers avant de lui signifier : « Ô Muhammad, le disciple ne doit prendre le wird qu'après avoir bien choisi le cheikh qui le suffit. Et si je te suffis en portant ton choix sur ma personne ; alors que tu désires un autre [je ne te comprends pas]. Sur ce, le cheikh Muhammad Chanâwî implora le repentir qu'il finit par avoir. Le fidèle n'aura l'amour divin que par la connaissance du Saint Prophète (PSL) et la connaissance de ce dernier dépend de la connaissance de son cheikh. Et pour connaître son cheikh, il doit fermer les yeux sur les autres. Il ne doit pas les suivre comme il le ferait à l'endroit de son cheikh. Il doit ôter de son cœur l'amour qu'il avait pour eux.

Sayyid 'Ali Al-Hirâzam rapporte qu'il a vu le Prophète (PSL) qui parlait avec notre cheikh. Chacun des hommes de Dieu, qui sont en contact permanent avec Dieu et son Messager (PSL), a un emplacement exclusif qui lui est propre. Cependant, l'endroit qui revient exclusivement à Dieu constitue le lieu de convergence de tous les emplacements. Il convient de noter que chaque cheikh suit la voie dégagée par l'un des différents Messagers ou Envoyés (PSE).

En fait, ces cheikhs partagent leurs jugements, acceptent leurs lois et tout ce qui leur est révélé. Autrement dit, ce cheikh n'a aucun droit de se détourner de son Messager-Guide. Et celui qui souhaite quitter cette Tarîqa verra les pouvoirs divins et les lois divines l'y retenir, car cette communauté est l'expression des réalités prophétiques. En réalité, les 'Ulamâ' traduisent toute l'expression des différentes lois en vigueur au sein des communautés ; et cette communauté-ci est le lieu de convergence de toutes les lois émises par l'ensemble des Prophètes et Messagers (PSE) aussi bien sur le plan de la législation divine que des réalités prophétiques. Nous pouvons, alors, comprendre toute la portée de notre Voie. Et si telle est la règle dans notre Voie, tout disciple qui signe un pacte sincère avec son cheikh et que par la suite il rend visite un autre cheikh ; alors le lieu sanctifié de ce cheikh l'interpelle en ces termes : « Tu n'a aucune place dans cet endroit. Tu ne savais que cet endroit t'aurait suffit à tous les niveaux au point d'en chercher un autre. Si tu t'orientes sincèrement vers ton cheikh, tu ne dois jamais jeter le regard ailleurs. Ainsi, si tu voulais résoudre les problèmes de toute la créature, tu l'aurais fait en un clin d'oeil. En revanche, si ton orientation démontre une certaine discordance avec la spiritualité et la sacralité de ton cheikh, sache que tu n'es plus le bienvenu aussi bien auprès de ton cheikh ni auprès d'un autre. Et dans un tel cas, à toi la perte évidente ici-bas et dans l'au-delà ».

Pour celui qui désire atteindre le lieu sanctifié de Dieu tout en étant un disciple sincère qui a pris l'engagement de son cheikh en vue de bâtir sa sénilité et d'avoir une solide éducation, il doit impérativement suivre cette voie. Quant à celui qui se détourne de cette ligne de conduite et celui qui n'a pas de cheikh et qu'il veut effectuer la ziara, aucun grief ne lui sera fait lorsqu'il rend visite à l'ensemble des Saints si toutefois il remplit les conditions validant cette ziara. Il doit, en plus, respecter les règles de conduite pour être admis dans la Sanctuaire de la Présence Divine. En effet, les disciples de notre cheikh ne doivent pas rendre visite à un autre cheikh, vivant ou mort. Et si toutefois, ils aspirent à faire la ziara à d'autres cheikhs, leurs orientations changeront de directions. Et ils ne sont plus acceptés auprès des deux lieux sanctifiés – lieu du cheikh initial et celui du cheikh visité. Dieu dit : **« Allah n'a pas placé à l'homme deux cœurs dans sa poitrine …** [108]». C'est dire que nous leur avons interdit cette pratique par pitié et par assistance. En fait, il précisa : « Nous avons ordonné à tes disciples de ne pas effectuer la ziara auprès d'un autre cheikh. Cette interdiction n'est qu'une épreuve pour pouvoir distinguer le disciple sincère du faux disciple. De fait, le disciple sincère c'est ce disciple qui fait tout ce qu'on lui ordonne sans hésiter et sans contrainte. C'est là, tout le secret de cette interdiction chez nous, dépositaires de la Tarîqa Tidjâniyya.

4ème point : le jeune disciple qui aspire à effectuer la ziara tout en étant déjà attaché à un cheikh fera face à deux choses :
- Tout en étant convaincu que son cheikh lui suffit, il se permet de rendre visite à un autre. Dans ce cas, il sera vu comme quelqu'un qui prend son cheikh en raillerie.
- L'imam Ibn 'Arabi dit : « Un cheikh ne peut pas être indulgent face à un disciple qui l'associe à un autre. Car chaque fois que le disciple associe deux cheikhs, à la fois, il finira par être douteux et perplexe. Il se posera la question de savoir qui des deux est meilleur. Et cette interrogation sera la raison de son bannissement auprès de ces deux cheikhs et il finira par être un grand perdant. La conditionnalité qui donne accès au profit exige au jeune disciple de ne pas sortir du cadre dégagé par son cheikh. C'est seulement là qu'il sera un vrai disciple ».

---

[108] Sourate : Al-Ahzâb ; verset : 4.

La dimension spirituelle et cultuelle de la Tarîqa Tijjâniyya

Il est mentionné dans « <u>al-ibrîz</u> » lorsque l'on rendait hommage à l'auteur de « <u>râ'iyya</u> » :
> *« Tu ne dois connaître que ton cheikh,*
> *Tu ne dois poser tes yeux que sur sa noble personne ».*

C'est-à-dire que tu ne dois connaître que ton cheikh et lui être fidèle pour le reste de ta vie. Il s'agit d'afficher la politesse requise, se fondre en lui et de cheminer vers lui tout en se laissant absorber par son ésotérisme au point d'être en contact permanant avec le cheikh et de là avec Dieu et vice versa.

Sur la même lancée, Ibn 'Arabi disait :
> *« La sainteté du cheikh reflète du coup celle de Dieu.*
> *Alors agis avec politesse et respect ».*

Il a, également, dit : « Il convient de noter que la sainteté de Dieu, le Vrai, réside dans celle du cheikh ; alors que la désobéissance à cette sainteté réside dans celle affichée devant le cheikh. C'est ce qui démontre que l'interdiction relative à la ziara fait suite au caractère orgueilleux et à l'inconduite dont fait montre le disciple vis-à-vis des Saints en leur manquant du respect. Un tel comportement entraîne, à coup sûr, l'abandon.

Effectivement, nous voulons dire qu'il ne convient pas de rechercher une quelconque inspiration auprès des autres cheikhs. Ainsi, le cheikh en question n'exige pas la non sainteté et l'apothéose bien que les autres cheikhs n'acceptent nullement qu'un disciple tourne le dos à son propre cheikh. Si le disciple agit ainsi, ils lui retourneront vers son cheikh en lui signifiant qu'ils ne sont pas en mesure de l'accepter en leur sein. C'est dans cette optique que le cheikh Ahmad Zawraq disait : « Ne tournes pas le dos à ton cheikh même si tu as vu quelqu'un qui lui est plus savant, car en le faisant tu te priveras de la bénédiction ».

Voilà toute la raison qui amenait les cheikhs à défendre leurs disciples de tenir compagnie à d'autres, voire de leur rendre visite. Et malheureusement, c'est une telle attitude des cheikhs que critiquent les ignorants.

En résumé, il incombe au cheikh de ne pas laisser leurs disciples rendre visite un autre ni de fréquenter les disciples de ce dernier. De fait, il convient de noter que la déprédation est chose prompte pour les jeunes novices. L'imam

La dimension spirituelle et cultuelle de la Tarîqa Tijjâniyya

Ibn 'Arabi al-Hâtimî disait :
« *Ont vraiment ignoré les mérites des cheikhs,*
Eux qui sont les hommes de la contemplation et des versés dans la science ».

De manière évidente, notre guide spirituel constitue le prolongement des Saints, car il joue le rôle de pont permettant de les relier tous au Messager de Dieu (PSL). Tous les disciples doivent passer par lui pour accéder au sommet. Et jamais, il ne leur est donné le droit de rendre visite aux Saints, vivants ou décédés.

La Volonté Divine a voulu que ce point soit notre mot de fin à propos de la question de la ziara. Nous avons fait appel aux propos de certains Savants en Dieu. Cependant, toute la science retourne à Dieu qui me suffit et quel bon Protecteur. Louange à Dieu, Détenteur des bienfaits infinis.

Prix et récompenses obtenus

Nous en venons à certaines primes que j'ai moi-même obtenues, moi, Cheikh Hammadi Ba, auteur de cette modeste contribution. Sur ce, je tiens à informer que la plupart des intéressés ont eu à adhérer à cette Tarîqa Tidjâniyya pétrie de dons et de connaissances. Cette adhésion fut effective des mains du cheikh, l'érudit en Dieu, El-Hadj Abû Bakr Diallo Az-Zaydi Al-Fûtî, résidant à Sibawiyyi, dans la localité de Bansa, fief du Tidjanisme. Nous ne voulons pas que ce chevet du savoir soit privé de ses bénédictions.

El-Hadj Abû Bakr m'a remis une autorisation complète en me faisant savoir que permission m'a été donné – moi, Hammadi Bâ – de conférer la Tarîqa de notre Maître et Cheikh Ahmad Ibn Muhammad Tidjânî. Désormais, je peux la transmettre à quiconque – homme comme femme – en formule le désir, pourvu qu'il(elle) soit musulman(e). Ce(cette) dernier(ère) doit prendre l'engagement ferme de respecter les conditions en vigueur posées par la Tarîqa. Lesquelles conditions sont mentionnées dans les ouvrages tidjânî comme la « *Jawâhirul Jâmi'* الجواهر الجامع » et la « *Bughayya* البغية ».

Il m'a également permis de transmettre à celui qui a bénéficié du *izn* (permission), les invocations, les awrâd non très nécessaire ainsi que certains versets coraniques. Mais, je n'ai point le droit de transmettre la pratique des Noms Divins connus sous la désignation de « *Asmâ'ul Idrîsiyya* الأسماء الإدريسية » ainsi que l'usage de la Sourate

« Al-Fâtiha » renforcée par l'usage du Nom Sublime. Ces deux derniers ne sont donnés qu'à celui qui remplit pleinement ses engagements. Notre assertion repose sur les recommandations de l'éminent faqîh, Idrîs al-Irâqî, Muqaddam de la Zâwiya de Fez. Ce dernier se referait au défunt Ahmad Sukayridj qui avait pour référence aussi son cheikh Ahmad 'Abdalâwî. Ce dernier se ressourçait du khalifa Sayyid El-Hadj 'Ali Tamâsinî qui s'inspirait du Pôle des Pôles, Ahmad Ibn Muhammad Tijânî. Ce dernier n'avait qu'une seule source d'inspiration : le Maître des Envoyés, Muhammad (PSL).

Nous prions Dieu, le Parfait, Seigneur du Noble Trône de t'en accorder le profit, de placer entre tes mains les clefs du succès et qu'il accorde large profit à celui qui prend de toi les pratiques de la Tarîqa. Ceci dit, je vous recommande, toi et tes adeptes la crainte permanente de Dieu, en secret comme en public. Que Dieu fasse que ta connaissance soit exclusivement connectée à Dieu.

Tu dois avoir comme principe de base, la ligne de conduite incarnée par les nobles Messagers (PSE) : « **Je ne vous demande pas de salaire pour cela ; mon salaire n'incombe qu'au Seigneur de l'univers** [109] ». Nous te prions de te plier en fidèle serviteur vis-à-vis de tes frères en la Tarîqa et non en maître. Tu dois t'armer de patience pour toutes les attaques et manquements que tu noteras à leurs égards. Si le feu de la zizanie se manifeste entre eux, empresse-toi de l'éteindre. Nous te mettons en garde contre l'âme qui incite au mal. Nous demandons Dieu de vous assister et nous l'implorons de considérer avec noblesse les adeptes de la Tarîqa. Que Dieu nous place tous parmi les fidèles serviteurs de cette Tarîqa Muhammadiyya Ahmadiyya en nous inscrivant dans le lot des Prophètes (PSE), des Véridiques, des Martyrs et des Vertueux. Que la paix soit en permanence sur les Messagers et louange à Dieu, Seigneur de l'univers !

Nous avons reçu cette autorisation, loin de toute restriction, des mains du Saint érudit, porteur de l'étendard ahmadiyya, Chérif Zayn Al-'Abidine Ibn Charîf Muhammad Al-Habib Ibn Charîf Mahmûd At-Tidjânî, petit-fils de notre maître, Cheikh Ahmad Tidjâne, que Dieu soit content d'eux.

Nous proposons, ici, le texte intégral qui nous donne ce « feu vert » :

---

[109] Sourate : Ach-Chou'arâ' ; verset : 109.

La dimension spirituelle et cultuelle de la Tarîqa Tijjâniyya

« Louange à Dieu qui a intériorisé le liens de parenté entre les humains en leur obligeant de ne jamais rompre ces liens. De la même manière, il a fait que les Cheikhs soient les pères spirituels des âmes, les patrons des cinq organes sensuels.

Que Dieu daigne répandre son salut et sa grâce sur la perle des chaînes reliant à Dieu, sur la bride de qui s'accroche toute la créature, ainsi que sur ses nobles et illustres compagnons.

Ainsi le serviteur de Dieu, Zayn Al-'Abidine Ibn Muhammad Al-Habib Ibn Sayyid Mahmûd Ibn Sayyid Muhammad Al-Habib Ibn Ahmad Tidjânî a permis à notre frère en la Tarîqa, le nommé Hammadi Bâ, de conférer le wird de notre ancêtre, le dernier des Saints, à tout(e) musulman(e) après que celui-ci/celle-ci ait rempli toutes les conditions en vigueur. Ces conditions sont :
- Prier aux heures prescrites en tenant en compte les obligations de la prière, ses conditions de validité, ses règles de politesse et actes recommandées. Tous ces points sont bien précisés dans les ouvrages produits par les Fuqahâ',
- Etre assidu et régulier dans la prière tant que l'on est en vie,
- Ne pas rendre visite les autres saints – vivants ou décédés – qui ne sont pas adeptes de cette Tarîqa, exception faite aux nobles Compagnons du Prophète (PSL).

Mais, il est d'obligation de respecter tous les Saints, sans distinction ; de les honorer ; de se montrer poli à leurs égards comme l'a recommandé notre guide spirituel. Cependant, il nous interdit de prendre un autre wird des cheikhs antérieurs comme ceux ultérieurs.

Si le fidèle s'engage à respecter ces conditions ; alors confères-lui ou transmets-lui ce wird, par la bénédiction de Dieu. Et dis toi que tu a pris ainsi la place du vénéré cheikh, de qui tu puisais les flux illuminés par la Lumière Divine et sache que tu joue le rôle d'intermédiaire entre ce disciple et le grand cheikh. Tu dois craindre Dieu en secret et en public. Tu ne dois pas montrer le désir d'entrer en possession des biens de tes frères en la Tarîqa. Tu dois être convaincu que c'est Lui Dieu qui donne et qui retient. Par conséquent, tu dois avoir la même attitude que les nobles Messagers (PSE) qui signifiaient à leurs peuples respectifs : « **Dis : Je ne vous demande aucun salaire pour cela** ». Enfin, que Dieu fluctifie et béni toute personne qui saisit le wird de tes propres mains !

La dimension spirituelle et cultuelle de la Tarîqa Tijjâniyya

Nous allons faire état, à titre d'exemple, de notre ligne d'après le cheikh de la Jamâ'a de Fez, l'érudit Al-Hadj Al-Hasan Mazûr Al-Fas, d'après notre guide spirituel Sayyid Mahmûd Tijânî qui d'après son éminent père, Sayyid Bachîr, d'après le Muqaddam, Chérif Tâhir Bû Tayyiba Telemsanî, d'après notre maître et notre source d'inspiration Abul 'Abbas Ahmad Ibn Muhammad Tijânî, que Dieu soit content de lui, d'après le Messager de Dieu, Muhammad (PSL).

En effet, le transfert de cette permission s'est déroulé de manière évidente et non en état de sommeil. C'est Dieu qui unit les cœurs vers le droit chemin. Et la fin de notre invocation est : Louange à Dieu, Seigneur de l'Univers ».

Le 15 Mars 1988, soit le 20 Radjab 1408.

Parmi les érudits qui nous ont accordé cette permission au sein de la Tarîqa Tijâniyya, figure le cheikh-éducateur Al-Hadj Ahmad Fanda Bâ. Et voici le texte illustrant cette autorisation :

« Au nom de Dieu, le Clément, le Miséricordieux.
Que la paix et le salut soient sur notre Prophète Muhammad (PSL).
Ceci dit, le serviteur de Dieu, El-Hadj Ahmad Ibn Hamad Bâ al-Fûtiyyi al-Fandiyyi at-Tidjâniyyi, a déclaré aujourd'hui, dans la localité de Kalkan au Mali, que : « Nous donnons l'autorisation à notre frère en Dieu Hammadi Bâ avec qui nous partageons la Tarîqa Tijâniyya. Désormais, il peut y prendre appui et donner autorisation à qui il veut selon la volonté de Dieu. Seulement, il devra respecter la voie hiérarchique qui répond à l'échelonnement suivant : prendre cette autorisation de notre cheikh Muhammad Amin Dia qui l'a pris de son cheikh Abd Qâdir qui l'a pris de son cheikh Mukhtar qui l'a pris de son cheikh Chérif Ahmad Tahir qui l'a pris de son cheikh Chérif Muhammad Salik Ibn Imam Wadânî qui l'a pris du pôle caché, Samdânî, que Dieu soit satisfait d'eux tous et qu'il leur fasse miséricorde. Qu'il nous octroie toutes les bonnes choses ici-bas et à l'au-delà. Que Dieu prie, en permanence, sur le Prophète Bien-Aimé, Muhammad (PSL) ».

Vendredi 26 Jumâda Sânî 1409 (1989 ap. J.C.)

D'après le muqaddam, fervent croyant et pieux, Cheikh Thierno Ali Châm al-Warsûqî. Et voici le texte illustrant son autorisation :

La dimension spirituelle et cultuelle de la Tarîqa Tijjâniyya

« Louange à Dieu, Créateur de la Tablette (*al-lawh*) et de la Plume (*al-qalam*). Que la paix et le salut soient sur le Prophète Muhammad, ainsi que sur sa noble famille et sur ses nobles Compagnons.

Ceci dit, le fidèle serviteur de Dieu, Thierno Ali Châm tient à informer à quiconque reçoit cette notice que moi, Thierno, j'ai donné autorisation à mon frère en Dieu, Thierno Bâ de transférer la Tarîqa de notre maître spirituel, Ahmad Ibn Muhammad Tidjânî à quiconque vient vers lui pour l'obtenir, qu'il soit homme ou femme, petit ou grand. Mais, il faut que ce désirant remplit au préalable les conditions en vigueur mentionnées dans les ouvrages de cette Tarîqa tels que « *Al-Djawâhir* » et « *Al-Bughayya* » et tout en restant dans le canevas de la chaîne de transmission qui remonte directement au niveau du guide spirituel. Ainsi, j'ai reçu la permission de se prononcer sur la pure Tarîqa Ibrâhîmiyya, de la part du cheikh, savant en Dieu El-Hadj Abû Bakr Diallo de Bansa. Cet éminent érudit est l'auteur de l'ouvrage « Miftâh as-Sa'âda al-Abadiyya مفتاح السعادة الأبدية ». Il s'est inspiré du cheikh Idrîs Al-Irâqî, l'imam de la grande Zâwiya de Fez. Celui-ci s'est inspiré de Sayyid Ahmad Sukayridj qui s'est appuyé sur le savant en Dieu Sayyid Ahmad Abdlâwî qui s'est inspiré du pôle, Ali Tamâsinî. Ce dernier s'est, à son tour, inspiré du guide spirituel, Ahmad Ibn Muhammad Tidjânî. Je le recommande la crainte continue de Dieu, le Parfait aussi bien en secret qu'en public. Je demande que son œuvre soit uniquement voué à Dieu en laissant toute idée d'ambition et de concurrence. Et chaque fois qu'il remarque que le feu de la zizanie s'enflamme qu'il s'empresse de l'éteindre. Nous ne cesserons de prier pour lui et pour quiconque adopte cette Tarîqa Ahmadiyya. Nous prions Dieu de leur ouvrir les portes de la réussite, qu'il leur accorde sa bénédiction et sa noble lumière ici-bas et dans l'au-delà. Nous terminons notre invocation par la formule : Louange à Dieu, Seigneur de l'Univers. Paix et salut sur notre Prophète, détenteur des clefs de l'ouverture et de la fermeture, le secoureur, le guide, Muhammad, sur sa Famille et sur ses Compagnons ».

D'après le cheikh, imam Hammâm, dépositaire des arcanes du guide spirituel, cheikh Ahmad Tidjane ; ainsi que de ses lumières, de ses sciences, de ses connaissances. Il fut le remplaçant du pieux prédécesseur, le cheikh El-hadj Abû Bakr Zayd Tidjânî.

Et nous avons dans ce qui suit le texte attestant cette autorisation :
« Au nom de Dieu le Clément le Miséricordieux. Mon Dieu ! accorde Ta bénédiction à notre Seigneur Muhammad qui a ouvert ce qui était clos, qui a clos ce qui a

précédé, le défenseur de la vérité par la Vérité, le guide du droit chemin ainsi qu'à sa famille suivant sa valeur et l'estimation de son ultime dignité.

Ceci dit, le fidèle serviteur de Dieu, Abû Bakr Zayd Tidjânî déclare : « Certes, j'ai autorisé à notre frère bien-aimé en Dieu, Thierno BA de conférer la Tariqa de notre vénéré, le pôle caché, Cheikh Ahmad Tidjâne, à quiconque en éprouve le besoin qu'il soit homme ou femme, après que celui-ci soit engagé à remplir pleinement les conditions posées. Lesquelles conditions se trouvent bien transcrites dans les ouvrages qui parlent de la Tarîqa tels que « *al-djawâhir* », « *al-djâmi'* » et « *al-bugghayya* ». Je lui ai également permis de pratiquer toutes les *awrâd*, les invocations et l'usage de certains versets coraniques. Cette permission répond à une certaine chaîne de transmission qui passe par le chérif tidjâne, Ahmad Bachîr Ibn Muhammad al-Habîb Ibn al-Qutb al-Maktûm qui n'est rien d'autre que Ahmad Tidjâne, que Dieu soit satisfait de lui. Que Dieu nous abreuve tous de ses eaux bénies en mettant à notre disposition des verres et des vases d'excellentes qualités. Et qu'il entend et exauce nos prières !

De même, d'après Sayyid Idrîs Al-Irâqî, le muqaddam de la grande Zâwiya de Fez ; d'après le vénéré Ahmad Sukayridj d'après son cheikh Ahmad Abdlâwî, d'après El-Hadj ali Tamâsinî, d'après le vénéré Ahmad Tidjâne, d'après le Messaager de Dieu Muhammad (PSL), nous demandons Dieu, le Seigneur du Noble Trône de t'accorder les faveurs de la Tarîqa, qu'il place les clefs du succès entre tes mains, et qu'il accorde la réussite à quiconque prendra de toi ce joyau qu'est la Tarîqa.

Par contre, je te recommande ainsi qu'à moi-même la crainte en Dieu, le Parfait en lieu secret et en lieu public. Je te recommande d'avoir la même position que les Nobles Messagers (PSE) qui avaient pour option ce principe : « **Je ne vous demande aucun salaire, mon salaire n'incombe qu'à Dieu, le Seigneur de l'Univers** ». Je te conseille d'être en permanence au service de tes frères en la Tarîqa, de t'armer de patience et d'endurance. Chaque fois que la *fitna* se réveille entre eux, empresses-toi de l'éteindre. Je te mets en garde contre l'âme qui incite au mal. Nous ne cesserons d'invoquer le Seigneur pour qu'il vous saisisse avec la Main de la bénédiction et qu'il nous fasse tous de fidèles serviteurs de cette Hadra Muhammadiyya Ahmadiyya. Qu'il nous ressemble sans exception en compagnie des Prophètes, des Martyrs et des Vertueux. Que la paix soit sur les Messagers et louange à Dieu, Seigneur de l'Univers.

Cette autorisation (*al-ijâza*) fut écrite à la Mecque au niveau de Ta Maison Honorée – Ô notre Seigneur – afin qu'ils accomplissent la Salat. Fais donc que se penchent vers eux les cœurs d'une partie des gens. Et nourris-les de fruits. Peut-être seront-ils reconnaissants ? ».

Dimanche 16 Zul-Qa'ada al-Harâm 1415 H
Soit le Dimanche 16 avril 1995.
Paix et salut sur notre Prophète Muhammad,
Sur sa famille et ses nobles Compagnons.
El-Hadj Abû Bakr Zayd Tidjânî.

D'après le cheikh El-Hadj Âsif Diallo, fils de mon frère, El-Hadj Abou Bakr de Bansa. Nous avons ici le texte confirmant cette autorisation :

« Au nom de Dieu le Clément le Miséricordieux. Mon Dieu ! accorde Ta bénédiction à notre Seigneur Muhammad qui a ouvert ce qui était clos, qui a clos ce qui a précédé, le défenseur de la vérité par la Vérité, le guide du droit chemin ainsi qu'à sa famille suivant sa valeur et l'estimation de son ultime dignité.

Louange à Dieu qui a accordé la largesse de sa bonté et de sa générosité à celui qui m'a délivré les diplômes (*ijâzât*). Louange à Dieu qui a préparé pour son serviteur les jardins des connaissances. Louange à Dieu qui a déversé sur sa créature tous les bienfaits. Qu'Il daigne répandre son Salut et sa Grâce sur Son très Saint Prophète Muhammad (PSL), par lequel Dieu a balisé la Voie de la Guidée, l'exécutant premier des ordres divins, ainsi que sur sa noble famille et sur ses illustres compagnons. En fait, par le biais du Prophète (PSL) et de ses Compagnons, Dieu a purifié l'Islam des pratiques antéislamiques qui consistaient, en partie, à marquer d'un tabou les bêtes de cheptel en raison de leur fécondité. Ces bêtes dont il est question sont la *Bahîra*, la *Sâ'iba*, la *Wasîla* et le *Hâm*.[110]

---

[110] La *Bahîra* est une chamelle, ayant produit cinq fois, à laquelle on fendait l'oreille pour indiquer qu'elle était libre de paître partout et qui était consacré à une idole.
La *Sâ'iba* est une chamelle laissée en liberté et consacrée, à la suite d'un vœu, à un idole.
La *Wasîla* est une brebis ayant donné naissance cinq fois consécutives à des jumeaux.
Le *Hâm* est un chameau étalon ayant assailli dix fois une chamelle qu'il a fécondé à chaque fois.
(Détails tirés du « *LE NOBLE CORAN, et la traduction en langue française de ses sens* », p.124) cf. Sourate : Al-Mâ'ida ; verset : 103.

Ainsi, je tiens à révéler que notre bien-aimé et frère en Dieu, le muqaddam cheikh Hammadi Ba, résidant à Dakar Sénégal, nous a fait part de son désir de bénéficier de l'autorisation et de la permission de mettre en pratique la Tarîqa du vénéré Abul Abbas Tidjânî, que Dieu l'agrée ainsi que ses disciples.

Nous cherchons refuge auprès de Dieu contre les mauvais penchants de nos âmes et contre nos mauvaises actions. Et tu as fais le bon choix en formulant cette demande mon frère, car tu n'as cessé d'insister pour confirmer ton ardent désir d'en posséder. Sache que Dieu est le Meilleur à qui l'on adresse une demande. Donc qu'il vous accorde le profit conformément à vos intentions. Me concernant, je me dois de t'informer que je ne détiens pas cette permission. Seulement, je souhaite que tu es davantage un savoir utile et profitable.

Il convient tout d'abord de rappeler qu'il faut implorer le pardon de Dieu pour purifier toutes les souillures. Toujours est-il qu'il est intéressant de savoir comment délivrer une *idjâza* à celui dont la poitrine est dépourvue de connaissance et que son feuillet de bienfaits est vierge.

Ô Seigneur qui fait manifester l'esthétique et camoufler l'inesthétique. Toi qui traites de la belle manière celui qui agit, avec sincérité, pour faire fluctifier ses bonnes actions. Ne dévoile pas ton voile, aides-nous à se rappeler de Toi constamment, ne nous rassures pas de Ton stratagème. Ô le Pardonneur, le Miséricordieux, le Reconnaissant, le Doux.

Je me suis engagé à assister Thierno Hammadi pour concrétiser son désir. En fait, il a fait montre d'une sincérité extrême. En l'assistant, je comptais sur la Grâce du Détenteur de la Force, de la Puissance et des Faveurs. De la même façon, je me connectais de la Lumière Muhammédienne qui alimentait les arcanes de la Présence Effective de la Khatmiyya al-Ahmadiyya. Partant de cette base, je te donne, toi Thierno Hammadi, l'autorisation complète, par la Volonté de Dieu, pour que tu puisses transmettre voire conférer le Wird Tidjâne mis en place par notre Wasîla, notre Vénéré, le Qutbul Maktûm, Ahmad Ibn Muhammad Al-Hassani At-Tidjâni. Que Dieu nous abreuve de son océan de connaissances.

Concernant la formule de la *Wazîfa* connue et celle de la *Haylala* pratiquée après la prière de l'après-midi le jour du Vendredi qui font suite au Wird originel, on peut les transmettre. En réalité, l'ensemble des musulmans et musulmanes sans opérer aucune distinction entre l'obéissant et le désobéissant ; le libre et l'esclave ; l'âgé et le non âgé ; le sexe masculin et celui féminin, tous aspirent à les posséder. L'essentiel c'est que le concerné puisse accepter les conditions posées, au nombre de cinq. Il s'agit de ces conditions bien évidentes :

- **la première condition :**

Etre assidu dans les prières canoniques en les accomplissant aux heures prescrites et de manière parfaite en prenant en compte leurs délimitations, leurs conditionnalités, leurs règles de politesse et ne jamais les négliger. Mieux, il serait préférable et judicieux de les accomplir en commun. La *Salât*, du point de vue de la foi, est un corpus qui englobe l'esprit et la matière. C'est dire qu'il ne convient pas de bafouer voire de brûler les étapes posées par les conditions. Il faut se méfier de pratiquer la *Salât* de ceux qui sont emporter par les jeux et les divertissements. Car un tel comportement est similaire au fait de prendre en raillerie et en amusement la religion de Dieu.

- **la deuxième condition :**

Etre animé de la crainte de Dieu dans la mesure du possible comme l'invite Dieu le Très Haut : « **Craignez Allah donc autant que vous pouvez ...** [111] ». Effectivement, Dieu a comblé de ses bienfaits ceux qui ne cessent de Le mentionner. Aussi dit-il : « **... Le plus noble d'entre vous, auprès d'Allah, est le plus pieux ...** [112] ». Il précise que : « **... Quiconque craint Allah cependant, Il lui efface ses fautes et lui accorde une grosse récompense [113]** ». Il démontre que : « **Certes Allah est avec ceux qui [L'] ont craint avec piété et ceux qui sont bienfaisants [114]** ». Le Prophète (PSL) ajoute que « En réalité, je connais un verset dans le Livre de Dieu, si les humains l'avaient considéré, il les aurait suffit. Il s'agit de ce verset : « **... Et quiconque craint Allah, Il lui donnera une issue favorable et lui accordera Ses dons par [des moyens] sur lesquels il ne comptait pas [115]** ».

Dieu a bien fait état de cette vertu dans Son Livre, indiquant ainsi toute la grandeur et toute la hauteur d'une telle pratique. Le doué de raison se doit de prendre appui sur son ancêtre en

---

[111] Sourate : At-Taghâbun ; verset : 16.
[112] Sourate : Al-Hudjurât ; verset : 13.
[113] Sourate : At-Talâq ; verset : 5.
[114] Sourate : An-Nahl ; verset : 128.
[115] Sourate : At-Talâq ; versets : 2 - 3.

y œuvrant de toute sa force afin de pouvoir éviter les interdits externes à savoir les interdits que commettraient les sept organes externes de l'homme. Il faut prendre en considération les dires du Guide Désigné :

> « *Il baisse son regard face aux interdits,*
> *Et se garde d'écouter les péchés* ».

Le vers suivant vient résumer les interdits internes :

> « *Le cœur se purifie de l'ostentation*
> *De l'envie, de l'infatuation de soi-même et de toute autre maladie du cœur* ».

Il faut tenter d'être conforme avec les prescriptions externes comme les cinq piliers de l'Islam. C'est ce qui semble se résumer dans le vers suivant :

> « *Il observe strictement les obligations divines, source du capital spirituel.*
> *Capital qui émane du capital du bénéfice que fait l'âme engagé* ».

Il y a également d'autres pratiques internes relatives aux questions de dignité comme le démontre ce vers suivant :

> « *Crainte, espoir, remerciement, patience et repentir*
> *Suivis d'ascétisme, de confiance, d'agrément et d'amour* ».

Les propos de l'Imam 'Ali Ibn Abî Tâlib, que Dieu honore son visage, ont résumé ces quatre vers lorsqu'il dit : « La crainte recherchée (*at-taqwâ*) c'est le fait d'avoir peur de Dieu le Sublime, d'œuvrer conformément au Livre Révélé et de se contenter de la mort. Si le fidèle commet un péché ; alors qu'il n'est point un infaillible, qu'il se repent et retourne à Dieu, que Son Nom soit exalté. De fait, le Très Haut rassure : « **Mais, quiconque se repent après son tort et se réforme, Allah accepte son repentir. Car, Allah est, certes, Pardonneur et Miséricordieux** [116] ».

Le repentir voulu ici c'est celui dont il est question dans ce vers :

> « *Se repentir de tout péché commis*
> *Est suivi d'immédiateté du regret amer d'un tel péché.*
> *Avec la ferme intention de ne plus y revenir, ni de s'y entêter.*
> *Il convient de recommencer à zéro tout en implorant le pardon* ».

---

[116] Sourate : Al-Mâ'ida ; verset : 39.

L'élément qui n'est pas pris en compte dans cette conditionnalité c'est le fait de se sentir en sécurité du stratagème de Dieu qui en donna la précision nette : « **... Seuls les gens perdus se sentent à l'abri du stratagème d'Allah** [117] ». S'y ajoute, également, la perte d'espoir, de la clémence de Dieu comme lui-même le démontre : « **Ce sont seulement les gens mécréants qui désespèrent de la miséricorde d'Allah** [118] ». Il faut en plus considérer l'obéissance aux deux parents, car Dieu en a fait une seconde priorité après celle de lui vouer une adoration exclusive. Il dit : « **Adorez Allah et ne Lui donnez aucun associé. Agissez avec bonté envers** (vos) **père et mère ...** [119] ». Il dit, par ailleurs, que : « **Ton Seigneur a décrété :** « **N'adorez que Lui et marquez de la bonté envers les père et mère : si l'un d'eux ou tous deux doivent atteindre la vieillesse auprès de toi ; alors ne leur dis point :** « **Fi !** » **et ne les brusque pas mais adresse-leur des paroles respectueuses * et par miséricorde, abaisse pour eux l'aile de l'humilité et dis :** « **Ô mon Seigneur, fais-leur, à tous les deux, miséricorde comme ils m'ont élevé tout petit** [120] ».

- **la troisième condition**

Il s'agit de ne pas effectuer la ziara auprès des autres Saints. Sur ce, il n'est pas question de distinguer entre la ziara de la bénédiction (*ziara tabarruk*) et la ziara affectionnelle (*ziara ta'alluq*), même s'il s'agit de leur manifester son amour, son respect voire sa vénération. Cette condition est bien vue auprès de la majeure partie des Cheikhs. Le Savant en Dieu, Sayyid 'Ali Ibn Wafâ a dit : « Le novice sincère joue le rôle de treillage dans l'équilibre de la spiritualité de son maître (*ustâz*). Il s'était engagé à ne fréquenter aucune autre demeure autre que celle de son initiateur ; et de ne jamais jeter le regard même dans un miroir s'il est certain qu'il y verrait un autre que lui ». Il dit, en outre : « Le maître (*al-ustâz*) représente le panorama de la Seigneurie Divine. Il incombe, alors, au novice de respecter les consignes de son maître et de ne jamais détourner son regard de celui-ci ». L'Imam Rifâ'î Rawâs démontre qu'une chose désirée de manière avide ne peut pas se loger dans deux cœurs comme le souligne Dieu : « **Allah n'a pas placé à l'homme deux cœurs dans sa poitrine ...** [121] ». Personne ne peut pénétrer dans une demeure en passant par deux

---

[117] Sourate : Al-A'arâf ; verset : 99.
[118] Sourate : Yoûsouf ; verset : 87.
[119] Sourate : An-Nisâ'i ; verset : 36.
[120] Sourate : Al-Isrâ'i ; versets : 23 – 24.
[121] Sourate : Al-Ahzâb ; verset : 4.

portes, à la fois. Le regard ne peut pas se projeter, au même moment, sur deux paysages distincts. Il est inconcevable que « un devient deux ». De la même manière, une main ne peut être tendue pour deux Cheikhs distincts. Sur la même lancée, Khâtim Akbar Ibn 'Arabî Hâtimî dit dans « Al-Futûhât al-Makiyya الفتوحات المكية » que : « Puisqu'il est impensable que le monde ait deux dieux différents et qu'une femme vive avec deux époux à la fois ; de même un novice ne peut pas suivre deux Cheikh ».

Imam Kharnûbî précise : « Celui qui ne fixe pas ses regards, n'arrivera point. Et celui qui n'est pas conscient qu'il y a un manquement en lui ; alors, toutes ses préoccupations d'ordre temporaires seront sanctionnées par un manquement ».

Le savant Tachtarî dit dans son Râ'iyya :
   « *Gardes-toi de critiquer avant d'être convaincu que ton guide*
   Est l'Educateur Spirituel dont tu cherchais, et qu'il est unique de son temps ».

Beaucoup d'autres érudits parmi les savants en Dieu ont tenu le même langage. Sur ce, Cheikh Tidjâne met l'accent sur l'interdiction d'effectuer la ziara et il est convaincu que cette condition n'est pas chose innovée.

- **la quatrième condition**

Il n'est pas donné à un disciple d'adopter une autre tarîqa en plus de la tarîqa du Cheikh. Il faut toujours reconnaître que toutes les tarîqa mènent vers Dieu, le Très Haut. Seulement, il y a des raccourcis pour atteindre Dieu dans les plus brefs délais. Cette condition est en parfaite adéquation avec ce noble hadith prophétique qui dit : « Orientez-vous vers un seul visage ; et tous les visages vous suffiront ».

- **la cinquième condition**

Il s'agit d'être assidu et constant dans la pratique du wird jusqu'à la mort et ne jamais le délaisser. Cette règle vient confirmer les propos de 'Â'icha qui disait : « La pratique du Prophète (PSL) était constante et régulière. Et la meilleur œuvre aux yeux de Dieu c'est celle qui est constante même si elle est minime ».

Le complément de cette condition est mentionné dans les ouvrages de la tarîqa tels que « Ar-Rimâh » et « Mîzâb Rahma Rabbâniyya ». Toutes les formes d'azkâr pratiquées en divers intervalles temporaires ainsi que la litanie de certains versets coraniques et l'usage des Noms de Dieu les plus beaux et de là tout ce qui est indiqué pour servir d'adoration sont choses bien définies par notre maître Cheikh Tidjâne ainsi que par ses disciples les plus distingués.

De la même manière, le savant en Dieu, Al-Hadj Abû Bakr Zaydi Tidjânî, nous a confirmé qu'il figure dans le lot des éminents Muqaddam parmi lesquels : notre Cheikh Ibn Najal, honorable imam muqadam, qui est au sommet de l'élévation spirituel au sein de la Tarîqa ; notre guide spirituel, Cheikh Idriss Ibn Muhammad Ibn 'Abid al-Irâqî ; son noble défunt père, Cheikh imam Abu Abdallah Sayyid Muhammad Ibn Abid Hasanî al-Irâqi.

Que Dieu les couvre tous sa miséricorde et leur fait habiter dans les locaux somptueux du Paradis.

Nous avons, en plus, notre Cheikh, le grand érudit qui a eu à publier de nombreux ouvrages importants, notre vénéré Abul Abbâs Sayyid Ahmad Sukayridj, que Dieu lui accorde Sa Miséricorde Infinie.

Nous avons, également, l'imam et savant en Dieu, Sayyid Hasan Ibn Al-Hadj 'Umar Mazur, que Dieu élève sa dignité ainsi que tous les autres savants. Nous y notons, aussi, le grand savant réputé Al-Hadj Muhammad Ibn Abd Salâm Kanun qui figure dans la liste des Muqaddam de l'éminent érudit, Sayyid Muhammad Ibn al-Arabî al-Alawî qui fut le Muqaddam de la Zâwiya de Zarah'zawan. Seulement, tous les deux partagent le même maître à savoir, le grand Khalifa et érudit en matière de Dieu, Sayyid Muhammad al-Hachimî as-Sarghini qui fut inhumé dans la Zâwiya de 'Aïn Madi.

On peut citer, en plus, le grand érudit en Dieu, Sayyid Muhamad Fath Ibn Abd al-Wâhid al-Banani al-Misri qui fut, également, inhumé en Egypte.

Il y a, par ailleurs, notre vénéré, le pôle de la Seigneurie et l'assistant en permanence, Abi al-Abbas Sayyid et notre maître Ahmad Ibn Muhammad Tidjânî, que Dieu soit satisfait de lui. Que Dieu nous place sous son aile protectrice !

Parmi ceux qui nous ont délivré des *idjâza*, nous pouvons citer notre maître spirituel et éminent érudit, Sayyid Tabib Ibn al-Muqaddas Sayyid 'Alal Ibn Sayyid Ahmad 'Ammar Ibn Sayyid Muhammad al-Habib Ibn Sayyid Ahmad Tidjâne, que Dieu les agréé tous !

Nous avons, en plus, la Source Minière, le Louangé, le grand Muqaddam Sayyid Muhammad Ibn Muhammad al-Hajûjî. A noter que ce dernier et notre cher vénéré, Ahmad Tidjânî se sont abreuvés du vénérable cheikh Sayyid Tabîb Ibn Ahmad Tabîb.

De la même manière, l'homme de Dieu, Sayyid al-Hâdj al-Husayn al-Afrânî s'est ressourcé du savant en Dieu, Sayyid Muhammad Ibn Ahmad Aknûsî. Ce dernier s'est appuyé sur les ténors de la Tarîqa Tidjâniyya que sont : Muhammad Ibn Abî an-Nasr al-Alawî, Sayyid al-Hâdj Abd al-Wahhâb Ibn al-Ah'mar. On peut, en outre, rappeler le rôle primordial de Cheikh Tidjâne, que Dieu les agréé tous !

Par ailleurs, le récipiendaire de l'idjâza s'est tenu à confier les recommandations que lui a données son guide spirituel dans la Voie. En fait, il tenait à rappeler que son guide a donné des recommandations à l'endroit de tout Muqaddam pour qu'il puisse transférer le wird, de pardonner les faux pas et les défauts des disciples tidjânes, d'écarter toute forme de rancune et de jalousie de leurs cœurs, et de les réconcilier. Il doit œuvrer dans ce sens dans le seul but de rechercher l'agrément de Dieu. Il doit toujours montrer le bon chemin et empêcher que quelqu'un se faufile entre eux pour répandre la calomnie et la médisance. Il doit les traiter avec délicatesse et leur tenir un langage courtois. Il doit se montrer docile et humble à leur égard et ne jamais se montrer dur lorsqu'il dicte ses injonctions en leur parlant des droits de Dieu et de ceux de ses frères en la foi. Il doit toujours se rappeler de ce propos du Prophète (PSL) : « *Facilitez la religion ; mais ne la rendez pas dur. Faites la bonne annonce et ne faites pas fuir* ».

De même, soyez convaincu et certain que Dieu est l'Unique Pourvoyeur (Al-Mu'utî) ; Lui Seul peut refuser et interdire (Al-Mâni'u) ; Lui Seul a la capacité d'abaisser, de diminuer (Al-Khâfid) et c'est Lui Seul qui élève (Ar-Râfi'u). Il doit épargner sa vie d'ici-bas de la désunion et de la prodigalité. Il doit, également, tenir compte de leur état d'esprit lorsqu'il leur demande de donner quoi que ce soit sans pour autant se montrer un grand demandeur avide. Il faut savoir que l'esprit humain pivote autour d'un axe qui régit sa vie de tous les jours.

Ensuite, il précisa que cette recommandation est celle de son maître spirituel. Elle constitue l'assurance garantie de tous ceux qui aspirent à l'éthique et à la déontologie. Je prie Dieu pour qu'il fasse que nous soyons conformes à la parole juste et à la bonne action ! Qu'il fasse que nous atteignons nos objectifs les plus salutaires, et qu'il nous saisit par la main de la tendresse et de la compassion et qu'il nous submerge de son assistance et son affection ! Et la fin de notre invocation est : louange à Dieu, Seigneur de l'univers !

Datée le Dimanche 29 Radjab (28 Mai 2003) !
Paix et Salut sur le Prophète Muhammad,
sa famille et ses Compagnons !

Le Cheikh et le grand imam El-Hadj Âsif Diallo Ibn Ukhti El-Hadj Abû Bakr Diallo de Bansan.
Nous proposons le texte authentifiant son autorisation :

« Au nom de Dieu, le Clément, le Miséricordieux. Seigneur !
Accorde Ta bénédiction à notre Maître Muhammad qui a ouvert ce qui était clos, qui a clos ce qui a précédé, le défenseur de la vérité par la vérité, le guide du droit chemin ainsi qu'à sa famille suivant sa valeur et l'estimation de son ultime dignité ».

Louange à Dieu qui a élevé en degrés ceux qui ont reçu le savoir. Et il a considéré ces degrés comme une anticipation de leurs primes dans l'au-delà et il les a fait goûter les saveurs de la vie sur terre et leur a donné un bien immense en leur faisant don de la sagesse. Alors, ils devancent tous les autres, par la permission de Dieu, par leurs bonnes actions. De même, il a délivré une autorisation concernant la science du hadith.

Que Dieu daigne répandre Son Salut et Sa Grâce sur le Patron des existants, le Flambeau du monde visible, la Source de la Grâce, le Saint Prophète Muhammad, l'Emissaire de Dieu, le Prophète Illettré, le plus Fidèle des rapporteurs, le Sage des sages, ainsi que sur ses illustres Compagnons qui ont conduit la religion et nous ont transmis la tradition du Prophète (*Sunna*) au point qu'elles – la religion et la Sunna – soient à la portée de cette génération-ci, et plus précisément des pratiquants conformes aux enseignements religieux, les imams et les guides qui ont tenté de réformer les mœurs.

Ceci dit, le serviteur de Dieu, El-Hadj Âsif Diallo commence par remercier Dieu, avant de déclarer : « Chers frère en la foi, je tiens à confirmer les liens solides qui me lit avec vous, Cheikh El-Hadj Hammadi Bâ du Sénégal. Que Dieu vous place sous Sa

207

protection ! Qu'il déverse sur vous l'abondance et la droiture ! Qu'il répond favorablement à vos propositions et à vos appels ! Qu'il fasse que vos efforts soit sous tendus par une solide base servant de pilier inébranlable :

« *La communauté s'est basée sur l'allégation patente*
Qui est, sans doute, une dimension de la religion ».

Sur le deuxième point, d'après Abdallah Ibn Mubarak al-Marzawi qui dit : « L'allégation est une dimension de la religion. Et si ce n'était cette forme d'allégation, vraiment chacun était libre de dire ce qu'il veut ».

Il dit, également : « Celui qui recherche sa religion sans passer par aucune référence légale est comparable à celui qui monte sans échelle ». Sufyân Sawri dit : « La référence légale constitue l'arme du croyant ».
De son côté, imam Nawâwî dit : « Par quoi nous combattons, si on n'est pas armé ».
L'imam Ibn Sîrîne, d'après ce qu'a rapporté al-Hafiz Tirmizi dans sa dernière compilation, démontre que ce hadith est bien une compilé : « Regardez bien d'où vous puisez votre religion ».

L'imam Abû Abdallah Muhammad Ibn Idriss ach-Châfi'î dit : « Quiconque quête le discours sans passer par une référence légale est comparable à l'aveuglette qui ignore tout des dires des imams illuminés qui recherchent la bonne chaîne de transmission des propos du Prophète (PSL) ».

Dans ce qui suit, nous avons quelques lignes de nos éminents Cheikh, que Dieu les fasse tous miséricorde :

« *Je te donne l'autorisation, bien que je reconnais toute mon incompétence.*
Et que ce que tu cherches est chose possible et accessible.
Comment peux-je me voir compétent ; alors que
Deux éléments me cernent : le courage et l'ignorance ?
La science est un océan agréable à goûter.
Cependant, je n'en détiens pas la fontaine.
Aussi, j'implore pour nous le pardon divin.
Car, toute la créature compte sur Sa Grâce Infinie ».

De toutes façons, j'implore Ton pardon mon Seigneur, car comment du néant le pécule peut-elle être généreuse ? Comment celui dont le cœur est pauvre en matière de connaissance et que ses feuillets sont vierges peut-il bénéficier d'une autorisation ?

« Ô Seigneur qui fait manifester l'esthétique et dissimuler l'inesthétique ; qui traite dans la sincérité celui qui se tourne vers Toi ; qui exerce un commerce fluctueux, Nous Te demandons de ne pas nous priver de Ta protection, de ne pas nous faire oublier de Te mentionner, de ne pas nous suffire de Ton stratagème, Ô le Pardonneur par Excellence, le Miséricordieux, le Très Reconnaissant, le Doux ».

L'initiation débute par l'enseignement des propos du Prophète (PSL) qui sont des paroles d'or. En fait, l'assurance de Dieu en est une garantie : « **Nous ne t'avons envoyé qu'en miséricorde pour l'univers** [122]».

La question des hadiths portant sur la clémence divine et sur le fait de se serrer les mains

Ainsi, nous avons les hadiths relatifs au fait de se donner la main (entre homme et femme), ceux qui prêtent à plusieurs interprétation, ceux relatifs à l'hospitalité, le hadith qui débute par : « *certes, moi je t'admire* », le hadith qui fait état de l'acte de dévotion et celui qui parle de l'éthique. C'est là, en tout, sept sortes de hadiths qui parlent de sept choses connues comme les cieux, les sept terres, les sept parties du corps concernées lors de la prosternation, les sept phases de la création humaine [123] et les sept membres du corps. Je pense que cette petite indication pourrait suffire pour assouvir la soif des curieux en matière de connaissance.

Le texte du premier hadith : comme nous le notons dans l'enseignement des dires de l'imam soufi Muhammad Ibn Ahmad Ibn Sa-îd, du rite hanbalite et auteur du célèbre ouvrage « al-Fawâ'idu jalîla fî musalsalât Muhammad Ibn Ahmad 'Uqayla » partant de la chaîne de transmission qui remonte à Sufyâne Ibn 'Uyayna. Le Messager de Dieu (PSL) dit : « *Ceux qui éprouvent de la pitié à leurs prochains bénéficieront de*

---

[122] Sourate : Al-Anbiyâ' ; verset : 107.
[123] Extrait d'argile ; goute de sperme ; adhérance ; embryon ; os ; chair ; accouchement (état de bébé). Cf ; sourate Al-Mou'ominoûne , verset 12 – 14.

209

la miséricorde divine. Alors, ayez de la pitié pour ceux qui sont sur la terre ; et Celui qui est dans les cieux vous accordera sa clémence ». On reviendra sur ce point.

<u>Le texte du second hadith</u> : Ahmad Ibn Dahaqân a dit que Khalaf Ibn Tamîm lui a raconté ce qui suit : « Nous nous sommes rendus chez Abi Harmaz pour le rendre visite car étant malade. Nous avons fait de même pour Anas Ibn Malik ». Ensuite, il dit : « Mes deux mains-ci ont serré la main bénie du Saint Prophète (PSL) ». Puis, Abu Harmaz dit : « Nous avons dit à Anas Ibn Malik : vraiment nous avons serré la main qui a touché celle du Prophète (PSL) ». Et nous dîmes à Abi Harmaz : « Nous avons serré la main qui a serré celle de Anas ». Puis, Ahmad Ibn Dahaqân dit : « Nous nous adressâmes à Khalaf en lui disant que nous avons serré la main qui a serré celle de Harmaz. Et nous nous sommes serré les mains ».

Amrû Ibn Sa-îd dit à Ahmad Ibn Dahaqân : « Nous avons serré la main qui a serré celle de Khalaf Ibn Tamîm. Puis nous nous sommes serrés les mains ». Et c'est ainsi jusqu'à la fin du récit.

<u>Le texte du troisième hadith</u> : Il dit : « Ibrahîma Ibn Abî Yahya m'a serré la main ». Il dit : « Safwân Ibn Salîm m'a serré la main ». Il dit : « Ayyûb Ibn Khâlid al-Ansârî m'a serré la main ». Et il dit : « Abul Qâsim [124] m'a serré la main ». Sur ce, le Prophète (PSL) parlant de Ali, que Dieu honore son visage, dit qu' « *il m'a serré la main. Et quiconque me serre la main entrera au Paradis ».* Et selon une version il dit : « *Celui qui serre la main à celui à qui j'ai fait de même entrera au Paradis et ce, jusqu'au Jour Dernier ».*

<u>Le texte du quatrième hadith</u> : Dja-'afar Sâdiq, que Dieu l'agréé, nous a accordé l'hospitalité en nous donnant des dattes et de l'eau. Ensuite, le père de Dja-'afar, Muhammad Bâqir nous a accordé l'hospitalité en nous donnant la même chose. Puis, Ali Ibn al-Hasan Ibn Ali, que Dieu leur accorde son agrément, a fait de même pour nous. De même, Abul Hasan Ibn Ali Ibn Abi Tâlib nous a accordé cette hospitalité en nous donnant des dattes et de l'eau. En fin de compte, il dit : « *Celui accorde l'hospitalité à un croyant, c'est comme s'il l'a accordé à Adama (PSL) ».*

<u>Le texte du cinquième hadith</u> : Amrû Ibn al-Muslim at-Tâssî nous a éclairé la question. Il dit que al-Hakam Ibn Abdallah a dit que Hayawa Ibn Charîh l'a informé.

---

[124] Il s'agit du Prophète Muhammad (PSL).

Ce dernier soutient que 'Uqba Ibn Salam, d'après Abd Rahmân al-Habli, d'après as-Sanâbahi, d'après Mu-'âz Ibn Jabal qui dit que le Prophète (PSL) l'a interpellé en ces termes : « *Ô Mu-'âz, je vais t'apprendre une prière. Tu dois y être assidu. Il s'agit de :* « *Seigneur ! Aide-moi à penser constamment à Toi, à Te rendre grâce et à T'adorer comme il se doit* [125] ».

Et selon une autre version : « *Ô Mu-'âz je te recommande ceci : ne quitte jamais ta place après la prière sans dire* « *Seigneur ! Aide-moi à penser constamment à Toi, à Te rendre grâce et à T'adorer comme il se doit* ». As-Sanâbahî dit : « *Mu-'âz m'a dit : je t'aime, par conséquent, répète ce que m'a enseigné le Prophète (PSL)* ».

<u>Le texte du sixième hadith</u> : il dit : « J'ai écouté Abul Hasan al-Mâliki, je l'ai vu tenir un chapelet. Je lui dis : « Ô mon maître, vous détenez jusqu'à présent le chapelet ? ». Il me répondit : « De la même manière, j'ai aperçu mon guide spirituel, as-Surri Ibn Mughlis Saqati, alors qu'il tenait un chapelet. Moi, aussi, j'ai eu la même impression que toi et je l'ai fait la même remarque. Il me signifia que son maître, Ma-'aruf al-kurkhi, détenait un chapelet. Il me répondit ce que je t'ai répondis à savoir son guide, Amrul Makiyi, avait avec lui un chapelet. Lui aussi, il montra que son maître, al-Hasanul Basrî, faisait usage du chapelet. Et ce dernier précisa que : « Nous l'avons toujours employé ; pourquoi, alors, le délaisser après tant d'années d'usage. Quant à moi, j'aime et je désire mentionner Dieu dans mon cœur, de par mes mains et de par ma langue ».

<u>Le texte du septième hadith</u> : il dit que Abul Abbas Ahmad Ibn al-Hasan, selon une bonne chaîne de transmission, lui a informé d'après Ahmad Ibn 'Umar al-Achebani Abul Hasan que Muhammad Ibn Zakarya al-Alâ-'a lui a informé qu' al-Hasan d'après al-Hasan Ibn Abi al-Hasan d'après al-Hasan a dit que le Prophète (PSL) a dit : « *La meilleure attitude et le meilleur comportement résident dans la bonne morale* ».

C'est sous cet angle que Mustaghfiri a fait savoir que les quatre « Hasân » dont il est question dans le précédent hadith sont répartis comme suit : le 1er hasan c'est Ibn Hasân ; le 2nd, c'est Ibn Dînâr ; le 3ème, c'est al-Basrî et le 4ème, c'est al-Hasan Ibn Ali as-Sabtu.

---

[125] « Allahumma a-innî 'alâ zikrika, wa chukrika, wa husni 'ibâdatika »

La dimension spirituelle et cultuelle de la Tarîqa Tijjâniyya

Le hadith relatif à la compassion que doit avoir le fidèle vis-à-vis de son prochain est un hadith authentique relaté par Bukhâry dans « al-Adabul Mafarr bighayril Matnil Mach'hûr ». Imam Ahmad l'a également rapporté dans son « Sanad ». De même, Abû Dâwûd, Nisâ-'î, Ibn Mâjah et Hâkim l'ont rapporté. Jalâl Dîn Suyûtî en a fait état dans « al-Jâmi-'i al-Saghîr wal-Kabîr ». D'autres érudits l'ont rapporté.

La question de la prépondérance chez les rapporteurs de la tradition muhammédienne connaît deux niveaux. La prépondérance effective consistant à ce que le disciple entend de son Cheikh un autre hadith ou un écrit scientifique. Ainsi ce sera le premier livre qu'il aura à lire ou le premier hadith qu'il a entendu de son Cheikh. Il peut même être la première tradition prophétique à laquelle il vient de faire face. Ou bien même, il attendra le retour de son Cheikh de voyage pour que celui-ci puisse l'initier ce hadith. Et si cette initiation se passe comme nous l'avons démontré, on a ce que l'on appelle l'apriorisme additif (al-awliyya al-idâfiyya). Il convient au disciple de redoubler d'effort et d'être attentif lors de l'initiation et prendre toutes ses dispositions avant que le Cheikh n'entame son enseignement afin que ce hadith ou la leçon qu'il vient de prendre lui serve de support comme ce fut le cas pour les ténors de la communauté de Muhammad (PSL).

Ce hadith présente plusieurs versions parmi lesquelles :
- « *Ceux qui ont de la compassion pour les gens d'ici-bas, le Miséricordieux (Ar-Rahmân) leur fera clémence* » ;
- « *Ceux qui ont de la compassion, le Tout Miséricordieux (ar-Rahîm) leur fera miséricorde* » ;
- « *Ceux qui éprouvent de la compassion, bénéficieront de la miséricorde de Dieu (Allah)* » ;
- « *Ayez pitié pour ceux qui sont sur terre, Celui qui est aux cieux vous fera pitié* » ;
- « *Aie pitié pour ceux qui sont sur terre, Celui qui est aux cieux en fera de même pour toi* ».

Cependant, la plupart des hadiths se rapportant à cette question a employé les termes « *yarhamkume* » (يرحمْكم) ou « *yarhamukume* » (يرحمُكم). D'autres, par contre, lisent « *yarhamakume* » (يرحمَكم). De toute façon, le sens reste le même.

Dans une autre version, nous lisons : « *Ceux qui éprouvent de la compassion pour ceux qui sont sur terre, le Miséricordieux, que Son Nom soit exalté, en fera de même pour eux* ».

212

La dimension spirituelle et cultuelle de la Tarîqa Tijjâniyya

Les gens du hadith se sont chargés de transmettre ce noble hadith, de prime abord, au disciple dans le but de bâtir un disciple plein de compassion dans sa quête du savoir. Le disciple se doit de combattre en lui l'ignorance et son maître aura pitié de lui du fait de son bon comportement. Il lui incombe de considérer le savoir et de l'appliquer comme il l'a appris. Sur ce, il sera en mesure d'être compatissant à l'égard des serviteurs de Dieu, le Très Haut.

Le poète arabe a bien fait de dire :
« Fais miséricorde à l'ensemble des créatures.
Regarde-les avec l'œil de la bonté et de la tendresse.
Honores l'âgé et aie pitié aux enfants.
Et observe pour chaque créature le droit de Celui qui l'a créé ».

Al-Hafiz Ali Ibn Hasan Ibn 'Usâkir dit :
« Hâtes-toi de faire le bien, toi doué de raison.
Ne sois pas de ceux qui présentent un bien minime.
Remercie Ton Seigneur des bienfaits.
En fait, la gratitude offre la grâce et le bienfait
Du fond de ton cœur, aie pitié et considère tes prochains.
Car, le Miséricordieux fais clément à celui qui agit de la sorte ».

Ahmad Ibn Abdallah al-Khitâbî al-Kutubî dit :
« Ceux qui ont de la pitié aux habitants de la terre, auront la clémence
De Celui qui est aux Cieux ; alors éloignes de toi de l'insinuation.
Dis : « je cherche protection auprès du Seigneur des hommes contre Satan.
Car, Dieu ne fera pas clément à celui qui n'a aucune pitié pour ses prochains ».

Al-Hâfiz Ibn Hajar dit :
« Certes, celui qui éprouve de la pitié pour son prochain ;
Vraiment, le Seigneur des cieux lui fera clément.
Alors, aie pitié pour toute la créature, car
Très certainement, le Miséricordieux t'accordera la Sienne ».

Al-Khutayb an-Nuwayri dit :
« Nous avons entendu un hadith rapporté par la chaîne hiérarchique.
Et ce fut le premier hadith authentique entendu.
Sufyâne l'a authentifié sans une chaîne de transmission

La dimension spirituelle et cultuelle de la Tarîqa Tijjâniyya

Qui remonte au meilleur des Envoyés à l'humanité.
Il dit : « Ayez pitié aux créatures de Dieu pour que l'on vous fasse clément.
Celui qui a pitié des habitants de la terre, le Très-Haut en fera de même ».

Le Cheikh Abd al-Ghinâ an-Nâbulisî dit:
« Un hadith nous est parvenu de nos Cheikhs
Rapporté de manière hiérarchique et nous l'avons relaté.
Le Prophète, que la paix de Dieu lui soit éternelle
Ainsi que son salut, dès lors que l'on mentionne son nom, a dit :
« Ceux qui éprouvent de la tendresse, bénéficieront de celle de Dieu.
Une clémence dont on ne finira pas de mentionner la portée.
Celui qui a de la pitié pour son prochain, en aura de même
De la part de Celui qui est aux cieux ».

Aussi, il faut signaler que beaucoup d'érudits réputés en hadith ont rapporté ce hadith du Prophète (PSL). Que Dieu leur accorde tous – le Prophète, sa famille, ses compagnons, tout croyant qui leur emboîte le pas - le Paradis comme Dernier Refuge, car Il est Celui qui répond favorablement aux appels de Ses serviteurs !

J'ai également d'autres « licences » (*ijâzât*), Dieu merci. Mais, je ne peux pas les relater ici toutes. Je tiens seulement à en mentionner quelques unes. Toutes ces *ijâzât* qui me sont délivrées proviennent des mains d'éminents érudits reconnus pour leur sagesse et leur droiture.

En vérité, j'ai reçu autorisation d'enseigner le « *Muwatta'* » de Imam Malick, les deux « *Sahîh* » de Bukhâry et de Muslim, les Hadith rapportés par Ahmad, Ibn Mâjah, Nisâ'î et de Tirmîzî, tout autre ouvrage de Hadith, tout ce qui rapporte à l'exégèse coranique, bref toutes les sciences islamiques et d'en délivrer les diplômes (*ijâzât*) conformes.

Me concernant, je confirme de manière certaine à mon cher frère en la foi que ma chaîne de garants remonte au Sahîh de l'Emir des croyants al-Hâfiz al-Hujja Abî Abdallah Muhammad Ibn Ismâ-'îl al-Bukhâry al-Ja-'afî, que Dieu lui fasse miséricorde. Je réitère de manière continue qu'il existe plusieurs preuves de mon intronisation dans les sciences islamiques provenant de l'Orient et de l'Occident. Je me limiterais à rappeler deux preuves : l'une occidentale ; l'autre orientale.

La dimension spirituelle et cultuelle de la Tarîqa Tijjâniyya

* Concernant celle occidentale, je dis qu'effectivement, j'ai reçu une autorisation de la part du grand érudit Sayyid Idriss Ibn Muhammad Ibn al-'Abid al-Hasanî al-'Irâqî al-Maghribî al-Fâsî at-Tidjânî ; d'après l'illustre savant, Sayyid Muhammad al-Madanî Ibn al-Ghâzî Ibn al-Hasanî ar-Ribâtî ; d'après le grand savant Sayyid Ahmad Ibn Qâsim Ibn Jaws ; d'après al-Muchârik Ibn Abdallah Sayyid al-Hâdj Muhammad Ibn Bâb ach-Chanjîtî al-Alawî qui fut le frère de l'auteur de l'ouvrage intitulé « Muniyyatul murîd » ; d'après l'imam sûfî et savant en Dieu Abil Abbas Sayyid Ahmad Ibn Hassân, représentant de la Voie du grand imam Abî Abdallah Sayyid Muhammad, Cheikh Mukhtâr Ibn Bâbâ. Ces deux derniers l'ont reçu des mains de Sayyid Muhammad ; d'après l'imam et savant réputé Abî Abdallah Sayyid Muhammad al-Hâfiz Ibn al-Mukhtâr Habîb al-Alawî ach-Chanjînî, que Dieu sanctifie son âme ; d'après Cheikh Imâm al-Hâfiz Sayyid Sâlih Ibn Muhammad al-'Umarî, le célèbre auteur de l'ouvrage intitulé « al-Fahrasatil mach'hûra ».

Ce Dernier aussi a reçu son autorisation des mains de son Cheikh Sayyid Muhammad Ibn Sanna ; d'après al-Ma-'amar Ahmad Ibn Muhammad al-'Adjal ; d'après le mufti de la Mecque, Muhammad Ibn Ahmad an-Nahrawâlî ; d'après al-Hâfiz Nur ad-Dîn Ahmad Ibn Abdallah at-Tâwûsî ; d'après al-Ma-'amar Bâbâ Yûsuf al-Harawî ; d'après Muhammad Ibn Châz Bakhat al-Fârisî al-Farghânî ; d'après Abî Luqmân 'Ammâr Ibn Muqbil Ibn Châhâne al-Khatlânî ; d'après Muhammad Ibn Matar al-Farbarî al-Hâfiz al-Huja Abi Abdallah Muhammad Ibn Ismâ-îl al-Bukhâry.

Cheikh Sâlih al-Fâsî dit dans son cataloguage qu' « entre al-Bukhâry et moi, il y a huit rapporteurs ». Le tiers de son ouvrage contient 12 chapitres. Ainsi, il précise : « Entre al-Bukhâry et moi il y a seize rapporteurs, Loué soit Dieu ! » En considérant le tiers de son ouvrage, force est noter qu'il a atteint 23 hadiths. Et entre le Prophète (PSL) et moi, il y a eu vingt rapporteurs. Il constitue la chaîne des garants de la tradition la plus actuelle de nos jours ».

* S'agissant celle orientale, j'y ai reçu également une autorisation concernant les ouvrages traitant la Sunna partant de la méthode de l'illustre savant Sayyid Idriss Ibn Muhammad Ibn al-Âbid al-Hasanî al-Irâqî al-Maghribî al-Fâsî at-Tidjânî ; d'après l'illustre savant en Dieu Cheikh Muhammad al-Hâfiz Ibn Abd al-Latîf Ibn Sâlim al-Misrî at-Tidjânî, que Dieu rend parfait ses œuvres ; D'après le Cheikh Abd al-Hayyi Ibn Abd al-Kabîr al-Hasanî al-Kuttânî ; d'après al-Ma'amar Cheikh Ahmad Ibn Munlâ Sâlih as-Suwaydî al-Baghdâdî ach-Châfi'î ; d'après Muhammad al-Muratadâ ar-Rubaydî al-Hasanî ; d'après al-Ma-'amar Muhammad Ibn Sanâ al-Falânî al-

Mâlikî ; d'après Cheikh Muhammad Ibn al-Ajâl al-Yamânî ; d'après al-Qutb an-Nahrawâlî ; d'après Ahmad Ibn Abî al-Fatûh at-Tawnîsî, d'après al-Ma-'amar Bâba Yûsuf al-Harâwî Ibn Abî Abdallah Muhammad Ibn Yûsuf al-Farbârî ; al-Imam al-Huja Abî Abdallah Muhammad ibn Ismâ-'îl al-Bukhâry.

Entre Bukhâry et moi il y a 12 rapporteurs ; alors que le tiers de son ouvrage comprend 16 chapitres. Sans doute, ce document oriental est plus proche que le 1er document de quatre intermédiaires. Loué soit Dieu, à Lui la Grâce Infinie.

De la même manière, j'ai fait état de l'ensemble des sciences religieuses dont la source référentielle reste le Livre de Dieu avec tout son lot de commentaires explicites et incontestables (*at-tafâsîr as-sahîha*) et la tradition prophétique comme les Hadiths authentiques (*Sihâh*), les Hadiths bons (*Hasân*), les Glossaires (*Ma-'âjim*), les traditions (*Masânîd*), etc…

J'ai fait, également, mention de tout ce qui est relatif au Livre de Dieu et à la Sunna de son Prophète (PSL) comme la jurisprudence (*fiqh*), la théologie (*tawhîd*), etc ; partant d'une chaîne défendue par les Sûfî. A noter que j'ai reçu autorisation de tout ce qui est rappelé de la part du Cheikh al-Hâdj Abû Bakr az-Zaydi at-Tidjâni Diallo de Bansan ; d'après l'illustre savant Idrîs Ibn Muhammad Ibn al-Abîd al-Irâqî al-Maghribî al-Fâsî at-Tidjânî ; d'après Cheikh Muhammad al-Hâfiz al-Misri at-Tidjânî ; d'après Cheikh Muhammad as-Sâdiq ar-Riyâhî at-Tûnîsiyyi ; d'après Hafîd Cheikh Taïb an-Nayfar at-Tûnîsî ; d'après Cheikh al-Muhyî ad-Darfûrî qui a rendu l'âme près de la Ville Illuminée (al-Madîna al-Munawwara). Ce cheikh s'est vu octroyé cette permission par notre Cheikh vénéré Ahmad al-Hasanî at-Tidjânî qui s'est lui-même appuyé sur le vénéré Cheikh Mahmûd al-Kurdî al-Irâqî inhumé au Caire. Ce dernier doit sa réputation au Cheikh al-Islâm Cheikh Muhammad ibn Sâlim al-Hanafî al-Misrî.

Je compte mentionner particulièrement dans cette Tarîqa, sa chaîne de transmission telle que rapportée dans le Sahîh Bukhâry. Il est rappelé qu'il l'a rapporté de Muhammad ibn Abdallah Sajâmâsî, originaire de Fez ; d'après Cheikh al-Islam Abdallah ibn Sâlim al-Basrî al-Makkiyî ; d'après son Cheikh, le Cheikh Muhammad ibn Cheikh 'Alâ'a ad-Dîn al-Bâbali al-Misrî ach-Châfi'iyyî ; d'après Cheikh Abî Naja Salîm ibn Muhammad as-San'hûrî ; d'après al-Hâfiz an-Naja Mluhammad ibn Ahmad ibn Ali al-Fahli ; d'après Cheikh al-Islam Abî Yahya Zakariya ibn Muhammad al-Ansârî ; d'après ibn Hajar al-Asqalânî al-Misrî ; d'après Sattâz

La dimension spirituelle et cultuelle de la Tarîqa Tijjâniyya

Ibrahîm ibn Ahmad at-Tawkhî qui provient de Tûkh, une tribu du Maghreb ; d'après Abî al-Abbâs Ahmad ibn Abî Tâlib al-Hijâz ; d'après Cheikh al-Hasan ibn Mubârak az-Zubaydî al-Hanbalî ; d'après Abî al-Waqt Abd al-Awwal ibn Îsâ ibn Chu'ayb qui vient de Sdjsatâne ; d'après Abil Hasan Abd ar-Rahmân ibn Muhammad ibn Muzfir ibn Dâwûda ; d'après Abî Muhamad Abdallah ibn Ahmad as-Sarkhî qui vient de Sarakhâs de la ville de Bikhirasân ; d'après Abî Abdallah Muhammad ibn Yûsuf ibn Matar ibn Sâlih al-Farbarî ; d'après l'Emir des Croyants dans le hadith rapporté par Imam Abî Abdallah Muhammad ibn Ismâ-'îl al-Bukhâry (m.257H).

Sur ce, je compte m'adresser à moi-même et à mes correligionnaires de bien considérer ce que Dieu a enjoint à Ses serviteurs – les Derniers comme les Premiers – dans son Livre en ces termes : « **A Allah appartient tout ce qui est dans les cieux et sur la terre. « Craignez Allah ! » Voilà ce que nous avons enjoint à ceux auxquels avant vous le Livre fut donné, tout comme à vous-même. Et si vous ne croyez pas** (cela ne nuit pas Allah, car) **très certainement à Allah seul appartient tout ce qui est dans les cieux et sur la terre. Et Allah se suffit à Lui-Même et Il est digne de louange** [126]».

En fait, Dieu a exigé la crainte (*at-taqwâ*) en secret et en public. Par cette crainte, le fidèle pourra espérer arriver à Dieu. De même, il lui incombe d'incarner les nobles qualités divines. Il convient de garder le silence quand c'est nécessaire dans toute circonstance, tout propos et tout acte. La personne se doit d'être à l'écoute de tout ce qui l'échappe voire de tout ce qu'il ignore. Il doit prendre en compte son Cheikh lors des invocations dans les moments de solitude et de partage pour répondre aux désirs d'ici-bas et de l'au-delà. Nous prions Dieu de nous accorder une bonne fin lors de notre mort et de nous introduire au Paradis sans aucun compte à régler ni aucune sanction à subir et de nous donner la Grande Faveur de le voir. Que Dieu nous honore tous et qu'Il réalise tous nos vœux – ici-bas et l'au-delà – grâce à la dignité du Maître des Pieux, du Messager de Dieu, Celui qui est envoyé en miséricorde pour l'humanité, Lui qui est notre intercesseur devant Dieu.

Que la paix et le salut soient sur lui, sa famille, ses compagnons et quiconque leur emboîte le pas jusqu'au Jour de la Rétribution. Nous terminons notre invocation par la noble formule : Louange à Dieu, Seigneur de l'univers ! »

Dimanche 26 Radjab 1981

---

[126] Sourate : An-Nisâ'i ; verset : 131.

(date de l'obtention de la idjâza)

Les azkars en pratique dans la Tarîqa

Les méthodes directives relatives au *Azkâr* et au *Ahzâb* pratiqués dans la Tarîqa Tidjâniyya sont bien évidentes et bien explicites comme l'a bien relatées la « Jawâhirul Ma-'ânî ». La mise en évidence d'une partie de ces *Azkâr* est chose sollicitée. Ainsi, concernant la prière et plus précisément des invocations répétées lors de la génuflexion et lors de la prosternation, on y revient pas, car elles sont bien explicitées dans les ouvrages comme « al-ihyâ' » de l'imam Ghazâli, « Qût al-qulûb » de Abî Tâlib Makkiyyi et « Djawâhirul khams » de Ghaws Chattâr ; et ce, sans parler de ceux qu'ils ont ratifiés dans leurs écrits.

S'agissant du « Hizbus Sayfiyyu الحزب السيفي », il figure parmi les *Awrâd* intérimaires du matin et du soir. Il est récité une fois le matin et une fois le soir. Et là, il est considéré comme un *wird* pour celui qui le prend comme tel. Par contre, celui qui le met en pratique ; alors il le fait uniquement en guise d'adoration comme le souligne Dieu : « **Il ne leur a été commandé, cependant, que d'adorer Allah, Lui vouant un culte exclusif …**[127] » et « **… Cherchez le moyen de vous rapprochez de Lui** [par le biais des bonnes œuvres]… [128] ». Il faut noter que ce *hizbu sayfiyyu* est exempt des flétrissures des aléas psychiques. Que Dieu nous unit tous dans le cercle de la foi.

Dans même, l'invocation intitulé « Yâ mane az'haral jamîl يا من أظهر الجميل » figure parmi les *awrâd* faites matin et soir. Elle est récitée 20 fois répartis en deux moments : 10 fois le matin et 10 fois le soir. Et cette répartition s'applique à celui qui désire la faire ainsi. Il est, également, possible d'intérioriser ces 20 fois dans les 5 prières quotidiennes, en raison de 4 fois par prière. Mais l'usage de cette invocation doit prendre en compte le comportement, les qualités de celui qui demande la permission de pratiquer cette litanie.

---

[127] Sourate : Al-Bayyina ; verset : 5.
[128] Sourate : Al-Mâ-'ida ; verset : 35.

De même, les « Musabba-'âtul achr المسبعات العشر » sont inscrits dans la liste des *awrâd* matinaux et vespéraux. Il est possible de faire 100 fois ou 1000 fois ou les faire à la fois, à savoir 1100 fois matin et soir pour celui qui désire en être assidu conformément à la méthode en vigueur pour opérationnaliser le wird. A défaut, elles sont utilisées dans les cas de besoins pour s'attirer un bienfait ou pour éloigner un mal. Elles figurent parmi les *Awrâd* les plus prompts en matière de concrétisation des vœux et des souhaits formulés par la permission de Dieu, bien sûr. Celui qui les récite constamment verra ses problèmes et ses désirs résolus dans les trois jours qui suivent, par la grâce de Dieu. Lorsque la situation est grave, il devint impératif de les réciter, de manière constante, après chaque prière obligatoire. Seulement, celui qui est dans cette situation doit au préalable réciter 100 fois la *Salâtul Fâtihi* suivi de 1000 fois « *Yâ Latif* » pour terminer avec 10 ou 4 ou même 1 fois la *Salâtul Fâtihi*.

Il faut noter, également, que le « Dawru al-'A-alâ الدور الأعلى », fait partie des *awrâd* en pratique le matin et le soir pour celui qui le considère comme wird. Dans ce cas, il est récité en deux phases. En revanche, s'il s'agit de répondre à un besoin pressant dans le but de s'immuniser, il est récité conformément à la méthode que le Cheikh a enseignée à ses disciples. Et c'est un fait que tous les adeptes de la Tarîqa doivent connaître et savoir. Il est impératif de s'arrêter là où les Cheikhs ont demandé de s'arrêter. Quiconque s'engage alors à leur suivre sur le plan spirituel doit, de prime abord, savoir que ces Cheikh sont des Mujtahidûne, c'est-à-dire ceux qui s'efforcent dans leurs religions. C'est pour dire qu'il est obligatoire de respecter les exigences et les recommandations des Cheikhs. Cependant, il ne convient pas de les critiquer ; mais de se montrer sincère à leurs égards. La sincérité consiste à respecter à la règle leurs indications. Que Dieu nous garde de les dépasser !

Quant au « Hizbul Bahr حزب البحر », il figure également parmi les awrâd matinaux et vespéraux. Il est récité une fois à temps indiqué tout en ayant l'intention d'adorer Dieu. Il n'est donné comme autorisation qu'en cas de nécessité comme le faisait le Cheikh lui-même. Celui qui cherche à s'immuniser qu'il le récite régulièrement tout en formulant l'intention 3 fois le matin et autant le soir.

Pour ce qui est des « Asmâ'ul Idrîsiyya الأسماء الإدريسية », un procédé est dégagé pour leur praticabilité. Celui qui désire s'orienter vers Dieu avec une intention bien formulée par le biais de ces Nobles Noms, il doit avant tout consulter l'ouvrage intitulé « al-jawâhirul Khams » de Ghaws Chattâr. Alors il pourra réaliser son désir. L'usage de ces Nom demande des préalables. Celui qui aspire à adopter les deux voies Ahmadiyya voire même les prendre comme *wird* est obligé de passer par la *Salâtul Fâtihi* qui renferme toutes les fonctionnalités et bienfaits.

Concernant les méthodes permettant de pratiquer ces autres Noms Divins, il faut consulter la « Jawâhirul Ma-'ânî » et les autres ouvrages relatifs à la Tarîqa comme « Char'hu Muniyâtil Murîd » plus connu par « Bughayyatul Mustafîd » et « Miftâhu as-Sa-'âda al-Ahadiyya fî Matâlib al-Ahmadiyya ; matâlib at-Tarîqa kullihâ ». Il doit, en outre, avoir l'œil sur les procédés dégagés pour accomplir les *azkâr* dans leurs totalités. Que Dieu daigne répandre Son Salut et Sa Grâce sur le Prophète Muhammad, sa famille et ses compagnons !

Abû Bakr Zaydi at-Tidjânî al-Qâtin de la ville de Bansa (Gambie)
Sur vous la paix, la miséricorde et la bénédiction de Dieu.

Les bienfaits de la litanie suivante

Procédé permettant d'accomplir cette litanie désignée par « *Mahru sirr wal hûr, wa aïnul fath wa nûr* » (la dote des arcanes pour mettre la main sur les Houris aux beaux yeux, la voie du succès pour atteindre la lumière) (مهر السر والحور وعين الفتح والنور).

Celui qui récite beaucoup cette prière verra sûrement le Seigneur de la Puissance en état de sommeil. Le Messager de Dieu (PSL) ne se séparera plus de lui ainsi que l'Esprit Saint (l'Ange Jibril). Ils seront toujours en compagnie. Une seule récitation de cette prière équivaut à 100 000 fois la récitation de la *Salâtul Fâtihi*. Elle est récitée 30 fois après la prière du matin ; 24 fois après la prière du midi ; 20 fois après la prière de l'après-midi ; 15 fois après la prière du crépuscule et 20 fois après la dernière prière du soir.

Il s'agit de cette oraison :

« Allâhumma salli wa sallim wa bârik 'alâ Sayyidinâ Muhammadine, Nabiyyil Kâmil al-Fâtihi al-Khâtim as-Sâdiq al-Amîne al-Jâmi', li asrâri mâ ahsâhu Lâhu minal 'ulûm fî ahrufil imâm al-mubîne, bi'aïnil yaqîne wa aqlâmi tartîb wa tabyîne. Wa mudda mine hadrati Rabbihî, bi jamî'i asrâril hudâ wa tamkîne, wa bicharafihî wa karamihî, chahidate jamî'u Nabî'îne, wal Mursalîne, wal Malâ'ikati, wa Chuhadâ'i, wa Sâlihîne, an-Nâsiri bil haqq, ar-Ra'ûfi ar-Rahîm al-Hâdî ilâ sirâtiqal mustaqîme, sirâtal lazîna an'amta 'alaïhime ghaïril maghdûbi alaïhime wala dâl-lîne, âmine.

Qutbi dâ'iratul wujûd wal jalâl wal jamâl wa miftâthi asrâril ghuyûb wa khazânati 'aïnil kamâl.

Wa Huwa nûru sâti'u, wa sirrul maknûne, wa salâtul kâmila, wa salâmu tâmm 'alâ akhîhi Jibril mutawwaqi bin nûri tâmm, wa 'alâ jamî'i âlihi wa as'hâbihi, wa bi'adadi bastil bâsit, wa bast inbissâtil mukawwanât, wa kawni takwîne, wa bi'adadi sirri al-lazî awda'atahu, Ya Allâhu, fi ahrufi : Alif Lam Mîm Sâd ; Alif Lâm Râ ; Kâf Hâ Yâ Aïn Sâd ; Tâ Sîn ; Hâ Mîm ; Qâf ; Nûn ; salâtane kâmilatane, wa salâmane tâmmane, lâ nihâyata lahumâ fil 'ilmikal 'azîme ; kamâ lâ nihâyata likamâlika, wa mulkika, wa 'ilmika, Yâ Samî'u, Yâ Sarî'u, ajib lî bil idjâba (3fois), Yâ Mujîb (3 fois), Yâ 'Alîm (3 fois), salâmune qawlane mine Rabbine Rahîm (3 fois), Tahûrune, Bad'aqune, Mah'babahu suratune, Mah'babahu Saqafâ tîsune, Saqâtîmune, Ahûnune, Qâfune, Adumma, Humma, Hâ'une, âmîne.

As'aluka Allâhumma bismikal a'azam ane tusalliya 'alaïhi, wa 'alâ âlihi fî kulli nafsine, wa lam'hatine, wa lah'zatine, wa tarfati 'aïnine, wa hînine, bi'adadi miqdâri 'azamati sirri zâtika, Yâ Hayyu, Yâ Qayyûm, Yâ 'Azîm, wa bi'adadi asrâri kalâmikal qadîme, wa haqqa qadrihi, wa miqdârihil azîme, wa haqqa qadri jamî'i Anbiyâ'ika, wa Rusulika, wa miqdârihime Yâ Ar'hama râhimîne (3 fois), lâ ilâha illa Anta sub'hânaka innî kuntu mina zâlimîne ».

" اللهم صل وسلم وبارك على سيدنا محمد النبي الكامل الفاتح الخاتم الصادق الامين الجامع لأسرار ما أحصاه الله من العلوم في أحرف الإمام المبين بعين اليقين وأقلام الترتيب والتبيين ومد من حضرة ربه بجميع أسرار الهدى والتمكين وبشرفه وكرمه شهدت جميع النبيئين والمرسلين والملائكة والشهداء والصالحين الناصر بالحق الرؤوف الرحيم الهادي إلى صراطك المستقيم صراط الذين أنعمت عليهم غير المغضوب عليهم ولا الضالين آمين قطب الدائرة الوجود والجلال والجمال ومفتاح أسرار الغيوب وخزانة عين الكمال وهو النور الساطع والسر المكنون والصلاة الكاملة والسلام التام على أخيه جبريل المطوق بالنور التام وعلى جميع آله وأصحابه وبعدد بسط الباسط وبسط انبساط المكونات وكون التكوين وبعدد السر الذي أودعته يا الله في أحرف المص الر كهيعص طس حم ق ن صلاة كاملة تاما لا نهاية لهما في علمك العظيم كما لانهاية لكمالك

وملكك وعلمك يا سميع يا سريع أجب لي بالإجابة 3 يا مجيب 3 يا عليم 3
سلام قولا من رب رحيم 3 طهور بَدْعَق مَحْبَبَهُ صورة محببه سَقَفاطيسٌ
سَقَاطيمٌ اَحُونٌ قاف اُدُمَّ حُمَّ هَاءٌ آمين. أسألك باسمك الأعظم أن تصلي عليه
وعلى آله في كل نفس ولمحة ولحظة وطرفة عين وحين بعدد مقدار عظمة
سر ذاتك يا حي يا قيوم يا علي يا عظيم وبعدد أسرار كلامك القديم وحق
قدره ومقداره العظيم وحق قدره ومقداره العظيم وحق قدر جميع أنبيائك
ورسلك ومقدارهم يا أرحم الراحمين 3 لا إله إلا أنت سبحانك إني كنت من
الظالمين ".

Après cette oraison, réciter 9 fois le Nom Divin Codé [129] dans ces chiffres :

5 10 100 30 30 1 5 30 1 1000 30 1000 30 5 1000 30 1000 30 5 1000 50 1000 10 1000

Une autre incantation

Nous avons ici la grande incantation qui renferme tous les degrès, ainsi que les 7 stationnements ou degrés. Cette incantation permet à l'opèrant (az-zâkir) de se retrouver dans la sphère qu'occupe le Saint Prophète Muhammad (PSL) en compagnie de ses Illustres Compagnons Elus qui seront logés dans les Hauts Demeures du Paradis Délicieux. Celui qui fait preuve d'assiduité dans le zikr de ce Nom Sublime verra, très certainement, le Messager de Dieu (PSL).

Ce Nom Sublime de Dieu peut être récité 11 fois (constituant le plus petit nombre d'usage), ou 111 fois (constituant le nombre d'usage médiane), ou encore 1111 fois (constituant le nombre d'usage le plus constant). Ceci accomplit, le Prophète (PSL) se présentera en compagnie de ses quatre Califes orthodoxes.

---

[129] Veuillez consulter l'auteur de l'ouvrage Thierno Hammadi Ba pour le décodage.

Ainsi, la méthode appropriée pour cette litanie est celle-ci. Lire :
- 1 fois la sourate « Al-Fâtiha »,
- 1 fois le Verset du Trône,
- 1 fois ce verset : « Cha'hidal- Lâhu, annahû, lâ ilâha illâ huwa, wal malâ'ikatu, wa ulul 'ilm, qâ'iman, bil qist, lâ ilâha illâ huwa, al-'Azîz al-Hakîm [130] »,

" شهد الله أنه لا إله إلا هو والملائكة وأولوا العلم قائما بالقسط لا إله إلا هو العزيز الحكيم ".

- 7 fois le Bâ'u al-ab'hâ "الباء الأبهى" qui est : « Allâhumma salli alal bâ'i, al-ab'hâ, al mantûqa bis-sighâti al-asfâ »,

" اللهم صل على الباء الأبهى المنطوقة بالصيغة الأصفى "

- 7 fois le verset de la lumière[131]. Cependant, lors de la récitation du 36e verset, il est recommandé de s'arrêter au niveau du terme « ane turfa'a ».
Il est recommandé de faire cette litanie en suivant l'ordre des jours.

* le Dimanche, on mentionne :
- 1.111 fois la *Salâtul Fâtihi* ;
- 1.111 fois le Nom Sublime crypté ainsi : <u>1 5 40 300 100 20 8 30 70 10 60</u>
- 1.111 fois la formule : « Allâhumma salli 'alâ michekâti jismihî » ;

" اللهم صل على مشكاة جسمه "

- 77 fois la Salâtul 'Uzmâ : « Allâhumma salli salâtakal 'uzmâ 'lâ Nabiyyika al-a'azam wa sallim 'alaïhi salâmane tâm'mane yatasalsalu ilaïhi mine kulli yawmine ilâ sidratil muntahâ, wa tahdi sawâbane lira Sûlil-Lâhi sallal-Lâhu 'alaïhi wa sallam ».

" اللهم صل على صلاتك العظمى على نبيك الأعظم وسلم عليه سلاما تاما يتسلسل إليه من كل يوم إلى سدرة المنتهى وتهدي ثوابا لرسول الله صلى الله عليه وسلم "

---

[130] Sourate : Al-Imrân ; verset : 18.
[131] Voir la sourate : An-Nûr ; versets : 35-36. C'est le verset qui débute par « Allâhu Nûru Samâwât wal Ard … الله نور السماوات والأرض » on continue la lecture jusqu'à « fî buyûtine azina ane turfa'a في بيوت أذن أن ترفع » et on s'arrête ici sans continuer le reste du verset.

* le Lundi, on fait :
- 1.111 fois la *Salâtul Fâtihi* ;
- 1.111 fois le Nom Sublime crypté ainsi : <u>1 5 40 300 100 20 8 30 70 10 60</u>
- 1.111 fois la formule : « Allâhumma salli 'alâ misbâhi qalbihî » ;

" اللهم صل على مصباح قلبه "

- 77 fois la Salâtul 'Uzmâ : « Allâhumma salli salâtakal 'uzmâ 'lâ Nabiyyika al-a'azam wa sallim 'alïhi salâmane tâm'mane yatasalsalu ilaïhi mine kulli yawmine ilâ sidratil muntahâ, wa tahdi sawâbane lira Sûlil-Lâhi sallal-Lâhu 'alaïhi wa sallam ».

" اللهم صل على صلاتك العظمى على نبيك الأعظم وسلم عليه سلاما تاما يتسلسل إليه من كل يوم إلى سدرة المنتهى وتهدي ثوابا لرسول الله صلى الله عليه وسلم "

* le Mardi, on fait :
- 1.111 fois la *Salâtul Fâtihi* ;
- 1.111 fois le Nom Sublime crypté ainsi : <u>1 5 40 300 100 20 8 30 70 10 60</u>

- 77 fois la Salâtul 'Uzmâ : « Allâhumma salli salâtakal 'uzmâ 'lâ Nabiyyika al-a'azam wa sallim 'alïhi salâmane tâm'mane yatasalsalu ilaïhi mine kulli yawmine ilâ sidratil muntahâ, wa tahdi sawâbane lira Sûlil-Lâhi sallal-Lâhu 'alaïhi wa sallam ».

" اللهم صل على صلاتك العظمى على نبيك الأعظم وسلم عليه سلاما تاما يتسلسل إليه من كل يوم إلى سدرة المنتهى وتهدي ثوابا لرسول الله صلى الله عليه وسلم "

* le Mercredi, on fait :
- 1.111 fois la *Salâtul Fâtihi* ;
- 1.111 fois le Nom Sublime crypté ainsi : <u>1 5 40 300 100 20 8 30 70 10 60</u>
- 1.111 fois la formule : « Allâhumma salli 'alâ kawkabi sirrihî »

" اللهم صل على كوكب سره "

- 77 fois la Salâtul 'Uzmâ : « Allâhumma salli salâtakal 'uzmâ 'lâ Nabiyyika al-a'azam wa sallim 'alïhi salâmane tâm'mane yatasalsalu ilaïhi mine kulli yawmine ilâ sidratil muntahâ, wa tahdi sawâbane lira Sûlil-Lâhi sallal-Lâhu 'alaïhi wa sallam ».

" اللهم صل على صلاتك العظمى على نبيك الأعظم وسلم عليه سلاما تاما يتسلسل إليه من كل يوم إلى سدرة المنتهى وتهدي ثوابا لرسول الله صلى الله عليه وسلم "

* le Jeudi, on fait :

- 1.111 fois la *Salâtul Fâtihi* ;
- 1.111 fois le Nom Sublime crypté ainsi : <u>1 5 40 300 100 20 8 30 70 10 60</u>
- 1.111 fois la formule : « Allâhumma salli 'alal Bâ'i al-ab'hâ al-mantûqa bis-sighâtil asfâ »

" اللهم صل على الباء الأبهى المنطوقة بالصيغة الأصفى "

- 77 fois la Salâtul 'Uzmâ : « Allâhumma salli salâtakal 'uzmâ 'lâ Nabiyyika al-a'azam wa sallim 'alïhi salâmane tâm'mane yatasalsalu ilaïhi mine kulli yawmine ilâ sidratil muntahâ, wa tahdi sawâbane lira Sûlil-Lâhi sallal-Lâhu 'alaïhi wa sallam ».

" اللهم صل على صلاتك العظمى على نبيك الأعظم وسلم عليه سلاما تاما يتسلسل إليه من كل يوم إلى سدرة المنتهى وتهدي ثوابا لرسول الله صلى الله عليه وسلم "

* le Vendredi, on fait :

- 1.111 fois la *Salâtul Fâtihi* ;
- 1.111 fois le Nom Sublime crypté ainsi : <u>1 5 40 300 100 20 8 30 70 10 60</u>
- 1.111 fois la formule : « Allâhumma salli 'alâ Sîni al-Musawwari bir-Ra'pasi al-Asrâ wal mîmil Munawwara bin-Nûril a'alâ »

" اللهم صل على السين المصور بالرأس الأسرى والميم المنورة بالنور الأعلى "

- 77 fois la Salâtul 'Uzmâ : « Allâhumma salli salâtakal 'uzmâ 'lâ Nabiyyika al-a'azam wa sallim 'alïhi salâmane tâm'mane yatasalsalu ilaïhi mine kulli yawmine ilâ sidratil muntahâ, wa tahdi sawâbane lira Sûlil-Lâhi sallal-Lâhu 'alaïhi wa sallam ».

" اللهم صل على صلاتك العظمى على نبيك الأعظم وسلم عليه سلاما تاما يتسلسل إليه من كل يوم إلى سدرة المنتهى وتهدي ثوابا لرسول الله صلى الله عليه وسلم "

225

* le Samedi, on fait :
- 1.111 fois la *Salâtul Fâtihi* ;
- 1.111 fois le Nom Sublime crypté ainsi : <u>1 5 40 300 100 20 8 30 70 10 60</u>
- 1.111 fois la formule : « Allâhumma salli 'alal alifil ûlâ fî hadrâti al-A'alâ wal-lâmil azalî fî lâm lujiyyi wal hâ'il huwiyya fî hadrâti nuhâ »

" اللهم صل على الألف الأولى في حضرة الأعلى واللام الأزلي في اللام اللجي والهاء الهوية في حضرة النهى "

- 77 fois la Salâtul 'Uzmâ : « Allâhumma salli salâtakal 'uzmâ 'lâ Nabiyyika al-a'azam wa sallim 'alïhi salâmane tâm'mane yatasalsalu ilaïhi mine kulli yawmine ilâ sidratil muntahâ, wa tahdi sawâbane lira Sûlil-Lâhi sallal-Lâhu 'alaïhi wa sallam ».

" اللهم صل على صلاتك العظمى على نبيك الأعظم وسلم عليه سلاما تاما يتسلسل إليه من كل يوم إلى سدرة المنتهى وتهدي ثوابا لرسول الله صلى الله عليه وسلم "

La Salâtul Fard
صَلاةُ الـفَـرْد

On rapporte que le Messager de Dieu (PSL) a dit : « Priez l'unique Rak'a appelée la prière singulière (*salâtul fard*). Celui qui l'exécute est comparable à celui qui a prié 1 000 rak'a, à celui qui a récité 1 000 fois le khatm al-Qur'ân. Elle est faite les nuits du Lundi, du Jeudi et du Vendredi. On y lit 18 fois la sourate « Al-Fâtiha », 9 fois le Verset du Trône et 40 fois la sourate al-Ikhlâs.

Après la prière, on fait ce qui suit :
-      100 fois la formule « astaghe firul-Lâh » ;
-      100 fois la Salâtul Fâtihi ;
-      100 fois la salâtul Ummiyyi ;
-      1 fois le Nom le plus Grand codé ainsi : 1 40 30 8 30 40 5 4
-      777 fois les Noms Divins : « **al-Hayyu, al-Qayyûm** ».

La dimension spirituelle et cultuelle de la Tarîqa Tijjâniyya

Celui qui fait cette prière, Dieu l'élevera en 1000 degrés ; et pour chaque verset récité Il lui accordera une villa dans le Paradis ; Il lui fera don d'une lumière, son corps sera paré de mille parures différentes ; Il lui pardonnera tous ses péchés ; Il illuminera sa tombe pendant 1000 ans ; Il lui ouvrira une des portes du Paradis et aucune peine ne l'accablera.

Celui qui accomplit cette prière ne verra jamais les deux anges – Nakîr et Munkar – qui sont chargés d'interroger les morts dans leurs tombes ; Dieu lui préservera de l'agonie de la mort, de l'étroitesse de la tombe ; Il lui élargira la tombe à perte de vue ; il sortira de sa tombe avec un corps tout blanc et un visage rayonnant de lumière ; il sera soumis à un jugement facile, sa balance de bienfait pésera lourd ; il lui accordera une lumière lors de la traversée du pont *Sirât* jusqu'à ce qu'il entre au Paradis. Il sera parmi les indexés dans ce verset : « **… Ceux-là seront avec ceux qu'Allah a comblés de Ses Bienfaits : les Prophètes, les Véridiques, les Martyrs et les Vertueux. Et quels bons compagnons que ceux-là !** [132] ». Ceci constitue la Grande Miséricorde Divine que Dieu octroyera aux Heureux Elus du Paradis. Le Messager de Dieu (PSL) dit : « Le fait de clôturer l'oraison par l'évocation du Nom de Dieu est déjà un avantage pour entrer au Paradis avec tous les faveurs, sans compte à régler ni châtiment à subir, même s'il a commis beaucoup de péchés et a agi dans la désobéissance ».

Cheikh Ahmad Tidjâne dit : « Celui qui accomplit cette prière une fois dans la vie, Dieu fera descendre dans sa tombe 100 000 Anges. Dans la main de chaque Ange, Dieu mettra une assiette contenant leurs lumières. Ces Anges lui diront : « Ô esclave de Dieu ! Ne crains pas et ne t'affliges pas, nous te tiendrons compagnie jusqu'au Jour de la Résurrection ». Sa tombe sera transformée en un jardin à l'image des Jardins du Paradis. Il lui sera prescrit qu'il est épargné de l'Enfer. Il lui inscrira en fait de bienfaits un nombre égal au nombre des étoiles et des feuilles des arbres. Il sera exempt de ses péchés comme le Jour de sa naissance. Il sera réssuscité avec ceux qui n'auront rien à craindre et ne seront point affligés. Dieu changera ses mauvaises actions en bonnes et lui pardonnera ses péchés antérieurs et ultérieurs. Et pour chaque verset lu, on lui inscrira une année d'adoration. Il sera considéré comme quelqu'un qui a affranchi 1000 esclaves. De plus, il ne quittera sa tombe que lorsque celui qui appel l'aura interpelé en ces termes : « Ô esclave de Dieu, sache que Dieu t'a pardonné tes péchés antérieurs et ultérieurs ». Le Jour Dernier, la première chose qu'il verra, ce sera le Saint Messager de Dieu Muhammad (PSL). Dieu interdira l'Enfer de toucher son corps. Toute demande ou tout besoin qu'il aura formulé sera

[132] Sourate : An-Nisâ'i ; verset : 69.

227

exaucé sur le champ. Et il sera à un endroit où le reste de la créature ne pourra pas le voir ».

Après cette prière, il serait utile de réciter ces vers :
« Je cherche protection auprès de Dieu contre le mal du mauvais conseiller,
Le stratagème du furtif et contre le mal de ces gens.
C'est Toi qui réponds aux appels,
Notre Seigneur ne nous prive pas notre espoir.
Le Vivant, Celui qui subsiste par Lui-même et ne meurt jamais.
Tu es constamment éternel.
Ô Celui qui dissipe les chagrins, notre Dieu
Dissipe nos chagrins et nos peines.
Tu es Celui qui répond, Ô l'Audient, le Clairvoyant.
Tu es le Généreux, le Doux, Ô le Grand Secoureur.
A Toi la plénitude et l'esthétique, Ô le Miséricordieux.
Loges-moi dans le Paradis Firdaws, dans les Jardins du délice.
Le Dominateur, l'Occupant du Trône et de la Chaise,
Exauce promptement nos vœux, Ô le Pur,
Ô le Grand Pourvoyeur du pauvre et du nécessiteux
Donnes-nous ce que nous désirons. Purifie
Notre extérieur et notre intérieur des secrets malsains.
Ô le Connaisseur de l'Invisible et de l'intérieur des poitrines,
Sauves-moi et préserves-moi des calamités, des adversités
Et du mal des mauvais conseillers et ce, jusqu'à la mort ».
Seigneur, adresse Tes prières et Tes salutations sur le Prophète Muhammad, sa famille et sur ses compagnons ».

LA JAW'HARATUL KAMAL :
OBJECTIF ET LITANIE

Tout d'abord, il faut réciter cette prière :

« Allâhumma innî as'aluka bi nûri Waj'hil 'Azîme, allazî mala'a arkâna archil- Lâhil Azîme. Wa qâmate bihî 'awâlimul- Lâhil Azîme ane tusalliya 'alâ Sayyidinâ Muhammadine zil qadril azîme, wa alâ âli Nabiyyil- Lâhil Azîme bi qadari azamatil-

Lâhil azîme, fî kulli lam'hatine wa nafsine, adada mâ fî 'ilmil- Lâhil Azîme, salâtane dâ'imatane bidawâmi mulkil- Lâhil Azîme, ta'azîmane li'haqqika. Yâ Mawlânâ Muhammad, Yâ zal khuluqil azîme, wa sallim alaïhi, wa alâ âlihi misla zâlika, wajma'a baïnî wa baïnahu, kamâ jama'ata baïna rûhi wan-nafs zâhirane wa bâtinane yaqzatane wa manâmane. Yâ Rabbi chifâ'u lizâtî mine jamî'il wujûhi fid dun'ya qablal âkhira. Amine ».

" اللهم إني أسألك بنور وجه الله العظيم الذي ملأ أركان عرش الله العظيم وقامت به عوالم الله العظيم أن تصلي على سيدنا محمد ذي القدر العظيم وعلى آل نبي الله العظيم في كل لمحة ونفس عدد ما في علم الله العظيم صلاة دائمة بدوام ملك الله العظيم تعظيما لحقك يا مولانا محمد يا ذا الخلق العظيم وسلم عليه وعلى آله مثل ذلك واجمع بيني وبينه كما جمعت بين الروح والنفس ظاهرا وباطنا يقظة ومناما يا رب شفاء لذاتي من جميع الوجوه في الدنيا قبل الآخرة آمين "

Ensuite, faire 70 fois la formule « astaghe firul-Lâh أستغفر الله », une fois la Salâtul Fâtihi et 66 ou 65 fois la Jaw'haratul Kamâl, répéter 7 fois cette invocation suivante :
« Sawâbu hâzihi salât hadiyyatane minnî ilaïka, faqbal'hâ minnî bifadlika wa karamika yâ Rasûlul- Lâhi, sallal- Lâhu alaïka, wa alâ âlika, wa as'hâbika, wa azwâjika wa zurriyatika. Jazâkal- Lâhu annâ afdala mâ jazâ bihi nabiyyane ane ummatihi, wa jazâl- Lâhu annâ as'hâbika, wa ulamâ'i ummatika allazîna ballaghûna dînal Islâm. Radîtu bil- Lâhi Rabbane, wa bil Islâmi dînane, wa bi Sayyidinâ Muhammadine Nabiyyane wa Rasûlane – sallal- Lâhu alaïhi wa alâ âlihi wa sallime. Wa jazal- Lâhu annâ wa ani Cheikh Ahmad Ibn Muhammad Tidjânî – radiyal- Lâhu ane'hu wa az'wâjihi, wa zurriyatihi, wa muqaddimîhi, wa as'hâbihi, wa ah'bâbihi minal insi wal jinni.

Alâhumma ghamisnâ wa iyyâhume fî dâ'irati ridâ wa ridwâne. Wa aghriqnâ wa iyyâhume fi dâ'iratil fadli wal imtinâne.

Allâhumma ammine raw'atinâ wa raw'atihime, wa aqalli asratinâ wa asratihime. Wal tufe binâ wa bihime lutfane âmmane, wa lutfane khâssane. Wa addi mâ lahume 'alaïnâ minal huqûqi wa taba'âti mine khazâ'ini fadlika bi mahdi mannika wa rahmatika. Amine. Yâ Ar'hama râhimîne ».

229

" ثواب هذه الصلاة هدية مني إليك فاقبلها مني بفضلك وكرمك يا رسول الله صلى الله عليك وعلى آلك وأصحابك وأزواجك وذريتك جزاك الله عنا أفضل ما جزى به نبيا عن أمته وجزى الله عنا أصحابك وعلماء أمتك الذين بلغونا دين الإسلام رضيت بالله ربا وبالإسلام دينا وبسيدنا محمد نبيا ورسولا صلى الله عليه وعلى آله وسلم وجزى الله عنا ولدي سيدنا وعدتنا وعمدتنا دنيا وأخرى والشيخ أحمد بن محمد التجاني رضي الله عنه وأزواجه وذريته ومقدميه وأصحابه وأحبابه من الإنس والجن اللهم غمسنا وإياهم في دائرة الرضى والرضوان وأغرقنا وإياهم في دائرة الفضل والإمتنان اللهم أمن روعتنا وروعتهم وأقل عثرتنا وعثرتهم والطف بنا وبهم لطفا عاما ولطفا خاصا وأد ما لهم علينا من الحقوق والتبعات من خزائن فضلك بمحض منك ورحمتك آمين يا أرحم الراحمين "

Invocation pour satisfaire un besoin

Voilà un procédé permettant d'invoquer Dieu pour tout besoin. Il consiste à faire 6 Rak'a comme suit : réciter, dans chaque Rak'a, une fois la sourate « Al-Fâtiha » ; 11 fois la sourate « al-Ikhlâs ». Au terme de cette salât, on aura récité 66 fois la Sourate « Al-Ikhlâs ».

Après la salutation finale, faire :

* 100 fois la formule « astahge firul-Lâh » ;

*100 fois la Salâtul Fâtihi ;

* 66 ou 65 fois la Jaw'haratul Kamâl ;

*100 fois le Nom Sublime de Dieu codé ainsi : 1 5 40 300 100 20 8 30 70 10 60 ;

* 12 000 fois la formule « Lâ ilâha illa lâhu » ;

* 8000 fois la Salâtul Fâtihi ;

* 70 fois les versets : « Inna lâha wa malâ'ikatahû yusallûna 'alan- Nabiyyi, yâ ayyu'hallazîna âmanû sallû 'alaïhi wa sallimû taslîman »

إن الله وملائكته يصلون على النبي ياأيها الذين آمنوا صلوا عليه وسلموا تسليما

« Sub'hâna Rabbika Rabbil 'izzati 'ammâ yasifûna, wa salâmune 'alal mursalîn wal hamdul-Lâhi Rabbil 'âlamîne ».

سبحان ربك رب العزة عما يصفون وسلام على المرسلين والحمد لله رب العالمين

Ceci fait comme indiqué, Dieu répondra favorablement à l'impétrant.

La récitation répétitive
de la sourate « Al-Fâtiha »

Ce qu'il faut impérativement noter, c'est le fait de ne pas répéter à plusieurs reprises la Sourate « Al-Fâtiha ». Le Cheikh a dit : « Le fait de répéter en début et en fin d'invocation cette Sourate rend nul cette invocation ». Il a, également, dit : « Celui qui sollicite une invocation auprès d'un homme qui formule cette invocation, puis sollicite de nouveau cette même invocation au même moment, ne sera pas répondu. Donc, celui qui demande la satisfaction d'un besoin qu'il se contente d'une seule Fâtiha ; et ce, même si ses désirs sont multiples et divers. Il ne doit jamais renouveler la demande au même moment ».

Cheikh Abû Sâlim al-Iyâchî dit lors de sa randonnée que Sayyid Abd Rahmân ibn al-Hasan figurait parmi ceux qui ont rendu visite au Saint Sayyid Abdallah ibn Tamtam. Ce Sayyid Abd Rahmân a dit : « Lorsqu'ils s'apprêtèrent à faire les adieux, ce Saint leur a lu la sourate « Al-Fâtiha » en soulevant de façon exagérée les mains. Après la récitation de cette Sourate, un autre homme du Hadjâz dit : « Ô mon maître, lis pour moi, une seconde fois, la sourate « Al-Fâtiha ». Il lui dit : « Qui a-t-il ? ». Alors, il lui signifia ceci : « Ne sais-tu pas la portée de la Sourate « Al-Fâtiha ? Elle constitue les sept versets que l'on répète ainsi que le Coran Sublime. La question est de savoir si tu as formulé d'abord ton vœu lorsqu'il entamait la lecture de cette sourate dont une seule lecture aurait suffit aux habitants des cieux et de la terre ».

En vérité, notre vénéré, Cheikh Tidjâne a raison sur l'importance de cette Sourate. Et ceci suffit comme indication pour démontrer qu'il sait quel état est adéquat pour être avec Dieu, la largesse de sa connaissance, son large savoir des Noms Divins et le secret de Ses Propos. Que Dieu nous fait bénéficier de ces bienfaits infinis.

C'est la raison pour laquelle, je me suffis à une unique récitation de cette Sourate quelque soit mon besoin. Et quiconque me trouve pour une quelconque invocation, je lui dis de formuler tous ses besoins avant l'entame de la récitation de cette Sourate Bénie. A noter que c'est là, le principe des hommes sincères vis-à-vis de Dieu. Que Dieu nous gratifie !

Le savant en Dieu, Abdallah ad-Dahlawî, disait : « Lorsque les lumières submergeaient et que les bénédictions abondaient lors de l'invocation, il sera difficile de déterminer les signes démontrant que l'invocation est exaucée. Certains d'entre eux dirent : « Si les mains sentent une lourdeur, cela veut dire que la demande est exaucée. Celui qui sent un soulagement dans son for intérieur, cela veut dire que sa demande est exaucée. Il en va de même pour le fait de se serrer la main à celui qui se trouve à droite et à celui qui se trouve à gauche. Autrement dit, celui qui finit de faire l'invocation, il lui est possible de serrer la main aux gens qui l'entourent comme cela se faisait à Fez et à la Mecque ».

Par ailleurs, l'imam Ibn Sîrîn dit dans son livre « <u>Muntakhab al-kalâm fî tafsîr al-ahlâm</u> » (منتخب الكلام في تفسير الأحلام) : « Celui qui se voit en songe entrain de serrer la main à un ennemi ou de lui donner l'accolade, cela veut dire qu'il n'y a plus d'hostilité entre eux et que la familiarité s'est installée entre eux à jamais ». En effet, le Prophète (PSL) a dit : « *Le fait de donner une poignée de main renforce l'amitié et l'affection* ».

Les différents paliers de la louange

Louange à Dieu, Seigneur de l'univers ! Cette forme de louange émane du Sempiternel pour retourner vers Lui, elle émane du Très Haut pour retourner vers Lui. Certains Muhaqqiq disent : « Le disciple doit savoir que la louange (*al-hamd*) est répartie en quatre branches :

- **1/** C'est lorsqu'il chante ses propres louanges dans son Etat Sempiternel, dans sa Majesté, dans son Eternité, dans son Essence et dans sa Substance à travers sa Parole Eternelle qui n'est ni signe ni son. Il dit : « **Louange à Allah, Seigneur de l'univers** [133] » ; « **... Quel Excellent Maître ! et quel Excellent Soutien !** [134] » ; « **... C'est Moi Allah, point de divinité que Moi ...** [135] ». En fait, cela démontre que la louange vient de Dieu et est adressée à Lui. Autrement dit, Il se loue Lui-Même.

- **2/** C'est lorsqu'il loue de par Sa Parole Eternelle une partie de Ses esclaves comme Ses Messagers, Ses Prophètes, Ses Anges et le reste de Ses Elus. Aussi, il loue, ici, Son esclave, Salomon (Sulaymân) : « **... Quel bon serviteur, il était plein de repentir** [136] ». C'est-à-dire qu'il revenait souvent vers son Seigneur. Cette forme de louange émane de Dieu et est orientée à l'adresse de Ses serviteurs, comme c'est le cas ici avec le Prophète Sulaymân (Paix sur lui).

- **3/** C'est lorsque le serviteur célèbre les louanges de Dieu, le Parfait à partir de sa langue après que le cœur en est connecté pour chanter ces louanges. Cette forme de louange émane de la créature vers le Sempiternel, à savoir Dieu, c'est-à-dire du plus bas vers le Très Haut.

- **4/** C'est lorsque les esclaves de Dieu se louent entre eux partant de ce que Dieu a infiltré dans leurs cœurs et traduit en expression par leurs langues.

Sans équivoque, ces quatre branches relatives aux louanges sont, en réalité, un additif et retournent toutes vers Dieu.

En résumé, pour les deux premières branches, il n'y a aucune ambigüité qu'elles font allusion à la nature de la Parole de Dieu qui subsiste de par Son Essence, démontrant ainsi qu'il est impossible de lui trouver un associé encore moins un pareil. Quant aux deux dernières, elles constituent une adjonction par rapport à Dieu qui les a même mis à la disposition de Ses créatures tout en précisant qu'il n'a point d'associé qui viendrait l'aider à administrer Son Royaume. C'est dire que tous les

---

[133] Sourate : al-Fâtiha ; verset : 1.
[134] Sourate : al-Hajj ; verset : 78.
[135] Sourate : Tâ-Hâ ; verset : 14.
[136] Sourate : Sâd ; verset : 30.

contingents ne font que confirmer l'unicité exceptionnel de Dieu à qui revient le droit absolu de faire exister, d'innover tout existant.

Le caractère mystique du Pôle Caché

Sache mon frère en la Tarîqa que le caractère du Pôle Caché (*al-Qutb al-Maktûm*) selon les Elus est réparti en deux pôles.

* Le premier, il s'agit du Pôle que Dieu a fait manifester à l'image d'un imam juste et équitable. C'est en quelque sorte un *wilâya* manifeste pour cette communauté. Seulement, il n'est pas l'imam attendu (*al-imam al-muntazar*) qui n'est point un *qutb*. C'est que, le Cheikh Muhyi Dîn a communiqué son nom, son pays, sa généalogie et il s'est mis à faire connaître Dieu, le Très Haut, dans tous Ses Attributs. Cependant, il a formellement interdit d'en dire mot. Il ne faut jamais divulguer ce secret.

* Le second, il s'agit du caractère du pôle caché qui revient aux Elus (*al-awliyâ'*) et les vénérés (*al-aqtâb*). Chaque fois qu'un des Elus aspire à occuper cette position tant convoitée, il lui sera difficile de trouver quelqu'un qui lui dévoilerait le secret. Ce second type de *qutb* n'est d'autre que notre guide spirituel qui l'a lui-même démontré. En fait, il révèle que : « Le Prophète Muhammad (PSL), m'a fait savoir de vive voix que je suis le pôle caché ». On lui demanda le sens du terme « *maktûm* » (caché). Il répondit : « Il s'agit de celui que Dieu a caché du reste des créatures y compris les Anges et les autres Prophètes. C'est uniquement, le Prophète Muhammad (PSL) qui a eu le privilège de le connaître, car il a eu connaissance, de manière parfaite, de tout ce qui concerne les Elus (*al-awliyâ'*). Notre cheikh fait savoir que le *qutb maqtûm* joue le rôle d'intermédiaire entre les Prophètes et les Elus. Ainsi, tout Elu de Dieu, quelque soit son degré, ne bénéficiera d'aucune abondance de la part du Prophète que par l'intermédiaire de ce *qutb* à tel enseigne qu'il ne sentira rien sauf s'il reste convaincu que Cheikh Tidjâne puise tout son spiritualisme du Prophète (PSL). Seulement le *qutb* n'est pas tenu d'informer à aucun des autres Prophètes de son flux particulier, car eux tous, sans exception, ont la même source où s'abreuver : le Prophète Muhammad (PSL). Notre guide spirituel dit : « Il ne revient qu'au

Messager de Dieu (PSL) la prérogative de se voir octroyer tous les rangs et places convoités. De même, le rang du *qutb maktûm* englobe tous les rangs. Cheikh Tidjane fait savoir que : « Le rapport existant entre les pôles (*aqtâb*) et le Pôle Caché (*al-qutb al-maktûm*) est comparable à celui existant entre le commun des humains et ces pôles, car sa place dans le monde abstrait est chose ignorée ici-bas comme l'au-delà ».

Notre Cheikh aimait beaucoup se manifester à travers ses vers :
« J'étais un être caché de mon temps sous l'aile du Messager,
J'apercevais le monde qui ne me voyait pas en retour.
Si on demandait les jours mon nom, ils ne sauraient quoi répondre,
Car ne sachant pas où je me trouvais ».

Par conséquent, la place réservée au *qutb maktûm* n'est pas portée à la connaissance des autres Elus de Dieu, car cette place est en connexion directe avec la Réalité Muhammédienne que seul Dieu en est la connaissance exacte. Le Prophète Muhammad (PSL) dit : *« Assurément, il n'y a que Mon Seigneur (Rabbî) qui me connaît parfaitement ».* De même, il n'y a que Dieu et Son Messager (PSL) qui connaissent vraiment la réalité de ce *qutb maktûm*. C'est là qu'il faut chercher la véritable signification de la « *katmiyya* ». Dieu seul détient la connaissance !
« Si tu te trouves dans une situation de gêne, d'ennuis et de dénouement,
Au soir, tu es chagriné et au matin, accablé par les frais
Adresse tes prières à l'Elu, de la famille de Hâchim
Alors Dieu t'apporteras le soulagement ».

La sincérité dans le culte

Il faut savoir que l'ouverture et le fait d'accéder à Dieu dans le cercle des connaissances, Dieu ne les fera don qu'aux détenteurs d'une autorisation exclusive (*al-iznul khâs*) comme la permission de transmettre le Message Divin. Chaque fois que cette autorisation exclusive n'est plus, l'intéressé n'aura de Dieu ni ouverture ni accessibilité. Quiconque se lance sur cette voie ne récoltera que peine perdue.

Quant à la récompense attendue, l'intéressé n'en obtiendra que selon le degré de sa sincérité. Parmi les signes de l'ouverture le fait d'être constant, assidu et régulier dans l'obéissance des Ordres Divins. De fait, l'obéissance et la dévotion ne sont applicables que par la connaissance. Parce que la non connaissance engendre toujours le malheur.

Force est de connaître que la dévotion n'est rendue parfaite qu'après la prise en compte de sept choses essentielles : l'intention (*an-niyya*), la science (*al-'ilm*), la connaissance (*al-ma'arifa*), la législation islamique (*charî'a*), la pratique ésotérique (*haqîqa*), la tradition prophétique (*sunna*) et le guide spirituel (*cheikh*).

Partant, celui qui adore Dieu avec l'intention sans la science et celui qui adore Dieu avec l'intention et la science sans connaissance, sont tous deux considérés comme des ignorants aux yeux de la connaissance. Celui qui adore Dieu avec l'intention, la science et la connaissance sans appliquer la *charî'a*, est un ignorant au regard de la *charî'a*. Sur le même ordre d'idée, Celui qui adore Dieu avec l'intention, la science, la connaissance et la *charî'a* sans prendre en compte la *haqîqa*, est un ignorant au regard de la *haqîqa*. De même, Celui qui adore Dieu avec l'intention, la science, la connaissance, la charî'a et la haqîqa sans se baser sur la Sunna, est un ignorant aux yeux de la Sunna. Enfin, Celui qui adore Dieu avec l'intention, la science, la connaissance, la *charî'a*, la *haqîqa* et la Sunna sans passer par le cheikh, est un ignorant aux yeux du cheikh.

Par contre, Celui qui adore Dieu avec l'intention, la science, la connaissance, la charî'a, la haqîqa, la sunna et en passant par le cheikh, est vraiment sur une preuve évidente et s'est bien lancé dans la voie de son Seigneur. Cette sorte de dévotion constitue la méthode pratique la plus juste, traduit la voie droite, la pratique habituelle des gnostiques, la procédure cultuelle des vertueux et la vase par laquelle s'abreuvent les Amants de Dieu.

Remarque : Mon frère en la Tarîqa préserve-toi d'agir avec lenteur pour ne pas arriver tardivement à destination. Agir avec lenteur entraîne la non arrivée à temps voulu. Donc, montre-toi actif, dynamique et disponible pour espérer gagner gain de cause dans la quête de Dieu le Très Haut.

En fait, je prie Dieu de te léguer les clefs de la sagesse et qu'il nous aide tous en nous couvrant de sa grâce et de sa clémence. Mon frère, je te donne cette recommandation. En considérant et en appliquant cette recommandation, la voie menant au succès sera balisée. Tu dois savoir qu'il n'est pas donné à n'importe qui de suivre la voie empruntée par les hommes de Dieu et de leurs pratiques pour se retrouver dans l'enceinte du Maître de la Royauté qu'après s'être consacré à Dieu en s'intéressant particulièrement à Son vouloir. Il n'y aura, également, point d'accés qu'après avoir rompu d'avec ses désirs personnels. C'est là seulement qu'il se retrouvera en face de Dieu avec la casquette d'un fervent pratiquant de la Sunna. Il sera constamment soumis aux ordres divins au point de devenir un anéanti en Dieu et un éternel dans l'Essence Divine.

Sache que Dieu, le Très Haut, si toutefois, il te fait don d'un savoir, il te prépare d'abord pour que tu puisses être en mesure de recevoir ce savoir. Et de ce fait, il t'assignera à Lui-Même. Et tout ce qu'il t'accordera en matière de savoir, tu pourras le supporter. Il te liera à Lui. Sinon, tu ne pourras pas le connaître. Si, également, tu es en quête de la vérité, Dieu le Vrai t'en donnera, car il est plus proche de toi que toi-même comme il a eu à le préciser ici : « **Et que Nous sommes plus proche de lui que vous [qui l'entourez] mais vous ne [le] voyez pas** [137]» et là : « **... Et Nous sommes plus près de lui que sa veine jugulaire** [138]».   Veilles bien sur ta connaissance de par la vérité partant de la Vérité ; alors tu la verras autre que tu pouvais l'imaginer. Et tu seras en face de la véritable science qui rend nul tout savoir imaginé. La science en Dieu est chose insaisissable excepté celui à qui Dieu a rendu stable son savoir. Laquelle stabilité en matière de connaissance n'est donnée qu'à ceux qui observent les lois de Dieu et sont fidèles à leurs engagements.

Sache mon frère que chaque groupe de la communauté a adopté, de façon conventionnelle, son idiome pour accéder à Dieu. Te concernant, tu te dois de connecter ton groupe aux signes distinctifs de la vérité, comprends-les parfaitement et prend connaissance avec le langage propice et adéquat pour y accéder. Et s'il te parle, n'écoute son discours que par son langage.

Seulement, l'adepte doit agir dans le seul but de plaire la Face de Dieu afin qu'il déverse sur lui Ses Grâces et Ses Bienfaits et qu'il l'accueille dans le jardin du Délice. Effectivement, le Prophète (PSL) dit : « *Les actions ne valent que selon les intentions et à chacun selon son intention...* [139]». La langue n'extériorise que ce qui se trouve dans le coeur. Nous prions Dieu de nous accorder la droiture et la guidée et

---

[137] Sourate : al-Wâqi-'a ; verset : 85.
[138] Sourate : Qâf ; verset : 16.
[139] Rapporté par Bukhâry et Muslim.

qu'il nous place dans la bonne voie, car nous croyons fermement tout ce qu'a rapporté le Messager de Dieu (PSL). Seigneur fixe-nous sur cette lancée jusqu'à ce que nous te rencontrions ; alors que Toi Dieu tu es satisfait de nous par le plus clair de Ta générosité et Tu en es l'unique capable. Paix et salut sur le Prophète Muhammad, sa famille et ses compagnons !

Le livre du succès et de la connaissance

On a notre maître spirituel la différence notoire entre les sciences (*'ulûm*), les arcanes (*asrâr*), les illuminations (*anwâr*), les succés (*futûhât*), les qualités innées (mawâhib), les flux (*fuyûdât*), les réalités (*haqâ'iq*), les subtilités (*daqâ'iq*), les révélations (*tajjalliyât*), les comtemplations (*muchâhadât*), les manifestations (*mukâchafât*), les connaissances (*ma-'ârif*), les présences effectives (*hadarât*), les positions (*maqâmât*), les grades (*manâzil*), les lumières (*anwâr*), les recettes (*wâridât*) et les circonstances (*ahwâl*).

Il répondit : « La mise en évidence de ces différents points évoqués ainsi que la question de l'ouverture (*fath*) et la réalité de cette ouverture (*haqîqatul fath*) est de ce qui relève de l'invisible allant jusqu'à ôter le voile. En fait, cette question d'ouverture (*fath*) englobe toutes les réalités mentionnées en rapport avec les sciences qui sont bien évidentes aux yeux du monde abstrait pour se manifester dans le paysage du monde sensible. En fait, le succès (*al-fath*) est une expression de la dissipation du voile et de tout ce qui se manifeste comme les réalités des signifiés mentionnés. Par conséquent, cette ouverture (*fath*) est désignée par flux (*fayd*), car elle a eu à être excédent après sa claustration (*habs*) ».

De même, le flux est un champ contenant toutes les sciences, les arcanes, les réalités, les connaissances et les illuminations. S'agissant de l'aspect ésotérique qui s'y dégage, il se rapporte à ce que Dieu éjecte dans le cœur de son serviteur l'intellection. Ainsi, ce serviteur sera en mesure de connaître les vouloirs de Dieu à travers les vicissitudes du cosmos. Pourquoi Dieu a fait exister cet univers en tant que substance (*jaw'har*) ou matière palpable (*'ard*) et quelle en est la motivation et de quel lieu caché émane l'univers ?

La curiosité va même jusqu'à s'interroger de quel refuge secret émane cet univers. De toute façon, le serviteur (*al-abd*) y trouvera ce qui lui permettra de bien remplir sa mission cultuelle. Car, en évoluant dans le canevas tracé par Dieu, il sera en mesure de sortir de son cercle sensuel afin de se noyer dans les flots de la Présence Divine à tel point qu'il ne ressentira aucune autre sensation. Là, il prêtera l'oreille et sera témoin de ce que la raison humaine ordinaire n'a pas pu concevoir, sans parler du but qu'il a pu atteindre, de son désir comblé. Sur ce, le caractère secret qui a fini par le submerger l'aidera à en avoir une parfaite perception. Il sera témoin de par son audition, son entendement et son goût. C'est là, la plus efficace des arcanes qui recouvriront le serviteur. Il y a par ailleurs, des arcanes dont il est impossible de décrire voire de simuler. La connaissance (*al-ma-'arifa*) et l'ouverture (*al-fath*) sont deux éléments concomitants et hétérogènes.

La réalité de cette ouverture consiste à ôter le voile qui s'interposait entre le serviteur et la manifestation de la nature première des attributs et des noms, ainsi que la véritable réalité de la composition du cosmos. Et toutes ces données finiront par se dissoudre dans la marée du savoir de l'esclave, de sa sensation, de sa perception et de son attachement au point qu'il n'y restera que l'existence de la vérité par la Vérité au sein de la Vérité pour la vérité. Et si tel se produit, la connaissance visuelle (*al-ma-'arifa al-'iyâniyya*) se manifestera. Impérativement, les flots de la certitude submergeront l'esclave de façon évidente et continue.

En revanche, tout ce qui vient avant cet état de fait comme le panorama des éléments abstraits du cosmos et de leurs manifestations vis-à-vis du serviteur est appelé dévoilement (*kachf*) et non ouverture (*fath*) encore moins connaissance (*ma-'arifa*). Pour ce qui est du fait indiqué, il constitue une expression de la protubérance (*burûz*). Tout ce qui émane de Dieu, de la Sanctuaire de la vérité viendra au serviteur de façon esthétique. Il faut dire que c'est le lieu de convergence de l'ensemble des savoirs, des connaissances, des arcanes, des circonstances, de la certitude et des lumières. Concernant l'état (*hâl*), il s'agit d'une expression faisant allusion à ce qui provient de la Sanctuaire de la vérité de façon imposante ou esthétique. De fait, le serviteur parviendra à s'adapter de manière à se confondre du vouloir de Dieu de sa personne. Il sera comparable à l'homme qui aura reçu cent coups de fouet, sans pour autant bouger ni même changer son visage. Cependant, s'il reçoit un coup de fouet bien

239

appliqué, il crie. C'est pour montrer que la personne qui est emportée par sa contemplation est tellement gagnée par l'amour et l'affection qu'il éprouve pour l'Essence Divine, pour son état de Parfait et de Majestueux. Là, la personne, dans sa totalité, est anéantie dans cet Etat Divin. Et du coup, ses sensations perdent leurs contrôles et ne sentent aucune douleur, car le plaisir de cette contemplation est tellement attrayant qu'il ne ressent rien d'autres. Aussi, il lui sera impossible de sentir la douleur des coups de fouet. Par contre, s'il sort de ce cadre divin de contemplation, ses sensations lui reviennent faisant qu'il pourra sentir un seul coup de fouet.

Quant aux lumières, leurs réalités sont connues. Il s'agit de la clarté (*diyâ'u*). Tandis que, les sensabilités (*raqâ'iq*), les subtilités (*daqâ'iq*) et les galanteries (*latâ'if*), elles expriment tout ce qui permet de fermer les yeux des réalités des sciences, des connaissances et des arcanes.

S'agissant des présences (*al-hadârât*), des mansions (*al-manâzil*), des observations (*al-muchâhadât*) et des positionnements (*al-mawâqif*), on n'en a déjà parlé dans ce qui précéde. A Dieu appartient le salut !

Notre maître spirituel montre que la science mathématique nécessite des préalables : connaître le moment adéquat permettant d'harmoniser la nature humaine et le temps d'exécution, connaître l'objectif fixé, connaître la manière et le procédé d'exécution de l'acte demandé, connaître les avantages qu'apporte le *wird* pour pouvoir accéder au but visé, connaître la nature des voiles qui s'interposent entre l'esclave et son Seigneur, faire preuve de sérieux et d'abnégation dans la percée de ces voiles tout en connaissant les méthodes par lesquelles, il sera possible de les percer toutes à la fois ou de les percer voile après voile. Ensuite, afficher la ferme détermination d'engager cette voie avec toutes les exigences que demande un tel engagement. L'unique but serait d'atteindre le but visé : arriver à Dieu.

S'agissant de la question de l'harmonisation de la nature humaine avec le moment d'exécution, il s'agit de la nécessité d'observer la modération dans la restauration et de ne point exagérer, ensuite être en mesure de prendre en compte l'aspect temporel et spatial au point de pouvoir distinguer la chaleur et la fraîcheur, l'humidité et la dessication ainsi que l'âge recquis, puis faire face à tout ce qui conduit vers la déviation.

La dimension spirituelle et cultuelle de la Tarîqa Tijjâniyya

Concernant l'objectif fixé, il consiste à lever le voile sur l'esprit divin afin de le rendre à son état de pureté originelle dans laquelle il était avant son introduction dans le corps. C'est dans cet état qu'il lui était possible de concevoir tous les savoirs, les connaissances, les états, la moralité, les positions, les ouvertures, les dispositions et la proximité. De même, il était en mesure de comprendre la nature du bonheur ici-bas et l'au-delà. Celui qui en est privé n'aura pas le bonheur de l'au-delà. Pour y accéder, il faut suivre le Messager de Dieu (PSL) dans ses propos, ses actes, ses mouvements, son comportement, son respect pour les droits de Dieu, son adoration exclusive et sincère loin des flétrissures mondaines et eschatologiques.

Enfin, le tout doit être formulé dans le seul but de proclamer la grandeur de Dieu et de rechercher son agrément et son salut. Aussi, le fidèle doit constemment compter sur Dieu et revenir à lui.

Pour ce qui est de la nature du voile, il s'agit de noyer l'esprit dans les flots du bonheur et des plaisirs tout en respectant sa personnalité et s'attirer les faveurs en repoussant tout ce qui nuit.

Pour ce qui est de la manière d'ôter le voile, de le percer, il consiste à rompre d'avec le bonheur et les plaisirs et ne pas s'enflammer d'orgueil ; mais de s'attirer les faveurs par l'ascétisme en y allant avec douceur et lucidité.

La véritabe nature de ce voile consiste à manger et à boire avec excés, de beaucoup fréquenter les autres pour s'attarder sur des futilités, de beaucoup parler, beaucoup dormir, de se monter insouciant du rappel de Dieu.

Et pour rompre de manière décisive d'avec ces barrières, il faut manger et boire de manière modérée et réfléchie, de fréquenter peu voire rarement les autres, d'observer le silence, de se prononcer qu'en cas de nécessité majeure, de veiller la nuit à adorer Dieu avec modération, de faire constamment le zikr par le cœur et par la langue, de ne pas penser au monde sensible. S'il s'agit de connaître le procédé par lequel on peut ôter le voile – en entier ou en partie – il faut faire constamment le zikr par le cœur et par la langue et ce, quelque soit la forme du zikr adoptée.

Parmi les *azkâr* permettant d'ôter le voile de l'esprit, nous avons les généralités (*kulliyât*) par lesquelles, il sera possible de combattre ces voiles pour libérer l'âme de ses emprises sensuelles. De même, nous en avons les spécificités (*tafsîliyyât*) qui ne sont capables de combattre qu'un seul voile.

Pour ce qui est des généralités (*kulliyât*), elles sont inclus soit dans la *Haylala* (lâ ilâha illa Lâhu) ; soit dans la *prière sur le Prophète* (PSL) ; soit dans la formule de la *glorification* (sub'hânal- Lâh) ; soit dans la formule de la *louange* (al-hamdullil-Lâh) ; soit dans la formule de la *grandeur* (Allâhu Akbar) ; soit dans la *basmala* (bismil- Lâhi Rahmâni Rahîm) soit dans le *Nom par Essence de Dieu* (Allâh ! Allâh ! Allâh !) ; soit dans cette formule : « *Allâh ! Lâ ilâha illâ Huwa, al-Hayyu ! Al-Qayyûm !* ».

Tandis que pour les spécificités (*tafsîliyyât*), ils sont introduits dans les Noms les plus beaux de Dieu. Chaque nom emporte une partie de ce voile qui le concerne. Seulement, notre Cheikh n'est pas revenu sur la ferme détermination que doit avoir l'esclave pour en donner plus détail.

On interrogea notre Cheikh sur le sens de cette forme de glorification :

« Sub'hânal- Lâhi, mil'al mîzâne, wa muntahal 'ilm, wa mablagha ridâ, wa zinatal 'arch »

" سبحان الله ملء الـميزان ومنتهى العلم ومبلغ الرضى وزنة العرش "

« *Gloire à Dieu à remplir la balance, je lui glorifie jusqu'aux confins de la science, à pleine satisfaction, au poids du Trône* ».

Il répondit : « Cela signifie que : Je glorifie Dieu au point de remplir la balance soit de bienfaits, soit de lumière, soit de glorification ; je le glorifie conformément à Sa science infinie, Lui qui cerne tous les existants ; je le glorifie au point de toucher le sommet de Sa satisfaction qui constitue les traces naissantes des bonnes grâces en fait d'attributions et de faveurs ».

Le Cheikh ajoute : « Je le glorifie à la mesure de Son savoir infini, à la teneur de Sa volonté éternelle d'accorder à Sa créature les condescendances, les dons et les faveurs de manière éternelle et sempiternelle ».

La satisfaction divine à deux significations. D'abord, il s'agit du portrait faisant état de Son Essence Immuable que ni le courroux encore moins le contentement ne peut ébranler. C'est un portrait exhaustif qui ne change jamais de format et de couleur. C'est un portrait illimité qui met en évidence Son Essence. Ensuite, il s'agit des restes émanantes de l'agrément vis-à-vis des faveurs et des largesses. Ainsi, dans le premier cas, nous avons l'idée d'une recherche de protection comme l'a mentionné cette invocation prophétique : « a ûzu biridâka mine sakhatika »

" أعوذ برضاك من سخطك "

« *Je me réfugie auprès de Ta satisfaction contre Ton courroux* ».

Cette forme de protection constitue la première signification qui vient décrire Son Essence Primitive au moment où la seconde signification fait allusion aux résultats découlant des événements auprès desquels on ne peut jamais demander protection ». Il poursuit sa réponse : « Je le glorifie d'une glorification qui équivaut au poids exact de Son Trône ».

Ensuite, il continue par cette invocation extraordinaire :

« Allâhumma sakine fitnata sadamati qahramân al-jabarûti bi'altâfika al-khafiyya al-wârida an-nâzila mine bâbil malakûti hattâ natassabbata bi'az'yâli lutfika. Wa na'atassimu bika mine inzâli qudratika, Yâ Zal- Qudratil Kâmila wa Rahmati Châmila, Yâ Zal Jalâl wal Ikrâme ».

" اللهم سكن فتنة صدمة قهرمان الجبروت بألطافك الخفية الواردة النازلة من باب الملكوت حتى نتثبت بأذيال لطفك ونعتصم بك من إنزال قدرتك يا ذا القدرة الكاملة والرحمة الشاملة يا ذا الجلال والإكرام "

Un autre bienfait

On a rapporté que Cheikh Ahmad Tijjâne (RA) a recommandé de transcrire ces lettres comme suit : فـح م ا ا ل م م,
- suivi de ces deux versets [140] :

" ألم تر إلى ربك كيف مد الظل ولو شاء لجعله ساكنا ثم جعلنا الشمس عليه دليلا * ثم قبضناه إلينا قبضا يسيرا "

---

[140] « N'as-tu pas vu comment ton Seigneur étend l'ombre ? S'Il l'avait voulu, certes, Il l'aurait faite immobile. Puis, Nous lui fîmes du soleil son incidence. Puis, Nous la saisissons [pour la ramener] vers Nous avec facilité ». Sourate : Al-Fouqâne ; versets : 45 – 46.

La dimension spirituelle et cultuelle de la Tarîqa Tijjâniyya

- suivi de ce Nom Divin Codé ainsi : <u>1 200 200 40 100 300 40 4 500 200</u>.
- suivi de 863 fois la formule :

" اللهم صل على الموصوف بالكرم والجود "[141]

Le tout sera écrit sur une feuille qui sera plongée dans une petite quantité d'eau pour traiter toute maladie.

---

[141] « Seigneur, prie sur celui qui est qualifié de généreux et de bon ».

244

Le livre de la découverte (al-kachf)
et de l'anéantissement en Dieu (al-fanâ')

Le *Qutb* joue le rôle de porteur de secours (*al-ghaws*) dès lors qu'il se voit sollicité et qu'il devient lieu de refuge pour le chagriné, le soucieux. Hormis ce rôle particulier, il n'est pas considéré comme un porteur de secours (*al-ghaws*). Tandis que la question de la découverte (*al-kachf*) fait allusion au fait de pouvoir explorer ce qui est au-delà des paravents (*al-hujub*) en fait de réalités cachées. C'est tout le sens de ce vers :

> « *Lorsque le secret s'est manifesté de mon cœur,*
> *Mon existence s'est anéantie et mes organes fondus* ».

En d'autres termes, ce secret dont il est question est un élément doux intériorisé dans le cœur de la même manière que l'âme dans le corps. La lumière spirituelle est cet élément de l'âme qui constitue l'endroit de la contemplation. Nous allons tenter de donner explication à certaines réalités du monde occulte comme du monde manifeste.

* la barrière (*barzakh*), c'est ce « mur » qui s'interpose entre le monde incorporel et le monde corporel, entre ici-bas et l'au-delà.

* *Al-A-'arâf* désigne le point de départ (*al-matla-'a*), c'est-à-dire le lieu de l'avènement de la vérité sur toute chose. Pour ce qui est de l'anéantissement en Dieu (*al-fanâ'*), il est dit qu'il s'agit de l'effacement des caractérisations répréhensibles. Pour d'autres, il consiste à s'absenter du monde réel comme ce fut le cas pour le Prophète Mûsâ (Moïse) lorsque Son Seigneur Se manifesta au Mont qui fut pulvérisé.

* l'ombre exprime la présence visible ajoutée que pourra apercevoir l'œil. C'est-à-dire que ce sont des choses, des données qui étaient dans le monde du néant que le Nom Divin « An-Nûr » (la Lumière) a propulsées dans le monde apparent, le monde extérieur. Ainsi son aspect sombre et obscur a pu avoir une image par l'avènement de l'ombre grâce à la manifestation de la lumière. Là, nous voulons mettre en exergue la Réalité Divine Incontestable qui fait manifester toute chose par sa nature originelle et à chaque chose son ombre qui lui est propre. Sous cet angle, Ibn 'Arabî disait : « Le

savant en Dieu, c'est celui à qui Dieu s'est manifesté. Sur ce, les Etats Divins ainsi que la connaissance seront manifestés à lui. De ce fait, l'état c'est tout ce qui retombe au sein du cœur en fait de joie, de tristesse, de largesse, d'étroitesse. Mieux encore, tout ce qu'il voit en songe se confirmera au réveil. Dans ce cadre, il est dit :

« *Sans la méditation, le cœur est comparable à la maison de l'araignée ;*
Mais pour les Saints, c'est le lieu de la Découverte par leurs méditations ».

* le Saint (*al-waliyyu*) c'est celui qui confie son sort à Dieu qui ne le néglige en aucun cas.

* la Seigneurie (*al-wilâya*) de son côté consiste à ce que Dieu se manifeste à Son Essence de par Ses Noms et Ses Attributs.

* les arcanes (*asrâr*), ce sont tout ce qui a un caractère spécifique émanant de Dieu dans le seul but de guider, d'orienter l'existence vers le vouloir divin.

* la figuration (*rasm*) est représentée par la créature et ses attributs, car les figurations ne sont rien d'autre que des traces.

* l'existence (*wujûd*) fait état de la séparation de l'esclave du cercle des descriptions humaines. En réalité, l'existence de la vérité palpable consiste à ce que le fidèle puisse mettre l'œil sur ses aléas. Le moment où la personne atteint l'âge de la novicité, c'est lorsque qu'il est en mesure de sevrer, de se sentir assez fort et ne pas être dépendant. Alors là, Dieu lui ouvrira le porte de la compréhension.

* l'amour ardent (*al-ichq*) est plus intense que l'amour simple (*al-mahabba*).

* le terme *awbatu* (retour) renvoie à l'idée de *rujû-'u* (retour). On dit que Dieu l'a fait retourner c'est-à-dire qu'il l'a tenu à distance.

* l'attribut de Dieu « *Al-Waliyyu* » (le Patron) figure parmi les noms de Dieu les plus beaux. Il a le sens de Défenseur (*An-Nâsir*), de Celui qui n'a besoin de rien pour exister (*As-Samad*) ; mais c'est plutôt les créatures qui implorent son assistance.

* l'attribut de Dieu « *Al-Mu'umin* » (le Rassurant) signifie Celui qui rassure Ses esclaves musulmans le Jour de la Résurrection.

* l'attribut de Dieu « *Al-Bâtin* » (le Caché) démontre Celui dont ni les regards, ni les sensations ne peuvent atteindre et toucher.

* l'attribut de Dieu « *Az-Zâhir* » (l'Apparent) exprime Celui dont les choses indiquent et sentent Son existence.

* l'attribut de Dieu « *Al-Quddûs* » (le Pur) exprime Celui qui est sanctifié.

* le qualificatif « *Al-Akbar* » (le Grand) fait allusion à Sa grandeur et à Sa puissance.

* le qualificatif « *As-Subbûh* » (à qui la glorification est adressée) désigne Celui à qui la glorification est rendue de droit.

* l'attribut de Dieu « *Al-Bâsit* » (l'Etendu) fait allusion à Celui qui étend la subsistance à qui il veut.

* le qualificatif « *Al-Qurb* » (le Proche) permet à l'esclave de s'approcher de la vérité par le biais de la découverte et de la contemplation.

* le nom de Dieu « *Al-Muhaymin* » (le Prédominant) exprime un des attributs de Dieu.

* les états (*al-ahwâl*) traduisent à la fois l'absence (*al-ghayba*), la présence (*al-hudûr*), la pureté (*as-sahwu*), l'ébriété (*as-sukr*), l'extase (*al-wajdu*), la poussée (*al-hujûm*), l'avantage (*al-ghalabât*), l'anéantissement (*al-fanâ'*) et la pérennité (*al-baqâ'u*). Ces états sont des états des cœurs matérialisés par la mention et par la proclamation de la grandeur de Dieu.

* le terme « *Al-Kun'hu* » (nature profonde) exprime l'essence de la chose et sa délimitation.

* le terme « *At-tahaqquq* » (détermination ferme) désigne le fait que le cœur respecte l'intention qu'il a formulé devant son Seigneur. Il est dit :
> « *Observe-Le dans les arbres, dans les pierres*
> *Observe dans toute chose, tu seras en face de Dieu* ».

C'est dire que toutes les créatures, toutes les choses sont des indications de l'existence de Dieu.

* le Trône (al-'Arch) symbolise, Selon les Soûfîs, la magnificence et indique le lieu de manifestation. Dieu ne connaît point la spatialisation (dire que c'est ici son côté droit, là son côté gauche, etc…). Il désigne le Corps Céleste qui cerne tous les autres corps célestes cachés et apparents.

* le terme al-ikhtiyâr (choix) démontre que Dieu savait déjà la destinée des hommes, aussi il leur a laissé libre cours à leurs actes. Mais, il faut préciser que jamais Dieu n'agrée en eux la mécréance et l'injustice qu'il leur a interdite. En revanche, il a ordonné de suivre la guidée, d'être du côté de la vérité et de faire de bonnes choses. Les humains ont opté pour la raison et l'entendement. La plume a opté pour la science détaillée. Les lettres étaient confinées, de façon mélangée, dans une vase à encre. Et tant que les lettres sont confinées dans cette vase à encre, il sera impossible de les départager et les préciser. Mais avec l'usage de la Plume, les lettres sont inscrites sur la Tablette de manière séparée entraînant du coup la mise en détail du savoir. Cette Tablette représente le Livre Evident, Lieu d'Enregistrement et d'Ecriture Normalisée.

* la Tablette présente quatre formes : le Livre du Jugement (lawh al-qadâ'i) ; le Livre du Destin (lawh al-qadar) ; le Livre de la Vie (lawh an-nafs) et le Livre de la Matière Primitive (lawh al-hayûlâ). C'est ainsi que l'ont définit les adeptes du soufisme.

* les termes al-wissâl (continuité), al-wasl (contact continu) et al-ittisâl (connection permanent) renvoient, selon les soûfis, à l'idée de rompre tout contact avec ce qui ne présente pas un aspect de vérité. Cette forme de connection ne signifie pas, par ailleurs, la connection entre deux êtres de même nature, car cela impliquerait l'incrédulité. Le type de connection le plus faible, c'est lorsque le serviteur aperçoit son Seigneur par les yeux du cœur et ceux de la langue, c'est-à-dire entrer en connaissance avec le monde des réalités voire du cosmos dans son entité. La préexistence fait état d'abord du début de la création montrant ainsi l'Etat Sempiternel de Dieu. On dit que le voile (hijâb), c'est ce paravent par lequel l'homme se dissimule de la proximité de Dieu. Ce paravent peut être luminaire, exprimant ainsi la lumière de l'esprit. Parfois, il peut avoir un caractère obscur, et cela impliquerait l'obscurantisme du corps.

* le gardien du Paradis porte le nom de Ridwân ; alors que celui de l'Enfer est appelé

La dimension spirituelle et cultuelle de la Tarîqa Tijjâniyya

Malick.

* la matière primitive ou le protoplasme n'est rien d'autre que le coton que les premiers hommes considérèrent comme étant la nature originelle du monde. Les philosophes disent que c'est la matière par laquelle Dieu a produit le monde. Dans le jargon philosophique, la nature (at-tabî-'a) représente la réalité divine capable de confectionner et de rendre réelles les images. Sur le plan linguistique, la teme *hayûlâ* (protoplasme) désigne *al-qutn* (coton) ; et sur le plan sémantique, il s'agit de la matière, de la substance par laquelle Dieu a fait exister le monde.

* le terme *al-amâ'u* désigne les nuages surrélevées et épaisses. La réalité en question c'est la station de l'esclave à un endroit qui se permet d'entrer en contact avec Dieu. Il est dit, par ailleurs, que la réalité traduit le nom des attributs. Ainsi, si le novice tourne le dos aux plaisirs sensuels et dit non à l'invite des passions, il est sur la voie de la perfection et se retrouve du coup dans le monde de la réalité et de la connaissance. Sur ce, son cœur confirme l'unicité de Dieu dans tous ses Attributs et ses Noms. Dieu est singulier dans Sa puissance, Sa capacité de faire, Son autorité et Sa grandeur. Il est le Vivant Eternel à qui rien ne ressemble, et c'est lui l'Audient, le Clairvoyant. Il est l'Eternel par excellence, l'Etre sempiternel qui n'a point de commencement. Il a prévu que la raison ne soit pas seule en mesure de concevoir tout ce qu'ont apporté les Prophètes (PSE) de la part du Créateur sur les événements de l'au-delà, sur la nature de la récompense, de la punition et tout ce qui concerne le monde caché. Le novice se doit de se soumettre sans restriction.

* la contemplation (*al-muchâhada*) peut désigner la présence (*al-muhâdara*) et les rapprochements (*al-mudânât*). En somme, elle peut signifier le fait de voir Dieu, la Vérité avec l'œil du cœur sans aucune ambigüité.

* « *Al-Haqq* » (la Vérité) est un des noms de Dieu les plus beaux. Ibn 'Arabî dit : « La vérité c'est tout ce que Dieu a prescrit sur son esclave et tout ce que Dieu aime en lui. La Charî-'a ne provient pas des désirs ; mais de l'enseignement du Livre de Dieu et de la Sunna de Son Prophète (PSL). Les preuves de la vérité expriment les réalités de l'univers qui témoigne de l'existence du Créateur ; tandis que les preuves de l'existence des choses font état de la disparité notée au niveau du cosmos comme la différence entre les états, les représentations et les actes.

* « *Al-Ahad* » (l'Un) est, également, l'un des noms exaltés de Dieu avec toute la pluralité de ses attributs. La qualité « Un », selon les Soûfîs, désigne les altercations de l'Essence dépourvue de toutes formes de considération.

* le rappel de Dieu (*Zikr*) permet au pratiquant de sortir de l'insouciance pour se placer dans le cercle des contemplations, l'amenant à s'armer de la crainte révérentielle ou à éprouver un amour ardent.

* « *As-Samad* » (le Seul imploré par les créatures) est un des attributs de Dieu. Toutes les créatures comptent sur Lui pour subsister et Lui n'a besoin de personne pour exister.

* le terme « *Al-qutb* » (potentat) est l'expression faisant allusion à une seule personne qui constitue le lieu central à partir duquel Dieu observe l'univers en tout temps et en tout lieu.

* par le terme « *Al-wujûd* », on entend l'idée d'effacement de l'esclave dans le panorama des signalements du cadre humain pour démontrer l'existence de la Vérité. Ibn 'Arabî dit : « Le savant, c'est celui dont Dieu a dévoilé son Etre au point qu'il puisse connaître les Etats Divins et d'en avoir le savoir ».

* le nom de Dieu « *Az-Zâhir* » (l'Apparent) exprime celui dont tous les êtres confirment son existence ; au moment où le nom « *Al-Bâtin* » démontre qu'aucun regard ne peut L'atteindre.

* le novice c'est celui qui se consacre à tourner le regard vers Dieu tout en donnant la priorité à la Volonté Divine. L'élément manifesté c'est ce qui est apposé au sein des cœurs ; alors que les arcanes sont là pour éjecter, barrer la route à l'envieux, à l'âme et à la passion du « moi ».

Ils veulent ainsi mettre la main ce sur quoi les Noms et les Attributs Divins émanent dans leurs Essences même et non dans leurs existences. L'univers traduit l'existence du monde dans la mesure où c'est un monde et non une réalité en soi.

* le «*Tâghût* » exprime tout ce qui est adoré en dehors d'Allah comme Al-Lât, Al-Uzzâ, le devin, Satan et tout ce qui est perdition et idole.

* la tyrannie exprime le dépassement de la mesure, l'extravagance de l'infidélité, l'excès dans la désobéissance. La tyrannie c'est également l'injustice.

250

La dimension spirituelle et cultuelle de la Tarîqa Tijjâniyya

Il est dit que la *haqîqa* est la nomination des attributs. Si le novice pénètre le monde de la perfection en tournant le dos à ce monde éphémère et en franchissant le mur des passions mondaines, ils disent qu'il est entré dans le monde de la haqîqa et il est arrivé dans le cercle des réalités. L'attribut en question exprime l'attribut de Dieu par lequel il est décrit. Ces attributs ne sont ni des corps, ni des contingences encore moins des substances. Dieu demeure l'Audient, le Clairvoyant par rapport à cette réalité. Son appareil auditif n'a rien à voir avec notre ouïe, son appareil visuel n'a rien à voir avec notre œil. Les attributs de Dieu n'ont rien à voir avec les extrémités corporelles, ni avec les organes, ni avec les cellules.

* le Trône de Dieu (*Al-'Arch*) constitue le plus somptueux des choses créées par Dieu et le plus grand des corps célestes.

* la nomination ou encore les lettres sont placées pour désigner l'élément nommé par un nom spécifique pour pérenniser l'existence nominale de cet élément. Il est dit que si les graphèmes tombaient, leurs sens ne se détacheraient jamais avec l'élément nommé. Les nominations sont départagées entre l'essence, les attributs et les actes.

En vérité, nous avons la nomination de l'Essence comme le vocable « *Allâh* » (Dieu), la nomination du Caractérisme comme le vocable « *Al-Alîm* » (le Savant), et la nomination de l'acte comme le vocable « *Al-Khâliq* » (le Créateur).

* la Royauté Divine exprime le monde des corps et des contingences. Le royaume des cieux représente le monde de l'invisible réservé aux esprits et aux âmes.

L'éminent Saint, Al-Halâdj, plus connu sous le nom de Al-Hussayn Ibn Mansour est de la famille de Baïdâ'a Fâris où il est né. Mais, il a passé sa jeunesse dans les environs de l'Irak. Il a tenu compagnie à l'imam des Soûfîs, Junaïd, à Abul Qâsim Nawâwî et à Abul Makiyyi. Eux tous se sont divergés sur son cas. Beaucoup d'entre eux l'ont rejeté et ont refusé de l'accepter dans l'école du Tassawwuf. Il fut tué en l'an 309 Hégire à Bagdad en raison de sa conviction de pouvoir monter au ciel et d'y descendre.

* l'esprit sain (*ar-Rûh al-Quds*) renvoie à cet esprit noble qui se trouve auprès de Dieu et qui a été insufflé à Adama, le père de l'humanité.

* la Chaise (*Al-Kursiyyu*) traduit ce lit qui est un des corps célestes. Selon les Soufis,

il s'agit d'une manifestation de la Puissance Divine. C'est le lieu de l'émanation de l'ordre, de l'interdiction, de la création et de l'annihilation. Donc, le *kursiyyu* (Chaise Divine) ainsi que les autres corps célestes sont tous des créatures de Dieu.

* le paravent (*sutûr*), de son côté, permet de dissimuler la « caracasse » corporelle humaine. De même, il permet de démarquer entre l'Invisible et le Visible.

* le Trône (*Al-'Arch*) traduit la grandeur.

* « *Ar-Raf-raf* » désigne le Domaine Divin.

1- Portrait de certains hommes de Dieu

- La Voie Spirituelle, adoptée par Tayfûr Ibn Issâ Al-Bastâmî, est basée sur le fait de se fondre et de s'évanouir en Dieu. En un mot, elle consiste à s'anéantir en Dieu.

- Par ailleurs, l'érudit en Dieu, Abû Bakr Chabli, qui est né et a grandi à Bagdad, est connu pour son spiritualisme et son érudisme. Il a connu le Grand Erudit, Junaïd. Il est mort en l'an 344 H.
- L'éminent érudit, Abul Qâsim Al-Junaïd, est le maître du Soufisme. Il fut un faqîh (jurisconsulte) de l'école doctrinale de Abî Sawr. Il tint compagnie à son oncle maternel As-Sirri As-Suqti et à Al-Hâris Al-Muhâsibî et à Muhammad Ibn Al-Qassab. Il opta la voie du *Bâtin* (voie ésotérique). Il prôna l'épuration du cœur, la purification de l'âme. C'est la voie de la pureté (*tarîqa as-sahwi*). Elle permet d'amoindrir la voie de l'ébriété.

- Al-Khâlid Ibn Ahmad Al-Farâhid, qui est à la fois linguiste et grammairien, est le fondateur de la métrique (*'ilm al-'arûd*). Il est mort en l'an 5170H.

- « Al-Hâkim » est le détenteur de la sagesse qui, selon les soufis, exprime le fait d'entrer en connaissance avec le Créateur et avec Ses attributs inédits.

- Les partisans du soufisme voient que la voie qui mène à la connaissance se fait par l'exercice spirituel qui est en parfaite harmonie avec la Charî'a.

2- Certaines réalités du Monde Divin

* le terme « *Al-Majallî* » exprime la manifestation divine. Il constitue les clefs permettant de sonder les secrets divins.

* « *Al-'Arch* » (Trône) est un Corps Céleste, le plus Majestueux et le plus Somptueux des choses que Dieu a créées. Les Soufis y voient la grandeur et le lieu de la manifestation évidente. Il constitue le corps céleste cernant tous les autres corps : abstraits et apparents.

* le terme « *sirr* » (raison profonde) désigne la lumière spirituelle qui est l'instrument de l'âme et le lieu des observations.
* « *As-Sahw* » (pureté) signifie le retour du gnostique (*al-'ârif*) vers la sensation, après bien sûr, son effacement et la dissipation de sa sensibilité.

* « *Ach-chams* » (soleil) exprime la lumière. C'est le noyau des arcanes et la circonférence des lumières.

* le terme « *Al-'ârif* » permet de décrire celui qui connaît Dieu, la Vérité par excellence, de par Ses Noms et Ses Attributs.

* par le terme « *lutf* » (bonté, prévenance), on entend l'idée de consolidation de la Vérité en assurant la continuité de l'allégresse, la pérennité de l'observation et la recherche de l'état dans les échelons de la droiture et de la rectitude.

* la notion de la « *Ma'arifa* » (connaisance) permet de décrire celui qui connaît Dieu de par Ses Noms et Ses Attributs.

* Zul-Qarnayn était un homme vertueux pour qui Dieu a plié la terre, le permettant ainsi d'atteindre les deux bouts du monde (Est-Ouest). Ainsi, il fut désigné par Zul-Qarnayn où l'homme aux deux tresses, ou encore l'homme qui a mis les pieds aux deux extrémités du globe. Dieu dit à son égard : « **Vraiment, Nous avons affermi sa**

puissance sur terre, et Nous lui avons donné libre voie à toute chose »[142].

* l'image (as-sûra) permet de représenter le monde supérieur ('ulwiyya) et le monde inférieur (sufliyya). Le dessus (al-'ulwiyya) est à la fois réalité et rajout. La réalité (haqîqiya) c'est la représentation des Noms Divins et des vérités essentielles. Le rajout (al-idâfiyya) exprime les réalités des esprits rationnels empiriques et psychologiques. Quant au dessous (as-sufliyya), il contient les images du monde corporel indissociable comme le Trône et la Chaise. Il y en a également les images des éléments constituants et des éléments raciaux comme les images aériens et ardents. Par ailleurs, il y a les images du monde inférieur au nombre de trois : les images métalliques (ma-'adiniyya), les images végétaux (nabâtiyya) et les images animaux (hayawâniyya).

* le tahqîq (actualisation) exprime la manifestation de la Vérité de travers le tableau des Noms Divins. Il est dit, en plus, qu'il s'agit du maniérisme du fidèle (al-'abd) à pouvoir évoquer la réalité à partir de son effort personnel.

* la lumière spirituelle est un instrument de l'âme et représente le lieu de l'observation et de la contemplation. On peut comprendre par là, l'état particulier que Dieu a accordé à son serviteur de son choix, en lui déterminant le wird qu'il est appelé à faire. De ce fait, il ne connaîtra plus jamais la rupture spirituelle. Il sera toujours alimenté spirituellement et ce, de façon continue.
Les hommes de Dieu disent : « Le croyant qui désobéit à son Seigneur ne demeurera pas éternellement en Enfer ».

* « Al-Wudjd » (l'extase) exprime la crainte de l'âme au moment de découvrir le fond secret de la vérité. L'éminent érudit, Junaïd dit : « L'extase, c'est la rupture de toute description lors de la caractérisation de l'Essence par le biais de l'allégresse ».

* « Al-Mikhda'u » exprime l'endroit où se dissimule le Qutb (Pôle) des individus qui se rendent à sa rencontre.

* « As-Sifâ'u » (la lucidité), c'est tout ce qui permet de se débarrasser de l'orgueil et de se suffire de son acte. Il est intéressant de savoir que l'homme est une créature et Dieu, le Très-Haut demeure l'Unique Créateur et qu'il est exempt des attributs de ses

---

[142] Sourate : Al-Kahf ; verset : 84.

serviteurs : rien ne Lui ressemble.

* « *Al-Hâjib* » (l'occultation) signifie, pour les gens de la vérité (*ahlul haqq*) la gravation des images cosmiques dans le cœur qui n'était pas en mesure d'approuver la manifestation de la vérité.

* « *Al-Faqr* » (l'indigence) désigne une noble place, un bon privilège. Sur ce, les Soufis sont désignés *fuqarâ'* (ascètes) en raison de leurs renonciations aux biens mondains. Leur principe est que le serviteur ne doit compter que sur Dieu. La connaissance de l'esprit voire de l'âme est un domaine que Dieu s'est attribué.

* l'attribut divin « *Al-Muqît* » (le Soutien, le Vigilant) est synonyme de *Al-Hâfiz* (le Gardien). Les soufis disent que : « Allâhu ; Lâhût » (لاهوت - الله) sont des termes dérivés de Lâha (لاه) qui renvoie à l'idée de : dissimuler/occulter ; et parfois : se manifester.

* « *An-Nâsût* » désigne tout ce qui exprime la nature humaine.

* « *As-Sukn* » (l'ébriété) exprime la stupéfaction qui rattache la raison profonde de l'affectionné à l'observation de la charme du favori, de manière inopinée.

* « *Al-Hîratu* » (la perplexité) est une impulsion émanant des cœurs des savants en Dieu lors de leurs méditations, de leurs présences et de leurs cogitations.

* « *Al-Ka'aba* » (la kaaba) est une expression de l'Essence en question.

* « *Al-Karâma* » (la noblesse) est une situation qui se produit et qui sort de l'ordinaire. Dieu l'octroie à ses serviteurs vertueux.

* « *Al-Ichâra* » (la mention) est une note sans une demande d'assistance de l'expression par le biais de la langue. Il est dit que tout ce qui se cache du sujet parlant, ce dernier le dévoilera par le biais de la galanterie.

* « *Al-Qalb* » (le cœur) désigne ce membre charnu coffré. Il désigne aussi la finesse spirituelle par laquelle il est connecté au cœur corporel à l'image du rattachement des traditions aux corps. Cette finesse spirituelle fait état de la réalité de l'homme.

* « *Al-Haqq* » (la vérité évidente) constitue la vase préparée pour abriter la sincérité

affectionnelle de l'aspirant qui s'engage à rompre toute relation, hormis celle qu'il le lie à Dieu. On dit que l'âme a fait preuve d'abnégation pour satisfaire la vérité.

* « *At-Tachbîh Al-ilâhî* » (l'assimilation divine) est une expression de l'imagerie de la beauté car la beauté divine a ses contenus. Elle englobe les Noms et les Attributs Divins. Elle a, par ailleurs, des images qui sont le lieu de manifestation de ces contenus au point que la sensation et la rationnalité puissent les exposer. L'idée de la sensation fait allusion à un propos comme : « J'ai vu mon Seigneur dans la forme d'un jeune imberbe » ; alors que la rationnalité, c'est lorsque Dieu dit : « Moi, je suis toujours là où me croit mon serviteur. Donc qu'il pense de moi ce qu'il veut ». C'est cette forme de langage que nous entendons par assimilation. Cependant, quelque soit leurs propos et leurs hypothèses, Dieu est loin d'être assimilé avec quoi que ce soit.

* « *At-Tajallî* » (la manifestation), c'est le resplendissement de la lumière, l'intronisation de la vérité dans le cœur de ceux qui se sont tournés vers Dieu. On dit qu'il s'agit de ce qui se dévoile aux cœurs comme les lumières du monde caché. Dieu dit : « **En effet, Nous avons créé l'homme d'une goutte de sperme mélangé [aux composantes diverses] …** »[143]. C'est-à-dire que ce sperme est mélangé avec « l'eau » et « le sang » de la femme.

* « *Al-Fard* » (le singulier/le solitaire) exprime l'homme qui échappe au regard du *Qutb*. Il convient de savoir que le caractère supérieur de la dignité et n'est point l'expression du caractère supérieur d'un endroit donné. Dieu a créé le Trône pour manifester Sa Puissance, mais il ne l'a pas considéré comme un endroit limité où il reste confiné.

* « *Laylatul Qadr* » (la nuit de la destinée) fait allusion aux bienfaits réservés exclusivement au voyageur (*sâlik*) qui parviendra à entrer en connaissance avec la Puissance Divine et mesurer le degré de son amour vis-à-vis de son Seigneur. Dieu dit : « **Durant celle-ci descendent les Anges ainsi que l'Esprit par permission de leur Seigneur pour tout ordre. Elle est paix et salut jusqu'à l'apparition de l'aube** »[144].

* « *I'irâf* » (faire connaître le méconnu). Il s'agit de la volonté de faire savoir

---

[143] Sourate : Al-Insân ; verset : 2.
[144] Sourate : Al-Qadr ; versets : 4-5.

l'inconnu. C'est le lieu d'apparition de Dieu, le Vrai, à toute chose. Cette manifestation sera effective de par Ses Attributs qui sont le paysage panoramique de cette manifestation.

Concernant le propos du savant Chablî qui disait : « Moi, je me confond en Toi (en indiquant son Seigneur)». En fait, l'indication nous oriente vers ce qu'a montré Chablî. Les gens disaient de lui: « Ô notre peuple, voici un possédé de la famille de Banî 'Âmir ». Lorsqu'on l'interrogea sur Layla. Il répondit : « Je suis Layla ». Il effaçait Laylâ pour se confondre à elle. En d'autres termes, tout était Laylâ à ses yeux.

* « *Al-Qalb* » (le cœur) renferme deux sens. Le premier sens fait allusion à la chaire coffrée. Il s'agit d'un organe placé du côté gauche de la poitrine. Le second sens fait état de son caractère à la fois doux et spirituel. Et de là, on fait allusion au cœur corporel. C'est la réalité substentielle même de l'homme. La religion ne signifie point suivre les passions ou d'œuvrer par ostentation ; mais suivre le Prophète (PSL).

* « *Al-ittihâd* » (l'union/l'unité). Ils disent que c'est la révélation de l'existence de la Vérité, l'Un, l'Absolu. Toute existence émane de l'Un qui Lui n'a jamais connu le néant.

* « *As-Sûfi* » (le soufi). Junaïd démontre que les soufis désignent ceux qui se dressent avec Dieu faisant que seul Dieu sait les mouvements. Il est dit qu'on les a nommés soufis en raison de leurs tenues vestimentaires faites de lain.

* « *Al-'irq* » (la sueur) désigne l'exhalaison, l'odeur.

* « *Al-'ichq* » (l'amour/l'ardeur) présente plus de degrès dont le plus important reste la détermination suivie de l'extase, ensuite de la passion, puis de la stupeur et enfin de la pureté. En fait, l'esprit reste le lieu de la mannifestion de l'amour ; le cœur le lieu de la connaissance. Ainsi, celui qui connaît Dieu de par Ses Noms et Ses Attributs, puis confirme cette connaissance dans ses actes tout en tentant de se débarrasser de ses mauvaises qualités et demeure longtemps debout devant son Seigneur tout en pérennisant son cœur dans la dévotion, celui-ci sera saisi par les filets de l'extase.

* « *Al-Watad* » (piquet/clou). Il est représenté par quatre hommes. Chacun d'eux

joue le rôle de piquet ou de colonne. Chacun d'eux est placé dans un des quatre coins du monde que Dieu observe et contrôle de manière minutieuse. De fait, ils disent que *al-ghaws* (celui qui répond au cri de détresse) est celui-là qui est désigné par *al-qutb* (la sommité). Mais, il est considéré comme *al-ghaws*, quand on fait recours à lui, on sollicite son secours. Sinon, il ne garde que l'attribut « *al-qutb* ».

* les « *al-abdâl* » (substituts/remplaçants), ils sont au nombre de 70 hommes vertueux dont 40 viennent de Châm. Par eux, Dieu tient stablement la terre. Et les 30 autres hommes sont répartis à travers la terre. Aucun de ces 70 ne meurt sans qu'un élément de ces 30 ne prenne sa place pour garder cette stabilité.

* « *Al-waliyyu* » (le saint) est celui à qui Dieu se charge de ses affaires et ne le laisse point s'en remettre à lui-même, même pour un clin d'œil. Donc, celui qui s'engage à adorer Dieu, à l'obéir, alors son culte « coulera » de manière continue et sans interruption.

La première raison, disent-ils, constitue le rang singulier ; d'autres soutiennent que c'est le lieu de la gestation de la science divine vis-à-vis de l'existence. C'est la science extrême et qui est au dessus de celle où est extraite la science gravée dans la Tablette Gardée (*lawh al- mahfûz*).

* les *manâzils* (les mansions) font allusion aux loges des étoiles. Il s'agit du premier élément visible à partir de la manifestation des Noms Divins au for intérieur du fidèle. Là, on entend par *manâzil*, la chaîne hiérarchique des savants en Dieu (*'ârifîne*).

* « *An-Nûr* » (la lumière) signifie, ici, la Vérité, le Vrai (*Al-Haqq*). Il est, également, appelé « lumière des lumières » (*nûr al-anwâr*) du fait que toutes les lumières renferment le secret de la réalité.

* « *At-Tawâ* » (l'estomac vide) donne le sens de *al-jû'u* (la faim) ou encore *ach-charâb* (le breuvage).

* « *Al-'ichq* » (l'amour/la passion) et « *az-zawq* » (la dégustation) désignent la lumière gnostique qu'éjecte Dieu dans le cœur des Saints. Ces derniers seront alors en mesure de discerner le vrai du faux. En fait, cette lumière est comparable à la boisson qui n'est utilisée que dans les moments de soulagement. Donc, la dégustation (*az-zawq*) concorde avec le bien être et s'entend avec les tracasseries. Le premier élément à se rendre évident reste la dégustation suivie de la boisson.

Zun-Nûn Misrî disait : « Trois aspects définissent le gnostique : tout d'abord, aucune lumière ne pourra éteindre sa connaissance et sa lumière ; il est impensable que l'intérieur de son savoir puisse diminuer son extérieur et que l'abondance des bienfaits divins et sa générosité ne le poussera pas à atteindre la Sacralité Divine ». Le sevrage marque la fin du compagnonnage entre le novice et son Cheikh : Le moment de « l'allaitement » nécessite l'obligation d'observer le compagnonnage. Donc, le disciple ne doit se séparer de son Cheikh que si ce dernier l'en donne la permission. De même, le Cheikh ne doit se séparer de son disciple qu'après lui avoir inculqué le savoir recquis. Le Cheikh doit être certain que c'est le moment opportun de le « sevrer » et désormais, le disciple est en mesure de « décoller » seul et de comprendre et saisir toute science venant de Dieu. Si le disciple arrive à ce stade, alors le sevrage peut être fait.

* « *'Al-'ilm* » (le savoir) est un domaine qui incombe à tout musulman. Le savoir dont il est question ici, c'est l'ordre et l'interdit. La notion de l'ordre implique la rétribution de l'acte obligatoire accompli et la punition de l'acte obligatoire délaissée ; alors que la notion de l'interdit consiste à punir le faiseur de tout acte interdit et à rétribuer quiconque s'en esquive. Sur ce, les savants ascètes (anachorètes), les soufis ainsi que les rapprochés ont tous approuvé les autres domaines de connaissance. Ils disent que tous ces savoirs sont obligatoires : l'état, l'ordre, la pensée, la certitude, la sincérité, la psychologie et l'éthique. Cette dernière constitue la plus importante aux yeux des Soufis.

* « *Al-Hâl* » (l'état) est ce qui détermine la situation du cœur en fait de gaieté, ou d'affliction, ou de largesse ou de restriction. Cette forme d'état est désignée aussi par l'état attesté (*al-hâl bil wârid*).

* « *Al-'arch* » (le trône) est le plus majestueux des « corps » créés par Dieu le Très Haut. En fait, Dieu l'a créé pour manifester Sa puissance. Autrement dit, c'est la configuration de la magnificence, le lieu de la manifestation. Ce Trône constitue le corps céleste cernant tous les autres corps abstraits. Il est à la fois manifeste et caché. Le domaine caché désigne le monde de la sainteté, c'est l'univers des noms et attributs exaltés de Dieu. Dès l'instant que le terme « *arch* » est prononcé, du coup, on comprend qu'il s'agit de ce corps céleste mentionné. De la même façon, dès

qu'une chose est confinée dans le cercle des attributs divins, on comprendra sur le champ qu'il s'agit d'une qualité spécifique de ce « Roi Suprême ». Sur ce, le Trône est une manifestation de la Puissance Divine. Les soufis vont même jusqu'à dire que c'est l'endroit d'où émanent les ordres et les interdits, la création et la dotation de la forme appropriée.

* « *As-sa'aqu* » (le foudroiement) c'est-à-dire l'anéantissement total en Dieu lors de la manifestation de Son Essence par le biais des actes de dévotion qui consument tout ce qui n'est pas Dieu.

* le terme « *as-sâdî* » (l'assoiffé) a le même sens que le terme « *'atchâne* » (assoiffé, altéré).

* le terme « *ach-churb* » (l'absorption) c'est lorsque l'esprit et les arcanes saintes expriment leurs candeurs manifestes.

* « *Al-kachf* » (le dévoilement), c'est le fait de tenir informé ce qui est au-delà du paravent comme les choses cachées et la nature des créatures aussi bien en existence qu'en observance.

* « *Az-zawq* » (la dégustation) c'est la lumière divine éjectée par Dieu dans le cœur de ces Saints comme le soutiennent les soufis. Aussi, il leur sera possible de discerner le vrai du faux sans pour autant consulter aucun livre ou un écrit quelconque. La dégustation est vue comme la boisson. Seulement, la boisson n'est employée que dans les moments de soulagement et de gaieté. Le Prophète Idrîs (*sur lui le salut*) fut le premier à employer la plume (*al-qalam*).

* le terme « *idrîs* » vient du mot « *dars* » qui signifie le savoir acquis.

* « *Al-ihsâ'u* » (le dénombrement), signifie le fait de dénombrer les Noms Divins. Il s'agit d'être en mesure d'avoir la certitude par ce décompte de la macro-immanence marquée par l'anéantissement des caractères graphiques pour marquer la perrénisation du Singulier.

* le terme « *al al-wâh* » désigne le pluriel de « *Al-lawhu* » (tablette). Il s'agit du Livre Evident, lieu d'enregistrement, de notification et de mention jusqu'à un temps bien défini.

* les Tablettes (al-wâh) sont au nombre de quatre :
    - la Tablette qui traite la juridiction qui est également la Tablette de la raison.
    - la Tablette de la prédestinée c'est-à-dire celle qui gère l'âme parlante. C'est la tablette gardée.
    - la Tablette des âmes dissociées au sein desquelles reprend vie tout ce qui est dans le monde. C'est ce qui est désigné par le « ciel proche » (as-samâ'u dun'ya).
    - la Tablette originelle ou la tablette protoplasmique représentable dans le monde concret.

* la rouille qui attaque le cœur peut aller jusqu'à le ronger. Et de ce fait, il n'est possible de l'en débarrasser que par le biais de la foi sincère en Dieu. D'autres disent que la rouille désigne l'écho qui retombe au fond des cœurs.

* le terme « al-fâl » fait allusion au fait d'avoir une faible opinion.

* « Al-ghabân » (la duperie) c'est ce qui s'oppose au cœur puis se dissipe par la pratique du repentir (at-tawba) et de la demande de pardon (istighefâr). C'est comme une femme que regarde un amoureux qui semble prendre en elle une partie de sa splendeur. Mais dès que le regard n'est plus, la femme reste elle-même. Ibn Mu-'âz dit : « Si le savant en Dieu délaisse sa déontologie alors qu'il en est bien informé qu'il sache qu'il est perdu avec les damnés ».

* « Al-ma-'aqûl » (le concevable, l'intelligible) c'est tout ce que la raison approuve et admet.

* « Al-mahd » (le pur) et « al-manqûl » (ce qui est transféré, transmis). Ces deux vocables renvoient à tout ce qui est mentionné dans la Charî-'a. En fait, la religion c'est la voie authentique que nous devons suivre. La logique ne peut cogiter jusqu'à opérer un changement quelconque dans religion.

* « Al-irsâl » (l'émission, l'envoi) fait allusion aux Envoyés (al-murasalûne). La religion veut que l'obéissance à Dieu soit en corrélation avec ce qu'ont apporté les Prophètes (an-nabbiyyûne).

Litanies pour satisfaire un besoin précis

Parmi les litanies cachées et pratiquées pour celui qui désire résoudre ses besoins ici-bas et dans l'au-delà, nous avons celle-ci. Il consiste à faire deux rak'a. Dans chaque rak'a, réciter les sourates « Al-Fâtiha » et « ach-Charh ».

Et lors de la lecture si on arrive au niveau de ce verset : « wara fa-'anâ laka zikrak ورفعنا لك ذكرك », le fidèle doit ajouter ceci :

« Allâhumma irf-'a 'inda zikrî bil hitât wizrî. Waje-'al-lî nûrane fî kulli zikrine mine azkârî. Allâhumma innî raghab'tuka bi nabiyyika sayyidinâ Muhammadine sallâl-Lâhu alaïhi wa sallam ane turdiya 'annî bi nabiyyika sayyidinâ Muhammadine sallal-Lâhu 'alaïhi wa sallam fî jamî-'i maqâsidî ».

" اللهم ارفع عندي ذكري بالحطاط وزري واجعل لي نورا في كل ذكر من أذكاري اللهم إني رغبتك بنبيك سيدنا محمد صلى الله عليه وسلم أن ترضي عني بنبيك سيدنا محمد صلى الله عليه وسلم في جميع مقاصدي "

Cette récitation est répétée 3 fois. Ensuite, le fidèle termine par : « Allâhumma ije-'al- lî kazâ wa kazâ (et ici on précise le besoin) ». Puis l'on termine la prière. Cette litanie est faite à n'importe quel moment. C'est ainsi que l'avait enseigné l'Emissaire de Dieu. Et elle figure parmi les litanies cachées.

Paix et salut sur le Prophète Muhammad, sa famille et ses compagnons
D'après Al-Hâdj 'Ali Al-Harâzam Barrâda, que Dieu soit content de lui,
D'après Ibn 'Umar, petit-fils de Cheikh Ahmad Tidjâne.

Le but de la demande du pardon

(al-istighefâr)

Sans doute, le but c'est d'inculquer l'esprit dans les actes. Un acte sans esprit ne peut pas se substituer. Donc, ce but consiste à chercher refuge auprès de Dieu lors de la lecture, puis on lit ce verset :

« Wa mane ya-'amal sû'ane ; aw yazlim nafsahû, summa yastaghfiril- Lâha, yajidil- Lâha Ghafûrane Rahîmane » [145]

---

[145] Sourate : An-Nisâ' ; verset : 110.

" ومن يعمل سوءا أو يظلم نفسه ثم يستغفر الله يجد الله غفورا رحيما".

Ensuite on récite cette invocation :

« Labbaïkal- Lâhumma Rabbî wa sa-'adaïka, wal khayr kulluhû fî yadika. Abduka al-musrif, al-khata baïna yadaïka mu'utarifane bi taqsîr, râghibane fil qubûli, qâ'ilane bilisâne al-iftiqâr, wa azîmatal inkisâr, mu'utasimane bi quwwatika. Yâ Ghaffâr ! Mu'âhidane laka 'alâ luzumi tâ-'atika, wa tark mukhâlafatika. Kulla zâlika bi imdâtika. Wa la hawla wala quwwata illa bika ».

Ensuite, le disciple formule la demande de pardon telle que transmise par les Compagnons du Cheikh. Il le fait constamment : 12 000 fois après la prière de l'après-midi, ou 600 fois le matin et 600 fois le soir. C'est comme cela que le faisaient, de manière assidue, les disciples du Cheikh.

Une autre litanie

Celui qui cherche la gloire, la vie heureuse et l'ouverture au point de pouvoir mettre l'œil sur le Messager de Dieu qu'il mentionne le Nom Divin à venir après avoir récité une fois la Fâtiha, 03 fois la formule :
« Astaghefirulahal 'azim allazi la ila ha illâ Huwal Hayyul Qayyûm. Wa'a tûbu

ilayhi » ;

" أستغفر الله العظيم الذي لا إله إلا هو الحي القيوم وأتوب إليه "
03 fois la Salatul Fatihi ; 01 fois la formule :
« Sub'hâna rabbika rabbil izzati amma yassifûne wa salamune alal murasaline wal

hamdul lillahi rabbil alamine »

" سبحان ربك رب العزة عما يصفون وسلام على المرسلين والحمد لله رب العالمين "
Il s'agit de ce Nom Divin dissimulé dans ces chiffres :

| 1 5 30 60 40 30 8 20 40 100 300 |

On le mentionne après la prière du matin et un peu avant la levée du soleil. Cette prière renferme l'élévation et la dignité incommensurable. Chaque lecture de cette prière équivaut à 1000 fois la *Jawharatul Kamal* si toutefois la condition est respectée. Un tel propos nous vient des écrits de Muhammad al-Habib, le fils du Cheikh (RA).

Il convient également de faire 07 fois cette prière :

« Allahumma i'itina bifath al-kubra wa sa-'adatu darayni wa wusûli illal- lahi wal wilayati wa rizqane wasi'ane wa 'ilmane nafi'ane fid-dunya wal akhira wa husnul khatima ba'ada tulil umri bibarakati ismikal azime al-a'azam al-kabir al-akbar al-fakhim al-fakhm ».

Concernant le propos du Cheikh sur ce zikr, il rappelle qu'il est fait 7 765 fois après la prière du matin ; 7 766 fois après la prière du midi ; 7 766 fois après la prière de l'après midi ; 7 766 fois après la prière du coucher du soleil et 7 766 fois après la prière du soir.

Cette litanie répétée 03 fois de suite donne un total de 116 487 fois. Sur le champ, il sera exaucé, par la grâce de Dieu.

Pour arriver au Messager de Dieu (PSL)

Parmi les spécificités secrètes de la sourate « Al-Fatiha », le fait de prier entre le *Chaf'i* et le *Witr* une autre rak'a. Ensuite, on prie le *Witr*.

Suivre ce procédé : lire dans cette rak'a 100 fois la sourate « Al-Fatiha » ; 100 fois le verset : « *iyyaka na'abudu wa iyyaka nasta'înu* » pendant le *ruk'u* (génuflexion) et en se relevant du *ruk'u*. Puis, lire 100 fois la sourate « Al-Fatiha » lors du *sujûd* (prosternation) et en se relevant du *sujûd*.

Et pendant le second *sujûd*, faire 100 fois « *iyyaka na'abudu wa iyyaka nasta'înu* ». Ensuite, s'asseoir pour faire 100 fois la sourate « Al-Fatiha ». Faire le salut final pour mentionner 108 fois ce Nom Divin codé ainsi :

1 30 40 8 40 5 4

Cependant, durant le dernier *sujûd*, expose tes besoins et tes problèmes et tu verras ta demande répondue favorablement, par la grâce de Dieu.

Le livre de la retraite spirituelle

Nous allons évoquer ici les conditions de cette retraite spirituelle, de son exercice et la méthode permettant de connaître le Nom Sublime de Dieu. Les conditions d'exercice qu'il faut absolument respecter dans leur totalité sont notifiées comme suit :

- 1ère condition : le repentir sincère de tout acte prohibé.
- 2ème condition : préserver le cœur des pensées et des préoccupations mondaines. Si le fidèle se voit incapable de respecter, de prime abord, la première condition qu'il se montre prêt à contrôler le cœur chaque fois qu'il sent les pensées sensuelles le saisir.
- 3ème condition : occuper un endroit isolé faisant qu'il ne pourra rencontrer qu'un seul Cheikh qui se chargera de l'approvisionner.
- 4ème condition : garder un mutisme constant et ne parler qu'en cas de besoin pressant.
- 5ème condition : manger peu. Durant la première nuit, mange comme d'habitude et puis diminuer la quantité chaque nuit comme l'équivalent d'un Dirham. Dans cette nuit, la quantité du manger aura la mesure d'un livre (poids en Liban et en Syrie, l'équivalent de 2564 grammes) et son tiers. De là, chaque nuit, la mesure quantitative du manger est diminuée d'un Dirham. Soit l'équivalent de 192 Dirham par livre (poids).
- 6ème condition : ne pas manger ce qui est extrait d'un esprit animal.
- 7ème condition : jeûner constamment.
- 8ème condition : être toujours pur et même au moment du coucher.
- 9ème condition : dormir peu sauf en cas de nécessité majeure.
- 10ème condition : prendre des heures pour effectuer le Zikr et d'autres heures pour se reposer. En fait, il s'agit de prendre entre le jour et la nuit six heures de temps pour effectuer le Zikr. Dans chaque heure, fixer un nombre de fois de Zikr à effectuer. Par exemple, après la prière du matin ; après la prière de *Duha* (aurore) ; après la prière du midi ; après celle de l'après-midi ; après

celle du crépuscule et au cœur de la nuit. Durant le premier jour, essaie avec un nombre précis de Zikr qui ne fatiguera pas l'âme. Continuer ainsi jusqu'à la tombée effective de la nuit.

Parmi les conditions requises, également dans cet exercice, le fait de garder la soif. Ne boire qu'après une longue endurance. Toutes les Soufis se sont accordés à démontrer que la soif est une jouissance fallacieuse. Chaque fois que l'homme évite de boire à sa soif, il sentira une pureté extrême au fond de son cœur. Et s'il boit à sa soif, les effets de cette pureté diminueront dans le cœur.

D'autres conditions à prendre en compte, le fait de laisser toute activité qui ne sied pas avec l'exercice du Zikr comme le fait de s'intéresser à la pitance, aux moyens d'existence. Ainsi, il faut mener une adoration pure en recherchant uniquement la face de Dieu, en combattant les tentations de l'âme dans le but de Le plaire. Et pour cela, l'exercice du Zikr est primordial pour pouvoir répondre aux exigences de la Seigneurie Divine.

Parmi les conditions encore, le fait d'inciter le cœur à se connecter au Zikr au moment de son exécution. Il doit forcément s'y plier dans la mesure du possible jusqu'à s'y habituer.

Si le fidèle respecte scrupuleusement ces conditions dans leur totalité dans l'intervalle de 40 jours, une pureté extrême logera dans son cœur. Et cette pureté pourra retenir les puissantes ficelles des esprits. Une grande présence se fera sentir dans le cœur lors de la pratique du Zikr. Sur le champ, les rayons lumineux émanant du Zikr se pointeront au fond du cœur. Et de là, le disciple se doit, alors, de mémoriser ces conditions mentionnées, de favoriser les retraites spirituelles et de plonger au cœur du Zikr quelque soit sa forme. Après avoir agi ainsi pendant quarante autres jours, le fidèle sentira dans son cœur une lumière qui l'attirera directement vers Dieu.

Désormais, aucun obstacle ne pourra l'empêcher de se redresser devant Dieu. Après quarante autres jours de pratiques dévouées selon les dispositions données, la pureté spirituelle sera l'hôte du cœur et il sera en mesure de s'approcher de la pureté des Anges et d'écouter du fond du cœur le discours venant du monde invisible. S'il y ajoute quarante autres jours, il lui sera exposé les racines de la théologie effective et sera en mesure de mettre l'œil sur les œuvres divines en vigueur dans l'univers et de voir l'univers dans son ensemble et il verra la « Main » Eternelle de la Puissance Divine éconduire cet univers. Partant, il se préparera à entrer dans l'univers de Dieu. C'est en ce moment qu'il aura besoin du Cheikh-Educateur qui le fera accéder au Royaume de Dieu pour mieux le connaître. Dans cette enceinte, il n'a d'autres ambitions que de chercher à connaître Dieu. Quiconque parvient à accéder au Royaume de Dieu sans l'aide du Cheikh-Murabbi et continuer à observer sans le Cheikh-Murabbi, tombera dans une grande perte ici-bas et l'au-delà. Alors, toi disciple qui me lis, si tu arrives à ce stade vient me trouver et confies-toi à moi.

Une autre condition à prendre en compte pendant la pratique du Zikr, ne pas faire la copulation (rapport sexuel) durant les quarante jours de cette retraite spirituelle. Néanmoins, tu dois prendre en compte le droit conjugal. Aussi, après les quarante premiers jours – ou bien après la série des quarante jours – tu peux avoir des rapports charnels avec ton épouse. Seulement, le disciple doit être assidu à ces dispositions tout en prenant la précaution de se faire accompagner par le Cheikh-Murabbi. Ce qui le permettra d'entrer dans l'enceinte des puretés éternelles divines. Par cette évidence, tout le monde saura, avec effarement, qu'il sait lui-même qu'il est « absent » dans l'univers, car il vient de voir, de manière concrète, les puretés éternelles. Si encore le fidèle agit conformément aux directives définies, il sera en mesure d'entrer en connaissance avec l'Essence Sublime Sanctifiée. Cette évidence lui suffira pour toujours et rien ne pourra l'ébranler. Désormais, le fidèle est entre les « mains » de Dieu, le Majestueux ; entre les mains de son Cheikh-Murabbi. De là, il sera capable d'accéder à la sérénité et à l'immanence. Dieu seul sait !

Une mise en garde

Nous allons, dans ce chapitre, évoquer tout ce qui échappe les ignorants. Effectivement, elle invite le disciple à bien méditer ces enseignements en faisant preuve de modestie pour accepter les conseils et la vérité. De fait, les Elus de Dieu n'ont pas le même rang, leurs « états » sont différents, ils ne sont ni mesurables par le même mesure ni quantifiables par le même critère. Il n'est pas non plus possible de comparer un Saint et un autre. Leurs sources sont différentes à l'image de la divergence notée entre les Noms Exaltés de Dieu. Sur ce, le Saint qui se ressource à partir du Nom Divin « *Ar-Rahman* » n'accepte pas celui qui prend sa source du Nom Divin « *Al-Muntaqim* ». Le Saint qui « s'abreuve » du Nom Divin « *Al-Halim* » n'admet pas celui qui prend sa source du Nom Divin « *Al-Qahhar* ».

Eux tous, sans exception, sont des Elus de Dieu. Connaissant cette réalité, il n'est plus donné au disciple de s'opposer à l'un d'eux ; et ce, tant que ces Saints appliquent la Chari'a. Par contre, si l'un d'eux ne l'applique pas, le disciple se doit de se détourner de lui, si toutefois ce disciple est clairvoyant et bien averti.

En somme, si le disciple note une quelconque disparité entre la pratique du Saint et la Chari'a, il doit tout simplement lui tourner le dos.

La *Haqiqa* constitue une mer sans littoral ; alors que la Chari'a est vue comme un puit sans fond. Le Cheikh Muhyi Din Ibn Al-Hâtim dit : « Les Saints emboîtent le pas des Prophètes. Ainsi chaque Saint suit un Prophète. Sur ce, les Saints ne sont pas appelés à avoir la même Chari'a. Seulement, eux tous se sont accordés sur l'originalité de la Théologie et sur la nécessité de suivre le Prophète Muhammad (PSL) même s'ils n'ont pas la même source pour s'abreuver comme nous l'avons mentionné. Ceci dit, aucun Saint n'est dénigré et aucun Saint ne jette des pierres un autre Saint appartenant à une autre confrérie. Seul celui qui ignore la *Haqîqa* et la Chari'a ainsi que les différentes voies spirituelles (*turuq*) ose nier ces Cheikhs. Parmi ces derniers, il y a ceux qui se réclament de la *Qâdriya*, d'autres de la *Châziliyya* et d'autres encore de la *Rahmâniyya*. Mais parmi ces voies, il y a celles qui sont meilleures. Si Dieu inscrit un tel individu dans une telle voie spirituelle en s'y cramponnant, personne ne peut le contredire. Ceux qui se dénigrent entre eux en soutenant qu'un tel suit une telle voie spirituelle au détriment d'une autre sont de grands ignorants qui méritent un grand châtiment si toutefois ils ne se repentent pas. Quant à ceux qui nient la voie spirituelle adoptée par le « Pôle Caché », ils ignorent vraiment le rang des Savants en Dieu. Malheur à ces contestataires !

La question des awqâfs (khawâtim)

(Tableau contenant des lettres ou des noms mystiques ou même des chiffres)

Ces « *Awqâfs* » sont désignés par « science du barème ». Ils ont un lien étroit avec l'usage des noms et des lettres dans leurs singularités. Cette science est scindée en chiffres et en lettres. Cependant, la détermination des chiffres est basée sur la valeur numérique des lettres employées. Ce tableau peut être un tableau de trois cases sur trois, jusqu'à un tableau de cent cases sur cent. Par ailleurs, toutes les cases peuvent êtres remplies excepté celle du milieu qui sera vide. Parfois, les cases des extrémités peuvent rester vides. Dès fois, il se peut que l'on emploie un nom divin composé (*talas*).

L'usage de ces chiffres ou de ces noms répondent, pour la plupart du temps, aux désirs formulés par le voulant : s'attirer un bienfait, repousser un mal, le dynamisme, la léthargie ; allant jusqu'à faire parler les esprits, les faire présenter auprès de soi par l'emploi de l'encens qui permettra de les attirer. Arriver à ce stade, la douceur est exigée pour ne pas les déranger. Il s'agit ici de connaître, de façon évidente, ce qu'il faut faire et ce qu'il ne faut pas faire.

S'agissant de l'usage des lettres, il convient tout d'abord de savoir la science de leurs secrets, leurs segmentations et leurs élargissements, tout en prenant en compte tous les critères en vigueur pour mieux savoir les exigences de chacune des lettres à employer. Il faut savoir que si ces lettres sont des lettres psychologiques, ou rationnelles, ou encore d'essence, ou bien spirituelles. A signaler que toutes ces lettres doivent être actives et opérationnelles et non des lettres qui ne sont employées que par la langue.

Il faut noter, en plus, que parmi les lettres, il y a celles qui sont de lumière ; celles qui sont de l'obscurité ; celles qui sont solaires ; celles qui sont lunaires ; Celles qui sont prononcées et celles qui sont numérotées.

Il est fort possible qu'exigence soit faite pour mettre l'œil sur le lien existant entre les différentes lettres pour être en mesure de savoir celles qui doivent être employées isolément ou de manière couplées. Nous prions Dieu de nous accorder paix et salut sur toute chose !

Secret du verset 58 de la sourate « An-Najm »

« Rien d'autre en dehors d'Allah ne peut la dévoiler »

Ce secret émane de la dictée du maître spirituel, Ahmad Ibn Muhammad Tidjani. Il fait état du grand bienfait consistant à s'attirer le profitable et à écarter de soi le mal. Sur ce, considérons ce verset :

« Rien d'autre en dehors d'Allah ne peut la dévoiler » [146]. « ليس لها من دون اللـه كاشفة

».

La valeur numérique des lettres de ce verset donne 1153, en calcul oriental. Ce nombre est à répéter matin et soir pendant 10 jours. Après chaque phase[147], réciter cette invocation suivante :

« Allahumma sakkine haybata sadamut qahramanil jabaruti bi'altafika lutfiyya an-nazila al-warida mine faydi faydane al-malakut wa bin- nur al-bariq ane jalali waje'hika wa bighamidi hikmatika hatta natasabbata bi'az'yal lutfika mine sakhatika, wa na'atasimu bika mine in'zali qahrika. Yâ Zal-Quwwatil -kamila wal qudrati ach-chamila. Yâ Hayyu. Yâ Qayyûm. Yâ Badi'u samawat wal ard ya Zal jalal wal ikram ».

" اللهم سكن هيبة صدموت قهرمان الجبروت بألطافك اللطيفة النازلة الواردة من فيض فيضان الملكوت وبالنور البارق عن جلال وجهك وبغامض حكمتك حتى نتثبت بأذيال لطفك من سخطك ونعتصم بك من إنزال قهرك يا ذا القوة الكاملة والقدرة الشاملة يا حي يا قيوم يا بديع السماوات والأرض يا ذا الجلال والإكرام "

Teneur et portée de la Salatul Fâtihi

Je tiens à signaler que :
« Les hommes de Dieu sont ma préoccupation première,
Car, ils présentent une bonne physionomie agréable à contempler.
En regardant leurs extérieurs, il est possible
D'apercevoir leurs intérieurs. Preuve qu'ils ne sont point souillés ».

Cela provient de la loi de Dieu qu'il a établie au sein de Sa créature. Les Saints ne donnent leurs litanies qu'à ceux dont les pensées intimes renferment l'amour sincère à l'égard des Elus de Dieu. Seuls, ceux qui en sont convaincus en tireront profit.

---

[146] Sourate : 53 ; verset 58.
[147] C'est-à-dire après les 1000 fois ; ensuite les 100 fois ; puis les 50 fois et enfin les 3 fois.

La dimension spirituelle et cultuelle de la Tarîqa Tijjâniyya

On a rapporté que le Cheikh spirituel a dit : « Enseignez les gens la Salâtul Fatihi même sans wird pour qu'ils meurent dans la foi ». C'est là un grand passage réservé à celui à qui Dieu a donné la chance, bien qu'il n'est pas un disciple de la Tariqa, si lui-même, il ne s'est pas affilié à une autre voie spirituelle au sein de laquelle il est confiné. Il peut demander la permission de pratiquer d'autres *azkar* propres à la Tariqa Tijjaniyya. Car, il sera initié à la pratique de la Salâtul Fatihi. Seulement, il est invité à se rapprocher des adeptes de la Tariqa dans le but de pouvoir emprunter ce passage recherché. Et s'il reçoit le *izn* (autorisation) sans pour autant adopter les pratiques en vigueur, il ne peut pas être considéré comme un tidjâne au vrai sens du terme ; mais, il peut être vu comme un amant de la Tarîqa qui éprouve un amour avide vis-à-vis du Cheikh.

Un des secrets de la Salatul Fatihi

Il s'agit tout d'abord de réciter ce préambule :

« Allahumma, inni nawaytu bizikri Salatil fatihi lima ughliqa biniyyatine martabatiha az-zahira wal batina wa batinil batina. Wa i'itiqadi annaha mine kalamika al-qadime. Wa fiha ismukal azime al-a'azam bi zikri ismil 'ajamiyyi allazi sallayta biha fi azalika al-qadime ala Rasulika al-karime 'ibadatane wa ta'azimane laka wamtisalane li'amrika wa mahabbatane fika wa fi Rasulika al-karime. Wa aqulu bihawlika wa quwwatika musta'inane bika ta'abbudane ».

" اللهم إني نويت بذكر صلاة الفاتح لما أغلق بنية مرتبتها الظاهرة والباطنة وباطن الباطنة واعتقادي أنها من كلامك القديم وفيها اسمك العظيم الأعظم بذكر الإسم العجمي الذي صليت بها في أزلك القديم على رسولك الكريم عبادة وتعظيما لك وامتثالا لأمرك ومحبة فيك وفي رسولك الكريم وأقول بحولك وقوتك مستعينا بك تعبدا "

Ensuite, on fait le ta'awwuz (a'uzu billahi mina chaytanir-Radjime bismil-Lahi Rahmane Rahime), suivi de la sourate « Al-Fatiha » et de 3 fois la demande de pardon (astaghe firul-Lah) avant de réciter la Salâtul Fatihi. Puis, on fait 6 fois cette invocation :

« Ma'a adadi sufufil Mala'ika wa taqdisihime wa tah'lilihime mine yawma khalaqta dunya ila yawmil qiyamati salatane tamulluhu azal wal abad zamanane wa makanane madrubatane fi kulli adadine bi'adadi ma fi 'ilmika. Yâ Wahid ya Ahad. Wa tahabu lana bi mahdil fadli wal manni wal widad mâ lil aqtab wal mafatihi wal afrad. Amine ».

" مع عدد صفوف الملائكة وتقديسهم وتهليلهم من يوم خلقت الدنيا إلى يوم القيامة صلاة تمله أزل والأبد زمانا ومكانا مضروبة في كل عدد بعدد ما في علمك يا واحد يا أحد وتهب لنا بمحض الفضل والمن والوداد ما للأقطاب والمفاتح والأفراد آمين "

Et 6 fois celle-ci :

« Rabbi bi'asrar Salatil Fatihi wal Mustafa bi tidjani salihi famnune bil ghufrane wa bi ridwane wa nazratne mine Sayyidil akwane wa nazratane mine Ahmad Tidjane nawmane wa yaqzatane mada zamane wa 'atfuhu bil wusuli wa ridwane bi mahdi fadli Lahi wam tinane ya Rabbi bil fatihi faftah li biha bil khatime akhtime li bi sirri sirriha bi nasirine unsurni 'ala kullil 'adâ bil hadi ihdini li'aqwam al-huda Amine Amine istadjib du'â-i wala tughayyib Sayyidi rajâ'i ».

" رب بأسرار صلاة الفاتح والمصطفى بالتجان الصالح فامنن بالغفران وبالرضوان ونظرة من سيد الأكوان ونظرة من أحمد التجان نوما ويقظة مدى الزمان وعطفه بالوصول والرضوان بمحض فضل الله وامتنان يا رب بالفاتح فافتح لي بالخاتم اختم لي بسر سرها بناصر انصرني على كل العدى بالهادي اهدني لأقوم الهدى آمين آمين استجب دعائي ولا تخيب سيدي رجائي "

Et 7 fois cette autre invocation :

« Bismil-Lahi Rahmane Rahime. Allahumma inni as'aluka bismikal lazi awdahta fihi rumuza al-haqa'iq, wa fatahta bihi kunuza ad-daqa'iq wa adjrayta bihari sirrihi 'alal mulk wal malakut waz'hayta bifayd anwarihi riyad al-djabarut, wa fatahta bihi rittal makhluqat, wa fatahta bihi arzaqal marzuqine, wa bismika allazi infaradta bihi fi mawahib kibriya'ika, wa bismika allazi irtadayta bihi rida'a 'azamatika ane tusalliya wa tusallima 'ala Sayyidina Muhammadine al-Fatihe al-Khatime an-Nasir al-Hadi wa 'ala Alihi wa Sahbihi, wa ane tanchura nurahu fi lahmi wa dami ya Zal djalali wal Ikrame ».

بسم الله الرحمان الرحيم اللهم إني أسألك باسمك الذي أوضحت فيه رموز الحقائق وفتحت به كنوز الدقائق واجريت بحار سره على الملك والملكوت وازهيت بفيض أنواره رياض الجبروت وفتحت به رت المخلوقات وفتحت به أرزاق المرزوقين وباسمك الذي انفردت به في مواهب كبريائك وباسمك الذي ارتديت به رداء عظمتك أن تصلي وتسلم على سيدنا محمد الفاتح الخاتم الناصر الهادي وعلى آله وصحبه وأن تنشر نوره في اللحم والدم يا ذا الجلال والإكرام "

Le Nom Sublime de Dieu
composé de huit lettres

Ce bienfait est, en effet, en accord avec le Nom Exalté de Dieu. Il consiste à faire 100 fois la formule « *astaghe firul-Lah* » ; 100 fois la « *Salatu 'alan-Nabiyyi* », après avoir récité la « *Salatun-Nur* ». Il est recommandé de débuter le Dimanche pour terminer le jour que l'on souhaite.

Partant de ce dimanche, on répéte, 11 fois : AHAMUNE (أهـم).
Et 46 fois le verset suivant : « *Qul Huwal-Lahu ahad* ». قل هو الله أحد
Suivi de 11 fois : ALAMUHALLAHUMMADU (المحلهمّد).

Le second jour, on répète, 111 fois, SAQAKUNE (سقك), suivie de 420 fois le verset : « *Allahus- Samad* » الله الصمد.
Faire par la suite, 111 fois : ALAMUHALLAHUMMADU (المحلهمّد).

Le troisième jour, on fait, 1111 fois : HALA'UNE (حلـع) et 800 fois le verset : « *Lam yalid walam yulad* » لم يلد ولم يولد.
Ensuite, faire 1111 fois : ALAMUHALLAHUMMADU (المحلهمّد).

Le quatrième jour, on mentionne, 11 111 fois : YASUNE (يـص) et 70 fois le verset :
« *walam yakun lahu kufu'ane ahad* » ولم يكن له كفوا أحد .
Terminer par faire, 11 111 fois : ALAMUHALLAHUMMADU (المحلهمّد).
Après, on récite 70 fois la sourate « Al-Fatiha ».

Celui qui pratique cette litanie obtiendra tout ce qu'il désire et sa situation sera semblable à celle des Saints. Il sera, alors, très difficile de lui trouver un pareil. Tous les bienfaits convergeront vers lui et il ne sera jamais privé de ses biens. De plus, Dieu lui facilitera toutes les issues. Car il détient le Nom Sublime par Excellence de Dieu qui est bien conservé. Il faut signaler qu'il n'est jamais donné à l'hypocrite encore moins au pervers. Il n'est offert qu'à celui qui remplit ses devoirs vis-à-vis de Dieu, qu'à celui qui accepte de donner quelque chose en contrepartie quelque soit sa nature. Et ce, avec la permission de son cheikh.

Bienfait de la Sourate « Yâ-Sîn »

Il s'agit d'invoquer Dieu par le biais de la sourate « Ya-Sin ». L'usage de cette sourate présente trois procédés.

1er procédé : Il s'agit de la réciter jusqu'au verset où Dieu dit : « *Salamune qawlane mine Rabbine Rahimine* » سلام قولا من رب رحيم, là on s'arrête pour faire 100 fois ces nobles noms : « Taysune ; Saysume ; Ulumune ; Kalumune ; Tumume ; Sumumune ; Hayyumune ; Qayyumune ; Dayumune »

" طَيْسُومٌ سَيْسُومٌ عُلُومٌ كَلُومٌ طُومٌ سُمُومٌ حَيُومٌ قَيُومٌ دَيُومٌ "

Et après cette invocation, dire ceci : « *Ajib ya Abdal Halim, wa anta ya Abdal Wahhâb, wa anta ya Abdal Karim. Waf'alû kazâ bihaqqi hazihil asmâ'i, wa bihaqqi mâ ta'ataqidûnahu mine sûrati Ya-Sin* ».

" أجب يا عبد الحليم وأنت يا عبد الوهاب وأنت يا عبد الكريم وافعلوا كذا بحق هذه الأسماء وبحق ما تعتقدونه من سورة يـس "

Ensuite, on complète la sourate partant de : « *Wamtâzul yawm ayyuhal mudjrimûne* »

وامتازوا اليوم أيها المجرمون.

274

2ème procédé : Il consiste à la lire 10 fois cette sourate, selon ce procédé :

- Lire une 1ère fois la sourate jusqu'au verset : « Salamune qawlane mine Rabbine Rahimine » que l'on répète 8 fois avant de compléter la sourate;
- lire une 2ème fois la sourate jusqu'à ce verset que nous venons de citer que l'on récite 10 fois avant de terminer la lecture de la sourate ;
- de la 3ème à la 10ème lecture, lire cette sourate jusqu'à ce verset que l'on répète 100 fois avant de terminer sa lecture.

Après, on récite 100 fois la *Salatul Munjiyya*. Il convient de signaler qu'il faut d'abord faire deux rak'a, formuler 100 fois la demande de pardon. A la fin de cette litanie, mentionner le besoin. Par la permission de Dieu, ce besoin sera résolu.

3ème procédé : Il s'agit de celui-ci :

- 7 fois le 1er verset « *Ya-Sin* » يــس
- 14 fois le verset : « Zalika taqdîrul 'Azîzil 'Alîm » ذلك تقدير العزيز العليم
- 16 fois le verset : « Salâmune qawlane mine Rabbine Rahimine »
- 4 fois le verset : « Inna ma amruhu iza arada chay'ane ane yaqula lahu kun fayakune » إنما أمره إذا أراد شيئا أن يقول له كن فيكون
- Terminer la sourate suivie de cette invocation que l'on récite 7 fois :

  « Bismil- Lah Rahmâne Rahime. Wa sallal- Lahu 'ala Sayyidina Muhammadine, wa ala alihi wa sahbihi wa sallime. Allahumma halli hazihil 'uqdata, wa azil hazihil 'usrata, wa laqqini husna talabi, waqini su'al munqalibi. Allahumma iqdi hadjati, wa anta 'umdati, wa wasilati. Inqata'ate hilati. Allahumma qatratane mine bihari djudika tughinnuna, wa zurratane mine tiyari 'afwika takfina. Faghe firlana, war hamna, wah'dina, war zuqna, wa 'afina, wa'afu anna, wa naffise kurbatana, waqdi hadjatana, wa farridje hammana wa ghammina, birahmatika ya ar'hama rahimine. Wa bima awda'atahu fi hazihi sourati mine sirril azime, taqabbale ma da'awnaka bihi. Innaka anta al-Muhsine al-Karime wal Fattah al-'Alime. Wa sallal- Lahu 'ala sayyidina Muhammadine an-Nabiyyi al-Karime wa 'ala alihi wa sahbihi wa sallime ».

" بسم الله الرحمان الرحيم وصلى الله على سيدنا محمد وعلى آله وصحبه وسلم اللهم حل هذه العقدة وأزل هذه العسرة ولقني حسن الطلب وقني سوء المنقلب اللهم اقض حاجتي وأنت عمدتي ووسيلتي انقطعت حيلتي وشفيعي دموعي ورأس مالي عدم احتيالي اللهم قطرة من بحار جودك تغننا وذرة من تيار عفوك تكفنا فاغفرلنا وارحمنا واهدنا وارزقنا وعافنا واعف عنا ونفس كربتنا واقض حاجتنا وفرج همنا وغمنا برحمتك يا أرحم الراحمين وبما أودعته في هذه السورة من السر العظيم تقبل ما دعوناك به إنك أنت المحسن الكريم والفتاح العليم وصلى الله على سيدنا محمد النبي الكريم وعلى آله وصحبه وسلم "

Bienfait de ce Nom Sublime de Dieu

Celui qui le mentionne est comparable à celui qui a mentionné 100 000 fois la formule *Ya Hayyu ! Ya Qayyume !* Il s'agit de ce Nom Crypté ainsi :

20 3 80 600 9 40 300 100 400 70 30 30 10 80 100 5 40 30 30 20 1000 60

Le procédé permettant de pratiquer ce Nom est d'agir comme suit :
- faire deux rak'a en récitant dans chaque rak'a une fois la sourate « Al-Fatiha » et 100 fois la sourate « Al-Ikhlas » ;
- Après le salut final, dire 100 fois la formule : « astaghe firul-Lahal Azima allazi la ilaha illa Huwal Hayyul Qayyum » ;
- 100 fois la Salatul Fatihi ;
- 522 fois *Ya Hayyu - Ya Qayyume* ;
- 41 fois ce Nom Sublime codé plus haut ;
- 21 fois *Hayyune – Qayyumune* ;

Ce qui donnera un total de <u>3654 fois</u>.
- Ensuite, on se lève pour une autre rak'a où l'on récite une fois la Sourate « Al-Fatiha » ;
- 174 fois le Verset du Trône ;
- Au niveau de la 1ère prosternation, répéter 174 fois : « Wa anatil wudjuhu lil Hayyil Qayyum » ;

- Lors de la 2nd prosternation, réciter 174 fois : « La ilaha illa antal Hayyul Qayyum » ;
- Ensuite, faire le tachahhud
- Avant de faire le salut final, répéter d'abord 1566 fois « Ya Hayyu ! Ya Qayyume ! » ;
- Faire par la suite le salut final que l'on fait suivre de 313 fois ce Nom Sublime.

Après, on formule tous nos vœux et désirs ici-bas et l'au-delà.

Séries d'arcanes très efficaces

Arcane n°1 :

Il s'agit d'écrire ces versets et donner à boire au malade ou placer le talisman au niveau de sa tête. Il s'agit de ces versets :

" بسم الله الرحمان الرحيم والسماء بنيناها بأييد وإنا لموسعون والأرض فرشناها فنعم الماهدون ومن كل شيء خلقنا الزوجين لعلكم تذكرون وتركنا بعضهم يومئذ يموج في بعض ونفخ في الصور فجمعناهم جمعا حتى إذا ركبا في السفينة خرقها خرقها خرقها إن الذين آمنوا وعملوا الصالحات كانت لهم جنات الفردوس نزلا خالدين فيها لايبغون عنها حولا "

Ecrire ensuite la sourate « Alam Nachrah » suivi de ce qui suit :

47	42	35
36	48	4
41	24	49

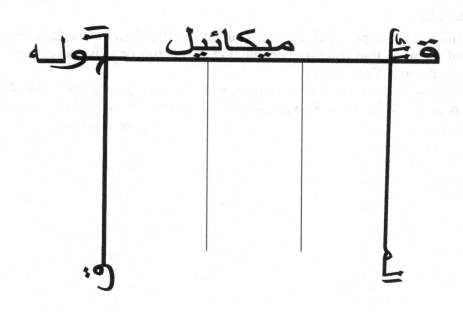

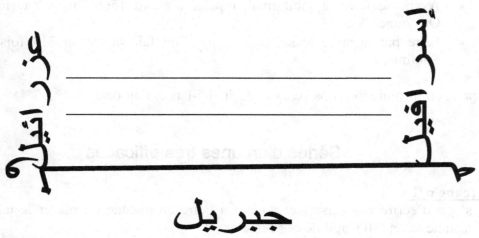

Arcane n°2 :

Ce bienfait consiste à aider la femme à se débarrasser de tout ce qui peut la nuire, et même en étant stérile, elle pourra tomber enceinte par la permission de Dieu. Il s'agit de ce verset :

" بسم الله الرحمان الرحيم مجراها ومرساها إن ربي لغفور رحيم بسم الله إنا فتحنا لك فتحا مبينا لينصرك الله نصرا عزيزا "

Celle qui les écrit et les porte comme talisman en soi, rien ne pourra la nuire. De même, s'il les écrit en les utilisant comme eau bénite, l'effroi et la peur ainsi que 1000 autres maladies la quitteront pour céder la place à 1000 remèdes, grâce à ce talâsim : د 567413.

Arcane n°3 :

Ce bienfait est en rapport avec le talsam suivant : 319213 en vue de faire échouer un jugement même si l'accusé est coupable. On doit écrire ce talisman et l'attacher au bras droit. Il s'agit d'écrire ceci :

" بسم الله الرحمان الرحيم براءة من الله ورسوله بدوح بدوح رب الملائكة والروح صفا لا يتكلمون إلا من أذن له الرحمان وقال صوابا بالله الذي لا إله إلا هو عقد لسان فلان بن فلانة بحق هذه لا يتكلمون إن الله على كل شيء قدير صم بكم عمي فهم لا يعقلون "

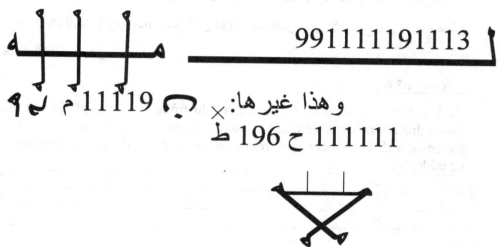

Arcane n°4 :

Ce bienfait est relatif au premier rapport sexuel consistant à déflorer son épouse. Il consiste à écrire ces signes au niveau de la verge :

Ensuite, réciter sur son vagin, alors qu'elle dort, ces versets :

« *Qâla haza rahmatune mine Rabbi, fa'iza jâ'a wa'adu Rabbi ja'alahu dakkane wa kana wa'adu Rabbi haqqane. Wa tarakna ba'adahume yawma'izine yamûju fi ba'ad. Wa nufukha fis- sur. Fajama'anahume jam'ane* ». Et le résultat est immédiat.

" قال هذا رحمة من ربي فإذا جاء وعد ربي جعله دكا وكان وعد ربي حقا وتركنا بعضهم يومئذ يموج

في بعض ونفخ في الصور فجمعناهم جمعا "

Arcane n° 5 :

Ce bienfait consiste à retenir la femme à la maison pour qu'elle ne sort pas comme elle veut. Il s'agit d'écrire cette litanie et l'enterrer dans la demeure en la plaçant sous une lourde pierre :

279

" اللهم حرست ووقيت وربطت فلانة بنت فلان حتى لا تخرج من مكانها إنه على رجعه لقادر فما له من قوة ولا ناصر جئنا بكم لفيفا وقفوهم إنهم مسؤولون فلانة بنت فلان حتى لا تخرج من بيتها وصلى الله على سيدنا محمد وآله وصحبه وسلم تسليما "

Arcane n° 6 :

Ce bienfait consiste à écrire le Verset du trône en séparant les lettres, ensuite faire dissoudre l'écrit dans de l'eau et donner à boire à celui qui est mordu ou à celui qui est ensorcelé. Le concerné se rétablira par la grâce de Dieu. Il convient d'y associer ce tableau :

4	9	2
3	5	7
8	1	6

Arcane n° 7 :

Ce bienfait est relatif à l'amour et à l'affection. Il consiste à écrire, vers 21 heures, dans un œuf de poule avec de l'eau mêlée de henné et l'enterrer sous la température du feu. Celui que l'on désire gagner son cœur viendra comme un possédé. Il s'agit de ces versets :

" سنستدرجهم من حيث لايعلمون وأملي لهم إن كيدي متين هيج واعطف واحرق قلب فلانة بنت فلانة تظهر في موضع فلان بن فلانة الساعة الساعة العجل الوحا ولا تأكل ولا تشرب ولا تنام بحق هذه الآيات والقرآن العظيم تأتي تأتي تأتي الساعة الساعة الساعة عاجلا عاجلا عاجلا "

Arcane n° 8 :

Si l'on désire « embraser » (gagner) le cœur d'une femme, on écrit ce qui suit et l'enterrer sous l'ombre du feu :

" كلما أصابها النار احترق هذه الطلاسم وحرق قلب فلانة بنت فلانة "

Arcane n° 9 :

Il est en rapport avec l'amour et le fait d'avoir une forte puissance sexuelle (une grande virilité). En effet, il s'agit d'écrire ce qui suit et l'attacher sur soi, alors on pourra faire le coït nuit et jour sans connaître l'éjaculation précoce. Ecrire ceci : « 1665161 كعمهكلكن ».

Arcane n° 10 :

Celui qui écrit la sourate « *Nasrul-Lah* » sur du fer tout en étant attentionné et le porte en soi sera toujours victorieux. Sa parole sera maîtresse lors des litiges et devant les autorités. Il jouira d'une grande considération auprès des juges et des détenteurs de pouvoir et ne sera jamais en désaccord avec eux. Il s'agit d'écrire ce tableau sans la Basmala.

في دين الله أفواجا 1530	الناس يدخلون 1533	والفتح ورأيت 1537	إذا جاء نصر الله 1523
فسبح بحمد ربك 1536	في دين الله أفواجا 1524	الناس يدخلون 1529	والفتح ورأيت 1534
واستغفره إنه 1525	فسبح بحمد ربك 1539	في دين الله أفواجا 1531	الناس يدخلون 1528
واستغفره إنه 1527	واستغفره إنه 1527	فسبح بحمد ربك 1526	في دين الله أفواجا 1538

Arcane n° 11 :

Pour gagner l'amour d'une femme pour qu'elle ne s'intéresse qu'à soi, écrire ce qui suit et l'enterrer au niveau de la porte :

" فما اسطاعوا أن يظهروه وما استطاعوا له نقبا خذ فلانة بنت فلانة أخذ عزيز مقتدر حتى يلج الجمل

في سم الخياط مه ـه هه محجه معمعحه هـ محجه همعله"

Arcane n° 12 :

Ce bienfait aide à avoir un puissant rapport sexuel. Il s'agit d'écrire ce talisman sur un papier ou sur la verge :

Arcane n° 13 :

Ce bienfait est relatif au commerce consistant à écrire ce verset :

"وإذا رأوا تجارة أو لهوا انفضوا إليها وتركوك قائما قل ما عند الله خير من اللهو ومن التجارة والله

خير الرازقين ".

Suivi de ce talisman et l'attacher sous le vêtement que l'on porte :

هطلللللهههللللللعهكه فسعععل سل

Arcane n° 14 :

Ce bienfait est relatif à l'incontinence. Il consiste à écrire ce tableau suivant en veillant à bien ouvrir les lettres comme le mîm م et le aïn ع. Ensuite, l'attacher au niveau de la cuisse. C'est un talisman très efficace. Le voici :

يا أرض	ابلعي	ماءك	ويا سماء	اقلعي
يا أرض	ابلعي	ماءك	ويا سماء	اقلعي
يا أرض	ابلعي	ماءك	ويا سماء	اقلعي
يا أرض	ابلعي	ماءك	ويا سماء	اقلعي
يا أرض	ابلعي	ماءك	ويا سماء	اقلعي
يا أرض	ابلعي	ماءك	ويا سماء	اقلعي
يا أرض	ابلعي	ماءك	ويا سماء	اقلعي

Arcane n° 15 :

Ce bienfait consiste à retenir la femme dans la demeure conjugale faisant qu'elle ne tienne aucun rapport sexuel avec un autre homme. Il consiste à écrire cette figure au niveau de la verge avec le sang d'une poule blanche.

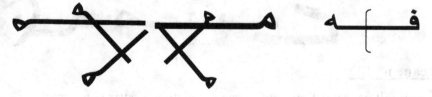

Arcane n° 16 :   Secret du premier verset de la sourate « **Maryam** » (les cinq lettres كهيعص)

Les cinq premières lettres de la sourate « *Maryam* » renferment un secret exceptionnel. Le « *kâf* » vient du terme « *Kâfî* » (le Suffisant) ; le « *hâ* » vient du terme « *Hâdî* » (le Guide) ; le « *yâ* » vient du mot « *Bâri'une* » (le Créateur) ; le « *aïne* » vient du mot « *'Alîm* » (le Savant) et le « *sâd* » vient du mot « *Sâdiq* » (le Véridique). On rapporte qu'Ibn Abbas a dit : « Certains d'entre vous disent en invoquant Dieu : « Ya Kâfî (le Suffisant) ; Ya Hâdi (le Guide) ; Ya Bâri'u (le Créateur) ; Ya Alîm (l'Omniscient) ; Ya Sâdiq (le Véridique) ; fais pour moi ceci ou cela ». Il montre que c'est ; là, le Nom Sublime de Dieu.

Il est recommandé, pour celui qui le désire, d'écrire ces nobles cinq lettres (كهيعص) dans un tableau de cinq cases sur cinq le vendredi vers 12 heures et demi et de placer ce tableau dans une bague en argent.

Celui qui le porte connaîtra le bonheur et obtiendra trois faveurs que sont : la bonne éthique, la victoire lors des litiges et la dissipation des soucis, par la grâce de Dieu. Il s'agit de ces trois tableaux :

ك	ص	ع	ي	ه
ي	ه	ك	ص	ع
ص	ع	ي	ه	ك
ه	ك	ص	ع	ي
ع	ي	ه	ك	ص
ه	ك	ص	ع	ي
ع	ي	ه	ك	ص
ك	ص	ع	ي	ه
ي	ه	ك	ص	ع
ص	ع	ي	ه	ك

ص	ع	ي	ه	ك

ي	هـ	كـ	ص	ع
كـ	ص	ع	ص	هـ
ع	ي	هـ	كـ	ص
هـ	كـ	كـ	ع	ي

Arcane n° 17 :

Il s'agit d'un important bienfait relatif à l'usage de la *Basmala*. Il consiste à immoler un mouton que l'on a acheté avec son propre argent et diviser la viande en douze parties que l'on donne en aumône. Ensuite, utiliser la peau pour y écrire cette litanie et s'en servir comme tapis de prière. De fait, il s'agit d'y prier deux rak'a en lisant des sourates de son choix. Ensuite, mentionner 12 fois la *Basmala* selon ce procédé, et ce chaque jour :

- 100 fois le « *istighefar* »
- 100 fois la « *Salatu alan- Nabiyyi* »
- 1 fois la sourate « Al-Fatiha »
- 1 fois la Salatul Fatihi
- 92 fois : AHAMUNE YA WALIYYU (أهم يا ولي)
- 3 fois la sourate « Al-Fâtiha »
- 11 fois : ARBATA LAYASUNE (أربطا ليس)
- 66 fois : ALLAH (اللـه)
- 1 fois l'invocation de la lumière (*du'a un- nur*)
- 1000 fois la *Basmala*,
- 1 fois l'invocation qui accompagne la *Basmala* et le verset approprié
- 1 fois la Sourate « Al-Fatiha »
- 1 fois la Salatul Fatihi
- 480 fois : SAQAKUNE (سقك), SAMÎ'UNE (سميع)
- 11 fois la SALATANE TUNAJJÎNÂ (صلاة تنجينا) suivi de ARBATA LAYASUNE (أربطا ليس)
- 66 fois : ALLAH (اللـه)
- 1 fois l'invocation de la lumière
- 3000 fois la Basmala suivie de son invocation qui lui est propre et trois fois le verset approprié
- 1 fois la Sourate « Al-Fatiha »
- 1 fois la Salatul Fatihi

- 216 fois HALA'UNE HAQUNE (حلع حق)
- 3 fois la Sourate « Al-Kawsara »
- 11 fois : ARBATA LAYASUNE (أربطا ليس)
- 66 fois ALLAH (الله)
- 1 fois l'invocation de la lumière
- 3000 fois la *Basmala* suivi de l'invocation et du verset appropriés
- 1 fois la Sourate « Al-Fatiha »
- 1 fois la Salatul Fatihi
- 200 fois : MALAKUNE YASUNE (ملك يص)
- 3 fois la Sourate « Nasrul- Lah »
- 11 fois : ARBATA LAYASUNE (أربطا ليس)
- 66 fois ALLAH (الله)
- 1 fois l'invocation de la lumière
- 3000 fois la Basmala suivi de l'invocation et du verset appropriés.

Concernant les Noms, il s'agit de ceux-ci codés à travers ces chiffres :

$$\boxed{2\ 9\ 1\ 30\ 10\ 5\ 1000}$$

$$\boxed{5\ 2\ 1\ 30\ 10\ 40\ 2\ 200\ 6\ 1000}$$

$$\boxed{300\ 10\ 1\ 30\ 10\ 300}$$

$$\boxed{100\ 80\ 1\ 30\ 100}$$

$$\boxed{20\ 20\ 1\ 30\ 10\ 40}$$

$$\boxed{8\ 10\ 1\ 30\ 10\ 300}$$

$$\boxed{70\ 2\ 1\ 9\ 10\ 300}$$

$$\boxed{10\ 2\ 9\ 30\ 10\ 300}$$

$$\boxed{60\ 8\ 1\ 2\ 10\ 300}$$

Nous avons dans ce qui suit la « *du'a un-nur* » (l'invocation de la lumière) :

« Allahumma inni as'aluka, ya nuran-nur. Ya Munawwiru kulli zi nurine ane tunawwira sirri binurika. Allahumma salli 'ala Sayyidina Muhammadine, al-Kutb al-kamil zil djamal wal djalal, wa 'ala akhihi Djibril al-mutawwiq bin-nur. Ya mane Huwa, la ilaha illal- Lahu. Alif – Lam – Mim ! Kaf – Ha – Ya – Ayn – Sad ! Ha – Mim – Ayn – Sin – Qaf ! Ha'une ! Haqqune ! Adam ! Ha – Mim ! Ta – Sin – Mim ! Ahunu ! Wadudu ! Ta – Ha ! Ya – Sin ! Qaf ! Nun ! Allahu nûrune ».

اللهم إني أسألك يا نور النور يا منور كل ذي نور أن تنور سري بنورك اللهم صل على سيدنا محمد القطب الكامل ذي الجمال والجلال وعلى أخيه جبريل المطوق بالنور يا من هو لا إله إلا الله ألم كهيعص حمعسق هاء حق أدم حم طسم أحون ودود طه يس ق ن الله نور.

Nous avons dans ce qui suit la peite invocation relative à la Basmala :

« Allahumma inni as'aluka bihaqqil ba'i allazi bada'ata bihi djami'al khala'iq, wa bis-sine allazi sad'ta mine'hhu djami'al'ulum, wat- tara'iq, wa chara'i'i, wal haqa'iq, wa bil mime allazi mananta bihi 'alayna bi Muhammadine – sallal Lahu alayhi wa sallam – wa bi'alfil qa'ime allazi laysa qablahu sabiqune, billamayni allazayni lamamta bihima al-asrar, wa akhazta 'alayha al-ahda al-wasiq, wa bil ha'i al-muhitati bil 'ulumi al-djawamid, wal mutaharrikati, wa sawamite, wa nawatiq, wa bir-ra'i allazi razaqta biha 'ibadakal mu'uminine, wal muchrikine, wal munafiqine, wa bil ha'i allazi hakamta bihi 'ala taba'- i'i al-arba'ati : an-nar, wat-turab, wal-hawa'u, wal-ma'u. wa bin-nur allazi nawwarta bihi qulubu awliya'ika. Fasarate lizikrika la tufariqu. Ya Allahu ! Ya Allahu ! Ya Allahu. Ya Hayyu ! Ya Qayyum ! Ya Rahmane ! Ya Rahime, ane tusakhira li **kaza wa kaza.** Ya Mughisu aghisni. Ya Ar'hama Rahimine. Ya Razzaqu. Ya Mun'imu. Ya Djawwad. Wala hawla wala quwwata illâ bil- Lahil 'Aliyyil 'Azime ».

" اللهم إني أسألك بحق الباء الذي بدأت به جميع الخلائق وبالسين الذي سدت منه جميع العلوم والطرائق والشرائع والحقائق وبالميم الذي مننت به علينا بمحمد صلى الله عليه وسلم وبألف القائم الذي ليس قبله سابق باللامين واللذيْن لممت بهما الأسرار وأخذت عليها العهد الواثق وبالهاء المحيطة بالعلوم الجوامد والمتحركة والصوامت والنواطق وبالراء الذي رزقت بها عبادك المؤمنين والمشركين والمنافقين وبالحاء الذي حكمت به على الطبائع الأربعة النار والتراب والهواء والماء وبالنور الذي نورت به القلوب أوليائك فصارت لذكرك لاتفارق يا الله 3 يا حي يا قيوم يا رحمان يا رحيم أن تسخر

لي كذا وكذا يا مغيث أغثني يا أرحم الراحمين يا رزاق يا منعم يا جواد ولا حول ولا قوة إلا بالله العلي العظيم "

L'invocation relative à la Basmala

Elle doit être récitée 7 fois :

" بسم الله الرحمان الرحيم اللهم صل على سيدنا محمد وعلى آله وصحبه وسلم اللهم إني أسألك بحق باء اسمك المعنوية الموصلة إلى أعظم مقصود وإيجاد كل مفقود وبنقطتها الدالة على معنى الأسرار السرمدية والذات القديمة الفردانية وبجذباتها لأحبابها وبتصاريفها الجزئية والكلية وبسينها البديعة التصريف سر الربوبية المنزهة عن المكانية والزمانية المنفردة بتفريج الكروب والخطوب الدنيوية والأخروية وبميمها التي تحيي وتميت بها سائر البرية فليست لها قبلية ولا بعدية تنزهت عن الكيفية وبتصاريفها ومعانيها المحمدية وبألف الوصل الذي أقمت به الكائنات فهو حرف منير متصرف على سائر الحروف النارية والترابية والهوائية والمائية مظهر تصريفه كالشمس البهية نفذ تصريفك في كل معدوم فأوجدته في كل موجود فقهرته فبحق صفاتك القهرية اقهر أعدائنا وأعدائك وبلامي الله المنزهة عن الشريك والضد فهي المعبودة بحق القائمة على كل نفس بما كسبت العالمة بما في السرائر والضمائر هبنا هبة من هباتها وافتح لنا بعلمها وحققنا بسر سرائرها النافذة وصرفنا في سرها كما تحب وترضى وبهاء هويتها القائمة بذاتها المستحقة لجميع المحامد أقسمت به في عز توحيدها وأنزلت الكتب القديمة شاهدة بوحدانيتها وشهد وصدق أهل سعادتها واستغرقت بسر لطائفها أهل مشاهدتها وبسر الرحمان معطي جلائل النعم وراحم الشيخ الهرم والطفل الصغير والجنين رحمان الدنيا والآخرة معطف القلوب فزيادة بنائها دلت على شرفها وانفرادها وبسر الرحيم ورقة الرحمة معطي جلائل النعم ودقائقها مشوق القلوب بعضها إلى بعض جاذبها بتعطيف روحانية اسمك الرحيم فهما اسمان جليلان كريمان عظيمان فيهما شفاء ورحمة لكل مؤمن يسأل بهما في القليل والكثير من مصالح الدنيا ودار التحويل فيسرها في القدم وبحق خروج الأربعة الأنهار من حروفها الأربعة وبهيئتها وقوة سلطانها على العالم العلوي والسفلي وبهاء منزلها ولوحها وقلمها والعرش والكرسي وبأمينها جبريل عليه السلام

La dimension spirituelle et cultuelle de la Tarîqa Tijjâniyya

ومحمد صلى الله عليه وسلم المبعوث للكل أن تحفظني من أمامي ومن خلفي ومن يميني ومن شمالي ومن فوقي ومن تحتي ووالدي وأولادي ومالي وأهلي وصحبي وبسر أنبيائك الناطقين بها ميكائيل وإسرافيل وعزرائيل عليهم السلام وبكل ملك في السماوات والأرض وبحق أهل توحيدك من آدم إلى يوم الحشر أن تعطيني رزقا أستعين به وسرورا دائما إلى الأبد وعلما نافعا إليك يوصلني ولا تكلني إلى أحد واجعل لي من كل الهموم مخرجا ومن كل ضيق فرجا ومخرجا ولا تكلني إلى والد ولا ولد وخذ بيدي في حاجتي إليك وعجل لي بها بحق ب ط د ز ه ج واح ي حي ياه يا هو يا خالق يا بارئ هو أنت بدوح وبقسمي عليك بمحمد صلى الله عليه وسلم المؤيد بالنصر والفتوح أن تسخر لي الخلق على اختلاف أجناسهم وألوانهم وتدفع عني ما يريدون بي من مكرهم وخداعهم بحق طهور بدعق محببه صوره محببه سقفاطيس سقفاطيم أحون فاق أدم حم هاء آمين أقسم اللهم عليك بحق هذه الأسماء العظام وملوكها عبيدك الكرام أن تلطف بي وتحفظني من طوارق اليل والنهار والظلمة والجبارين بحق كهيعص وطه وطسم وطس ويس وحمعسق وق ون وبتصاريفهم أقهر لي خلقك أجمعين وسخر لي كل واحد بحق بسم الله الرحمان الرحيم ونورها وبركتها ونور بصائرنا ونور بصائرنا يا من نور بصائر العارفين بهذ الدعوة وما فيها من اسمك العظيم واشهر ذكري بالخير يا من يجيب دعوة المضطرين واغفر اللهم لي ولوالدي ولسائر المسلمين أجمعين اللهم صل على سيدنا محمد صلاة تحل بها عقدتي وتفرج بها كربتي وتنقذ بها وحلتي وعلى آله وعلى آله وصحبه أجمعين عدد تقلب الأيام والسنين والحمد لله رب العالمين وصلى الله على سيدنا محمد وآله وصحبه وسلم "

Suivi du khatim de la *Basmala* que voici :

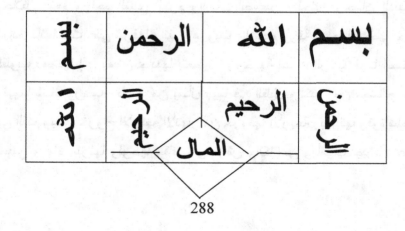

الرحيم	بسم	الله	الله
بسم	الرحمن	الرحمن	الله

Ensuite, faire deux rak'a en récitant dans la première :

- 7 fois la sourate « Ach-Chams »
- 7 fois la sourate « Ad-Duhâ »
- 3 fois la formule : « yâ ibad ihbisu » يا عباد احبسوا
- 1 fois la grande salat (*salâtul 'uzmâ*)
- 1 fois le Verset du Trône
- 1 fois la sourate « Al-Qadr »
- 50 fois la sourate « Al-Ikhlas »

Dans la deuxième rak'a, réciter :

- la sourate « Al-Fatiha »
- 2 fois le Verset du Trône
- 1 fois la Sourate « Al-Qadr »
- 50 la Sourate « Al-Ikhlas »

Le zikr exclusif du Pôle Caché

Nous avons, dans ce qui suit, le plus grand procédé permettant de pratiquer les arcanes les plus exclusifs que s'est réservé notre vénéré, le Pôle Caché, Ahmad

Tidjane. Celui qui reste assidu à ce zikr, après en avoir reçu la permission, verra des choses indescriptibles en fait de puissance et de besoin exaucé. Il s'agit de faire :

* 100 fois la formule « astaghe firul- Lahal Azima allazi la ilaha illa Huwal Hayyul Qayyum »
* 70 fois la Salatul Fatihi
* 1000 fois « Yâ Allah, Yâ Rahmane »
* 100 fois la Salatul Fatihi
* 11 fois le Nom par Essence de Dieu
* 1 fois les plus beaux Noms de Dieu
* 1 fois l'invocation en vigueur
* 12 fois la « *Jaw'haratul Kamal* » suivie d'une fois de sa petite invocation appropriée
* 1000 ou 66 fois « Yâ Huwa, Yâ Wasi'u »
* 100 fois la Salatul Fatihi
* 11 fois le Nom par Essence de Dieu
* 1 fois les plus beaux Noms de Dieu
* 1 fois l'invocation en vigueur
* 12 fois la « *Jaw'haratul Kamal* » suivie d'une fois de son invocation appropriée
* 1000 fois « Yâ Hayyu, Yâ Qayyum »
* 66 fois le verset de la Lumière (sourate : An-Nur ; verset : 35)
* 100 fois la Salatul Fatihi
* 11 fois le Nom par Essence de Dieu
* 1 fois les plus beaux Noms de Dieu suivis d'une fois de l'invocation appropriée
* 12 fois la « *Jaw'haratul Kamal* » suivie de l'invocation appropriée
* 1000 ou 66 fois « Yâ Aliyyu, Yâ Azim »
* 100 fois la Salatul Fatihi
* 11 fois le Nom par Essence de Dieu
* 1 fois les plus beaux Noms de Dieu suivis d'une fois de l'invocation appropriée
* 12 fois la « *Jaw'haratul Kamal* » suivie d'une fois de l'invocation appropriée
* 19 fois la Salatul Fatihi.

Pour obtenir les bonnes choses

ici-bas et l'au-delà

(Via la sourate « Al-Fâtiha », la *Jaw'haratul Kamâl* et la *Salâtul Fâtihi*)

Pour obtenir les excellentes choses ici-bas comme dans l'au-delà, il convient de faire cette litanie en rapport avec la sourate « Al-Fâtiha », la *Jaw'haratul Kamâl* et la *Salâtul Fâtihi*. Ainsi le désireux doit faire :
- 100 fois « astaghe firul- Lahal Azima allazi la ilaha illa Huwal Hayyul Qayyum »
- 70 ou 1111 fois la Basmala suivie du 1er verset : « Al-Hamdul- Lahi Rabbil 'alamine »
- 70 fois le verset du Prophète Muhammad (sourate : Al-Fath ; verset : 29)
- 694 fois la Salatul Fatihi
100 fois le verset suivant : « Inna hâza larizquna mâlahu mine nafâdine ».
- 333 fois : « Allahumma salli wa sallim ala ayni Rahmati Rabbaniyyati wal Yaqutatil Mutahaqqiqati Ha'itati bimarkazil fuhumi wal ma'ani »
- 100 fois astaghe firul- Lah
- 70 ou 1111 fois le 2nd verset : « Ar-Rahmane Ar-Rahime »
- 70 fois « Muhammadur- Rasulul- Lah... »
- 694 fois la Salatul Fatihi
- 100 fois le verset suivant : « Inna haza larizquna mâlahu mine nafadine ».
- 333 fois : « Wa nuril akwanil muta kawwinatil adamiyyi sa'hibil Haqqi Rabbani »
- 100 fois « astaghe firul- Lah »
- 70 ou 1111 fois le 3ème verset : « Maliki yawmid- dine »
- 70 fois « Muhammadur- Rasulul- Lah... »
- 694 fois la Salatul Fatihi
- 100 fois le verset suivant : « Inna haza larizquna mâlahu mine nafadine ».
  - 333 fois : « Al-barqil asta'i bimuzunil arbahil mali'ati likulli muta'arridine minal buhuri wal awani »
- 70 ou 1111 fois le 4ème verset : « Iyyaka na'abudu wa iyyaka nasta'inu »
- 70 fois « Muhammadur- Rasulul- Lah... »
- 694 fois la Salatul Fatihi
- 100 fois le verset suivant : « Inna haza larizquna mâlahu mine nafadine ».
- 333 fois : « Wa nurikal lami'il- lazi mala'ata bihi kawnakal ha'ita bi'amkinatil makani »
- 100 fois « astaghe firul- Lah »
- 70 fois « Allâhu Muhammadu »

- 1111 fois le 5ème verset : « Ihe'dinas- siratal mustaqime »
- 70 fois « Muhammadur- Rasulul- Lah… »
- 694 fois la Salatul Fatihi
- 100 fois le verset suivant : « Inna haza larizquna mâlahu mine nafadine ».
- 333 fois : « Allahumma salli wa sallime 'ala Aynil Haqqil lati tatadjalla mine ha 'uruchul haqa'iq, Aynil ma'arifil aqwam, siratikat- tamil asqam »
- 100 fois « astaghe firul- Lah »
- 70 fois « Allâhu Muhammadu »
- 1111 fois le 6ème verset : « siratal- lazina an'amta alay'him »
- 70 fois « Muhammadur- Rasulul- Lah… »
- 694 fois la Salatul Fatihi
- 100 fois le verset suivant : « Inna haza larizquna mâlahu mine nafadine ».
- 333 fois : « Allahumma salli wa sallim ala tal'atil haqqi bil haqqil kanzil a'azam ifadatika mineka ilayka ihatati nuril mutalsam »
- 100 fois « astaghe firul- Lah »
- 70 fois « Allâhu Muhammadu »
- 1111 fois le 7ème verset : « Ghayril maghdûbi 'alay'him walad- dâl-lîne. Amine »
- 70 fois « Muhammadur- Rasulul- Lah… »
- 694 fois la Salatul Fatihi
- 100 fois le verset suivant : « Inna haza larizquna mâlahu mine nafadine ».
- 333 fois : « Sallal- Lahu 'alay'hi wa 'ala alihi salatane tu'arrifuna biha iyyahu »

Base fondamentale de la Salatul Fâtihi

Il convient de savoir que ces lettres constituent l'axe central, le mât de la Salâtul Fâtihi : ب س م ا ل ل ه

5389	1111		△ ش		5389
▽ ش △ 1111	8	400	1	80	1111
	80	1	400	8	ش ▽ △
	400	8	80	1	
	1	80	8	400	
5389	▽ ش △		1111		5389

Cette figure fait partie des secrets de la Salatul Fatihi. Le Messager de Dieu (PSL) a fait savoir que : « Tous les humains verront leurs actes considérés comme gratis excepté ceux qui pratiquent la Salatul Fatihi qui présente cinq formes de prières réparties comme suit :

- **1ère forme** : répéter 1111 fois pendant la journée : « Allahumma salli 'ala Sayyidina Muhammadine al-Fatihi lima ughliqa » et 2385 fois (valeur numérique de ces lettres) pendant la nuit en vue de rechercher la science, la subsistance, l'espoir, la progéniture, l'estime, la noblesse et le bonheur.
- **2ème forme** : faire 1111 fois durant la journée : « Allahumma salli 'ala Sayyidina Muhammadine al-Khatim lima sabaqa » et 2314 fois (valeur numérique de ces lettres) durant la nuit pour combattre l'ignorance, repousser les calamités, combattre l'insolence, les maladies, la troupe ennemi, la lèpre, la débilité, la pauvreté, la léthargie et autres.
- **3ème forme** : réciter 1111 fois pendant la journée : « Allahumma salli 'ala Sayyidina Muhammadine Nasiril haqq bil- Haqq » et 1354 fois (valeur numérique de ces lettres) durant la nuit pour rechercher la victoire, le succès, la force, gagner l'ennemi, gagner l'amour et l'affection des Souverains.
- **4ème forme** : répéter 1111 fois durant la journée : « Allahumma salli 'ala Sayyidina Muhammadine al-Hadi ila siratiqal mustaqime » et 2566 fois (valeur numérique de ces lettres) pendant la nuit pour rechercher la satisfaction de Dieu.
- **5ème forme** : réciter 1111 fois pendant la journée : « Allahumma salli 'ala Sayyidina Muhammadine, wa ala alihi haqqa qadrihi, wa miqdarihil azime » et 2630 fois (valeur numérique de ces lettres) pendant la nuit pour rechercher la guidée et la droiture vers le droit chemin, l'absolution des péchés, l'élévation en degrés auprès de Dieu, de son Messager et des Hommes ».

Parmi les secrets que pratiquait notre guide spirituel, figure la prière pour le besoin. Le Messager de Dieu (PSL) a dit : « Je jure par Celui qui tient mon âme entre Ses mains, même si je priais sur un mort par le biais de cette invocation, Dieu l'aurait ressuscité ». Cette prière renferme quatre rak'a réparties en deux salutations finales. Elle peut être faite à n'importe quel moment – nuit comme jour.

Dans la 1ère rak'a, réciter la sourate « Al-Fatiha » et le Verset de la Royauté (sourate : Al-Imrâne ; versets : 26-27).
Et dans la 2ème rak'a, réciter la sourate « Al-Fatiha » et la sourate « Al-Kawsara ».
Dans la 3ème rak'a, réciter la sourate « Al-Fatiha » et la sourate « Al-Kafirune ».

Dans la 4ème rak'a, réciter la sourate « Al-Fatiha » et 25 fois la sourate « Al-Ikhlas ».

Après le salut final, réciter cette invocation : « Bismil- Lah Rahmane Rahime. La ilaha illa anta sub'hanaka inni kuntu minaz- zalimine. Hasbiyal- Lahu, wa ni'imal wakil. Inni massaniya durru, wa anta ar'hama rahimine. Wa ufawwidu amri ilal-Lahi, innal- Laha basirune bil- ibad. Ya mane zikruhu charafune liz- zakirine. Ya mane ta'atuhu nadjatune lil muti'ine. Waya mane ra'afatuhu nadjatune lil 'alamine. Wa ya mane la yakhfa 'alayhi anbâ'u hinine birahmatika, ya ar'hama rahimine ».

" بسم الله الرحمان الرحيم لا إله إلا أنت سبحانك إني كنت من الظالمين حسبي الله ونعم الوكيل إني مسني الضر وأنت أرحم الراحمين وأفوض أمري إلى الله إن الله بصير بالعباد يا من ذكره شرف للذاكرين يا من طاعته نجاة للمطيعين ويا من رأفته نجاة للعالمين ويا من لا يخفى عليه أنباء حين برحمتك يا أرحم الراحمين "

Il constatera que son vœu est exaucé avant qu'il n'ait quitté sa place.

Lire la sourate « Al-Qadr » suivie de 7 fois cette invocation suivante : « Allahumma ultuf bi, fa'innaka bihi basirune ».

Mentionner, ensuite 4000 fois « Yâ Latif » ; 10 fois la Salatul Fatihi ; une fois la sourate « Al-Qadr » ; une fois l'invocation mentionnée plus haut. Mais, après chaque 1000 « Yâ Latif » répétés, faire une fois cette invocation mentionnée. Il convient de signaler qu'il faut faire cette litanie en étant en retraite spirituelle et en pureté rituelle.

Procédé d'usage du Nom Sublime

Nous avons ici le Nom Sublime de Dieu par lequel toute chose est assujettie. Notre guide spirituel l'employait dans ses actes dévotionnels. Ce Nom permet d'exaucer de manière prompte les vœux et les désirs. Il s'agit du Nom Sublime qu'accompagnent 99 Anges. Il faut signaler que le Cheikh, Ahmad Tidjane, le pratiquait durant 40 nuits. Son mode d'emploi consiste à exécuter deux rak'a.

Dans la 1ère, réciter :
- 7 fois la sourate « Al-Fatiha »

- 15 fois la sourate « Al-Ikhlas »
- 15 fois le Verset du Trône.

Dans la 2ème, réciter :

- 7 fois la sourate « Al-Fatiha »
- 15 fois la sourate « Al-Ikhlas ».

Après le salut final, faire :

- 100 fois la formule « Astaghe firul- Lahal 'Azima allazi la ilaha illa Huwal Hayyul Qayyûm, wa atûbu ilayhi »
- 100 fois la Salatul Fatihi ;
- lire une fois cette invocation : « Allahumma inni nawaytu ane ataqarraba ilayka bi Salatil Fatihi lima ughliqa, i'itiqadane annaha mine kalamikal qadime, wa fiha al-ismul a'azam allazi sallayta biha fi azalikal qadime ala Nabiyyika al-Karime. Wa aqulu bi'imdahika wa fadlika muttakilane ala hawlika wa quwwatika. Allahumma salli ala Sayyidina Muhammadine al-Fatihi lima ughliqa, wal khatimi lima sabaqa. Nasiral haqqi bil Haqqi, wal-Hadi ila siratikal mustaqime, wa alihi haqqa qadrihi, wa miqdarihil azime » ;
- 1111 fois le Nom Sublime.

- Faire 3 fois, ensuite, cette invocation :

" ... عينك الناظر بعين الذات إلى عين الذات اللهم صل وسلم على حاء علمك الناظر بعين الذات إلى عين الذات اللهم صل وسلم على ميم ملكك وملكوتك الناظر بعين الذات إلى عين الذات اللهم صل وسلم على دال دنوك الناظر بعين الذات إلى عين الذات اللهم إني أسألك بحق هذا الاسم وبحق سر سره وسر نوره ونور ذاتك هب لي عيان رسول الله صلى الله عليه وسلم وبارك على سيدنا محمد الذي جعلت رأسه من الهدى وسمعه من البهاء وحاجبه الطاعات ووجهه من البهاء وحاجبه من التفكر وعينه من النور وأنفه من الزهد وفمه من الحكمة وأسنانه من اللؤلؤ ولسانه من الصدق ولحيته من الرضى وعنقه من التواضع وصدره من الحياء ويده من السخاء وكبده من الإخلاص ورؤيته من السكينة وطيحانه من الوقار وبطنه من القناعة وبشرته من العصمة وفخذيه من الورع وشفتيه من الإستواء وقدميه من

الاستقامة وشعر جفنيه من بحر نور الكمال والجلال اللهم اختم لنا كما ختمت لرسول الله صلى الله عليه وسلم سبحان ربك رب العزة عما يصفون وسلام على المرسلين والحمد لله رب العالمين "

Spécificités de certains Noms Divins

Nous allons tenter de montrer la différence entre les noms relatifs à la possibilité d'adopter certains qualités divins (*takhalluq*), ceux relatifs à l'affection (*ta'alluq*), ceux relatifs aux besoins et ceux relatifs à la détermination. D'abord, il convient de savoir que les deux premiers ont la même nature et les autres restants ont également la même nature.

En résumé, tous ces noms sont là, soit pour manifester l'affection et la constitution. Seulement, vouloir expliciter ce point nécessiterait beaucoup de pages. Il convient de considérer l'explication qu'en a donnée l'auteur de « <u>Miftahu Falahi</u> » lorsqu'il élucidait la 1ère réalité.

Le principe en est que celui qui pratique le zikr d'un nom ayant trait à l'affection, celui-ci se doit d'afficher en lui cette qualité. A titre d'exemple, celui qui mentionne les Attributs Divins – tels que *Ar-Rahîm* (le Miséricordieux), *Ar-Ra'ûf* (le Doux), *Al-Hannan* (le Compatissant) et *Al-Wadud* (l'Affectueux) – doit lui-même manifester en lui les qualités comme la clémence, l'indulgence, la tendresse et l'affection.

Cependant, il précise que les noms pratiqués ne doivent pas être des noms qui expriment la vengeance, la puissance comme le Dominateur (*Al-Qahhâr*), l'Orgueilleux (*Al-Mutakabbir*), le Créateur (*Al-Khâliq*), Celui qui donne la vie (*Al-Muh'yî*) et Celui qui donne la mort (*Al-Mumîtu*).

Dans ce cas présent, l'exécutant n'a pas à se constituer les signifiés de ces nobles noms ; mais plutôt à les prendre en considération pour mieux vaincre, d'une part, les ennemis invisibles comme les Diables, les Démons (*chayâtîne*) et l'âme ; et d'autre part, les ennemis visibles comme les infidèles, de revivifier le cœur, de donner la capacité d'être obéissant. Tout ceci permettra à l'opérant de mieux s'armer pour être un vrai dévot.

La dimension spirituelle et cultuelle de la Tarîqa Tijjâniyya

Parfois, il aspire à faire mention des noms lors des retraites spirituelles en quête d'ouverture et de succès. Nous allons invoquer, pour plus de détails, l'épître du savant en Dieu, Abû Zayd Sayyid Abdar-Rahman Ach-Châmî. L'épître qu'il a expédié est intitulé : « _silm sulûk ilâ taraqqî fî asmâ'i Mâlikil mulûk_ » سلم السلوك إلى" الترقي في أسماء مالك الملوك" (les passerelles de l'échelle pour s'élever dans la grille des Noms du Maître de la Royauté).

C'est une épître à l'image d'un carnet de note dont le contenu est très significatif. L'auteur a donné la permission à celui qui le désire d'en faire usage. Il montre que l'exécutant n'a point besoin de guide spirituel. Il invite à se suffire à Dieu lors de la retraite spirituelle en s'armant du Nom Exalté de Dieu. Mais le travail ne doit pas dépasser 7 jours. Une personne peut comprendre en une semaine ce qu'il devait comprendre en 40 ans. En fait, celui qui rénove trouvera ; et celui qui goûte désirera ardemment.

Chers lecteurs, si vous n'avez pas en possession ce nom, faites-nous le savoir et on vous l'écrira par la volonté de Dieu. De même, nous vous réaffirmons des choses que vous ne devez pas négliger de mentionner 11 fois dans votre intérieur sans passer par la langue.

Pour le premier cas, il vous est recommandé et permis d'employer celle-ci 11 fois : « Allâhu qâdirune alayya ! Allâhu nâzirune ilayya ! Allâhu hâdirune ladayya _!_ »
" الله قادر علي * الله ناظر إلي * الله حاضر لدي "

(Dieu peut faire de moi ce qu'Il veut !
Dieu m'observe à tout moment !
Dieu est toujours à mes côtés).

Si cette invocation est faite à la suite de la prière de Witr en début de nuit et avant de dormir. Ceci constitue la doctrine de la droiture.
Le 2nd cas consiste à placer la main droite sur le cœur et répéter 40 fois : « Yâ Hayyu, yâ Qayyum. La ilâha illâ anta » « يا حي يا قيوم، لا إله إلا أنت ».
Seulement, si ceci est effectué avant l'aube ou entre les deux rak'a du fajr et la prière obligatoire de l'aube, se serait la plénitude.

La dimension spirituelle et cultuelle de la Tarîqa Tijjâniyya

Le 3ème cas, il s'agit de répéter 13 fois : « Allâhumma sakhir dun'yâna fî a'ayuninâ. Wa azzime djalâlika fî qulûbinâ. Wa waffiqnâ limardâtika, wa amitna alâ dînika, wa ta'atika yâ Allâhu ».

« اللهم صغر دنيانا في أعيننا، وعظم جلالك في قلوبنا، ووفقنا لمرضاتك، وأمتنا على دينك وطاعتك يااله »

Mais si ceci est fait juste après la prière de l'aurore (*salatu duhâ*), ce serait meilleur. Nous insistons sur cette précision, car elle est importante.

Il faut noter que le 1er cas est déjà élucidé par Ach-Châzili et ses disciples. Parmi ces spécificités, figure le fait qu'elle permet d'illuminer le cœur, d'avoir la pudeur et empêche de commettre tout acte réprouvé. Elle est mentionnée dans les écrits de Sahl Ibn Abdallah, qui en fit mention dès les premiers moments de sa dévotion en compagnie de son oncle maternel, Muhammad Ibn Yassar ; mais avec l'expression : « Dieu est avec moi. Il est mon témoin, Il a son « Œil » braqué sur moi ». En fait, notre vénéré, Cheikh Tidjâne, l'a mentionné dans la pratique des Guides. On rapporte qu'Al-Kanânî s'est plaint, en état de sommeil profond, auprès du Prophète (PSL) craignant la mort spirituel de son cœur. Celui-ci l'ordonna de faire cela.

Le second cas est notifié par l'Imam Ahmad qui montre que celui qui désire mettre l'œil sur la vérité qu'il répète cela en début de journée. Par ailleurs, l'homme se doit d'afficher un intérêt particulier en prenant la peine de réciter 3 fois la sourate « Al-Fâtiha » et dédier la récompense aux deux parents de l'humanité à savoir : Adama et Hawa (Adam et Eve). Le grand Cheikh, Muhyid- Dîne Ibn 'Arabi soutient qu'ils – Adama § Hawa – constituent la matrice mère d'où est conçue toute la créature humaine. Il dit : « J'étais à la Mecque et je sortais avec des amis pour effectuer la 'Umra en compagnie de nos deux ancêtres mentionnés plus haut. Quand nous avons terminé, j'ai vu les portes du ciel s'ouvrirent, des Anges incalculables en sortaient, car contents de nos actes ».

Voilà notre activité spirituelle que nos frères en la foi sont priés de rendre opérationnelle. Nous leur recommandons de transmettre ce bienfait à tout frère en Dieu qui vient vers eux. Si vous détenez quelque chose d'utile, donnez nous en et ne soyez pas avares. Que Dieu vous bénisse ainsi que nous !

Me concernant, je vous exhorte à pratiquer la prière du repentir (*salatu tawba*) mentionnée dans la « lawâmi'u nûr », même si c'est une fois par jour. De même, je vous exhorte à pratiquer la prière de la glorification (*salatu tasbîh*), même une fois par Vendredi. Cependant, il convient de faire beaucoup la Salatul Fâtihi. Ceci constitue le grand trésor dont a pu hériter la Tarîqa. Mais vous devez, de prime abord, lire l'ouvrage intitulé « Jawharul Ma'ânî » dans sa globalité. Ensuite, il est recommandé d'y prendre un wird que l'on doit observer scrupuleusement chaque jour au point de pouvoir gagner l'affection du Cheikh du fond du cœur. En cela, la grandeur découlant du procédé suivi donnera ses fruits et sera source d'avantages. Je vous demande, lors de la lecture, de bien méditer le propos de Abi Mudayyane : « Sois convaincu et ne doute pas au point de critiquer. Sache que la conviction est autorité ; tandis que la critique est méfait ».

Il faut avoir en esprit le propos du Cheikh Zarwaq : « Celui qui se tourne vers un des Elus de Dieu, celui-ci le demandera de se limiter à sa Tarîqa aussi bien dans ses principes que dans ses démembrements essentiels. Il doit être convaincu que ce Saint représente une des portes menant vers Dieu. Et de cette porte, il doit s'arrêter pour que lui parvienne un des souffles de la miséricorde divine conformément au poids de ses besoins. Là, il n'aura qu'une seule aspiration : atteindre Dieu qu'il doit magnifier la grandeur pour bénéficier de sa satisfaction. Laquelle satisfaction qui est susceptible de prendre la place du Cheikh en lui. Mais si un doute ou un obstacle se dresse contre soi, c'est dire que cela émane de la Science Divine non quantifiable. Et il faut savoir que Dieu octroie peu de Sa Science. De même, chaque affaire présente, au préalable, une perplexité. Que Dieu nous protège contre Satan et ses acolytes ! ».

Aucun bienfait n'atteigne un croyant sans que cela ne soit contre son gré, et après que toute ruse et manigance soient échouées. Nous cherchons refuge auprès de Dieu contre Satan et ses méfaits. Que la paix soit sur vous !
« *Si un individu ne gagne rien de son affection pour le Cheikh*
Rien ne lui sera profitable.
Sois sincère dans ton affection et tu verras réaliser tes désirs
Méfie-toi de voir l'associationnisme dépérir cette affection ».

De toute façon, il convient de savoir que cette aspiration ne sera effective qu'avec l'aide de l'Educateur Spirituel (*al-murabbî*). C'est Dieu seul qui dit la vérité et Lui seul peut guider vers le Droit Chemin.

299

Particularités des versets
du « fath » et ceux de la « sakîna »

1- Verset du « Fath »

Nous faisons état ici d'un bienfait extrait des arcanes convoités. Celui qui écrit tous les versets du Coran contenant le terme « *fath* » (فتح) et le porte en soi comme talisman ou le fait porter à un proche parent ou à quiconque en affiche le désir, verra tout ce qui lui permettra de gagner facilement un bien licite et béni au point que les gens soient frappés de stupéfaction. Il s'agit de ces versets :

" بسم الله الرحمان الرحيم. وصلى الله على سيدنا محمد وآله وصحبه وسلم تسليما آمين. فعسى الله أن يأتي بالفتح أو أمر من عنده. مفاتح الغيب لا يعلمها إلا هو. ربنا افتح. ولو أن أهل القرى آمنوا واتقوا لفتحنا عليهم بركات من السماء والأرض. إن تستفتحوا فقد جاءكم الفتح. ولما فتحوا متاعهم وجدوا بضاعتهم ردت إليهم. واستفتحوا وخاب كل جبار عنيد. ولو فتحنا عليهم بابا من السماء فظلوا فيه يعرجون. رب عن قومي كذبون فافتح بيني وبينهم فتحا ونجني ومن معي من المؤمنين. ما يفتح الله للناس من رحمة فلا ممسك لها. حتى إذا جاءوك وفتحت أبوابها. إنا فتحنا لك فتحا مبينا ليغفر لك الله ما تقدم من ذنبك وما تأخر ويتم نعمته عليك ويهديك صراطا مستقيما وينصرك الله نصرا عزيزا هو الذي أنزل السكينة في قلوب المؤمنين ليزدادوا إيمانا مع إيمانهم ولله جنود السماوات والأرض وكان الله عليما حكيما ليدخل المؤمنين والمؤمنات جنات تجري من تحتها الأنهار خالدين فيها ويكفر عنهم سيئاتهم وكان ذلك عند الله فوزا عظيما ويعذب المنافقين والمنافقات والمشركين والمشركات الظانين بالله ظن السوء عليهم دائرة السوء وغضب الله عليهم ولعنهم وأعد لهم جهنم وساءت مصيرا ولله جنود السماوات والأرض وكان الله عزيزا حكيما، إنا أرسلناك شاهدا ومبشرا ونذيرا لتؤمنوا بالله ورسوله وتعزروه وتوقروه وتسبحوه بكرة وأصيلا، إن الذين يبايعونك إنما يبايعون الله يدالله فوق أيديهم، فمن نكث فإنما ينكث على نفسه، ومن أوفى بما عاهد عليه الله، فسيؤتيه أجرا عظيما، سيقول لك المخلفون من الأعراب شغلتنا أموالنا وأهلونا فاستغفرلنا، يقولون بألسنتهم ما ليس في قلوبهم، قل فمن يملك لكم

من الله شيئا إن أراد بكم ضرا أو أراد بكم نفعا، بل كان الله بما تعملون خبيرا، بل ظننتم أن لن ينقلب الرسول والمؤمنون إلى أهليهم أبدا، وزين ذلك في قلوبهم وظننتم ظن السوء وكنتم قوما بورا، ومن لم يؤمن بالله ورسوله، فإنا أعتدنا للكافرين سعيرا، ولله ملك السماوات والأرض يغفر لمن يشاء ويعذب من يشاء وكان الله غفورا رحيما، سيقول المخلفون إذا انطلقتم إلى مغانم لتأخذوها ذرونا نتبعكم يريدون أن يبدلوا كلام الله، قل لن تتبعونا كذلكم قال الله من قبل فسيقولون بل تحسدوننا بل كانوا لا يفقهون إلا قليلا، قل للمخلفين من الأعراب ستدعون إلى قوم أولي بأس شديد، تقاتلونهم أو يسلمون، فإن تطيعوا يؤتكم الله أجرا حسنا، وإن تتولوا كما توليتم من قبل يعذبكم عذابا أليما، ليس على الأعمى حرج ولا على الأعرج حرج ولا على المريض حرج، ومن يطع الله ورسوله، يدخله جنات تجري من تحتها الأنهار، ومن يتول يعذبه عذابا أليما، لقد رضي الله عن المؤمنين إذ يبايعونك تحت الشجرة فعلم ما في قلوبهم، فأنزل السكينة عليهم وأثابهم فتحا قريبا، ومغانم كثيرة، فتحت السماء فكانت أبوابا، إذا جاء نصر الله والفتح ورأيت الناس يدخلون في دين الله أفواجا ".

2- <u>Verset de la « Sakîna »</u>
Nous allons relater un autre bienfait relatif aux versets de la sérénité (*ayâtu sakîna*). Celui qui les écrit pour celui qui est possédé par le démon, ce dernier le quittera sur le champ, par la grâce de Dieu.

Litanie de haute portée

Nous avons également, un autre bienfait consistant à séparer l'homme de ce qui le nuit. Il s'agit d'écrire ce qui suit :
" بسم الله الرحمان الرحيم. قل هو الله أحد. الله الصمد. لم يلد ولم يولد. ولم يكن له كفوا أحد. بسم الله الرحمان الرحيم. قل أعوذ برب الفلق. من شر ما خلق. ومن شر غاسق إذا وقب. ومن شر النفاثات في العقد. ومن شر حاسد إذا حسد. بسم الله الرحمان الرحيم. قل أعوذ برب الناس. ملك الناس. إله الناس. من شر الوسواس الخناس الذي يوسوس في صدور الناس من الجنة والناس. اذهبي، أيتها التابعة بفضل الأنبياء الأربع : إبراهيم وموسى وعيسى ومحمد صلى الله عليه وسلم. وزكريا اذهبي أيتها التابعة

بفضل الكتب الأربعة : التوراة والإنجيل والزبور والفرقان. اذهبي أيتها التابعة بفضل الخلفاء الأربعة :

أبي بكر وعمر وعثمان وعلي، رضي الله عنهم أجمعين، بفضل المدائن الأربع : مكة والمدينة وعرفة

وبيت المقدس. اذهبي أيتها التابعة بفضل النساء الأربع : آسية بنت مزاحم ومريم بنت عمران وعائشة

بنت أبي بكر وخديجة بنت خويلد. اذهبي أيتها التابعة قوله الحق وله الملك".

Portée de l'intention pour lire
la sourate « Al-Fâtiha »

Nous allons évoquer un autre bienfait permettant de formuler l'intention de lire la sourate « Al-Fâtiha ». Il s'agit de lire 70 fois ce qui suit :

« Bismil- Lâhi Rahmân Rahîm. Allâhumma innî nawaytu tilâwata Fâtihatil Kitâb, tilâwatal Ismil Azîmil Kabîr allazî huwa khâssune bi Rasûlil- Lâhi, sallal- Lâhu alaïhi wa sallam, wa maqâmi lahû. Wa lazî huwa Ismu Zât wa aïnuhâ wal khâss bih ta'azîmane wa idjlâlane laka Yâ Rabbi, wabtighâ'i mardâtika, wa qasdan liwadj'hikal karîm laka mine adjlika mine awwalil amri ilâ âkhirihi. Wa aqûlu bi imdâdi wa awnika, wa hawlika, wa quwwatika, wa bimâ wahabtanî bihi mine in'âmika wa tawfîqika. A'ûzu bil- Lâhi minachaï tâni radjîm » suivi de la Sourate « Al-Fâtiha ».

" بسم الله الرحمان الرحيم. اللهم إني نويت تلاوة فاتحة الكتاب تلاوة الإسم العظيم الكبير الذي هو

خاص برسول الله صلى الله عليه وسلم ومقام له والذي هو اسم الذات وعينها والخاص بها. تعظيما

وإجلالا لك يا رب وابتغاء مرضاتك وقصدا لوجهك الكريم لك من أجلك من أول الأمر" إلى آخره.

وأقول بإمدادك وعونك وحولك وقوتك وبما وهبتني به من إنعامك وتوفيقك أعوذ بالله من الشيطان

الرجيم بسم الله الرحمان الرحيم..." ثم "الحمد لله رب العالمين" إلى آخر السورة.

Un détail de taille

Nous avons également un autre bienfait consistant à décrire l'oiseau vert que Dieu a créé avant la création du Père de l'humanité, Adama, sur un intervalle de 600 000 ans. Il a créé cet oiseau dans le Paradis et sa tête représentait le Prophète Muhammad

(PSL) ; ses deux yeux représentaient Hasan et Husayn ; sa langue et son cou représentaient Fatima, fille du Prophète Muhammad (PSL) ; son dos et ses deux pattes représentaient A'icha et Khadiza. Par ailleurs, celui qui jette un coup d'œil sur la date de cette copie-ci écrite par notre Cheikh, constatera qu'elle a duré 29 ans :

« L'Affectionné au côté de Mustafa
Aussi bien dans la jeunesse que dans la vieillesse
Sera exempt de tout défaut et ne présentera
Qu'une affection sincère loin de tout manquement ».

Certains principes du cheikh

Il est rapporté dans un hadith que « *Toute innovation qui ne serait pas conforme à notre religion et que quelqu'un essayerait d'y introduire, doit être repoussée* »[148]. C'est-à-dire celui qui innove une innovation qui n'est pas conforme à la Charî'a, sa mise en pratique est rejetée comme l'a si bien explicité le hadith. Il est, également rapporté dans un autre hadith « *Celui qui innove une nouveauté ou s'appuie sur une innovation, qu'il attende sur lui la malédiction de Dieu* ». En effet, notre cheikh spirituel a dit : « Si vous entendez de moi un propos ayant trait à la religion, comparez-le à la Chari'a… ».

Vous n'êtes pas sans savoir que l'érudit Abdul Qasim Al-Ghâzâ disait à ses disciples que la Qutbâniyya (Seigneurie) est descendue sur lui alors qu'il se trouvait quelque part sous un arbre. Il n'a pas voulu en préciser le lieu encore moins l'arbre dont il est question par peur qu'ils soient réservés à la ziara ou que y soit magnifiée une quelconque grandeur. Car une telle pratique serait chose qui ressort d'une innovation aux yeux de la Tarîqa et une volonté de cacher l'arbre de la satisfaction (*sajratu ridwâne*) sous laquelle les Compagnons avaient prêté serment d'allégeance[149].

Certains savants expliquaient que la nuit du destin (*laylatul qadr*) était dissimulée pour que les gens ne se lancent pas à exagérer dans leurs actes cultuels durant cette nuit au détriment des autres nuits. C'est le même cas pour ce qui est du Nom le plus Sublime de Dieu qui reste toujours caché.

---

[148] Rapporté par Boukhary et Muslim.
[149] Cf. Sourate : Al-Fath ; verset 18.

Cheikh Tidjâne avait l'habitude de prendre place parmi ses disciples. Un jour, quelqu'un avait pris place auprès de lui. Il a enlevé ses sandales qu'il a laissées devant la boutique, quand soudain un voleur se présenta et vola les sandales. Le cheikh le vit et regarda l'homme qui a perdu ses sandales. Ensuite, le Cheikh l'informa de ce qui s'est passé : « Quelqu'un a pris tes sandales ». Le Cheikh dit peut être que ce vol lui permettra de se repentir si toutefois ce vol est son métier. Et surtout s'il désire suivre le bon chemin.

Une heure plus tard, ce « voleur » est revenu avec les sandales et les rend là où il les avait prises en cachette par peur d'être vu. Mais, le Cheikh qui l'a vu l'interrogea sur la raison qui la poussée à rendre ses sandales après les avoir prises. Il répondit en montrant qu'il est un homme pauvre et que son épouse vient d'accoucher et n'a rien à la donner. Par conséquent, il les a prises dans le but de les vendre pour trouver quoi donner son épouse. Mais, Dieu l'a donné quoi assouvir ses besoins en l'accordant un trousseau contenant des pièces de Dirhams. Alors, il a décidé de rendre ces sandales à leur propriétaire. Le Cheikh l'exhorta en le suggérant de ne plus refaire un acte pareil. Il donna sa parole et se repentit devant le cheikh. On dit qu'il a fini par devenir un de ses disciples. Il recevait amicalement ses coreligionnaires. Il dit : « Moi, j'ai volé le Cheikh et lui, en contre partie, il m'a conduit vers sa Voie Spirituelle. Il a tenté en vain de trouver le propriétaire du trousseau. Et finalement, Dieu l'a enrichi.

Le fait de dormir après la prière du matin

S'agissant du fait de dormir après la prière du matin, c'est une chose souhaitée en cas de nécessité, comme le fait de passer la nuit à adorer son Seigneur et que le fidèle aura une journée chargée.

Par contre, en cas de non nécessité, ce moment est très idéal pour effectuer l'adoration. Celui qui en profite pour dormir, il a agi autrement et il perdra un grand bien.

Le hadith portant sur le sommeil observé après la prière du matin est un hadith non fondé ; le hadith portant sur le sommeil observé après la prière de l'après-midi est aussi faible, même si les quatre[150] l'ont rapporté.

Par ailleurs, le hadith démontrant que dormir après la prière du matin empêche l'acquisition de la subsistance est aussi faible, comme l'a démontré Al-'Azîzi. De fait, Abdallah Ibn Imam Ahmad, Bayhaqî et Ibn Adyi ont rapporté d'après Usman que les hadiths faibles sont appliqués si toutefois, ils énoncent des actes méritoires à condition qu'un hadith authentique ne les contredit pas et que leurs chaînes remontent jusqu'au Prophète (PSL).

D'autres hadiths parlent du mérite de rester assis après la prière du matin pour faire des azkâr jusqu'à ce que le soleil se lève. Celui qui effectue la prière du matin en groupe puis y reste pour glorifier Dieu jusqu'à l'aurore aura la même récompense que celui qui a accompli, à la fois, le grand pèlerinage (hadj) et le petit pèlerinage (umra)[151].

Celui qui reste assis après la prière du matin pour glorifier Dieu avant de faire deux rak'a comptant pour l'aurore et ne dis que du bien, verra tous ses péchés pardonnés même s'ils étaient plus nombreux que l'écume de la mer[152]. En outre, le Prophète (PSL), une fois la prière du matin achevée, restait assis sans se lever jusqu'au lever du soleil[153]. Les hadiths qui évoquent ce point sont nombreux.

Imam Junayd dit que le sommeil des démunis (fuqara') est une nécessité ; et le sommeil nécessaire incombe à celui qui en a fort besoin, car ce sommeil entre dans le cadre des dons que Dieu a octroyé à Ses serviteurs. Cependant, il est mal vu le fait de dormir après l'aube, après la prière du matin et après la prière de l'après-midi.

Portée mystique de la Salatul Fâtihi

---

[150] Il s'agit de Tirmidhi, Nisâ'i, Ibn Madjah et Ahmad.
[151] Rapporté par Tabarânî.
[152] Rapporté par Imam Ahmad, Abou Daoud, Abou Ya'ala et d'autres.
[153] Rapporté par Muslim, Abou Daoud, Tirmidhi, Nisâ'i et Tabarânî.

Il convient de signaler, d'abord, que le nombre mystique de la Salatul Fatihi est de **7140** et qui renferme un grand secret.

Il est, à notre avis, intéressant de faire état de la méfiance que doit avoir celui qui détient le secret de la Salâtul Fâtihi. Effectivement, en tenant à la main un bâton, on risque de faire peur. Et s'il quelqu'un se trouve tout près d'un puit et qu'on le menace avec ce bâton, il risque d'y tomber. Et s'il s'accroche à ce dernier, tous les deux pourront y tomber, ou bien celui qui détient ce bâton peut y tomber sans l'autre. Donc, il convient de faire preuve de prudence et de méfiance.

<u>NB :</u> Des gens qui ont reçu quelques connaissances ont eu à afficher leurs désaccords vis-à-vis des adeptes de la Tarîqa et surtout envers ceux qui ont bénéficié de la Providence Divine. Alors qu'en réalité, sans cette Providence, il s'avère impossible d'en sentir une odeur. Cependant les bénéficiaires s'opposent carrément à la diffusion des azkârs relatifs à cette Providence. En vérité, ce qui est dissimulé est plus signifiant et plus constant que ce qui est divulgué.

Invocation par le biais des Noms et Attributs Divins

Il n'y a aucun secret à ce que l'usage de l'invocation par le biais de la méthode *marzûqiyya* (du savant Zurûq) n'est permis au disciple qu'avec une autorisation exclusive. De la même manière, l'usage de l'invocation par le biais de la *qasîda dam'yâtiyya* (du savant Dam'yâtî) passe forcément par l'octroi d'un autorisation exclusive. Nous avons ici cette invocation dont il s'agit :

« Je débute par le Nom de Dieu en louant, d'abord,
Ses bienfaits incalculables qui descendent sur terre.
Que Sa Paix et Son Salut soient
Sur l'Elu Parfait, le Secret de l'existence.
Je Te demande, Seigneur, paix et clémence
Ainsi qu'un beau pardon continu.
De Dieu, j'aspire avoir un cœur serein et frémissant,
Car avec cette sérénité, point de panique, Ô le Miséricordieux.
Ô le Très Miséricordieux, sois clément, car ma force s'affaiblit.
Ô le Souverain, sois mon secoureur et mon protecteur.
Ô Seigneur l'Infiniment Saint, préserve-moi

La dimension spirituelle et cultuelle de la Tarîqa Tijjâniyya

De tout mal. Accorde moi, plutôt, la quiétude, Ô la Paix.
Accorde-moi la sécurité apaisée, Ô le Croyant,
Ainsi qu'un voile opaque, Ô le Dominant.
Epargne-moi de l'humiliation, Ô le Précieux.
Par Ta puissance, sois pour moi un Suffisant, Ô le Contraignant.
Rends petit l'orgueilleux, Ô le Superbe.
Ô le Créateur, fasse de moi un noble aux yeux de la créature.
Ô Celui qui crée sans modèle les âmes, j'ai passé la nuit délivré
Du mal qui m'agaçait, Ô le Formateur.
Je Te demande pardon et repentir, Ô le Grand Pardonneur.
Saisis avec force le mauvais conseiller, Ô le Dominateur Suprême.
Accorde-moi le savoir et la sagesse, Ô le Donateur.
Fais-moi largesse, Ô le Décideur des avoirs.
Ô le Victorieux, veuilles ouvrir les portes du bien et de la guidée,
Et par le savoir, sois mon Educateur, Ô l'Omniscient.
Ô Celui qui retient l'âme de tout obstiné,
Ô Celui qui donne avec abondance les bienfaits, augmente ma beauté.
Ô Celui qui abaisse, affaiblie la force de tout négateur,
Ô Celui qui élève, élève-moi en degré de par Ta Volonté.
Renforce-moi, par Ta Puissance, Ô Celui qui donne honneur et force ;
Ô Celui qui avilit, rabaisse au plus bas degré les injustes.
Tu as entendu mon appel, Ô l'Audient. Ecoute et
Observe constamment mon état, sois clément à mon égard.
Je me plains de l'injustice du tyran auprès du
Juste qui règle sans tarder le sort de l'injuste.
Ô le Subtil-Bienveillant à mon égard, Ô le Clément à mes pleurs,
Ô le Bien Informé de ma faiblesse, règle positivement ma situation.
Je ne cesse d'implorer le Doué de mansuétude,
Mon Seigneur, Détenteur du grand pardon à mes manquements.
Ô le Pardonneur, pardonne-moi mes péchés et mes faux pas.
Ô le Très Reconnaissant, je sais que mon cœur insouciant ne te remercie plus.
Elève mon rang, Ô le Très Haut, Ta puissance l'emporte
Sur ma force, Ô l'Infiniment Grand.
Ô le Conservateur de mon âme, rien ne te peine à le garder.
Ô Celui qui produit la substance, accorde-moi ton secours infaillible.
Je me suffis à Ta Bride, Ô Celui qui règle les comptes, préserve-moi.
Tu es, certes, le Majestueux, accorde-moi la noblesse.

La dimension spirituelle et cultuelle de la Tarîqa Tijjâniyya

Ô le Donateur des dons, Ô mon Seigneur donne abondamment et
Saisis-toi des ennemis avec force, Ô le Surveillant.
J'invoque l'Exauceur,
Qui donne en abondance, Lui le Généreux.
Tu es le Très Sage, Ô mon Dieu soulage-moi,
Ô le Doux, balance dans mon cœur ton affection.
Ô le Très Glorieux, Tu as prescris la pratique du zikr,
Ô Celui qui suscite, envoie à mon secours Ton armée.
Tu es le Témoin à mon peuple,
Ô le Réel, aide-moi à me venger de mes ennemis.
Toi l'Intendant, le Gérant et mon
Suffisant. Ô le Très Fort, mon Maître.
Ô l'Inébranlable, renforce-moi et assiste-moi,
Car, celui dont Tu es le Patron est le bien protégé, Ô le Maître.
Mes louanges à ton endroit continuent, Ô Celui qui est digne de louange.
Tu es Celui qui évalue le perdu et l'humilié.
Tu as manifesté Ta générosité, Ô le Débutant en matière de donation.
Tu es, également, Celui qui fait revenir tout mort.
Ô le Vivant, emporte la mort de mon cœur. Je désire
Me connecter constamment à Toi par le zikr, Ô le Subsistant.
Ô Celui qui trouve tout ce qu'Il veut, fais-moi parvenir tout bienfait,
Ô Celui qui a plein de gloire, rend-moi glorieux.
Ô l'Unique, Tu es le Seul qui dissipe les soucis,
Ô l'Absolu, dissipe les soucis et fais manifester Ton vouloir.
Ô le Détenteur du Pouvoir, anéantis mon ennemi.
Ô le Déterminant, ferme la bouche du menteur.
Mon zikr ne cesse de s'élever en élévation, Ô l'Antérieur.
Le propos de mon ennemi ne cesse de tomber en disgrâce, Ô le Postérieur.
Ta Science est d'or, Ô le Premier sans début.
Toi le Dernier sans fin, accorde-moi une mort douce et paisible.
Manifeste-toi dans le réel, Ô l'Apparent.
Toi l'Intérieur, châtie tout désobéissant à Tes ordres.
Parfais avec équité mon affaire, Ô le Maître sans maître,
Ô Celui qui s'élève au-dessus de tout, élève mon rang.
Ô mon Seigneur, couvre-moi par Ta Bonté et épargne-moi de
L'effacement à Tes « Yeux ». Ô celui qui provoque le repentir, accepte le mien.
Toi le Vengeur, venge-moi mon ennemi.

La dimension spirituelle et cultuelle de la Tarîqa Tijjâniyya

> *Pardonne-moi, Ô Celui qui efface les péchés.*
> *Sois Très Bienveillant à mon égard, Ô le Très Doux,*
> *Car je ne cesse de penser à Toi, Toi le Possesseur du Royaume.*
> *Déverse sur moi Ta magnificence, Ô le Détenteur de la Majesté,*
> *Par Ta générosité, accorde-moi Tes faveurs, Toi Détenteur de la Munificence.*
> *Ô l'Equitable, rend équitable mon désir.*
> *Toi le Totalisateur, réunis en moi la satisfaction de tous les humains.*
> *Ô le Suffisant, enrichi-moi en lieu et place de la pauvreté,*
> *Ô toi qui confères la suffisance, aide-moi à se contenter de ce que Tu me donnes.*
> *Ô Celui qui interdit, préserve-moi du mal et protège-moi,*
> *Ô Celui qui contrarie, sois dur envers les envieux.*
> *Aide-moi à profiter de mon savoir, Ô le Profitable, et guide-moi.*
> *Illumine mon cœur de Ta lumière, Ô la Lumière.*
> *Guide-moi vers la vérité, Ô le Remetteur sur le Droit Chemin en me donnant*
> *Le savoir. Aide-moi à se connecter à Toi, Ô l'Inventeur.*
> *Pérennise dans mon cœur Ta guidée, Ô le Permanent,*
> *Sois pour moi le fil conducteur menant à Toi, Ô l'Héritier de tout.*
> *Inscris mes actes cultuels dans la droiture, Ô Toi qui agit avec Droiture,*
> *Et accorde-moi une belle patience, Ô l'Endurant.*
> *Ainsi, par Tes Noms les plus beaux, je t'invoque.*
> *Toi Mon Créateur, je viens à Toi par le biais de ces Nobles Noms.*
> *Je fais preuve de soumission à Toi grâce à ces Noms*
> *En espérant de Toi toutes faveurs et dons.*
> *Sois satisfait de moi, Ô mon Dieu et préserve-moi*
> *Des changements du temps.*
> *Accorde, pardonne, fais clément, sois suffisant et assiste-moi*
> *Sur mes ennemis. Accepte le repentir, guide et rend parfait toute chose.*
> *Matin et soir, daigne répandre Ton Salut*
> *Sur l'Elu (Muhammad)*
> *Sur sa Famille, ses Compagnons et sur tous les Envoyés.*
> *Ceci dit, louange à Dieu au début et à la fin ».*

Un détail primordial

Nous allons évoquer, ici, un grand bienfait. En fait, notre guide spirituel a été interpellé sur la question des âmes animales. Il répondit : « On trouve effectivement que les animaux ont des âmes ; mais j'ignore leurs rangs ». Sur ce, celui qui en demande des détails sera gagné par la perplexité, car le Cheikh n'est pas encore en mesure de satisfaire sa curiosité. Cependant, le Cheikh ajouta : « J'ai, à mon tour, interrogé le Prophète (PSL) qui m'a fait savoir que les âmes de ces animaux sont intériorisées dans leurs corps de manière disproportionnée. Dieu a créé pour ces âmes des espaces larges contenant des lumières élevées ainsi que des animaux de diverses espèces. C'est là, une suffisante description pour éblouir ceux qui mettent en l'accent sur la couleur et ceux qui mettent en exergue l'odorat.
Les meilleures montures employées par les Prophètes (PSE) puis par les Compagnons et les quatre Califes orthodoxes[154] sont les meilleures destinées à mener des combats dans la voie de Dieu. Ensuite, nous avons celles qu'utilisaient les émigrés dans le sentier de Dieu suivies de celles qui emportaient les vivres vers la Mecque dans le seul but de servir de Dieu.

Il y a également les âmes des animaux qui entendent l'appel de la prière. A noter que les âmes des animaux tels que le chien, le porc, l'âne, la panthère et le léopard n'entendent jamais cet appel. Nous avons, en plus, celles qui sont immolées pour servir Dieu. Aussi, chaque âme a son propre domaine qu'elle surveille pour répondre au pourquoi de son existence. Quiconque embarque une monture pour la jihâd ou pour franchir une des portes de Dieu, ce dernier l'accordera des bienfaits en quantité égale à toute la race de cette monture. Ainsi, celui qui possède une monture qui entend l'appel de la prière ou qui marche en direction de la Mecque, qu'il sache qu'il a gagné la grâce de Dieu. Car Il est le détenteur de la Grâce Immense.

Une mise au point de haute facture

Note relative à ce poème suivant. En effet, notre vénéré, Cheikh Tidjâne, aimait notifier ce qui le marquait. Un jour, il trouva un papier plié et placé au niveau de la tête de Abî Hâmid. Il le déplia pour voir le contenu. Et là, il y trouva ceci :
> « *Dis à mes frères en la foi, qu'ils m'ont vu mort*
> *Et ils pleurent en me manifestant leurs compassions.*

---

[154] Il s'agit de : Abû Bakr, 'Umar, 'Usmane et Ali (Radiyal- Lâhu an'hum).

La dimension spirituelle et cultuelle de la Tarîqa Tijjâniyya

Mais, suis-je absent pour mériter votre tristesse ?
Ou suis-je présent auprès de vous sans que vous ne me voyez ?
Vous pensez que je suis mort ;
Mais, je ne suis pas mort, par Dieu, je suis là près de vous.
Je suis intériorisé dans des imageries, et ceci est mon corps
Et cela mes vêtements d'antan.
Je suis un trésor gardé dans un coffre
Qui constituait ma prison. Aujourd'hui, cette prison s'est ouverte.
Je suis un oiseau et ceci est ma cage.
Cependant, j'ai pu m'envoler de cette cage qui est devenue vide.
Je remercie Dieu qui m'a délivré
En me construisant une demeure dans l'au-delà.
Avant ce jour, j'étais mort à vos yeux ;
Mais, je revis et j'ai pu ôter mon linceul.
Aujourd'hui, je suis en aparté avec le Très Haut.
Je vois, effectivement, Dieu le Réel.
Je fais face à la Tablette Gardée que je lis et je vois
Tout ce qui est passé et tout ce qui adviendra.
Mon manger et ma boisson ont une unique source :
Il suffit de faire un signe, et comprenez que j'ai ce que je désire.
Ce n'est point du vin coulant, ni du miel
Encore moins de l'eau ; mais c'est du lait.
Comprenez bien ceci, car c'est une information
Qui provient de mes propos.
Ne pensez pas que la mort est réellement une mort ;
Mais, c'est une vie. C'est l'objectif recherché.
Ne soyez pas effrayés par la mort subite,
Car ce n'est qu'un voyage d'ici vers un autre monde.
Séparez vos corps et vos âmes
Et vous pourrez voir réellement Dieu, le Vrai.
Approvisionnez-vous par l'effort constant dans le culte divin et
N'oubliez pas que le sensé qui n'agit pas ainsi n'aura rien Là-Bas.
En me regardant, je vous aperçois tout en
Etant convaincu que vous êtes à ma place.
Nous partageons le même souffle de vie
Et par conséquent nous avons le même genre.
Et tout bien que nous aurons est à nous ;

La dimension spirituelle et cultuelle de la Tarîqa Tijjâniyya

Alors que tout mal qui s'abat sur nous, nous l'avons provoqué.
Ayez pitié de moi et vous éprouverez la même chose pour vous-mêmes,
Et sachez que vous nous rejoindrez dans ce monde réel.
Demandez Dieu de m'accorder sa miséricorde,
Et qu'Il fasse clément à tout ami fidèle.
Que Dieu vous accorde Son Salut avec gaieté,
Que la Paix de Dieu soit toujours avec nous ».

Après nous avons ces deux autres vers :
« Certes, l'univers est une imagination ;
Alors qu'il demeure une réalité évidente.
Celui qui parvient à comprendre cette vérité
A, certes, les secrets de la Tarîqa entre ses mains ».

Remarque importante :

Lors de sa maladie dans laquelle il rendit l'âme, le cheikh exigea que l'on apporte la « *Dâliyya* دالية البصيري » de Bussaïri. Mais, elle n'a pas été trouvée. Aussi, envoya-t-il certains de ses disciples rapprochés d'aller la chercher. Puis quand on l'amena, il ordonna de la lire. A la fin de la lecture, il n'a plus parlé avec eux. Dieu seul sait !

La volonté du Cheikh se confirma par ailleurs quand il demanda que l'on apporte la poésie de Al-Ghazali qui débute par : « Qul li'ikhwânî ra'awnî maytane… ». Ensuite, il la plaça au niveau de son oreiller avant de dire : « Il incombe au disciple engagé d'afficher le désir ardent de mémoriser la Hamziyya (الهمزية). De fait, le Cheikh insistait à ce qu'on la lise lors du mois rappelant la naissance du Messager de Dieu (PSL) et surtout lors des premiers jours de ce mois, si possible, à défaut, la lire à n'importe quel jour du mois et même si c'est une fois par an. Si la personne est en voyage, il peut la réciter en chemin. De même, il doit se montrer intéressé à vouloir mémoriser le poème de Al-Yûrî qui débute par : « Taffate fu'âduka al ayyâme fata… ».

Le Cheikh mémorisait et invitait ardemment ses disciples à faire de même. Aussi, il a fini par mémoriser le Al-Yûri, le poème de Al-Ghazali, la Dâliyatu de Busayri qui débute par : « Kataba al-muchayyab bi'abyâdî fî aswadi… ». Quiconque ne la mémorise est appelé à en faire la lecture, et s'il ne sait pas lire, que quelqu'un lit pour lui pour qu'il puisse écouter.

1- Le poème de Al-Yûrî :

Une recommandation de haute facture

Je mets à la disposition de tout musulman et surtout du disciple tijjâne ce poème de Al-Yûri très riche en enseignement. Il s'agit de ce long poème que tout musulman doit savoir :

« *Ton cœur a laissé sortir de la salive, pendant des jours,*
Et ton corps a connu la minceur pendant des heures.
Alors, tu fais appel à la mort d'une manière sincère.
Ô toi qui pousses des cris, je m'adresse à toi.
Je te vois manifester ton amour pour la mariée qui est placée dans la maison.
Tu refuses de la quitter, malin que tu es.
Tu dors toute la vie en ronflant, malheur à toi,
Si la mort te saisit, alors tu te réveilleras.
Combien de fois tu as été dupé ? Quand ouvriras-tu les yeux ?
Je t'interpelle, tu devrais répondre à mon appel dans lequel
Tu trouveras ta guidée, si toutefois tu uses de ta raison.
Je t'invite vers la quête du savoir pour que tu sois un imam
Obéis si tu ordonnes et si tu interdis.
Tu ôtes de ton œil ce qui le couvrait
Pour que tu puisses voir la voie droite, si tu te perds.
Alors, tu auras le profit tant que tu vis
Et qu'à ta mort, tu percevras ce que tu avais stocké.
Et partout où tu seras, la couronne sera placée sur ta tête
Et tu seras habillé des plus beaux vêtements.
Tu tiendras entre tes mains l'épée tranchante toujours aiguisée
Par laquelle tu mettras à mort celui que tu frappes.
Ce que tu auras est un trésor que ne verra jamais le voleur.
Un trésor léger facile à emporter où tu seras.
Par ce trésor, tout ce que tu dépenses sera fluctifié ;
Tandis que si tu montres l'avidité, il sera diminué.
Mais si tu en avais goûté la saveur
Tu aurais le goût d'aller apprendre et la motivation ferme.
Ne te laisse pas tromper par la passion et

La dimension spirituelle et cultuelle de la Tarîqa Tijjâniyya

Que le monde ne t'emporte pas par sa beauté et sa décoration.
Ne te laisse pas divertir par la douceur des jardins
Ni par les saletés qui immondent la terre.
La mort de l'âme désigne la mort des sensualités.
Donc, plus besoin de manger et de boire.
Par conséquent, pense à la mort en se préparant à sa rencontre.
Si Dieu t'en donne les ficelles, prend-les.
Cependant, si Dieu te fait largesse
Les gens diront : certes tu as gagné.
Mais, ne te lasse pas de demander Dieu par
Peur d'être blâmé. Tâche de bien comprendre mes propos.
Sache que le capital du savoir c'est la crainte révérencielle en Dieu
Et non de dire : « j'ai la connaissance, je suis un savant ».
Purifie ton vêtement à la perfection,
Et tu verras que les saletés de ce vêtement sont lavées.
Si le savoir ne te profite pas en bien,
Le meilleur pour toi, c'est de rester ignorant.
Si tu propulses ta compréhension dans les abîmes,
Alors malheur à toi, vraiment, tu n'as rien compris.
Et tu cueilleras les fruits de la puissance dans l'ignorance,
Et tu seras petit aux yeux des gens, même si tu grandis.
Si tu ignores, tu n'es pas même si tu es éternel.
Par contre, tu existes même après la mort, si tu détiens la connaissance.
Tu te rappelleras de mes propos-ci dans l'instant d'après,
Et tu en tireras large profit si tu les considères.
Et tu mordras les doigts quand tu seras rongé par le remords.
Et sache que le regret ne profite point.
Et il se peut que tu aperçoives ton ami dans les cieux
Bien élevé ; tandis que toi tu es rendu au bas degré.
Reviens à nous en délaissant ce qui te préoccupe petit à petit,
Car avec la douceur, tu obtiendras ce que tu cherches.
N'amasse pas ton argent pour amasser,
Car le vrai bien réside dans ce que tu œuvres en bien.
L'ignorant n'est rien aux yeux des gens,
Même s'il parvenait à posséder l'Irak, ce serait grâce à la volonté de Dieu.
Ton savoir fera état des dons qui te sont octroyés
Et inscriras à ton compte ce que tu as œuvré en bien.

314

La dimension spirituelle et cultuelle de la Tarîqa Tijjâniyya

L'édification d'édifices ne te profitera jamais,
Si l'ignorance t'habite et tout finira par se ruiner.
Par ignorance, tu as donné la primauté de l'argent sur le savoir.
Je jure, par ta vie, que tu as mal jugé.
En réalité, il y a un grand fossé entre ton jugement et le texte coranique.
Et tu le sauras si tu récites la sourate « Tâ Hâ ».
L'obéissance te fera atteindre les connaissances
Et te rapprochera même si tu étais très éloigné de la vérité.
Puisque l'argent constitue l'étendard de l'opulence,
Ton étendard est marqué par le savoir qui te fera élevé en degré.
Si l'opulence est placée sur la thésaurisation, sache que
Toi, tu seras placé sur les étoiles.
Si le nanti monte sur des chevaux de course marqués,
Toi, tu embarqueras le chemin de la crainte révérencielle.
Chaque fois que les gens vont à la recherche de belles filles vierges,
Combien de belles vierges auras-tu touché ?
La pauvreté ne diminue rien en toi,
Si tu connais bien ton Seigneur.
Combien de choses affichent l'esthétique
Et finissent par se perdre ?
Veilles accepter mes bons conseils,
Car, si tu te détournes de ces conseils, tu connaîtras la perte.
Mais, si tu les respectes en propos et en actes,
Dieu te récompensera et tu auras gagné la cagnotte.
Dans ce monde, il n'y a rien qui
Pourra te nuire et qui te fera réjouir pour un moment.
L'essentiel c'est de réfléchir pour
Se soulager de la charge qui pesait sur le dos.
En vérité, tu es prisonnier dans ce monde que tu l'aimes avec avidité.
Comment peux-tu aimer un enclos dans lequel tu es enfermé ?
A chaque instant tu reçois ta nourriture ;
Mais, bientôt tu serviras de nourriture.
Tu seras nu même si tu sembles porter des habits.
Et tu seras vêti, même si tu les auras ôtés.
En fait, chaque jour tu inhumes un ami qui t'est cher ;
Alors que tu as l'impression qu'un tel acte ne te préoccupe pas.
Sache que tu n'es pas créé pour l'éternité ;

La dimension spirituelle et cultuelle de la Tarîqa Tijjâniyya

Mais pour œuvrer. Donc, pense pourquoi tu es créé et agis en conséquence.
Si tu désires démolir ton monde, fais-le ;
Mais, s'agissant ta religion, édifie en ce que tu peux.
Ne te préoccupe pas de ce qui t'a échappé, car
Dans ta dernière demeure, tu seras gagnant.
Tout ce que tu auras gagné ici-bas ne te sera pas profitable,
Car tout périra, excepté l'Eternel.
Ne t'amuse pas en ricanant avec les sots,
Sinon, tu verseras des larmes un jour.
Comment peux-tu être joyeux alors que tu es une rançon ?
Tu ne sais pas si tu seras délivré ou retenu.
Demande ton Seigneur la réussite.
Affiche la sincérité quand tu formules ta demande.
Invoque-Le quand tu te prosternes par la même formule
Qu'avait fait l'homme au poisson (Yûnus Ibn Matâ).
Sois toujours debout à la porte de Dieu sans se lasser de taper, il se peut
Qu'Il t'ouvre Ses portes si tu persistes à taper.
Mentionne beaucoup Son Nom sur terre
Pour que tu sois, à ton tour, mentionné dans le monde céleste.
Ne dis pas : je suis encore jeune,
Combien de jeunes as-tu enterrés ou as-tu entendu trépassés ?
Dis-moi plutôt : toi qui donne des conseils, tu dois d'abord
Agir, si toutefois tu uses de ta raison.
L'insouciance entraîne le blâme,
Donc, rompe d'avec cette insouciance.
Etant petit, la mort m'était cachée ;
Mais, la conscience aide à s'en rappeler.
Dans la jeunesse, je suivais une voie,
Que dire, alors, après la vieillesse ?
Me voici, je ne vais pas plonger dans l'océan des péchés
Comme je l'avais fait auparavant.
Je ne boirai plus de l'eau chaude ou amère,
Je suis sûr que l'eau agréable se déversera et tu pourras en goûter.
Je suis né et j'ai grandi dans une époque où le profitable est palpable ;
Au moment où tu y as vécu sans rien en profiter.
Me concernant, j'ai tenu compagnie de grands érudits ;
Mais je ne t'ai pas vu imiter ceux que tu as tenu compagnie.

La dimension spirituelle et cultuelle de la Tarîqa Tijjâniyya

Le Livre de Dieu t'a invité et tu n'as répondu,
La vieillesse a attiré ton attention sans que tu ne sois éveillé.
Le jeune voit mal de commettre des actes infâmes,
De même, le vieux voit la même chose.
Je vois que tu devrais être l'exécutant premier,
Pour pouvoir blâmer celui qui agit mal.
Même si tes yeux laissaient couler du sang, pour tes péchés,
Je n'oserai pas dire que tu es en parfaite sécurité contre le châtiment.
Qu'as-tu à faire de cette confiance, alors que tu n'es qu'un esclave ?
Qui doit faire les ordres et laisser les interdits ?
Tu es alourdi par tes péchés, or tu ne penses pas
A ce que tes péchés soient amoindris quand ils seront pesés.
Tu mènes ta vie dans la désobéissance
Sans avoir pitié de ton âme.
Tu marches en reculant et en titubant, je jure que
Agir ainsi ne t'aidera pas à atteindre ton objectif.
Sache que si tu viens à ton Seigneur sans péché,
Et que l'on te règle ton compte, tu risquerais de connaître la perte.
Dieu ne t'a aucunement lésé ;
Mais ta mauvaise charge t'a créé des problèmes.
Si tu venais le Jour Dernier seul, et que
Tu verrais les demeures paradisiaques dans leurs diversités,
Alors, tu regretteras amèrement
De la vie que tu as passé dans la diversion et dans l'amusement.
Ici-bas, tu fuyais la canicule en évitant le soleil ;
Alors pourquoi n'as-tu pas pensé à la chaleur intense de Jahannam ?
Tu es certain que tu ne peux pas supporter le moindre châtiment ;
Tandis que là-bas, même si tu étais du fer, tu fondrais.
Ne traite pas de mensonge ce que je te dis, car c'est sérieux,
Ce n'est pas ce que tu crois.
Mon cher, tu as dévoilé une partie de tes défauts,
Et que tu en as caché les autres.
Dis ce que tu veux dans tes transactions
Et cherches à te fluctifier, tu as, certes, raison.
Mais, j'ai été blâmé de mon mauvais agissement
A partir de mon intérieur.
Ne sois jamais content des défauts, car c'est une grande ignominie

La dimension spirituelle et cultuelle de la Tarîqa Tijjâniyya

Et même celui qui t'aimait finira par te haïr.
Tu cherches la gloire par le biais de la richesse,
Et de ce fait, tu fais ce que l'on appelle le sens dessus dessous.
L'obéissance te fera atteindre les connaissances
Et te rapprochera même si tu étais très éloigné de la vérité.
Tu agis de la belle manière ici-bas
Et la bonté te viendra partout où tu te trouves.
Tu parcours les grandes étendues de la terre en noble
Et tu cueilles les remerciements là où tu les avais plantés.
Maintenant, tu ne commets plus de manquement
Ton vêtement n'est plus souillé depuis que tu es.
Tu n'es pas le premier à fouler le sol où est répandu le mensonge,
Et tu n'en seras pas le dernier.
Si tu accroches ton cou dans les clous du monde, tu y seras implanté ;
Alors, point d'échappatoire si tu t'es couché à l'autel du monde.
Et tu souilleras ce qui était pur
De telle sorte que tu n'as jamais été pur.
Tu deviendras prisonnier de tes péchés, enchaîné dans des chaînettes ;
Comment pourras-tu t'en échapper, alors que tu es déjà prisonnier ?
Evite les fréquentations répétitives,
De la même manière que tu crains le mal et les injures.
Fréquente les autres avec prudence, et sois
Comme Sâmirî quand tu touches quelque chose.
S'ils t'ignorent, dis : paix !
Peut être que tu auras la paix, si tu agis ainsi.
Si tu as la paix que tu partages avec les autres,
Chacun connaîtra la sérénité.
Ne porte pas le manteau de l'injustice dans ta contrée,
En tuant ton cœur et tu risques de trébucher.
Prend le chemin du voyage, car l'étranger reçoit toujours de l'aide
En emportant avec toi ta monture.
L'ascétisme n'est pas une fin en soi dans ce monde-ci,
Et si tu te montres effacé, tu en seras l'émir.
Tu pourrais même commander l'émir.
Donc, glorifie-toi car tu es seul sans adversaire.
Et si tu quittes ce bas monde en lui tournant le dos
En aspirant la demeure de la paix, alors tu es le sécurisé.

Tandis que, si tu honores ce monde-ci,
Tu seras petit devant les autres.
Je t'ai donné tous les conseils utiles et je t'invite à les respecter
Dans ta vie de tous les jours, car ce sont des recommandations.
Ne sois pas détourné par ces courtes paroles, sache que c'est du miel.
Si tu désires être guidé, tournes-toi vers mes recommandations.
Tu y trouveras six qualités, même si
Auparavant il y en avait cent six ».

2- La « Dâliya » de Busayri

Nous avons, ensuite, la « *dâliya* » de Busayri qui est celle-ci :
« Les cheveux de la sénilité passent des cheveux noirs aux blancs,
Entre Qadâ' et Khard.
J'ai eu honte de mettre l'œil sur les Hûrul 'Aïne pour les décrire
En étant gagné par la vieillesse ; mais elles me disent : ne t'éloigne pas !
Aussi, j'ai pu bien voir leurs beaux yeux.
Leurs joues sont comparables à la rose.
La jeunesse s'en est allée, et tu iras comme elle est partie,
Sache que tu n'es pas immortel.
En vérité, l'évanescence constitue la fin de toute vie,
Et qu'un jour viendra tu ne seras plus.
Clémence pour l'image plié et confié, puis se développe
Etape après étape, la création humaine évolue.
Seul dans sa personne, il signe un pacte
Pour marquer son affection.
Quand même, je l'ai empêché la peur,
Et il a éprouvé une grande affection pour les habitants de la terre.
Malheur à lui, si ce n'était sa descendance,
Rien ne pourrait se rappeler de lui, c'est comme s'il n'a jamais existé.
Il a préféré porter, ignorément, le fardeau de la passion,

319

En quémandant avec une fermeté extrême sans rien obtenir.
Seulement, il endossera sa responsabilité
Aussi bien en aller et en retour.
Aspirant une chose dont il n'est pas facile d'avoir,
Tantôt il force, tantôt il y va avec douceur.
Il est considéré comme le vicaire de Dieu sur terre,
Bien qu'il a reçu des menaces. Les mêmes qu'avait reçues Hud'hudâ [155].
Il a ordonné aux anges de se prosterner devant lui, et quand il [156] a désobéi,
Il lui dit, en raison de son péché : « Incline-toi et prosterne-toi ».
Dieu lui étendit les contrées, et il devint malheureux
Entouré d'ennemis et d'envieux.
Ses souffles respiratoires sont comptés et Il (Dieu) sait
Ce qui adviendra de lui demain.
Il est toujours entre l'être et le néant, plongé
Dans une perplexité non définissable.
Du matin au soir, il est soit un accusé ou un fautif,
Car c'est son habitude d'agir ainsi.
La voie lui est balisée, tantôt en bon état, tantôt en mauvais état,
Pataugeant dans la boue.
Il a peur d'y tomber, mais préfère la prairie et la source.
Il aperçoit celui dont les actes ont affaibli
Au point qu'il désire ne pas exister.
Mais, l'amour pour le Prophète et pour sa famille me suffit comme gage,
Auprès de Dieu, et ce sans doute.
Si tu réponds à sa demande par le biais de sa famille,
Demande et on te donnera, et alors tu atteindras le succès.
Et sois en sécurité, si tu vois le Prophète (PSL) rejoindre sa place
Louée, lui qui ordonnait la droiture.
Approvisionne-toi en crainte, si tu ne le peux pas,
Passe par la prière sur le Saint Prophète (PSL).
Prie constamment sur lui, car la prière de quiconque
Prie sur lui est déjà un trésor intarissable.
Ecoute les éloges formulés sur la famille de l'Elu,

---

[155] Il s'agit de la huppe, l'oiseau qui était en compagnie du Prophète Sulaymân (Sourate : An-Naml ; verset : 20).
[156] Il s'agit de Iblîs (Satan).

La dimension spirituelle et cultuelle de la Tarîqa Tijjâniyya

Eloges émanant de moi et des autres.
Vole au secours du Prophète (PSL) et de son ami fidèle
Ainsi que de son allié contre tout danger les guettant.
Il fut l'ancêtre de l'imam Châzilî qui fut un de
Ses descendants, génération après génération.
Leurs noms sont au nombre de dix sept cités
Dans l'ordre à l'image de l'agencement des lettres de l'alphabet.
Il choisit les héros, descendants de Yûcha'u Ibn Nûn
Et de Yûsuf qui ont tous rempli leurs missions.
Cependant, c'est avec Harmaz que la liste est close.
Le Prophète (PSL) est le porteur des bonnes qualités et le guide.
Il fut l'esclave du Maître des cieux qui a accordé
Sa pleine satisfaction à l'esclave de Dieu, le joyau des Envoyés.
Du Très Haut, il leur vient en leur récitant Ses versets,
Alors, il leur cautionna la lecture des sourates révélées par le Très Haut.
Je m'adresse à Abal Hasan (Ali Ibn Tâlib), l'imam des élus
De la famille de Hâchim d'où est né l'imam Châzilî.
Certes, la Voie de cet imam est pleine
De vertus et est évidente pour ceux qui veulent être guidés.
Il convient de suivre ses traces,
Car, agir ainsi est synonyme de lui saisir la main.
Me concernant, je m'interroge au sujet de la Voie Muhammédienne
En tant que législation et réalité évidente. Muhammad est la lumière allumée.
De tous côtés, sa lumière jaillit
A partir d'une lampe.
C'est un succès qui nous vient du Déluge, rempli de connaissances
Qui ont illuminé le Jûdiyyi et tous ses occupants.
En fait, il a pu atteindre son objectif
De son Seigneur en faisant preuve d'abnégation.
Sa puissance fut affermie en tout lieu
Proche ou lointain.
Celui qui n'a pas un rang, cherchera sa complémentarité
Auprès des autres pour sentir son existence.
Il faut dire à celui qui tente de s'approcher en degré :
L'étiquette d'esclave de Dieu est différente de celui qui adore Dieu.
L'implorant obtiendra difficilement le mérite
S'il craint le blâme et de mener une vie solitaire et l'ascétisme.

La dimension spirituelle et cultuelle de la Tarîqa Tijjâniyya

Si on te dit que tel est le remède, tente de
Démontrer que le vrai kohol est différent du kohol réservé pour les yeux.
Le désirant marche comme il veut et va où il veut ;
Alors que l'autre considère les conséquences d'une randonnée sans but.
Celui qui te suit et t'écoute sera en mesure de mettre
La main sur le propos jugé authentique.
Celui qui suit et celui qui écoute ont le même mérite,
Même s'ils ne sont pas égaux en degrés, ils ont la même source d'inspiration.
Toute chose est rendue facile selon la Volonté Divine,
Donc, les gens ne font que bouger entre l'Occident et l'Orient.
Si tu es certain d'avoir bénéficié de la Providence, alors soulage-toi ;
Mais si tu vois en toi l'orgueil, alors combat-le.
Nous tous nous devons notre existence au Très Haut. Chacun de nous
Cherche à esquiver le mal pour se racheter.
Notre Envoyé fut le Qutb Zamân, le Secoureur et l'Imam
De tous les êtres. Il fut la Langue par laquelle s'exprime le Créateur.
Il est le Chef d'une grande renommée
Qui s'intéresse au vouloir du Grand Maître, Dieu.
Toi fidèle, tu verras ce qui te sera révélé. Lui, il parlait avec
La langue de l'Esprit Sain qui fut son Assistant Particulier.
N'as-tu pas passé par sa tombe en sentant
Le vent annonçant la pluie qui se déverse sur terre ?
Tu es dans une terre verte
Très touffue surplombée par l'étoile brillant.
Tous les animaux trouvent la sécurité auprès de lui, comme
Il les a regroupés dans l'enceinte de la maison sacrée, la première mosquée.
Tu as trouvé dans ton cœur que c'est une grande chose.
La pierre noire en face de laquelle se prosternent tous les humains.
Dis : paix sur toi ô mer profonde,
Ô mer des connaissances incontestables.
Ô Celui qui a défini les actes obligatoires à son Prophète
Béni qui ne connaîtra jamais la fin.
Aujourd'hui, je loue l'Héritier qui a donné
Son héritage au Prophète Ahmad (Muhammad).
L'Imam renforce l'imam et sert de modèle
A celui qui désire imiter sa noble guidée.
L'homme se reconnaît par ses adeptes,

322

Donc, mesure le mérite du Prophète Muhammad,
Le meilleur de la créature. Répands, Seigneur, sur lui Ta Grâce
Tant que le vent fait bouger les arbres et les arbustes.
De fait, la gaieté a gagné les cœurs qui vibrent
Par la force des vents glaciaux qui ne laissent pas indifférents les arbres.
Il fut honoré grâce à sa Voie Spirituelle,
Rehaussée par 'Ali Ibn Abbâs tout à fait au-dessus de l'étoile brillant.
Présentement, le jeune valet a fait preuve d'abnégation
Lorsqu'il s'est engagé à suivre son guide pour lui montrer la Voie.
En fait, Yûcha'u a eu institué, après le Prophète Mûsâ,
Sa doctrine idéale qui vient renforcée celle de Mûsâ.
Ceux qui le désirent sont priés de bien se cramponner à son « câble ».
Mon frère, écoute attentivement mes conseils qui te baliseront la Voie.
Les normes des actes cultuels sont couronnées par la crainte,
Tiens compagnie les gens gagnés par la crainte révérencielle.
Eloigne-toi des fausses interprétations et tourne-toi
Vers les gens heureux pour que tu sois à ton tour heureux.
La fausse interprétation a été décelée le jour où
Il était question de se prosterner devant Adama.
Le novice doit se faire confiance et se parfaire,
Car le réformateur n'a rien à voir avec le faiseur de mal.
La description aide à pérenniser le jugement après qu'il fut oublié ;
Et que l'homme est toujours appelé à se montrer.
Le mal en question est sur terre et il ne laisse
Personne. Le mal n'est pas appelé à quitter la terre.
Il convient de savoir que si un bateau reste immobile sur l'eau,
Les vagues et les vents le feront bouger.
Tiens compagnie Abul Abbâs Ahmad en saisissant
La main du gnostique capable de guider les âmes vers la bonne direction.
Si tu fais face aux biens,
Sois patient pour les méfaits que tu rencontreras.
Si tu atteints le confluent des deux mers,
Alors, sois très attentifs.
Car, lorsque Mûsâ a eu la volonté de rencontrer
La verdure de la Réalité (Khudar), il a eu gain de cause.
Lorsque le bateau a été fendu pour sauver les propriétaires,
Mûsâ a eu quoi dire sur cette action.

La dimension spirituelle et cultuelle de la Tarîqa Tijjâniyya

De même, il a tué le jeune garçon pour le
Leur remplacer par un fils bon, plein de mansuétude.
Ensuite, il a redressé le mur sous lequel
Se trouvait le trésor qui placerait les deux orphelins dans le bonheur éternel.
Ils étaient contents de leurs rencontres suivies de leurs séparations marquées
Par la rupture. De toute façon, ils seront élevés dans le monde éternel.
Il avait reçu l'ordre de tuer l'enfant[157] et il n'est pas
Tenu de payer le prix du sang pour se racheter.
Celui qui a tué n'a pas commis de crime,
Car il a été chargé de tuer cet enfant.
Dieu n'a cessé de lui regarder avec l'œil de la compassion
Jusqu'à ce qu'il fut tout à fait purifié comme la pureté du métal précieux.
Il n'a fait qu'exécuter l'ordre reçu
En se montrant obéissant à son Seigneur.
La crainte révérencielle lui était familiée
Au point qu'il en fut fortement affecté.
Qu'il se réjouit de la richesse qu'il a acquise et
Son acte ne le fera pas subir le châtiment divin.
Dieu a remis la science de la Haqîqa à celui qui le cherchait,
Donc, il n'a pas besoin de tendre la main encore.
Il formulait humblement ses oraisons comme le ferait le pudique ;
Ses oraisons étaient prises en compte comme l'on considère les vierges.
Il s'en va aisément à l'image du buveur à la recherche de son vin,
Avec une gaieté comparable au balancement des branches des arbres.
L'homme sensé est très posé et très serein. Cependant,
Seul le méritant peut atteindre cette félicité extrême.
Ses connaissances sont dissociables. En fait,
Ce qui est léger n'est pas comparable à ce qui est consistant.
Dieu lui a dévoilé le secret de Ses Noms ;
Au moment où les autres guettent ces secrets désespérément.
Dieu lui a montré, de manière évidente, les raisons du jugement
En rapport avec Sa Voie Droite explicitée et que nie le négateur.
Dis à ceux qui sont chargé d'adorer Dieu : pesez le poids de votre crainte
En consultant même mille tomes pour vous ressourcer.

---

[157] Il s'agit du personnage mystérieux dont relate le Coran qui a tué l'enfant lorsqu'il était en compagnie du Prophète Mûsâ (cf. Sourate : Al-Kahf ; versets : 65 – 82). On dit qu'il s'agit de Khudar.

La dimension spirituelle et cultuelle de la Tarîqa Tijjâniyya

Ne prenez pas le kohol pour ruse,
Car, celui qui n'en a pas besoin ne le mettra pas à ses yeux.
Les chevaux sont préparés pour reconnaître leurs champs de course ;
Alors que les ânes ont toujours besoins d'un guide pour s'orienter.
Celui qui fait preuve de crainte en Dieu sera soutenu par
Les dépenses des autres à son égard.
Je jure qu'il ne s'agit point de construire de grands édifices ni
De thésauriser une grande somme d'argent que l'on compte.
De toute façon, Abul Abbâs est seul de son temps,
Noble parmi les plus nobles.
Il fut submergé par les flots de l'unicité divine
Dont l'atteinte est chose difficile pour les non méritants.
Il est le rassembleur des humains dans l'enceinte divine
Pour qu'ils puissent arriver au Royaume Céleste.
Il est détenteur de secrets émanant de tous
Côtés. Secrets qu'il reçoit sans bouger.
Le chemin droit constitue la voie de ce noble
Qui n'attend pas une monture pour y accéder.
De bons caractères et sociable,
Il s'est inscrit dans le cercle des habitudes du vrai novice.
Il a passé par des raccourcis pour arriver au but ;
Alors que les autres ont passé par des chemins lointains pour y arriver.
Il fut l'épée tranchant des Ansârs, arme avec
Laquelle, il a pu combattre les velléités du temps en frappe et en menace.
Qu'il soit élogé en interne et en externe,
Il divulgue parfois le secret ; et parfois le dissimule.
Il était parmi les Ansârs qui ont apporté leurs secrours au Prophète,
Et il a devancé même les vents pour être au devant de la scène.
Avec peine, il a eu le dessus après avoir laissé les ennemis
Atteints par les lances entre Madjdal et Muqaddad.
Il a esquivé les flèches rouges que l'on jetait sur lui,
Ainsi que toute épée qui passait à ses yeux.
Pendant la journée, son mérite était inégalable,
Et son avis était chose très sollicitée.
Ils parvenaient à dissiper les ténèbres de la nuit
Grâce à leurs Ruk'u et leurs Sujud qu'ils exécutaient sans se lasser.
L'ennemi avait peur même pendant leurs absences ;

325

La dimension spirituelle et cultuelle de la Tarîqa Tijjâniyya

Tandis que la mort était là, à leurs yeux sans pouvoir s'échapper.
Aussi bien en cachette qu'en public, ils ont atteint l'ennemi
Le jour de Hufayza avec leurs flèches et leurs lances.
Les flèches sont lancées à l'endroit des beaux compagnons
Dont l'afflictionné pleure la perte.
Tu peux interroger les participants à cette rencontre mortelle,
Cheikh Ahmad Tidjâne te guidera dans la Voie Ahmadiyya.
En l'interrogeant, tu peux solliciter ses bénédictions en tendant la main
Qui sera mouillée par l'eau qui coule continuellement.
A noter que les dons du Miséricordieux sont sollicités par les pieux,
Par l'espérant et par celui qui aspire à s'élever vers Dieu.
O toi qui as rompu le pacte avec ton Seigneur,
Tout en ayant une bonne opinion, tu risques l'éloignement.
Mon Seigneur, sans Toi, on ne saurait pas le poids de Abul Abbâs,
Et notre cœur en serait amèrement affligé et chagriné.
Accepte les hommes religieux qui t'apportent leurs excuses,
De la même manière tu accepterais les excuses de la jeune vierge.
Les mots employés sont doux et exhaustifs,
Avec une fraîcheur extrême.
Les étoiles sont regroupées dans la Galaxie ; cependant,
La perle recherchée est bien confinée dans l'étoile polaire.
Seulement, les bolides sont là pour les curieux qui tendent l'oreille.
Et si un bolide atteint un curieux, il n'aura plus de place pour écouter.
Au Paradis, l'eau est agréable, pure et coulante ;
Tandis qu'en Enfer, de manière perpétuelle, les visages sont brûlés.
On t'a envoyé les stimulants te permettant de penser
Pour que tu puisses aimer ardemment l'affectueux.
Tu as mis la main sur les perles d'éthique
Que tu peux prêter de manière sage.
On vient te demander la sécurité pour assister le craintif
Pour qu'il ne soit plus jamais habité par la peur.
A signaler que le rang du Prophète peut contenir tout désobéissant ;
Mais, la grâce la plus méritante s'obtient par l'effort fourni ».

En raison de la célébrité de la *Hamziyya* de Busayri entre particularisme et globalisme, nous avons jugé nécessaire de nous en arrêter là. A Dieu dépend l'entente cordiale !

Sentences assorties de l'altération des Noms Divins

On a demandé notre Cheikh sur la modification opérée au niveau des noms divins. Il répondit que celui qui modifie les noms divins ainsi que celui qui dit : « Je ne ferai ni ceci ni cela » ; alors que Dieu et son Messager (PSL) approuvent cet acte. Si c'est un savant, il mérite d'être taxé de mécréant, que Dieu nous en garde ! Et si c'est un ignorant qui a osé altérer les noms divins, il est invité à formuler la demande de pardon pourvu qu'il prenne l'engagement ferme de ne plus y revenir.

Si le concerné est un nanti, il doit se rendre à la Mecque en formulant son repentir lors des tournées rituelles autour de la Kaaba (*tawwâf*) et au niveau de la Station d'Abraham. Ensuite, il doit se rendre à Médine en passant au mausolée du Messager de Dieu (PSL) au sein de Sa Mosquée Illuminée. Un tel repentir lui attirera beaucoup de profit émanant de Dieu.

Par contre, si le concerné est un démuni total, il ne doit que formuler son repentir voire de « se confesser » auprès des mosquées ou auprès des assemblées musulmanes s'il ne trouve pas de mosquée, comme en campagne. Il doit se rendre auprès de trois assemblées différentes pour que son repentir soit accepté. Et cette indulgence est accordée même à celui qui blasphème ou injurie. La même sentence s'applique au prisonnier musulman qui se fait chrétien dans la sphère spatiale des mécréants, puis se rend dans la sphère spatiale de l'Islam en affichant son intention de se repentir, il sera recommandé de se rendre aux lieux Saints de l'Islam en accomplissant les rites du Hajj. Ceci fait, il peut être certain qu'il a fait un bon repentir.

Et si par contre, il n'est pas muni d'argent, il est ordonné d'aller en chercher. Et s'il est incapable d'en trouver, il doit formuler l'intention de se repentir dans une intervalle de trois ans avec l'intention d'assister toutes les prières du Vendredi et celles des deux fêtes (rupture du jeûne/*korité* et fête du sacrifice/*tabaski*). Et là, même s'il meurt dans le courant du Vendredi qui suit son repentir, Dieu acceptera son repentir. En revanche, s'il n'a pas respecté son engagement en diminuant bénévolement les trois ans qu'il s'était fixé pour son repentir, celui-ci ne sera pas accepté. Que Dieu nous en garde !

Concernant le Saint, s'il meurt, celui qui désire se repentir peut se rendre au niveau de sa tombe. Là, qu'il se repent et son repentir sera accepté par Dieu. Et si celui-là ne peut pas se rendre au niveau de cette tombe, qu'il fait son repentir dans la mosquée durant trois vendredi. Là, aussi, qu'il sache qu'il a fait un repentir.

Notes significatives

* Il faut noter que notre vénéré, Cheikh Ahmad Tidjâne Chérif possède en lui le *khâtim* du *mukhammas* [158] dont la case médiane est vide ainsi que tous les secrets qui y sont cachés. Sur la même lancée, l'éminent érudit, 'Ali Harrâzim al-Barrâd, que Dieu lui fasse miséricorde, a évoqué cet état de fait dans son ouvrage : « Al-Machâhid al-Musammât bi Kanzil Mutalsam ».

* Nous devons, également, savoir que notre saint vénéré possède le « *hizbu sayfiyyu* » qu'il a reçu des mains de Abî Muhammad Al-Qâdî Cham'harûche. Cependant, il convient de signaler que l'on a pu dissocier entre le « *Sayfiyyul Kabîr* » et le « *Sayfiyyu Saghîr* ». Et de ce fait, il est fort recommandé de réciter ce « *Hizbu Sayfiyyu* » après avoir réciter le « *Hizbul Mughnî* ». Mais, l'on doit toujours prendre en compte les conditionnalités requises pour le faire. Conditionnalités bien transcrites dans les documents de Sayyid Hufyâne, l'un des compagnons les plus chers de notre maître spirituel. En effet, il y démontre que : « D'après Sayyid Muhammad al-Mudjaydarî, d'après le chef des Jinns, Muhammad al-Qâqawî qui montre qu'il ne convient pas de rendre futile la condition posée. Cela veut dire que celui qui désire rendre opérationnelle l'usage du « *Sayfiyyu* » doit, au préalable, recevoir la permission lui autorisant de l'employer selon ce procédé d'emploi. Car, sans cette permission, le pratiquant aura beau accomplir ce « *Sayfiyyu* » ; mais il n'aura jamais de résultat, même si c'est un savant doté d'une crainte en Dieu exceptionnelle. Que Dieu accepte nos œuvres !

* L'ordre que nous avons reçu pour transmettre la *Jaw'haratul Kamal* et la *Yâqûtatil Haqâ'iq* émane de l'autorisation nous permettant de les conférer aux disciples particuliers ainsi que de toute personne affichant son désir. S'agissant de la spécificité de la Sourate « Al-Fâtiha », elle n'est tranféré qu'aux particuliers. Sur la même lancée, nous avons reçu l'information montrant que notre vénéré a retiré la permission qu'il avait accordée à ceux, parmi ses affectueux et ses disciples, qui l'employaient pour des raisons particulières. Puis, il a accordé la permission à certaines personnes qu'il a ciblées leur autorisant d'utiliser la spécificité de la Sourate « Al-Fâtiha ».

---

[158] Il s'agit du khâtim composé d'un carré de cinq cases sur cinq.

La dimension spirituelle et cultuelle de la Tarîqa Tijjâniyya

En effet, notre guide spirituel a dit, dans la « *Ifâdatul Ahmadiyya* », vers la fin de sa vie : « On a retiré la permission pour ce qui est de la lecture de la Sourate « Al-Fatiha » en synergie avec la pratique de la récitation du Nom de Dieu le Plus Sublime ». C'est à la suite de cet état de fait qu'il a ciblé un groupe d'élites à qui il a accordé l'usage particulier de la lecture de cette Sourate en corrélation avec le Nom Sublime de Dieu. Il appartient au bénéficiaire d'en déterminer le nombre d'usage de son choix.

* Parmi les habitudes de notre Maître Spirituel, il avait coutume de dire : « Apprenez aux gens la Salatul Fatihi afin qu'ils meurent dans la Foi. Car, elle comporte des litanies de haute portée gardées par certains Muqaddam de cette Tariqa Muhammadiyya. Ils y guident tout le monde en leur réaffirmant l'intérêt de faire beaucoup le zikr, en s'y adonnant de manière assidue comme les azkârs à caractère spécifique. Elle constitue le réceptacle qui réunit en son sein tous les bienfaits, la mer abondante qui ne tarie jamais.

* Je te somme, toi disciple de la Tarîqa Tidjâniyya, d'en faire beaucoup ; à défaut, même une fois dans ta vie, toi qui désire entrer dans le sanctuaire des Elus de Dieu. Sache que celui qui te donne ces conseils ne désire que ta réussite afin que tu puisses avoir un bénéfice mérité. De toutes les façons, c'est Dieu qui dit la vérité, Lui qui guide vers le droit chemin !

* S'agissant des lettres séparées[159], nous avons appris auprès de certains Cheikhs que celui qui les écrit selon ce caractère aura gain de cause si toutefois, il respecte les conditions requises pour une telle opèration. Quant au nombre mentionné, il faut reconnaître que je l'ai trouvé sous un autre titre dont je n'ai pas pu pénétrer le sens.

Nous allons faire état de deux bienfaits importants relatifs à ces lettres, conformément aux chiffres indiens.

* le premier bienfait : nous avons pu prendre chez certains adeptes de la science des arcanes, que celui qui écrit le terme « *badûhune* » بدوح avec les chiffres indiens (suivantes : 8642) sur une lettre qu'il veut envoyée, celle-ci arrivera à destination sans problème.

---

[159] Par exemple, le fait d'écrire le Nom Exalté de Dieu, الله comme ceci : ا ل ل ه.

Celui qui écrit sur de la marchandise العظمة لله (*la Grandeur est exclusivement réservée à Dieu*), cette marchandise sera en sécurité contre le vol et la perdition. C'est là, quelques spécificités que le commun des hommes ne doit pas ignorer.

* le second bienfait : les adeptes de la science des arcanes et les personnes particulières ne sont pas tombés unanimes sur le résultat assorti du fait d'écrire des caractères dont le signifié n'est pas bien compris et des noms dont le sens n'est pas bien saisi. Il faut noter que notre guide spirituel n'aimait pas mentionner les noms étrangers dont il ne comprenait pas le sens, excepté les noms que lui a enseignés certains cheikhs versés dans la science. Nous allons évoquer un propos suffisant pour illustrer ce que nous venons de dire :

> « *Si tu es dans la gêne, dans l'ennui et dans le besoin*
> *Etant chagriné au soir et qu'au matin étant démuni,*
> *Augmente ta prière sur l'Elu, issu de la famille de Hachim*
> *De ce fait, Dieu t'apportera le soulagement* ».

Celui qui jouait le rôle d'intermédiaire entre le Saint Prophète (PSL) et notre vénéré, Cheikh Ahmad Tidjâne, était incontestablement Sayyid Muhammad ad-Damrâwî. En fait, le Saint Prophète (PSL) lui rendait un salut exclusif par la langue de notre vénéré dans la « *Risâlatu Dawril Anwâr* ». Et là, l'Envoyé de Dieu (PSL) lui a révélé ce grand secret (*Dawrul Anwâr*) qu'il n'a révélé qu'à certains de ses proches qui prennent place dans son sanctuaire prophétique. A cet effet, on en a évoqué dans le « *Naylul Amânî* » les bienfaits de ce « *Dawrul Anwâr* ». Cet arcane constitue une garantie pour gagner les bienfaits des deux mondes. Le simple fait d'y poser son regard est déjà suffisant pour être heureux dans les deux mondes. Il figure parmi les arcanes de la Tariqa qui ne sont dévoilés qu'aux gens du mérite qui en ont la compétence.

L'intérêt de rendre visite
le mausolée du Cheikh

Cheikh Ahmad Soukayridj dit : « Ahmad Abd Lâwî m'a informé qu'un secret intéressant réside dans le fait de rendre visite à notre vénéré, Cheikh Ahmad Tidjâne. Assurément, le rendre visite équivaut au petit pèlerinage (al-'umra). En outre, cette ziara aidera aux visiteurs de se débarrasser des mauvaises pensées et opinions qui les hantaient. Aucun doute ne pourra les habiter contrairement aux faibles d'esprits qui n'auront pas toutes les facultés de pouvoir comprendre le sens de cette ziara. De la même manière, le fait de rendre visite à ses descendants peut aider le visiteur à être quitte avec tout ce qui peut l'éloigner de la grâce dont il pourra bénéficier à partir de cette ziara. Et le fait de douter de cette réalité incontestable, allant même jusqu'à la traiter de mensonge, traduit la perdition dans les deux mondes. Autrement, il était venu pour gagner quelque chose ; mais malheureusement, il retournera avec la perte évidente. Que Dieu nous en garde !

*Louange à Dieu Seigneur de l'univers, l'Unique Vrai Maître, le Souverain,
le Créateur sans collaborateur.
Seigneur daigne répandre, depuis que Tu as créé ce monde
Jusqu'à la fin des temps, Ton Salut et Ta Grâce sur
Le Saint Prophète MUHAMMAD, sa famille, sur ses compagnons.*

****

*Cette rédaction fut terminée le 29 – 11 - 2005 (27 Chawwâl 1226 H).
Alors que sa traduction en langue française fut achevée le 19 Mars 2010 par la Grâce Infinie de
Dieu, le Détenteur de la Bonté Inconmensurable.
Nous prions Dieu de rendre cette œuvre uniquement la Sienne en nous accordant ses larges profits
grâce à la grandeur de notre cher Prophète (PSL) et grâce au rang du Pôle Caché (al-Qutb al-
Maktûm) et grâce au cachet muhammédien, 'Abû Fayd Ahmad Ibn Muhammad Tidjâni al-
Hasanî, que Dieu soit content de lui et lui octroie comme demeure éternelle le jardin 'Illiyîne.
Que Dieu nous place tous sous son aile protectrice. Qu'il nous fasse jouir de sa satisfaction
éternelle. Qu'il nous place tous sous sa bannière digne d'éloges et sous son ombre étendue.
Qu'il nous octroie tout ceci par le biais du noble Prophète (PSL) et qu'il répond favorablement à
nos demandes et prières.
« Seigneur, pardonne-nous ainsi qu'à nos frères qui nous ont précédés dans la foi ; et ne mets dans
nos cœurs aucune rancœur pour ceux qui ont cru. Seigneur, Tu es Compatissant et Très
Miséricordieux. Seigneur, pardonne et fais miséricorde. C'est Toi le Meilleur des Miséricordieux ».
« Et la fin de notre invocation est : Louange à Dieu, Seigneur de l'univers »
« Gloire à ton Seigneur, le Seigneur de la puissance. Il est au-dessus de ce qu'ils décrivent ! Et
paix sur les Messagers, et louange à Dieu, Seigneur de l'univers ! ».*

Ainsi s'achève cette modeste étude, grâce à Dieu !

TABLE DES MATIERES

La dimension spirituelle et cultuelle de la Tarîqa Tijjâniyya

La dimension spirituelle et cultuelle de la Tarîqa Tijjâniyya

La dimension spirituelle et cultuelle de la Tarîqa Tijjâniyya

Thierno Hammadî BA

Thiemo Boubacar DIALLO

Thierno Hammadî Bâ, communément appelé Thierno Ousmane Djiba Bâ, est né en 1948 au Fouta Toro. C'est à l'âge de sept ans qu'il fut introduit à l'enseignement du Coran auprès de Thierno Hammé Sall qui se chargea de cette mission. Il fit ses études auprès de cet érudit à MBoyo, département de Podor. A l'âge de dix huit ans, il se tourna vers les sciences de la religion. Après ce premier parcours, il se retrouva entre les mains du savant, Abdoul Aziz Dia, qui l'enseigna, entre autres, le Burdu, la Hamziyya et Ibn Durayd.

En 1969, il se rendit à Tivaouane auprès du petit frère de ce dernier - Abdoul Aziz Dia — où il étudia la langue arabe avec tout son lot de matières [grammaire (nahwu), conjugaison (sarf), littérature (adab), …]

C'est à Tivaouane, également, qu'il reçu le Wird Tidjâne des mains de Thierno Muhammad Sa'îd Bâ (m. 1980). Alors, il y adopta la Tarîqa Tidjâniyya dans laquelle il compte rendre le dernier souffle, par la Grâce de Dieu.

En 1970, soit quelques mois plus tard, il regagna Ouakam, dans la région de Dakar, pour s'installer auprès d'un de ses parents. Là, Thierno Hammé Barro l'enseigna les ouvrages du fiqh tels que al-akhdari, la muqaddimatul izziyya, la achmawiyyu, la risâla, le djuz'ul awwal de Khalîl, la maqâmatul harîri (poésies antéislamiques et littérature). Il a achevé l'étude de tous les ouvrages ayant trait à la religion auprès de Thierno Abdallah Hamadine Ly à Thiaroye, dans la région de Dakar.

En 1980, il se rendit en Gambie pour y rencontrer le grand érudit, Thierno Boubacar Diallo de Bansah (m. 1997). Il y renouvela le Wird Tidjâne. Celui-ci l'initia aux sciences ésotériques. Il lui accorda, en plus, toutes les autorisations et permissions, sans exception, à tel point qu'il est en mesure de conférer le Wird Tidjâne à tout désireux, de donner la permission (al-izn) à tout voulant, de déclarer quelqu'un Muqaddam.

C'est en 1981 qu'il reçut l'autorisation d'assurer la continuité de la Zâwiya El Hadj Mâlik SY, basée à Sandaga, au cœur de Dakar. Cette autorisation lui fut notifiée par l'imam El Hadj Sy MBeur, sous ordre d'Abdoul Aziz Sy Dabagh (m. 1997), en présence d'El hadj Moukhtar Guèye Saltigué, El Hadj Abdoul Khadre NDiaye et El Hadj Ahmad Seck Diop. Depuis cette date, il assure la continuité de cette Zâwiya, bien qu'il y joue le rôle de second imam. Il y enseigne les sciences religieuses (tafsîr de Coran, fiqh, tawhîd, sîra, hadith, …) et les sciences ésotériques.

Aujourd'hui, il est un grand érudit des sciences ésotériques comme des sciences religieuses, un muqaddam de la Tarîqa Tidjâniyya apte à conférer le Wird Tidjâne et ses corollaires.

Il a eu à écrire plusieurs ouvrages (une dizaine), non encore publiés. Tous les thèmes qu'il évoque sont en étroite relation avec la Tarîqa (secrets, pratiques, litanies, portée mystique de la Salâtul Fâtihi, portée mystique de la Djaw'haratul Kamâl, la place des hommes de Dieu [al-awliyâ], des formes d'invocation extraites du Coran et de la Sunna, …)

L'ouvrage-ci en constitue l'ouvrage phare de ses écrits. Il y a fait un tour d'horizon de tout ce qui permet au jeune disciple tidjâne de bien comprendre la Tarîqa et de bien la pratiquer.